绿色经济与绿色发展丛书

编 委 会

广西大学马克思主义生态经济发展研究院、商学院特别委托项目

国家出版基金项目
NATIONAL PUBLICATION FOUNDATION

"十二五"国家重点图书出版规划项目
绿色经济与绿色发展丛书 / 刘思华 · 主编

绿色经济核算

GREEN ECONOMIC ACCOUNTING

向书坚　郑瑞坤　编著

中国环境出版社 · 北京

图书在版编目（CIP）数据

绿色经济核算/向书坚，郑瑞坤编著. —北京：中国环境出版社，2016.8
（绿色经济与绿色发展丛书/刘思华主编）
ISBN 978-7-5111-2851-5

Ⅰ. ①绿… Ⅱ. ①向…②郑… Ⅲ. ①绿色经济—经济核算 Ⅳ. ①F221

中国版本图书馆 CIP 数据核字（2016）第 146227 号

出 版 人　王新程
策　　划　沈　建　陈金华
责任编辑　陈金华　郑中海
责任校对　尹　芳
封面设计　耀午设计　彭　杉

出版发行　中国环境出版社
（100062　北京市东城区广渠门内大街 16 号）
网　　址：http://www.cesp.com.cn
电子邮箱：bjgl@cesp.com.cn
联系电话：010-67112765（编辑管理部）
010-67113412（教材图书出版中心）
发行热线：010-67125803，010-67113405（传真）
印　　刷　北京中科印刷有限公司
经　　销　各地新华书店
版　　次　2016 年 9 月第 1 版
印　　次　2016 年 9 月第 1 次印刷
开　　本　787×960　1/16
印　　张　20
字　　数　336 千字
定　　价　58.00 元

总　序

迈向生态文明绿色经济发展新时代

在党的十七大提出的“建设生态文明”的基础上，党的十八大进一步确立了社会主义生态文明的创新理论，构建了建设社会主义生态文明的宏伟蓝图，制定了社会主义生态文明建设的基本任务、战略目标、总体要求、着力点和行动方案；并向全党全国人民发出了“努力走向社会主义生态文明新时代”的伟大号召。按照生态马克思主义经济学观点，走向社会主义生态文明新时代，就是迈向生态文明与绿色经济发展新时代。这既是中华文明演进和中国特色社会主义经济社会发展规律与演化逻辑的必然走向和内在要求，又是人类文明演进和世界经济社会发展规律与演化逻辑的必然走向和内在要求。因此，绿色经济与绿色发展是21世纪人类文明演进与世界经济社会发展的大趋势、大方向，集中表达了当今人类努力超越工业文明黑色经济发展的旧时代而迈进生态文明绿色经济发展新时代的意愿和价值期盼，已成为人类文明演进和世界经济社会发展的必然选择和时代潮流。据此，建设绿色文明、发展绿色经济、实现绿色发展，是全人类的共同道路、共同战略、共同目标，是生态文明绿色经济及新时代赋予我们的神圣使命与历史任务。毫无疑问，当今世界和当代中国一个生态文明绿色经济发展时代正在到来。为了响应党的十八大提出的“努力走向社会主义生态文明新时代”的伟大号召，迎接生态文明绿色经济发展新时代的来临，中国环境出版社特意推出“十二五”国家重点图书出版规划项目“绿色经济与绿色发展丛书”（以下简称“丛书”）。笔者作为“丛书”主编，并鉴于目前“半绿色经济论”“伪绿色经济发展论”日渐盛行，故就“中国智慧”创立的绿色经济理论与绿色发展学说的几个重大问题添列数语，是为序。

一、关于绿色经济的理论本质问题

绿色经济的本质属性即理论本质：不是环境经济学的范畴，而是生态经济学与可持续发展经济学的范畴。西方绿色思想史表明，“绿色经济”这个词汇最早见于英国环境经济学家大卫·皮尔斯 1989 年出版的第一本小册子《绿色经济的蓝图》（后称“蓝图 1”）的书名中。其后“蓝图 2”的第二章的第一节两次使用了“绿色经济”这个名词，直到 1995 年出版“蓝图 4”，也没有对绿色经济作出界定，这就是说 4 本小册子都没有明确定义绿色经济及诠释其本质内涵。对此，方时姣教授从世界绿色经济思想发展史的视角进行了全面评述：[①]“蓝图 1”主要介绍英国的环境问题和环境政策制定，正如作者指出的“我们的整个讨论都是环境政策的问题，尤其是英国的环境政策”。“蓝图 2”1991 年出版，是把“蓝图 1”的环境政策思想拓展到世界及全球性环境问题和环境政策。“蓝图 3”1993 年出版，又回到“蓝图 1”的主题，即英国的环境经济与可持续发展问题的综合。“蓝图 4”则又回到“蓝图 2”讨论的主题，正如作者在前言中所指出的“绿色经济的蓝图从环境的角度，阐述了环境保护及改善问题”。因此，从“蓝图 1”到“蓝图 4”，对绿色经济的新概念、新思想、新理论，没有作任何诠释的论述，仅仅只是借用了绿色经济这个名词，来表达过去的 25 年环境经济学流派发展的新综合，确实是“有关环境问题的严肃书籍”。

皮尔斯等人在当今世界率先使用“绿色经济”这一词汇并得到了广泛传播；但基本上只是提及了这个概念，没有深入研究，尤其是理论研究。因此，在西方世界的整个 20 世纪 90 年代至 2008 年爆发国际金融危机的这一时期，仍然主要是环境经济学界的学者使用绿色经济概念，从环境经济学的视角阐述环境保护、治理与改善等绿色议题，其核心问题是讨论经济与环境相互作用、相互影响的环境经济政策问题，而关注点集中于环境污染治理的经济手段。在我国首先使用皮尔斯等人的绿色经济概念的是环境污染与保护工作者，并对其进行界定。例如，原国家环境保护局首任局长曲格平先生在 1992 年出版的《中国的环境与发展》一书中指出：“绿色经济是指以环境保护为基础的经济，主要表现在：一是以治理污染和改善生态为特征的环保产业的兴起；二是因环境保护而引起的工业和农业生产方式的变

① 方时姣：《绿色经济思想的历史与现实纵深论》，载《马克思主义研究》2010 年第 6 期，第 55～62 页。

革，从而带动了绿色产业的勃发。"[①]在这里，十分清楚地表明了曲格平先生同皮尔斯等人一样，是借用绿色经济的概念来诠释环境保护、治理和改善的问题。其后，我国学界有一些学者把绿色经济当作环境经济的代名词，借用绿色经济之名，表达环境经济之实。总之，长期以来，国内外不少学者按照皮尔斯等人的学术路径，对绿色经济作了狭隘的理解而被看作是环境经济学的新概括，把它纳入环境经济学的理论框架之中，成为环境经济学的理论范畴。这就必然遮盖了绿色经济的本来面目，极大地扭曲了它的本质内容与基本特征，不仅产生了一些不良的学术影响，而且会误导人们的生态与经济实践。正如方时姣教授指出的："把绿色经济纳入环境经济学的理论框架来指导实践，最多只能缓解生态环境危机，是不可能从根本上解决生态环境问题的，也不可能克服生态环境危机，也就谈不上实现生态经济可持续发展。"[②]

20 世纪 90 年代，我国生态经济学界就有学者用绿色经济这一术语概括生态环境建设绿色议题和生态经济协调发展研究的新进展，论述重点是"一切都将围绕改善生态环境而发展，核心问题是要实现人和自然的和谐、经济与生态环境的协调发展。"[③]为此，笔者针对皮尔斯等国内外学者以环境经济学理论范式来回应绿色经济议题，在 1994 年出版了《当代中国的绿色道路》一书，以生态经济学新范式来回应绿色经济议题，以生态经济协调发展理论平台在深层次上阐述"发展经济必须与发展生态同时并举，经济建设必须与生态建设同步进行，国民经济现代化必须与国民经济生态化协调发展"的绿色发展道路。这就在国内外首次拉开了从学科属性上把绿色经济从环境经济学理论框架中解放出来的序幕。在此基础上，笔者于 2000 年 1 月出版的《绿色经济论——经济发展理论变革与中国经济再造》一书，深刻地论述了一系列重大的绿色经济理论前沿和现实前沿问题，科学地揭示了生态经济与知识经济同可持续发展经济之间的本质联系及其发展规律，破解了三者之间相互渗透、融合发展的绿色经济与绿色发展的内在奥秘，成为中国绿色经济理论与绿色发展学说形成的重要标志。尤其是该书把绿色经济看作是生态经济与可持续经济的新概括与代名词，并从这个新高度的最高层次对绿色经济提出了新命题："绿色经济

---

① 转引自刘学谦、杨多贵、周志强等：《可持续发展前沿问题研究》，北京：科学出版社，2010 年版，第 126 页。

② 方时姣：《绿色经济思想的历史与现实纵深论》，载《马克思主义研究》2010 年第 6 期，第 55～62 页。

③ 郑明焕：《把握机遇，在大转变中求发展》，1992 年 3 月 28 日《中国环境报》。

是可持续经济的实现形态和形象概括。它的本质是以生态经济协调发展为核心的可持续发展经济。”[①]这个界定肯定了绿色经济的生态经济属性，揭示了它的可持续经济的本质特征，从学科属性上把它从环境经济学理论框架中彻底解放出来，真正纳入生态经济学与可持续发展经济学的理论体系，成为生态经济学与可持续发展经济学的理论范畴，恢复了绿色经济的本来面目。虽然这个绿色经济的定义十分抽象，却反映了它的本质属性与科学内涵，得到了多数绿色经济研究者的认同和广泛使用。然而时至今日，在我国学者中仍有少数学者尤其在实际工作中也有不少人还在用环境经济学范畴中的绿色经济理念来指导经济实践，这种现象不能继续下去了。

二、关于绿色经济的文明属性问题

绿色经济的文明属性不是工业文明的经济范畴，而是生态文明的经济范畴。世界绿色经济思想史告诉我们，在学科属性上把绿色经济当作环境经济学的新观念与代名词，纳入环境经济学的理论框架，就必然在文明属性上把它纳入工业文明的基本框架，成为工业文明的经济范畴，即发展工业文明的经济模式。这是因为，环境经济学是调整、修补、缓解人与自然的尖锐对立、环境与经济的互损关系的工业文明时代的产物，是工业文明“先污染后治理”经济发展道路的理论概括与学理表现。自皮尔斯等人指出环境经济学范畴的绿色经济概念以来，国内外一个主流绿色经济观点就是对绿色经济的狭隘的认识与把握，只是把它看成是解决工业文明经济发展过程中出现的生态环境问题的新经济观念，是能够克服工业文明的褐色经济或黑色经济弊端的经济模式。在我国这种观点比较流行。例如，有的学者认为：“绿色经济是以市场为导向、以传统产业经济为基础、以经济与环境的和谐为目标而发展起来的一种新型的经济形式即发展模式”，“是现代工业化过程中针对经济发展对环境造成负面影响而产生的新经济概念”。时至今日，这种工业文明经济范畴的绿色经济概念仍被人引用来论证自己的绿色经济观念。因此，在此我要再次强调：工业文明经济范畴的绿色经济观念，在本质上仍是人与自然对立的文明观，并没有从根本上消除工业文明及黑色经济反生态和反人性的黑色基因，丢弃了绿色经济是生态经济协调发展的核心内容和超越工业文明黑色经济、铸造生态文明生态经济的本质属性，从而否定了绿色经济是生态文明生态经济形态的理论内涵与实践价值。因此，

① 刘思华：《绿色经济论》，北京：中国财政经济出版社，2001年版，第3页。

以工业文明经济范式或理论平台来回应绿色经济议题，是不可能从根本上触动工业文明黑色经济形态的，是难以走出工业文明黑色经济发展道路的；最多是缓解局部自然环境恶化，是不可能解决当今人类面对的生态经济社会全面危机的。因此，决定了我们必须也应当以生态文明新范式或理论平台在深层次回应绿色经济与发展绿色经济议题，才能顺应21世纪生态文明与绿色经济时代的历史潮流。

生态马克思主义经济学哲学告诉我们：彻底的生态唯物主义者，不仅要在学科属性上把绿色经济从环境经济学的理论框架中解放出来，成为生态经济与可持续发展经济的理论范畴，而且在文明属性上，要把它从工业文明的基本框架中解放出来，作为生态文明的经济范畴。前面提到的笔者所著的《当代中国的绿色道路》《绿色经济论》这两部著作，是实现绿色经济这两个生态解放的成功探索。早在1998年笔者在《发展绿色经济，推进三重转变》一文中就明确提出了发展绿色经济的新的经济文明观，明确指出："人类正在进入生态时代，人类文明形态正在由工业文明向生态文明转变，这是人类发展绿色经济、建设生态文明的一个伟大实践。"[①]邹进泰、熊维明的《绿色经济》一书中指出：绿色经济发展"是从单一的物质文明目标向物质文明、精神文明和生态文明多元目标的转变。发展绿色经济，尤其要避免'石油工业''石油农业'造成的高消耗、高消费、高生态影响的物质文明，而要造就高效率、低消耗、高活力的生态文明"。[②] 可见"中国智慧"在世界上最早实现绿色经济的两个生态解放、纳入生态文明的基本框架，是人与自然和谐统一、生态与经济协调发展的建设生态文明的必然产物。下面还要作几点说明：

(1) 按照人类文明形态演进和经济社会形态演进一致性的历史唯物主义社会历史观的理论思路，生态文明是继原始文明、农业文明、工业文明（包括后工业文明）之后的全新的人类社会文明形态，它不仅延续了它们的历史血脉，而且创新发展了它们尤其是工业文明的经济社会形态，使工业文明从人与自然相互对立、生态与经济相分裂的工业经济社会形态，朝着生态文明以人与自然和谐统一、生态与经济协调发展的生态经济社会形态演进。这是人类文明经济社会的全方位、最深刻的生态变革与绿色经济转型，可以说是人类文明历史发展以来最伟大的生态经济社会变革运动。

---

① 刘思华：《刘思华文集》，武汉：湖北人民出版社，2003年版，第403页。

② 邹进泰、熊维明等：《绿色经济》，太原：山西经济出版社，2003年版，第12页。

（2）我们要深刻认识和正确把握绿色经济的概念属性与本质内涵，正是这个属性和内涵决定了它是生态文明生态经济形态的实现形式与形象概括。世界工业文明发展的历史表明，无论是资本主义工业化，还是社会主义工业化；无论是发达国家工业化，还是发展中国家工业化，都走了一条工业经济黑色化的黑色发展道路，形成了工业文明黑色经济形态。据此，工业文明主导经济形态的工业经济形态的实现形态与形象概括就是黑色经济形态。而生态文明开辟了经济社会发展绿色化即生态化的绿色发展道路，最终形成生态文明绿色经济形态。它是对工业文明及其黑色经济形态的批判、否定和扬弃，是在此基础上的生态变革和绿色创新。这就是说，绿色经济的根本属性与本质内涵是生态经济与可持续发展经济，使它必然在本质上取代工业经济并融合知识经济的一种全新的经济形态，是生态文明新时代的主导经济形态的现实形态。所以，笔者反复指出："绿色经济作为生态文明时代的经济形态，是生态经济形态的现实象征与生动概括。"[①]这不仅肯定了绿色经济是生态经济学与可持续发展经济学的理论范畴，而且界定了绿色经济是生态文明的经济范畴，恢复了绿色经济的本来面目。

（3）绿色经济实现"两个生态解放"之后，就应当对它重新定位。现在我们可以将绿色经济的科学内涵和外延表述为：以生态文明为价值取向，以自然生态健康和人体生态健康为终极目的，以提高经济社会福祉和自然生态福祉为本质特征，以绿色创新为主要驱动力，促进人与自然和谐发展和生态与经济协调发展为根本宗旨，实现生态经济社会发展相统一并取得生态经济社会效益相统一的可持续经济。因此，发展绿色经济是广义的，不仅是指广义的生态产业即绿色产业，而且包括低碳经济、循环经济、清洁能源和可再生能源、碳汇经济以及其他节约能源资源与保护环境、建设生态的经济等。[②]这个新界定正确地揭示了绿色经济的本质属性、科学内涵、概念特征与实践主旨，准确地体现了绿色经济历史趋势与时代潮流；绿色经济观念、理论是人与自然和谐统一、生态与经济协调发展的生态文明新时代的理论概括与学理表现。只有这样认识和把握绿色经济，才能真正符合生态文明与绿色经济发展的客观进程与内在逻辑。

（4）生态文明经济范畴的绿色经济包含两层经济含义：一是它作为理论形态是

① 中国社会科学院马克思主义学部：《36位著名学者纵论中国共产党建党90周年》，北京：中国社会科学出版社，2011年版，第409页。

② 刘思华：《生态文明与绿色低碳经济发展总论》，北京：中国财政经济出版社，2001年版，第1页。

生态文明的经济社会形态范畴，是生态文明时代崭新的主导经济，我们称之为绿色经济形态。二是它作为实践形态是生态文明的经济发展模式，是生态文明崭新时代的经济发展模式，我们称之为绿色经济发展模式。这就决定了建设生态文明、发展绿色经济的双重战略任务，既要形成生态和谐、经济和谐、社会和谐一体化的绿色经济形态，又要形成生态效益、经济效益、社会效益最佳统一的绿色经济发展模式。据此，建设生态文明、发展绿色经济应当是经济社会形态和经济社会发展模式的双重绿色创新转型发展过程，这是革工业文明的黑色经济形态和经济发展模式之故、鼎生态文明的绿色经济形态和经济发展模式之新的过程。因此，每个战略任务都是双重绿色使命：一方面背负着克服、消除工业文明的黑色经济形态与发展模式的黑色弊端，对它们进行生态变革、绿色重构与转型，改造成为绿色经济形态与绿色经济发展模式；另一方面担负着创造人类文明发展的新形态，即超越资本主义工业文明（包括高度发达的后工业文明）的社会主义生态文明，构建与生态文明相适应的绿色经济形态和绿色经济发展模式。这是生态文明建设的中心环节，是绿色经济发展的实践指向，因此双重绿色经济就是我们迈向生态文明与绿色经济发展新时代，也是推动人类文明形态和经济社会形态与发展模式同步演进的双重时代使命与实践目标。实现双重时代使命所推动的变革不仅仅是工业文明形态及其黑色经济形态与发展模式本身的变革，而且是超越工业文明的生态文明及其他的经济形态与发展模式的生态变迁与绿色构建。这才符合生态文明与绿色经济的本质属性与实践主旨。

三、关于绿色发展理论与道路的探索问题

自 2002 年以来的 10 多年间，一直流传着联合国开发计划署在《2002 年中国人类发展报告：让绿色发展成为一种选择》中首先提出绿色发展，中国应当选择绿色发展之路。这个“首先”之说不知是何人的说法，是根本不符合绿色发展思想理论发展的历史事实的，是一种学术误传。

1. 我们很有必要对中国绿色发展思想理论发展的历史作简要回顾

如前所述，1994 年笔者在《当代中国的绿色道路》一书中，以生态经济学新范式及生态经济协调发展的新理论平台来回应绿色发展道路议题，阐述了绿色发展的一系列主要理论与实践问题，明确提出中国绿色发展道路的核心问题是“经济发展生态化之路”，“一切都应当围绕着改善生态环境而发展，使市场经济发展建立在

生态环境资源的承载力所允许的牢固基础之上，达到有益于生态环境的经济社会发展。”[①]1995 年著名学者戴星翼在《走向绿色的发展》一书中首次从“经济学理解绿色发展”的角度，明确使用“绿色发展”这一词汇，诠释可持续发展的一系列主要理论与实践问题，并认为“通往绿色发展之路”的根本途径在于“可持续性的不断增加”。[②]在这里，绿色发展成为可持续发展的新概括。2012 年著名学者胡鞍钢出版的《中国：创新绿色发展》一书，创新性地提出了绿色发展理念，开创性地系统阐述了绿色发展理论体系，总结了中国绿色发展实践，设计了中国绿色现代化蓝图。所以，笔者认为本书虽有不足之处，但从总体上说，丰富、创新、发展了中国绿色发展学说的理论内涵和实际价值，提出了一条符合生态文明时代特征的新发展道路——绿色发展之路。总之，中国学者探索绿色发展的理念、理论与道路的历史轨迹表明，在此领域“中国智慧”要比“西方智慧”高明，这就在于绿色发展在发展理念、理论、道路上突破了可持续发展的局限性，“将成为可持续发展之后人类发展理论的又一次创新，并将成为 21 世纪促进人类社会发生翻天覆地变革的又一次大创造。”[③]

2. 21 世纪的绿色经济与绿色发展观

进入 21 世纪以后，绿色经济与绿色发展观念逐步从学界视野走进政界视野，尤其是面对 2008 年国际金融危机催化下世界绿色浪潮的新形势，以胡锦涛为总书记的中央领导集体正确把握当今世界发展绿色低碳转型的新态势、未来世界绿色发展的大趋势，站在与世界各国共建和谐世界与绿色世界的发展前沿上，直面中国特色社会主义的基本国情，提出了绿色经济与绿色发展的一系列新思想、新观点、新理论，揭示了发展绿色经济、推进绿色发展是当今世界发展的时代潮流。正如习近平同志所指出的：“绿色发展和可持续发展是当今世界的时代潮流”，其“根本目的是改善人民生活环境和生活水平，推动人的全面发展。”[④]李克强还指出：“培育壮大绿色经济，着力推动绿色发展”，“要加快形成有利于绿色发展的体制机制，通过政策激励和制度约束，增强推动绿色发展的自觉性、主动性，抑制不顾资源环境承

① 刘思华：《当代中国的绿色道路》，武汉：湖北人民出版社，1994 年版，第 86 页、第 101 页。

② 戴星翼：《走向绿色的发展》，上海：复旦大学出版社，1998 年版，第 1～23 页。

③ 胡鞍钢：《中国：创新绿色发展》，北京：中国人民大学出版社，2012 年版，第 20 页。

④ 习近平：《携手推进亚洲绿色发展和可持续发展》，2010 年 4 月 11 日《光明日报》。

载能力盲目追求增长的短期行为。”[①]笔者曾发文把以胡锦涛为总书记的中央领导集体的绿色发展理念概括为“四论”，即绿色和谐发展论、国策战略绿色论、绿色文明发展道路论、国际绿色合作发展论。[②]在此我们还要重视的是胡锦涛同志在2003年中央经济工作会议上明确指出：“经济增长不能以浪费资源、破坏环境和牺牲子孙后代利益为代价。”其后，他进一步指出：“我国是社会主义国家，我们的发展不能以牺牲精神文明为代价，不能以牺牲生态环境为代价，更不能以牺牲人的生命为代价。”“我们一定要痛定思痛，深刻吸取血的教训。”[③]胡锦涛提出的不能以“四个牺牲为代价”换取经济发展的绿色原则，反映了改革开放以来，我国经济发展的基本经验和严重教训，这实质上是实现科学发展的四项重要原则，是推进绿色发展的四项重要原则。凡是以“四个牺牲为代价”换取的经济发展就是不和谐的、不可持续的非科学发展，这种发展可以称为黑色发展；凡是没有以“四个牺牲为代价”的经济发展就是和谐的、可持续的科学发展，这种发展可以称为绿色发展。正是在这个意义上说，不能以“四个牺牲为代价”是区分黑色发展和绿色发展的四项绿色原则。

3. 依法治国新政理念：发展绿色经济、推进绿色发展

当下中国执政者对绿色经济与绿色发展的认识与把握，已不只是学界那样把发展绿色经济、推进绿色发展视为全新的思想理论，而是一种崭新的全面依法治国的执政理念、发展道路与发展战略。党的十八大首次把绿色发展（包括循环发展、低碳发展）写入党代会报告，是绿色发展成为具有普遍合法性的中国特色社会主义生态文明发展道路的绿色政治表达，标志着实现中华民族伟大复兴的中国梦所开辟的中国特色社会主义生态文明建设道路是绿色发展与绿色崛起的科学发展道路。这条道路的理论体系就是“中国智慧”创立的绿色经济理论与绿色发展学说。它既是适应世界文明发展进步，更是适应中国特色社会主义文明发展进步需要而产生的科学发展学说，甚至可以说，是一种划时代的全新科学发展学说。对此，近几年来，我多次强调指出：绿色经济理论与绿色发展学说不是引进的西方经济发展思想，而是中国学界和政界马克思主义学人自主创立的科学发展新学说。它是立足中国、面向世界、通向未来的马克思主义发展学说，必将指引着中国特色社会主义沿着绿色发展与绿色崛起的科学发展道路不断前进。

---

① 李克强：《推动绿色发展　促进世界经济健康复苏和可持续发展》，2010年5月9日《光明日报》。

② 刘思华：《科学发展观视域中的绿色发展》，载《当代经济研究》2011年第5期，第65～70页。

③ 中共中央文献研究室：《科学发展观重要论述摘编》，北京：中央文献出版社，2008年版，第34页、第29页。

"中国智慧"不仅从绿色经济的根本属性与本质内涵论证了绿色经济是生态文明的经济范畴，而且从绿色发展的根本属性与本质内涵界定了绿色发展是生态文明的发展范畴。故笔者把绿色发展表述为："以生态和谐为价值取向，以生态承载力为基础，以有益于自然生态健康和人体生态健康为终极目的，以追求人与自然、人与人、人与社会、人与自身和谐发展为根本宗旨，以绿色创新为主要驱动力，以经济社会各个领域和全过程的全面生态化为实践路径，实现代价最小、成效最大的生态经济社会有机整体全面和谐协调可持续发展，因此，绿色发展必将使人类文明进步和经济社会发展更加符合自然生态规律、社会经济规律和人自身的规律，即支配人本身的肉体存在和精神存在的规律（恩格斯语）"[①]或者说"更加符合三大规律内在统一的"自然、人、社会有机整体和谐协调发展的客观规律。现在我要进一步指出的是，从学理层面上说，绿色发展的理论本质是"生态经济社会有机整体全面和谐协调可持续发展"；从实践层面上看，绿色发展的实践主旨是实现"生态经济社会有机整体全面和谐协调可持续发展"。现在我们完全可以作出一个理论结论：绿色发展是生态经济社会有机整体全面和谐协调可持续发展的形象概括与现实形态。正是在这个意义上说，绿色发展是永恒的经济社会发展。这是客观真理。

4．绿色发展学说中若干基本理论观点和现实问题

（1）绿色发展的经济学诠释，就是绿色经济与绿色发展内在统一的绿色经济发展。笔者在 2002 年《发展绿色经济的理论与实践探索》的学术报告中，首次提出了绿色经济发展新观念和构建了绿色经济发展理论的基本框架，明确指出："发展绿色经济是建设生态文明的客观基础和根本问题"，"绿色经济发展是人类文明时代的工业文明时代进入生态文明时代的必然进程"，"是推进现代经济的'绿色转变'走出一条中国特色的绿色经济建设之路"，"必将引起 21 世纪中国现代经济发展的全方位的深刻变革，是中国经济再造的伟大革命"，还强调指出："只有建立生态市场经济制度才能真正走出一条中国特色的绿色经济发展道路。"[②]因此，21 世纪中国绿色发展道路在经济领域内，就是绿色经济发展道路，这是中国特色社会主义经济发展道路走向未来的必由之路。

（2）20 世纪人类文明发展事实表明工业文明发展黑色化是常态，故工业文明确实是黑色文明，其发展是黑色发展，它的一切光辉成就的取得，说到底是以牺牲

① 刘思华：《生态马克思主义经济学原理》（修订版），北京：人民出版社，2014 年版，第 578～579 页。
② 刘思华：《刘思华文集》，武汉：湖北人民出版社，2003 年版，第 607～612 页。

自然生态、社会生态和人体生态为代价，创造着黑色的文明史。因此，生态马克思主义经济学哲学得出一个人类文明时代发展特征的结论："工业文明是黑色发展时代，生态文明是绿色发展时代……'中国智慧'对从工业文明黑色发展向生态文明绿色发展巨大变革的认识，是21世纪中华文明发展头等重要的发现，是科学的最大贡献。"[①]从工业文明黑色发展走向生态文明绿色发展是生态经济社会有机整体的全方位生态变革与全面绿色创新转变，是人类文明发展史上最伟大的最深刻的生态经济社会革命。它的中心环节是要实现工业文明黑色发展道路向生态文明绿色发展道路的彻底转轨，其关键所在是要实现工业文明黑色发展模式向生态文明绿色发展模式的全面转型。[②]只有实现这两个"根本转变"，人类文明形态演进和经济社会形态演进才能真正迈向生态文明与绿色经济发展新时代。

(3) 和谐发展和绿色发展是生态文明的根本属性与本质特征的两种体现，是生态文明时代生态经济社会有机整体全面和谐协调可持续发展的两个方面。这是因为：① 生态马克思主义经济学哲学告诉我们，人类文明进步和经济社会发展的实质就是自然、人、社会有机整体价值的协调与和谐统一，是实现人与自然、人与人、人与社会、人与自身的全面和谐协调，成为人类文明进步与经济社会发展的历史趋势和终极价值追求。因此，笔者在《生态马克思主义经济学原理》一书中就指出了狭义与广义生态和谐论，指出"狭义生态和谐"就是人与自然的和谐发展即自然生态和谐，这是狭义生态文明的核心理念。而和谐发展不仅是人与自然的和谐发展，还包括人与人、人与社会及个人的身心和谐发展，于是我把这"四大生态和谐"称之为"广义的生态和谐"的全面和谐发展。这是广义生态文明的根本属性与本质特征，就必然成为生态文明的绿色经济形态与绿色发展模式的根本属性与本质特征。② 生态马克思主义经济学哲学还认为，从自然、人、社会有机整体的四大生态和谐协调发展意义上说，生态和谐协调发展已成为当今中国和谐协调发展的根基。这是绿色发展的核心与灵魂。因此，建设生态文明、发展绿色经济、推进绿色发展，必须贯穿于中国生态经济社会有机整体发展的全过程和各个领域，不断追求和递进实现"四大生态关系"的全面和谐发展，这是绿色发展的真谛。

---

① 刘思华：《生态马克思主义经济学原理》（修订版），北京：人民出版社，2014年版，第579页。

② 胡鞍钢教授在《中国：创新绿色发展》一书中认为："以高消耗、高污染、高排放为基本特征的发展，即黑色发展模式。"我认为应当以高投入、高消耗、高排放、高污染、高代价为基本特征的发展就是工业文明黑色发展模式，而以"五高"黑色发展模式为基本内容与发展思路就是工业文明黑色发展道路。

（4）全面生态化或绿色化是绿色发展的主要内容与基本路径。2011 年夏，中国绿色发展战略研究组课题组撰写的《关于全面实施绿色发展战略向十八大报告的几点建议》一书指出：按照马克思主义生态文明世界观和方法论，生态化应当写入党代会报告，使中国特色社会主义旗帜上彰显着社会主义现代文明的生态化发展理念，这是建设社会主义生态文明的必然逻辑，是发展绿色经济、实现绿色发展的客观要求，是构建社会主义和谐社会的必然选择。这里所说的生态化发展理念，就是绿色发展理念。后者是前者的现实形态与形象概括，在此我们很有必要作进一步论述：

☞ 生态化是一个综合科学的概念，是前苏联学者首创的现代生态学的新观念：早在 1973 年苏联哲学家 B. A. 罗西在《哲学问题》杂志上发表的《论现代科学的"生态学化"》一文中，就将生态化称为"生态学化"，其本质含义是"人类实践活动及经济社会运行与发展反映现代生态学真理"。以此观之，生态化主要是指运用现代生态学的世界观和方法论，尤其依据"自然、人、社会"复合生态系统整体性观点考察和理解现实世界，用人与自然和谐协调发展的观点去思考和认识人类社会的全部实践活动，最优地处理人与自然的自然生态关系、人与人的经济生态关系、人与社会的社会生态关系和人与自身的人体生态关系，最终实现生态经济社会有机整体全面和谐协调可持续的绿色发展"。[①]生态化这个术语是国内外学者，尤其在中国新兴、交叉学科的学者广泛使用的新概念，其论著中使用的频率最高，当代中国已经出现新兴、交叉经济学生态化趋势。因此，这个界定从学理上说，我们可以作出一个合乎逻辑的结论：生态化应当是生态文明与绿色发展的重要范畴，甚至是基本范畴。

☞ 当今人类生存与发展需要进行一场深刻的生态经济社会革命，走绿色发展新道路，推进人类生存与发展的生产方式和生活方式的生态化转型，实现人类生存方式的全面生态化。它就内在要求人类社会的经济、科技、文教、政治、社会活动等经济社会运行与发展的全面生态化。在当代中国就是使中国特色社会主义生态经济社会体系运行朝着生态

① 刘思华：《论新型工业化、城镇化道路的生态化转型发展》，载《毛泽东邓小平理论研究》2013 年第 7 期，第 8～13 页。

化转型的方向发展。这种生态化转型发展就成为生态经济社会运行与发展的内在机制、主要内容、基本路径与绿色结果。这样的当代中国走生态化转型发展之路，是走绿色发展的必由之路与基本走向。可以说，“顺应生态化转型者昌，违背生态化转型者亡。”[①]这不仅是当今人类文明进步和世界经济社会发展，而且是中国特色社会主义文明进步和当代中国经济社会发展的势不可当的生态化即绿色化发展大趋势。

☞ 生态马克思主义经济学哲学强调生态文明是广义和狭义生态文明的内在统一，[②]并把广义生态文明称为绿色文明，既然生态化是生态文明的一个重要范畴，那么它就同生态文明，也是广义与狭义生态化的内在统一；这样说，可以把广义生态化称之为绿色化。两者的本质内涵是完全一致的。2015 年 3 月 24 日，中共中央政治局审议通过的《关于加快推进生态文明建设的意见》首次使用了绿色化这一术语，要求在当前和今后一个时期内，协同推进新型工业化、城镇化、信息化、农业现代化和绿色化。如果说绿色发展（包括循环发展和低碳发展）是生态文明建设的基本途径，那么可以说生态化发展是生态文明建设的内在机制和基本内容与途径。这是因为生态文明建设的理论本质是以生态为本，即主要是以增强提高自然生态系统适应现代经济社会发展的生态供给能力（包括资源环境供给能力）为出发点和落脚点，既要构建优化自然生态系统，又要推进社会经济运行与发展的全面生态化，建立起具有生态合理性的绿色创新经济社会发展模式。所以“生态文明建设的实践指向，是谋求生态建设、经济建设、政治建设、文化建设与社会建设相互关联、相互促进，相得益彰、不可分割的统一整体文明建设，用生态理性绿化整个社会文明建设结构，实现物质文明建设、政治文明建设、精神文明建设、和谐社会建设的生态化发展。这是中国特色社会主义生态文明建设的真谛。”[③]

☞ 笔者借写“丛书”总序之机，代表中国绿色发展战略研究组课题组和“丛书”的作者们向党中央建议：两年后把“绿色化”或“生态化”

① 刘本炬：《论实践生态主义》，北京：中国社会科学出版社，2007 年版，第 136 页。
② 刘思华：《生态马克思主义经济学原理》（修订版），北京：人民出版社，2014 年版，第 540～542 页。
③ 刘思华：《生态马克思主义经济学原理》（修订版），北京：人民出版社，2014 年版，第 549 页。

写入党的十九大报告，使它成为中国特色社会主义道路从工业文明黑色发展道路向生态文明绿色发展道路全面转轨的一个象征，成为当今中国社会主义经济社会发展模式从工业文明黑色发展模式向生态文明绿色发展模式全面转型的一个标志，成为中国特色社会主义文明迈向社会主义生态文明与绿色经济发展新时代的一个时代标识。

四、关于迈向生态文明绿色发展的使命与任务问题

自 2008 年国际金融危机以来，绿色经济与绿色发展迅速兴起，是有着深刻的生态、经济和社会历史背景的。应当说，首先是发源于回应工业文明黑色发展道路与模式的负外部效应所积累的全球范围“黑色危机”越来越严重，已经走到历史的巅峰。“物极必反”，工业文明黑色发展道路与模式的历史命运也逃避不了这个历史的辩证法。它在其黑色发展过程中自我否定因素不断生成，形成向绿色经济与绿色发展转型的因素日渐清晰彰显，使我们看到了绿色经济与绿色发展的时代晨光，人类正在迎来生态文明绿色发展的绿色黎明。这是人类实现生态经济社会全面和谐协调可持续发展的历史起点。

1. 我们必须深刻认识和正确把握生态文明的绿色发展道路与模式的时代特征

迈向生态文明绿色经济发展新时代的时代特色应是反正两层含义：一是当今世界仍然处于黑色文明达到了全面异化的巨大危机之中，使当今人类面临着前所未有的工业文明黑色危机的巨大挑战；二是巨大危机是巨大变革的历史起点，开启了绿色文明绿色发展的新格局、新征途，使人类面临着前所未有的绿色发展历史机遇，并给予全面生态变革与绿色转型的强大动力。因此，当今人类正处于工业文明黑色发展衰落向生态文明绿色发展兴起的更替时期。这是危机创新时代，黑色发展危机逼进绿色创新发展，绿色创新发展走出黑色发展危机。毫无疑问，当今世界和当代中国的一个生态文明绿色创新发展时代正在到来。对此，我们必须从工业文明黑色发展危机来认识与把握生态文明绿色发展道路与模式的历史必然性和现实必要性与可能性。

(1) 历史和现实已经表明，自 18 世纪资本主义工业革命以来，在工业文明（包括其最高阶段的后工业文明）时代资本主义文明及工业文明成功地按照自身发展的工业文明发展模式塑造全世界，将世界各国都引入工业文明黑色经济与黑色发展道路与模式，形成了全球黑色经济与黑色发展体系。当今中外多学科学者在对工业文

明黑色发展的反思与批判中，有一个共识：黑色文明发展一方面使物质世界日益发展，物质财富不断增加；另一方面使精神世界正在坍塌，自然世界濒临崩溃，人的世界正在衰败。它不仅是自然异化，而且是人的物化、异化和社会的物化、异化。当今世界的南北两极分化加剧，以美国为首的国际垄断资本主义势力为掠夺自然资源不断发动地区战争，没有硝烟的经济战和经济意识形态战频发；恐怖主义嚣张，物质主义、拜金主义、消费主义盛行，道德堕落和精神与理智崩溃，无论是发达国家还是发展中国家内部的贫富悬殊、两极分化正在加剧，各种社会不公正与不平等的社会生态关系恶化加深，已成为当今世界的社会生态黑色发展现实。因此，当今工业文明黑色发展的黑色效应已经全面地、极大地显露出来了，使工业文明黑色发展成为当今世界以及大多数国家和民族发展的现状特征。正是在这个意义上，我们完全可以说，当今人类已经陷入工业文明发展全面异化危机及黑色深渊，使今日之工业文明黑色发展达到了可以自我毁灭的地步，同时也包含着克服、超越工业文明黑色发展险境的绿色发展机遇和种种因素条件，也就预示着黑色发展道路与模式的生态变革与绿色转型是历史的必然。这就是说，如果人类不想自我毁灭的话，就必须自觉地走超越工业文明的生态文明绿色发展的新道路，及构建绿色发展的新模式。这是历史发展的必然道路，是化解当今工业文明黑色发展危机的人类自觉的选择，也是唯一正确的选择。

(2) 深刻认识和真正承认开创生态文明绿色发展道路与模式的现实必要性和紧迫性。这首先在于当今世界系统运行是依靠“环境透支”“生态赤字”来维持，使自然生态系统的生态赤字仍在扩大，将世界各国都绑在工业文明黑色发展之舟上航行。工业文明发展的一切辉煌成就的取得，都是以自然、人、社会的巨大损害为代价，尤其是以毁灭自然生态环境为代价的，这是西方各学科的进步学者的共识，也是中国有社会良知的学者的共识。在 1961 年人类一年只消耗大约 2/3 的地球年度可再生资源，世界大多数国家还有生态盈余。大约从 1970 年起，人类经济社会活动对自然生态的需求就逐步接近自然生态供给能力的极限值，自 1980 年首次突破极限形成“过冲”以来，人类生活中的大自然的生态赤字不断扩大，到 2012 年已经需要 1.5 个地球才能满足人类正常的生存与发展需要。因此，《增长的极限》一书的第 2 版即 1992 年版译者序就明确指出：“人类在许多方面已经超出了地球的承载能力之外，已经超越了极限，世界经济的发展已经处于不可持续的状况。”足见工业文明黑色发展确实是一种征服自然、掠夺自然、不惜以牺牲自然生态来换取经济发展的黑色发展道路，使“今天世界上的每一个自然系统都在走向衰落”。[①]进入21世纪的15年间，生态赤字继续扩大、自然生态危机及黑色发展危机日益加深。对此，《自然》杂志发文说：“地球生态系统将很快进入不可逆转的崩溃状态。”[②]联合国环境规划署2012年6月6日在北京发布全球环境展望报告中指出，当今世界仍沿着一条不可持续之路加速前行，用中国学者的话说，就是人类仍在继续沿着工业文明黑色发展道路加速前行。因此，从全球范围来看，“目前还没有一个国家真正迈入了‘绿色国家的门槛’”[③]，这是不可否认的客观事实。据报道，今年春季欧洲大面积雾霾污染重返欧洲蓝天，使巴黎咳嗽、伦敦窒息、布鲁塞尔得眼疾……这是今春西欧地区空气污染现状大致勾勒出的一幅形象的画面。这就意味着这些欧洲各城市又重新回到大气危机的黑色轨道上来了，因此，人们发出了西欧“霾害根除”还只是个传说之声。这的确是事实，欧洲遭遇空气污染已经不是新鲜事。2011年9月7日英国《卫报》网站曾报道，欧洲空气质量研究报告称空气污染导致欧洲每年有50万人提前死亡，全欧用于处理空气污染的费用高达每年7 900亿欧元。2014年11月19日西班牙《阿贝赛报》报道，欧洲环境署公布的空气质量年度报告显示空气污染问题造成欧洲每年大约45万人过早死亡，其中约有43万人的死因是生活在充满$PM_{2.5}$的环境中。2014年4月初，英国环境部门监测到伦敦空气污染达10级，是1952年以来最严重的污染，引发全国逾162万人哮喘病发[④]。近年来欧洲大面积雾霾污染事件，击碎了英国、法国、比利时等发达国家是“深绿发展水平国家”的神话。

(3) 一个国家和民族或地区经济社会运行，从生态盈余走向生态赤字并不断扩大的发展道路，就是工业文明的黑色发展道路，其自然生态环境必然是不断恶化的，没有绿色发展可言。与此相反，从生态赤字逐步减少走向生态盈余的发展道路，就是迈向生态文明的绿色发展道路，其自然生态环境不断朝着和谐协调绿色发展的方向前行。因此，逐步实现生态赤字到生态盈余的根本转变，构成判断是不是绿色发展及一个国家和民族及地区是不是“绿色国家”的一个基础根据与根本标准。据此，抛弃工业文明黑色发展模式，坚定不移走绿色发展道路，其根本的、最终的目标与

---

① 保罗·替肯：《商业生态学》（中译本），上海：上海译文出版社，2001年版，第26页。

② 详见2012年7月28日《参考消息》，第7版。

③ 杨多费、高飞鹏：《绿色发展道路的理论解析》，载《科学管理研究》第24卷第5期，第20～23页。

④ 戴军：《英国："霾害根除"还只是个传说》，2015年3月22日《光明日报》。

首要任务就是尽快扭转自然生态环境恶化趋势，实现生态赤字到生态盈余的根本转变，达到生态资本存量保持非减性并有所增殖，这是人类生态生存之基、绿色发展之源。

2. 开创绿色经济发展新时代的绿色使命与历史任务

当今人类发展已经奏响绿色经济与绿色发展的新乐章。发展绿色经济、推进绿色发展是开创绿色经济发展新时代的绿色使命与历史任务，必将成为人类文明演进与经济社会发展的时代潮流。从全球范围来看，迄今为止，世界上还没有一个国家或地区真正是生态文明的绿色国家或绿色地区，中国也不例外。但是当今世界主要发达国家和发展中国家，已经奏响经济社会发展绿色低碳转型的主旋律，开始朝着建设绿色国家或地区，推进绿色发展的方向前行。在此我们要指出的是，发展绿色经济、推进绿色发展是世界各国的共同目标和绿色使命。2010 年美国学者范•琼斯出版的《绿领经济》一书谈到美国兴起的绿色浪潮时说："不管是蓝色旗帜下的民主党人还是红色旗帜下的共和党人，一夜之间都摇起了绿色的旗帜。"[①]奥巴马政府实行绿色新政，主打绿色大牌，实施绿色经济发展战略，其战略目标是要促进经济社会发展的绿色低碳转型，再造以美国为中心的国际政治经济秩序。以北欧为代表的部分国家如瑞典、丹麦等在实施绿色能源计划方面走在世界前列。日本推进以向低碳经济转型为核心的绿色发展战略总体规划，力图把日本打造成全球第一个绿色低碳国家。韩国制定和实施低碳绿色增进的经济振兴国家战略，使韩国跻身全球"绿色大国"之列。尤其是在绿色新政席卷全球时，不仅美国而且英、德、法等主要发达国家，都企图引领世界绿色潮流。这些事实充分表明发展绿色经济、推进绿色低碳转型、实现绿色发展，是世界发展的新未来、新道路，已成为 21 世纪人类文明进步和经济社会发展的主旋律即绿色发展主旋律，标志着当今人类发展已经开启了迈向绿色经济发展新时代的新航程。

然而，历史发展不是一条直线，而是螺旋式上升的曲线。当今人类历史仍处在资本主义文明及工业文明占主导地位的时代，主要资本主义国家仍有很强的调整生产关系、分配关系和社会关系的能力和活力。因此，主要资本主义国家尤其是西方发达资本主义国家，在工业文明基本框架内对生态环境与绿色经济的认识，制定和实行生态环境保护、治理与生态建设政策、措施和行动，并发展绿色经济，来调节、

① 范•琼斯：《绿领经济》（胡晓姣、罗俏鹃、贾西贝译），北京：中信出版社，2010 年版，第 55 页。

缓解资本主义生态经济社会矛盾，力图走出工业文明发展全面异化危机即黑色发展困境。但是，正如一些学者所指出的，“事实的真相”则是到目前为止，西方发达资本主义国家所实施的绿色经济发展战略和自然生态环境治理与修复的思路与方案，主要是在工业文明基本框架内进行[①]，仍然没有根本触动工业文明也无法超越现存资本主义文明的黑色经济社会体系。这主要表现在两个方面：一是西方发达资本主义国家对内实行绿色资本主义的发展路线。目前西方发达国家主要是在不根本触动资本主义文明及工业文明黑色经济体系与发展模式的前提下，通过单纯的技术路线来治理、修复、改善自然生态环境，寻求自然生态环境和资本主义协调发展，缓解人与自然的尖锐矛盾，并在对高度现代化的工业文明重新塑造的基础上走有限的“生态化或绿色化转型发展道路”，即绿色发展道路，实践已经论证，这是不可能走出工业文明黑色危机的。今春欧洲大面积雾霾污染重返欧洲蓝天就是有力佐证。二是目前西方发达资本主义国家对外实行生态帝国主义政策，主要有3种形式：资源掠夺、污染输出和生态战争，使发达资本主义大多数踏上了生态帝国主义黑色之路，使西方发达国家的黑色发展道路与模式所付出的高昂生态环境成本即发生巨大黑色成本由发展中国家为他们“买单”。因此，我们从现实中可以看到，绿色资本主义和生态帝国主义的路线与实践不仅可以成功地改善资本主义国家国内的自然生态环境，缓解甚至能够度过“生存危机”，而且可以“在承担着创造后工业文明时代资本主义的‘绿色经济增长’和‘绿色政治合法性’新机遇的使命。”[②]

当今人类虽然正在迎来生态文明即绿色文明的黎明，但人类文明发展却是在迂回曲折中前进的。自2008年国际金融危机之后，先是美国实行“再工业化战略”，推进“制造业回归”。随后欧洲发达国家纷纷宣称要“再工业化”，不仅把包括绿色能源战略在内的绿色经济发展战略纳入经济复苏的轨道，而且还针对经济虚拟化、产业空心化，试图通过实施“再工业化战略”和“回归实体经济”，重塑日益衰落的工业文明生态缺位的黑色经济，重新走上工业文明增长的经济发展道路。这是向高度现代化的工业文明发展的回归，阻碍着人类文明发展迈向生态文明绿色经济发展新时代。

按照生态马克思主义经济学哲学观点，在资本主义文明及工业文明框架的范围

① 张孝德：《生态文明模式：中国的使命与抉择》，载《人民论坛》2010年第1期，第24～27页。

② 郇庆治：《“包容互鉴”：全球视野下的“社会主义生态文明”》，载《当代世界与社会主义》2013年第2期，第14～22页。

内，是不可能从根本上走出工业文明发展全面异化危机即黑色危机的深渊。对此，连西方学者也认为：在资本主义文明及工业文明的“基本框架内对经济运行方式、政治体制、技术发展和价值观念所作的任何修补和完善，都只能暂时缓解人类的生存压力，而不可能从根本上解决困扰工业文明的生态危机。”[①]这就是说，绿色资本主义和生态帝国主义的推行会使全球自然生态、社会生态和人类生态的黑色危机越来越严重。这与20世纪90年代以来世界各国在工业文明框架内实施可持续发展一样，其结果是“20多年来的可持续发展，并没有有效遏制全球范围的环境与生态危机，危机反而越来越严重，越来越危及人类安全。”[②]因此，世界人民有理由把更多的目光集聚到社会主义中国，将开创工业文明黑色发展道路与模式转向生态文明绿色发展道路与模式，这一人类共同的绿色使命与历史任务寄托于中国建设社会主义生态文明。2011年在美国召开的生态文明国际论坛上有位美国学者说道：“所有迹象表明，美国政府依然将在错误的道路上越走越远。”“所有目光都聚到了中国。放眼全球，只有中国不仅可以，而且愿意在打破旧的发展模式、建立新的发展模式上有所作为。中国政府将生态文明纳入其发展指导原则中，这是实现生态经济所必需的，并使得其实现变为可能，是一个高瞻远瞩的规划。”[③]

3. 中国在当今世界已经率先拉开超越工业文明的社会主义生态文明绿色经济发展新时代的序幕，引领全人类朝着生态文明绿色经济形态与绿色发展模式的方向发展

我国改革开放以来，始终坚持保护环境和节约资源的基本国策，实施可持续发展战略，一些省市和地区实行“生态立省（市）、环境优先、发展与环境、生态与经济双赢”的战略方针。从发展生态农业、生态工业到建设生态省、生态城市、生态乡村；从坚持走生产发展、生活富裕、生态良好的文明发展道路，建设资源节约型、环境友好型经济社会，到发展绿色经济、循环经济、低碳经济；从大力推进生态文明建设到着力推进绿色发展、循环发展、低碳发展等，都取得了明显进展和积极成效。特别是党的十八大确立了社会主义生态文明科学理论，提出和规定了建设

① 转引自杨通进：《现代文明的生态转向》，重庆：重庆出版社，2007年版，总序第4页。

② 胡鞍钢：《中国：创新绿色发展》，北京：中国人民大学出版社，2012年版，第9页。

③ 《第五届生态文明国际论坛会议论文集（中英文）》，April 28-29，2011，Claremont，CA，USA，Fifth International Forum on Ecological Civilization：toward an Ecological Economics。

中国特色社会主义的两个“五位一体”[①]：建设中国特色社会主义“五位一体”总体目标，使中国特色社会主义道路的基本内涵更加丰富；建设中国特色社会主义“五位一体”总体布局，使中国特色社会主义的基本纲领更加完善。这不仅是奏响我们党“领导人民建设社会主义生态文明”（新党章语）的新乐章，而且标志着全国人民踏上社会主义生态文明绿色发展道路的新征途。因此，党的十八大明确提出“努力建设美丽中国”是社会主义生态文明建设的战略目标，即建设美丽中国首先是建设绿色中国，其中心环节就是走出一条生态文明绿色经济发展道路，构建绿色经济形态与发展模式。据此而言，党的十八大向全党全国人民发出的“努力走向社会主义生态文明新时代”的伟大号召，意味着中国特色社会主义文明发展要努力迈向生态文明绿色经济与绿色发展新时代。为此，《中共中央 国务院关于加快推进生态文明建设的意见》中又提出把经济社会绿色化作为生态文明建设与绿色发展的核心内容与基本途径，从而在当今世界率先开拓了从工业文明黑色发展道路与模式转向生态文明绿色发展道路与模式，使当下中国朝着生态文明绿色经济形态与发展模式的方向发展，努力成为成功走出工业文明的新型工业化道路、真正进入生态文明的绿色化发展道路的榜样国家。

当然，当今中国的客观现实还是一个加速实现工业化的发展中国家，刚走过发达国家100多年所走过的工业文明发展历程，成为以工业文明为主导形态的工业大国。在这几十年间，中国工业化、现代化道路的探索，尽管在一定程度上符合中国国情和实际情况，但仍然走的是工业文明黑色发展与黑色崛起道路，它在本质上是沿袭了西方发达资本主义文明所走过的高碳高熵高代价的工业文明——“先污染后治理、边污染边治理”的黑色发展道路。因此，我们“不得不承认，我们原先走在黑色发展和崛起的征途上，所以尽管我们即使按西方工业文明的标准未达到发展与崛起的程度，但是黑色发展和崛起的一切代价和后果我们都已尝到了。”[②]历史经验教训值得重视，党的十八大之前的20多年里，我们在没有根本触动刚刚形成的工业文明经济社会形态前提下，换言之，在工业文明基本框架内实施可持续发展战略、生态环境治理与修复，建设生态省市，走文明发展道路以及发展绿色经济等，是不可能有效遏制、克服工业文明黑色发展道路与模式的黑色效应，工业文明发展异化

① 刘思华：《生态马克思主义经济学原理》（修订版），北京：人民出版社，2014年版，第561～566页。

② 陈学明：《生态文明论》，重庆：重庆出版社，2008年版，第22页。

危机即黑色危机反而日益严重。它突出体现在3个方面[①]：一是当下中国自然生态恶化状况从总体上看，范围在扩大、程度在加深、危害在加重；二是城乡地区差距不断扩大、分配不公与物质财富占有的贫富悬殊已成常态；三是平民百姓生活质量相对变差等社会生态恶化，公众健康相对变差的国民人体生态恶化等，使得生态经济社会矛盾不断积累与日益突出甚至不同程度的激化，已成为建设美丽中国、全面建成小康社会的重大"瓶颈"，是实现绿色中国梦的最大桎梏。因此，我们必须正视当下中国"自然、人、社会"复合生态系统的客观现实，深刻认识与正确把握当今中国从工业文明黑色发展道路向生态文明绿色发展道路的全面转轨，从工业文明黑色发展模式向生态文明绿色发展模式的全面转型的必要性、迫切性、重要性与艰巨性。事实上，近年来，我国学术界有人为了所谓填补研究空白、标新立异，制造一些伪绿色发展论，不仅把西方主要发达国家说成是"深绿色发展国家"，掩盖当今资本主义国家工业文明发展全面恶化危机即黑色危机的客观现实；而且把处于"十面霾伏"的雾霾污染重灾区的京津冀、长三角、珠三角的一些城市界定为"高绿色城镇化"，这完全不符合客观事实的假命题，否定不了当下中国及城市自然生态危机仍在加深的严峻事实，动摇不了我国以壮士断腕的决心和信心，打好大气、水体、土壤污染的攻坚战和持久战。

所谓攻坚战和持久战，就在于当前国内外事实表明，大气、水体、土壤污染治理与修复已成为世界性的难题。而当今中国大气、水体、土壤污染日益严重，应当说是长期中国工业化、城市化黑色发展积累的必然恶果，是中国工业文明黑色发展道路与模式对自然生态损害的直观展示，是对中国过去GDP至上主义发展的严厉惩罚及严重警示。改革开放30多年，中国经济发展规模迅速扩大，快速成长为工业文明经济大国，这是世所罕见的。然而，它所付出的自然生态环境代价也是世所罕见的。当今世界上很少有国家像中国这样，以如此之高的激情加速折旧自己的生态环境未来，已经是世界头号污染排放大国，正如国内外学者所指出的，中国已经成为世界上最大的"黑猫"，"全球最大的生态'负债国'"[②]。目前中国生态足迹是生物承载力的两倍，生态系统整体生态服务功能不断退化，生态赤字还在扩大。中

① 刘思华：《论新型工业化、城镇化道路的生态化转型发展》，载《毛泽东邓小平理论研究》2013年第7期，第8～13页。

② 卢映西：《出口导向型发展战略已不可持续——全球经济危机背景下的理论反思》，载《海派经济学》2009年第26辑，第81页。

国生态系统的生态负荷已达到临界状态，一些资源与环境容量已达支撑极限，经济社会发展是依靠“环境透支”与“生态赤字”来维持。因而，生态赤字不断扩大，生态（包括资源环境）承载力日益下降，在大中城市尤其是大城市十分突出，如上海市人均生态足迹是人均生态承载力的46倍，广州市为31倍，北京市为26倍。在存在生态赤字的国家中，日本是8倍，其他国家均在2～3倍，中国大城市特大城市普遍存在巨大的生态赤字，都面临比其他国家更为严峻的自然生态危机①。由此要进一步指出，目前全国600多个大中城市，特别是大城市，其高速发展不仅正在遭遇各种环境污染，如水、土、气三大污染之困，而且正在遭遇“垃圾围城”之痛，有2/3的城市陷入垃圾的包围之中，有1/4的城市已没有适合场所堆放垃圾，从而加剧了城市生态系统的黑色危机。近日有学者发文认为，“中国城镇化离绿色发展要求的内涵、绿色发展的模式相去甚远”，“中国的绿色发展目标尚未实现”②。这就是说，迄今为止，我国还没有一个大中城市真正走入按照社会主义生态文明的本质属性与实践指向所要求的生态文明绿色城市的门槛，这是不容争辩的客观事实。

综上所述，无论当今世界还是今日中国，生态足迹不断增加，生态赤字日益扩大，这是自然生态危机的核心问题与根本表现。而当下中国各类环境污染呈现高发态势，已成民生之患、民心之痛、发展之殇；生态赤字与生态资本短缺仍在加重，使我国进入生态“还债”高发期，良好的自然生态环境已经成为最为短缺的生活要素、生产要素及生存发展要素。这就决定了生态环境问题是严重制约中国生态经济社会有机整体、全面和谐协调可持续发展的最短板，是建设美丽中国、实现绿色中国梦的最大阻碍，是中国绿色发展与绿色崛起面临的最大挑战与绿色压力。因此，我们要直面这一严峻现实，必须也应当摆脱与摒弃过去所走过的工业文明高碳高熵高代价的黑色发展道路，与工业文明黑色发展模式彻底决裂，积极探索生态文明低碳低熵低代价的绿色发展道路及发展模式，使中国特色社会主义文明发展尽早实现从工业文明黑色发展道路与模式向生态文明绿色发展道路与模式的根本转变，成功地建成生态文明绿色强国。

---

① 齐明珠、李月：《北京市城市发展与生态赤字的国内外比较研究》，载《北京社会科学》2013年第3期，第128～134页。

② 庄贵阳、谢海生：《破解资源环境约束的城镇化转型路径研究》，载《中国地质大学学报（社科版）》2015年第2期，第1～10页。

五、关于"绿色经济与绿色发展丛书"的几点说明

"绿色经济与绿色发展丛书"是目前世界和中国规模最大的绿色社会科学研究与出版工程，覆盖数10个社会科学和自然科学，是现代经济理论与发展思想学科群绿色化的开篇，故不得不说明几点：

(1)"丛书"站在中国特色社会主义文明从工业文明走向生态文明的文明形态创新、经济社会形态创新、经济发展模式及发展方式创新的新高度，不仅探讨了中国社会主义经济的发展道路、发展战略、发展模式和发展体制机制等生态变革与绿色创新转型即生态化、绿色化发展，而且提出了从国民经济各部门、各行业到经济社会发展各领域等方面，都要朝着生态化、绿色化方向发展。为建设社会主义生态文明和美丽中国，实现把我国建成绿色经济富国、绿色发展强国的绿色中国梦，提供新的科学依据、理论基础和实践框架及路径。

(2)"丛书"力争出版45部，涉及学科很多、内容广泛，理论与实践问题研究较多，大致可以归纳为4个方面：一是深化生态文明和绿色经济与绿色发展的马克思主义基础理论研究；二是若干重大宏观绿色化问题研究；三是主要领域、重要产业与行业发展绿色化问题研究；四是微观绿色化问题研究。因此，整部"丛书"是以建设生态文明为价值取向，以发展绿色经济为主题，以推进绿色发展为主线，比较全面、系统地探讨生态经济社会及各领域、国民经济各部门、各行业与其微观基础的绿色经济与绿色发展理论和实践问题；向世界发出"中国声音"，展示中国的绿色经济发展理论与实践的双重探索与双重创新。

(3)"丛书"是新兴、交叉学科群绿色化多卷本著作，必然涉及整个经济理论与发展学说和马克思主义的基本原理与重要的基本理论问题，并涉及众多的非常重要的现实的前沿话题，难度很大，有些认识还只能是理论的假设与推理，而作者和主编的多学科知识和理论水平又很有限，因而"丛书"作为学科群绿色化的开篇，很难说是一个十分让人满意的开头，只能是给读者和研究者提供一个学术平台继续深入探讨，共同迎接绿色经济理论与绿色发展学说的繁荣与发展。

(4)"丛书"把西方世界最早研究生态文明的专家——美国的罗伊·莫里森所著的《生态民主》译成中文出版。《生态民主》一书于1995年出版英文版，至今已有20年了，中国学界和出版界却无人做这项引进工作，出版中译本。近几年来，在我国研究生态文明的热潮中，很多论文和著作都提到《生态民主》一书，尤其我

国权威媒体记者多次采访莫里森，使这本书在中国有较大影响。然而，众多研究者介绍本书时都没有具体内容，既没有看英文版原版，又无中译本可读，只是相互转抄、添油加醋，就产生了一些学术误传，不利于正确认识世界生态文明思想发展史，更不能正确认识中国马克思主义生态文明理论发展史。因此，笔者下决心请刘仁胜博士译成中文，由中国环境出版社出版，与中国学者见面。在此，我要强调指出的是莫里森先生所写中译本序言和该书一些基本观点，并不代表我作为“丛书”主编的观点，我们出版中译本是表明学术思想的开放性、包容性，为中国学者深入研究生态文明提供思想资料与学术空间，推动社会主义生态文明理论与实践研究不断创新发展。

(5)“丛书”的作者们在梳理前人和他人一些与本领域有关的思想材料、引用观点时，都尽可能将原文在脚注和参考文献中一一列出，也有可能被遗漏，在此深表歉意，请原著者见谅。在此，我们还要指出的是，“丛书”是“十二五”国家重点图书出版规划项目，多数书稿经历了四五年时间才完稿，有的书稿所引用的观点和材料是符合当时实际的。党的十八大后，党和政府对市场经济发展进程中出现的某些经济社会问题，认真地进行治理并有所好转，但在出版时对书稿中过去的材料未作改动，把它作为历史记录保留在书中，特此说明。总之，“丛书”值得商榷之处一定不少，缺点甚至错误在所难免，故热切盼望得到专家指教和广大读者指正。

刘思华

2015 年 7 月

目　录

Contents

第 1 章
绪 论

联合国环境规划署在《迈向绿色经济》报告中写道:“最近对绿色经济概念的关注,很大程度上是由于人们对现行经济模式的失望,以及对新千年第一个十年中的诸多并发危机及市场失灵产生了疲惫感,尤其是 2008 年的财政和经济危机。而与此同时,另一种经济方式日益彰显,这是一种全新的经济模式。”这种经济模式就是绿色经济。

1.1 经济增长理论与经济增长事实

1.1.1 经济增长理论

经济增长是经济学中最重要的概念之一,是一个全世界关注的问题。美国经济学家库兹涅茨(Simon Smith Kuznets)认为,一个国家的经济增长,可以定义为给居民提供种类繁多的经济产品的能力长期上升。另一位经济学家萨缪尔森(Paul A. Samuelson)在他的经典著作《经济学》中将经济增长概括为一个国家潜在的国民力量,或者潜在的实际国内生产总值(GDP)的扩展。经济增长意味着经济规模和生产能力的扩大,可以反映一个国家或地区经济实力的增长。因而,如何保持经济持续均衡的增长是人类社会发展史上永恒的话题。

1776 年，英国古典经济学家亚当·斯密在他的历史巨著《国民财富的性质和原因的研究》一书中第一次系统地探讨了达到尽可能快的经济增长的两种途径：一是增加生产性劳动的数量；二是增加资本投入、加强分工和改良机器以提高劳动效率。之后，探讨和解释经济增长的源泉就成为经济学研究的核心问题之一，并依次经历了古典经济增长理论、新古典经济增长理论、新经济增长理论 3 个发展阶段，出现过“人口论”“资本积累论”“技术进步论”“人力资本论”“分工及专业化理论”“结构效应理论”和“制度决定论”等较具代表性的关于经济增长源泉观点。

大卫·李嘉图是古典经济时期继亚当·斯密后古典经济学的另一代表人物。李嘉图以收入分配为主线研究经济增长问题。虽然他也肯定了劳动量增加和资本积累在经济增长中的作用，但他又认为，由于边际收益递减趋势会使土地上产出的价值提高，导致劳动的工资成本上升，利润减少，引起投资下降，最终导致资本积累减少。因而，这两个因素对经济增长的贡献越来越小，从而在长期内经济增长将趋于停止。李嘉图把收入分配同经济增长联系起来，强调了合理的收入分配对经济增长的决定性作用。李嘉图的经济增长理论为深入研究经济增长背后的制度和结构因素，提供了有价值的路径。

另一古典经济学家托马斯·马尔萨斯在他的经济增长理论中阐述了“人口论”的观点。马尔萨斯（1798）认为，人口以现有的人口数量为基数不断增长，而其增长率会随着产出的增长而进一步增大。由于土地的数量是有限的，因而土地上生产的产品也是有限的。随着人口数量的增加，人们对土地上生产的产品需求增大，这将导致生产向肥力较低的土地上扩展，致使土地上的产出出现收益递减的规律。因而“人口的增长有经常超过生活资料增长的趋势”。这样，以人均产出表示的经济增长会受到人口增长的限制。

20 世纪 40 年代后期，英国经济学家哈罗德（Harrod R. F.）与美国经济学家多马（Domar E. D.）以凯恩斯的收入决定论为依据构建了哈罗德-多马模型，代表了“资本积累论”的观点。他们运用资本增长和产出增长的关系，在假定生产技术不变的条件下，通过构建数学模型，证明出给定一个储蓄率即资本积累率，能够实现均衡的、有保证的增长率只有一个唯一的数值。因此，实现充分就业的稳定增长一般很难实现。哈罗德-多马模型被用来解释投资、储蓄和经济增长的关系，强调资本形成与产出增长的动态关系，“二战”后，被广泛用于研究发展中国家的长期经济发展问题。

但哈罗德-多马模型假定储蓄全部转化为投资是一个非常复杂的理论问题，同时假定资本-产出比不变，实际上排除了技术因素对经济增长的影响，是一种“刀刃”式经济增长。为了修正哈罗德-多马模型的“刀刃”式增长路径的不足，以索洛、斯旺、米德和萨缪尔森等为代表的经济学家提出了强调技术进步的新古典增长理论。该理论的基本模型为：$\frac{\Delta Y}{Y}=\lambda+\alpha\left(\frac{\Delta K}{K}\right)+\beta\left(\frac{\Delta L}{L}\right)$，其中，$\frac{\Delta Y}{Y}$、$\frac{\Delta K}{K}$、$\frac{\Delta L}{L}$分别代表经济增长率、资本增长率和劳动力增长率，$\lambda$表示技术进步的增长贡献率，$\alpha$与$\beta$分别为资本与劳动力的产出弹性（或权数）。模型表明经济增长具有两种不同来源：一是由要素数量增加而产生的“增长效应”$\alpha+\beta$；二是由要素技术水平提高而带来的经济增长λ。1957 年，索洛运用全要素生产率分析方法对上述模型进行检验发现，两种经济增长的来源对经济增长的贡献分别为 0.125 和 0.875，据此，索洛确立了技术进步决定经济增长的观点。之后，丹尼森等提出的“余值”概念也支持了这一观点，并认为资本和劳动投入对总增长率的贡献逐步减小，技术进步等因素已经成为经济增长的主要源泉。

新古典经济增长理论虽然意识到了技术进步对经济增长的决定性影响，但是索洛模型中的技术进步是外生给定的，对“技术进步余数”是如何发生的，模型并未做出解释。20 世纪 80 年代中后期以来，围绕如何把“索洛余数”内生化这条主线，以罗默、卢卡斯、杨小凯、诺斯、库兹涅茨和钱纳里等为代表的经济学家们分别从技术变化、人力资本积累、分工-专业化、结构效应、制度变迁等角度，提出了新的经济增长模型，被称为新经济增长理论。

罗默打破了索洛模型的假设前提，将技术进步内生化，建立了一个内生技术的长期经济增长模型。罗默认为，技术知识作为一个独立的因素投入生产过程，不仅能使它自身的收益递增，还能使投入生产过程中的资本和劳动等要素收益递增，罗默由此得出结论：技术变革是知识积累的结果，知识积累是现代经济增长的新源泉，特殊的知识和专业化的人力资本是经济增长的主要因素。

美国经济学家西奥多·舒尔茨将罗默的技术进步论进一步发展，把资本分为物质资本和人力资本两种形式，强调人力资本是使经济稳定增长的保证。卢卡斯吸收了人力资本思想，区分了由技术进步具体化在生产中的一般知识和表现为劳动技能的人力资本，认为人力资本不仅可以提高劳动者的生产率，也能提高物质资本的生产率，促进经济增长。因而主张将人力资本作为一个独立的要素纳入经济增长模型，提出了以人力资本为核心的经济增长模式，认为只有专业化的人力资本积累才是产出增长的真正源泉。

1928年，杨格在《报酬递增与经济进步》中提出了他的“分工观”。杨格通过引入“迂回生产方式”的概念，分析了“劳动分工”与“市场规模”相互促进、循环演进的关系。他指出，当市场对某种产品的需求足够大时，生产这种产品的中间工序就能够被分离出来，因而，分工取决于市场规模；而劳动分工会在原料生产者和最终产品消费者间插入越来越多的专业化企业，可见，市场规模又取决于分工。劳动分工与市场规模相互推进产业专业化，它是报酬递增的基本组成部分。

杨小凯继承并发展了杨格的分工思想，他从微观层面出发，解释了分工是促进经济增长的因素。杨小凯认为，分工促使个人的生产决策选择他自身的专业化水平，使一个人专注于某项工作，其在这项工作上的效率必然高于非专业劳动者。随着分工的不断加深，个人专业化所带来的知识积累使个人的生产经验不断积累，生产效率提高，报酬递增，从而导致经济的内生增长。杨小凯进一步分析认为，经济增长是一个动态的过程，只要劳动分工演进到一定水平并保持进一步分工的潜力，人均收入就会不断提高，从而经济的持续增长是可能的。

帕西内蒂、钱纳里等结构主义经济学家是“结构效应理论”的代表。帕西内蒂认为，由于需求扩张速度与不同部门或产业间的生产率提高速度不同，为了适应需求的变化，资本和劳动力会在不同部门或产业间发生转移，只要资本和劳动力能够转移到拥有相当高的就业增长率和生产增长率的部门，整个国民经济就能够保持快速增长，产业结构的变动就会加速经济增长。钱纳里认为，资源再分配，即资本和劳动力从农业向其他生产率较高的产业转移会带动经济增长，因而，经济增长中包含结构效应，它是经济增长的一个源泉。

归纳上述观点我们看到，从传统经济增长理论到新经济增长理论，经济学家在探索经济增长源泉的过程中，不断将理论逼近现实，呈现如下特征：

（1）资本积累与劳动力增加是经济增长的基本源泉，这就意味着生产过程实际上是一个组织资本与劳动创造新价值的过程。虽然随着现实经济的日新月异，经济学家认识到促成经济增长的因素在不断更替，但探索的范畴基本没有脱离资本与劳动，变化的重点在于对劳动的认识不断升华，由最初分析劳动力增加到强调人力资本积累在经济增长的作用，实际上沿袭了劳动创造价值的观点。

（2）劳动创造价值的观点，充分肯定了人的能动性是社会进步的源泉，由于过分强调人的能动性，难免忽略自然在人类进步中的作用。由上述经济增长理论发展史我们看到，经济增长理论关心的是如何最大可能地促进经济增长，围绕这个主题，经济学家们从劳动、资本到技术进步、知识积累、人力资本，再到经济结构、经济制度等方面扩展经济增长的源泉研究。但研究视野始终没有突破经济系统，而事实上劳动在创造价值时必须要与自然发生联系，人的能动性会受到它的客体即自然的制约。

（3）“资源稀缺性”是经济学的理论前提，虽然认识到自然资源对经济的制约作用，但在实际研究过程中，经济增长理论却忽略了这种制约条件，注重对经济增长源泉的探索。而探索经济增长源泉的最终目的无非是追求经济总量的最大化，经济总量的大小成了经济发展的考察指标，在现实经济发展中盛行。那么，这种经济增长模式带来的增长事实又是什么呢？

1.1.2 经济增长事实

1.1.2.1 经济保持了持续稳定的增长趋势

经济增长是一个经济社会的实际产量（或实际收入）的长期增加，即按不变价格水平所测定的充分就业产量的增加。通常以实际国内生产总值（gross domestic product，GDP）或人均实际国民生产总值的增加来测度。GDP 的增长描述了一国整体生产能力的扩增，人均国内生产总值的增长反映了一国或地区人民的富裕程度。如果国内生产总值增长率等于或低于人口增长率，实质上经济处于零增长或负增长状态。所以用人均实际国内生产总值增长率来衡量一国经济增长比用国内生产总值增长率更有意义。

经济增长理论是研究解释经济增长规律和影响制约因素的理论。西方经济增长理论主要研究发达资本主义国家的经济增长并为其服务。自古典经济增长理论以来，包括主要发达国家在内的世界和主要地区长期经济增长率如表 1-1 所示。

表 1-1 显示了自 1500 年以来世界和主要地区人均 GDP、人口和 GDP 增长率（年均复合增长率）情况。大致包含了经济增长理论发展的 3 个时期。从表中数据看到，虽然古典经济增长理论与新古典经济增长理论时期世界经济增长率较低，大约在 1%以下波动，且经济增长的主要动力几乎完全来自一些欧洲国家和西方衍生国。但自 1500 年以来，世界经济整体上保持了长期稳定的增长趋势，特别是新经济增

长理论阶段，经济保持了较高的增长水平，其中 1950—1973 年是经济增长的黄金时期，世界和主要地区人均 GDP 年均复合增长率均在 2%以上，个别国家与地区如日本和西欧经济增长率更是高达 4%以上。

表 1-1 世界和主要地区人均 GDP、人口和 GDP 增长率（年均复合增长率） 单位：%

	1500—1820 年	1820—1870 年	1870—1913 年	1913—1950 年	1950—1973 年	1973—1998 年
			人均 GDP			
西欧	0.15	0.95	1.32	0.76	4.08	1.78
西方衍生国*	0.34	1.42	1.81	1.55	2.44	1.94
日本	0.09	0.19	1.48	0.89	8.05	2.34
亚洲（不含日本）	0.00	−0.11	0.38	−0.02	2.92	3.54
拉丁美洲	0.15	0.10	1.81	1.42	2.52	0.99
东欧和前苏联	0.10	0.64	1.15	1.5	3.49	−1.1
非洲	0.01	0.12	0.64	1.02	2.07	0.01
世界	0.05	0.53	1.30	0.91	2.93	1.33
			人口			
西欧	0.26	0.69	0.77	0.42	0.7	0.32
西方衍生国*	0.43	2.87	2.07	1.25	1.55	1.02
日本	0.22	0.21	0.95	1.31	1.15	0.61
亚洲（不含日本）	0.29	0.15	0.55	0.92	2.19	1.86
拉丁美洲	0.06	1.27	1.64	1.97	2.73	2.01
东欧和前苏联	0.34	0.87	1.21	0.34	1.31	0.54
非洲	0.15	0.40	0.75	1.35	2.33	2.73
世界	0.27	0.40	0.80	0.93	1.92	1.66
			GDP			
西欧	0.41	1.65	2.1	1.19	4.81	2.11
西方衍生国*	0.78	4.33	3.92	2.81	4.03	2.98
日本	0.31	0.41	2.44	2.21	9.29	2.97
亚洲（不含日本）	0.29	0.03	0.94	0.90	5.18	5.46
拉丁美洲	0.21	1.37	3.48	3.43	5.33	3.02
东欧和前苏联	0.44	1.52	2.37	1.84	4.84	−0.56
非洲	0.16	0.52	1.40	2.69	4.45	2.74
世界	0.32	0.93	2.11	1.85	4.91	3.01

资料来源：[英]安格斯·麦迪森（Angus Maddison）著：《世界经济千年史》，伍晓鹰、许宪春等译，第 116～117 页。

* 西方衍生国即美国、加拿大、澳大利亚与新西兰。

对于西方发达资本主义国家，如西欧及其衍生国家美国、加拿大、澳大利亚与新西兰等国家人口与经济保持了同步变化，而日本却例外。1913—1950 年，日本人口年均复合增长率达到最高峰1.31%，GDP年均复合增长率为2.21%；1950—1973年，日本人口年均复合增长率下降，但其 GDP 年均复合增长率却上升到顶峰，达9.29%。相应地，这个时期西方资本主义国家的人均 GDP 增长率基本保持了长期稳定增长的态势，其经济增长的“黄金时期”是 1950—1973 年，其次是 1973—1998年的“新自由秩序”时期。由于两次世界大战和大战之间出现的世界贸易和资本市场的崩溃，以及移民的中断，1913—1950 年的经济增长明显低于它的增长潜力。拉丁美洲亦呈现相似的增长特征。

亚洲地区的 GDP 年均复合增长率在 1820—1870 年和 1913—1950 年均低于其人口增长率，导致这两个时期人均 GDP 年均复合增长率出现负值，经济不稳定性比较明显，但该地区在 1973—1998 年是世界唯一没有出现经济增长下滑的地区。

东欧和前苏联，以及非洲地区自 1500 年以来表现出基本相似的经济增长趋势。差异在于前者经济增长较快，后者增长较缓慢。但 1973—1998 年，东欧和前苏联经济增长下滑剧烈，出现负增长情形。

1.1.2.2 地区间年均经济增长率的差异，最终转化为国家间收入相对水平的差异

从表 1-1 可以看出，自 1500 年以来，世界各地区的人均 GDP 除了保持长期增长趋势外，地区间的增长存在较大的差异。这种差异随着时间的推移，最终转化为国家间收入相对水平的差异（表 1-2）。1500—1820 年，世界各地区间人均 GDP 年均复合增长率都较低，经济增长缓慢，1500 年人均 GDP 总量最大地区间差距是 2∶1，相差不大。此后，随着经济增长率的变化，地区间人均 GDP 差距快速扩大，到 1998年，人均 GDP 最大地区间差距达 19∶1。西欧是资本主义发展较早的地区，在古典经济增长理论发展阶段，西欧处于世界经济领先地位。但这种优势很快就被其衍生国所代替，1870 年，美国、加拿大、澳大利亚与新西兰等国人均 GDP 达 2 431 国际元，超过西欧资本主义国家（人均 GDP 1 974 国际元）。之后，该地区就一直保持世界经济领先地位，1998 年，其人均 GDP 达 26 146 国际元，富裕程度是非洲地区的 19 倍。

而从世界 GDP 结构上看，亚洲地区（不含日本）虽然 GDP 总量占世界 GDP 比重较大（表 1-3），但由于人口较多，人均 GDP 增长率有限，人均 GDP 总量低，增长缓慢，到 1998 年，人均 GDP 也只有 2 936 国际元，仅高于非洲地区，是世界上较贫困的地区之一。相反，拉丁美洲的 GDP 总量占世界 GDP 比重相对较低，

1998 年也仅为 8.7%，但其人均 GDP 在 1913 年后迅速扩大，1998 年已经达到 5 795 国际元，步入相对富裕阶段。

表 1-2　人均 GDP 水平和地区间差距（以 1990 年为基准）　单位：国际元

国家（地区）	1500 年	1820 年	1870 年	1913 年	1950 年	1973 年	1998 年
西欧	774	1 232	1 974	3 473	4 594	11 534	17 921
西方衍生国*	400	1 201	2 431	5 257	9 288	16 172	26 146
日本	500	669	737	1 387	1 926	11 439	20 413
亚洲（不含日本）	572	575	543	640	635	1 231	2 936
拉丁美洲	416	665	698	1 511	2 554	4 531	5 795
东欧和前苏联	483	667	917	1 501	2 601	5 729	4 354
非洲	400	418	444	585	852	1 365	1 368
世界	565	667	867	1510	2114	4 104	5 709
最大地区间差距	2∶1	3∶1	5∶1	9∶1	15∶1	13∶1	19∶1

资料来源：[英]安格斯·麦迪森（Angus Maddison）著：《世界经济千年史》，伍晓鹰、许宪春等译，第 116～117 页。
* 西方衍生国即美国、加拿大、澳大利亚与新西兰。

表 1-3　世界 GDP 的结构　单位：%

国家（地区）	1500 年	1820 年	1870 年	1913 年	1950 年	1973 年	1998 年
西欧	17.9	23.6	33.6	33.5	26.3	25.7	20.6
西方衍生国*	0.5	1.9	10.2	21.7	30.6	25.3	25.1
日本	3.1	3.0	2.3	2.6	3.0	7.7	7.7
亚洲（不含日本）	62.1	56.2	36.0	21.9	15.5	16.4	29.5
拉丁美洲	2.9	2.0	2.5	4.5	7.9	8.7	8.7
东欧和前苏联	5.9	8.8	11.7	13.1	13.1	12.9	5.3
非洲	7.4	4.5	3.7	2.7	3.6	3.3	3.1
世界	100.0	100.0	100.0	100.0	100.0	100.0	100.0

资料来源：[英]安格斯·麦迪森（Angus Maddison）著：《世界经济千年史》，伍晓鹰、许宪春等译，第 116～117 页。
* 西方衍生国即美国、加拿大、澳大利亚与新西兰。

1.1.2.3　新千年世界经济在波动中保持了增长趋势，国家间贫富差距继续扩大

1973—1998 年，世界经济经历了一个下降期，进入 2000 年以后，经过十多年的发展，世界经济呈现两个明显特征：第一，世界经济整体上保持了增长趋势，但波动较大，增长趋势受高收入国家经济增长影响明显（图 1-1）。高收入国家在 2001 年与 2009 年经历了两次低增长，特别是 2008 年金融危机出现后，高收入国家经济迅速下滑，2009 年其经济增长率出现负值，世界经济增长率也随之下降转为负值。

其他收入等级国家经济则保持了较好的增长趋势，但发展趋势上受到高收入国家经济的影响。第二，国家间收入等级差距继续扩大（图 1-2）。高收入国家间的人均 GDP 维持了上升趋势，且遥遥领先于其他等级国家的人均 GDP 值。中等收入以下的国家人均 GDP 增长缓慢，特别是低收入国家，其人均 GDP 增长举步维艰，世界性的贫富差距越来越大。

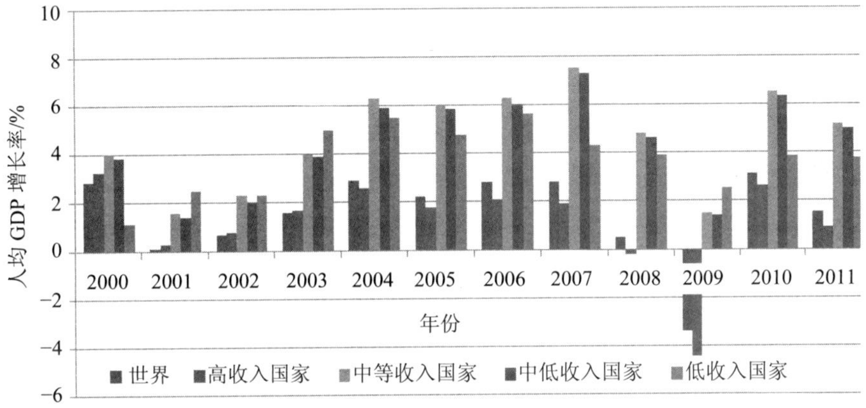

资料来源：历年《国际统计年鉴》。

图 1-1　2000—2011 年世界不同收入等级国家人均 GDP 增长率

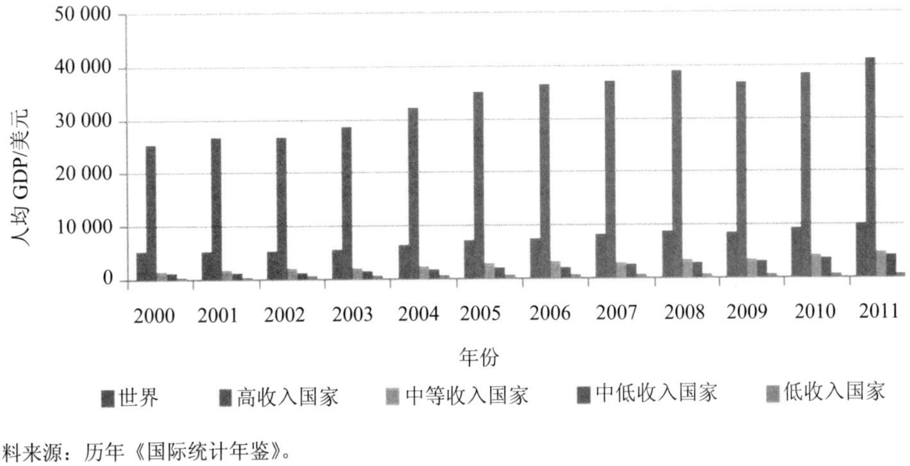

资料来源：历年《国际统计年鉴》。

图 1-2　2000—2011 年世界不同收入等级国家人均 GDP

1.1.2.4 经济增长事实的特征分析

总结古典经济增长理论以来世界经济增长的事实，我们看到，古典经济增长时期世界人均收入的增长是缓慢的，其平均水平仅提高了 50%，显示出粗放的特点。而进入新古典经济增长时期后，世界经济的增长变得活跃，呈现出更强劲的势头，人均收入是古典经济增长时期的近 8 倍，同期世界人口增长了 5.6 倍，人均收入增长超过了人口增长。这两个时期，经济增长最快的地区是西欧、西方衍生国（美国、加拿大、澳大利亚与新西兰）和亚洲的日本。这些国家的人均收入在 1820—1998 年提高了 19 倍，而其他地区只提高了 5.4 倍。

进入新经济增长理论时期后，世界经济出现了“黄金增长”，优于以往任何时期。1950—1973 年，世界 GDP 年均增长率达到 4.91%，人均 GDP 年均增长率为 2.93%。1973—1998 年，世界 GDP 年均增长率为 3.01%，人均 GDP 年均增长率为 1.33%。与此相比，1500—1820 年，世界 GDP 年均增长率为 0.32%，人均 GDP 年均增长率仅为 0.05%。

由此可见，自古典经济增长理论以来，世界经济呈现出与新经济增长理论追求总量增长目标相对应的增长事实，整体经济获得了巨大的发展，人均收入不断提高，人们生活水平取得了长足进展。新经济增长理论在指导现实经济发展过程发挥了重要作用，促成了经济总量的不断扩大。

但经济总量不断扩大的同时，却伴随着人均收入差距的不断扩大，贫富差距一方面日益成为世界经济稳步前进的阻碍因素，另一方面，更加促进了发达国家对世界经济的左右，加剧了贫富差距的扩大化。突出表现在 2000 年后，肇始于北美洲和欧洲地区发达经济体的全球经济危机，引起出口和商品价格的突然下降，发达国家经济增长徘徊不定，随之发展中国家经济增长放慢。2009 年，发达国家与低收入国家经济均出现负增长，一些地区，国内生产总值的跌幅甚至超过了就业的下降幅度，导致每个工人的产量减少。这说明，经济总量增长并非世界经济发展的唯一衡量指标，经济总量的增长需要和与之相应的代价作比较，经济增长代价小的最大经济总量或者说具有高质量的经济增长才能维持世界经济的持续稳定发展。回顾千年世界经济发展史，经济增长的最大代价莫过于理论与现实对资源环境的忽视带来的不可估量的损失。

1.2 经济增长的资源环境代价

1.2.1 经济增长理论对资源环境的忽视

资源是人类生产资料或生活资料的来源，从狭义上看，资源通常被认为是自然资源。自然资源具有两层属性：一是自然因素属性；二是能为人类提供效益，产生经济价值的社会属性。因此，可将自然资源定义为自然界一切天然存在的、对人类有用的自然物。与自然资源不同，环境资源除了强调资源的经济价值外，更加突出其生态价值，也就是说，环境资源的要素并非只限于自然资源，还包括依托自然资源的物质实体产生的景观可观赏性、舒适性、环境容量及其自身的调节能力等①。自然资源与环境资源的自然因素属性与生态价值属性被传统经济学认为是“无价值”的。这种“无价值”论将自然资源与环境资源排斥在主流经济学的研究框架范围外，致使其在研究资源配置时，虽也考察资源稀缺性的约束条件，但稀缺性仅仅建立在劳动力、资本与土地等基本生产要素上，认为光、热、水、空气等自然资源和生态环境是取之不尽、用之不竭的资源。基于这种理念，上述主流经济学在探究经济增长的源泉过程中，也只把劳动力、资本和技术、知识等要素作为内生化的变量进行分析，而把自然资源与环境资源作为外生变量进行考察。由于两类资源只是经济增长的外生变量，不进入投入产出分析中，因此常规经济指标中就不考察其耗损价值，也不将其作为资本资产处理。这种理论研究视角，无形中夸大了生产过程输出端物质财富积累的价值，把原本应该参与成果分配的自然资源与环境资源交给自然自身决定，忽视了自然资源与环境资源产生经济价值的前提条件必然是它们自身能够健康循环运动。物质财富积累造成的竞相掠夺式开发，导致经济增长与资源环境的矛盾日益尖锐，经济增长的资源环境损害代价越来越大。可以说，1820 年特别是 1900 年以来的世界经济增长史同时也是一部资源环境不断恶化的历史。

① 汪应宏：《资源经济学导论》，北京：中国矿业大学出版社，2005 年版，第 169 页。

1.2.2 经济增长对资源环境的影响

千年经济发展，特别是三百年的工业文明以人类征服自然、获得飞跃发展为主要特征。然而，人类过度消耗资源、对忽视资源环境的经济增长产生的负面影响预料不够，预防不利，导致了全球性的三大危机，即资源短缺、环境污染和生态破坏。

1.2.2.1 资源短缺

资源是经济增长不可或缺的源泉，但随着工业文明的不断推进，资源却遭受了掠夺式开发。据联合国环境规划署国际资源专门委员会 2011 年 5 月在《将自然资源利用和环境影响与经济增长脱钩》的报告中测算的数据反映："过去一百多年以来，人类消耗的资源总量迅速增加，从 1900 年的 60 亿 t 到 2000 年的 490 亿 t，目前估计高达 590 亿 t，而且还将在未来几十年的时间里成倍增长。2000 年全球每年人均资源消耗量为 8～10 t，大约为 1900 年的 2 倍。2000 年工业化国家的平均消耗量大约为全球平均水平的 2 倍，是最贫穷的发展中国家的 4～5 倍。"该报告警告，"除非经济增长速度与自然资源消耗速度'脱钩'，否则到 2050 年，人类每年消耗的矿物、矿石、化石燃料和生物量估计将达到 1 400 亿 t，是目前人类消耗量的 3 倍，远远超出地球的承受力"。世界自然基金会在公布的《地球生命力报告 2014》中也指出，由于人类每年消耗的可再生资源需要地球用一年半的时间再生，这样，我们就需要 1.5 个地球才能满足目前对自然的需求，这意味着，我们正在逐渐耗尽我们的自然资源。且由于人类消耗的许多资源不可再生，长此以往，不仅资源的价格很可能会上升，资源短缺也将成为经济增长的瓶颈。

1.2.2.2 环境污染

人类活动对环境造成的污染通常包括大气污染、水污染与固体废物污染 3 个方面。据世界气象组织和联合国环境规划署建立的政府间气候变化专门委员会（IPCC）公布的《气候变化 2007：自然科学基础》报告显示，自 1750 年以来，随着人类对煤、石油和天然气等矿物能源的大量使用，全球大气二氧化碳、甲烷和氧化亚氮浓度显著增加，目前已经远远超出了根据冰芯记录得到的工业化前几千年来的浓度值，其中二氧化碳浓度值从工业化前的约 280 ppm* 增加到 2005 年的

* 1 ppm=10^{-6}，全书同。

379 ppm，甲烷浓度值从工业化前的约715 ppb[**]，增加到2005年的1 774 ppb，氧化亚氮浓度从工业化前的约270 ppb，增加到2005年的319 ppb。该报告指出，从1860年以来全球地表平均升温0.6℃±0.2℃，最近20年是过去100年来最暖的，而20世纪90年代是1 000年来最暖的10年，并指出有很高的可信度证明，自1750年以来，人类活动产生的上述气体对气候的影响总体上是增暖的。如果气候变暖成立的话，将给地球和人类的生态、气候、海洋、农作物以及人体健康等方面带来复杂的潜在影响。水生生态系统是自然和人类进程的主要整合者，虽然水是地球上分布最广泛的资源，但地球上的水只有2.53%是淡水，且2/3左右的淡水位于永久冰层下或被永久冰雪所覆盖，作为污染物的最终受纳体，由于受到污染，可利用的淡水资源量正在进一步减少。据联合国《世界水资源开发报告》称，全球每天有200万t的工业、化学、人们用过的和农业废物（化肥、杀虫剂、杀虫剂残留物）等垃圾被倾入水中，虽然有关污染的范围和程度的可靠性数据并不非常齐全，但有一项估算显示世界废水的总产量大约在1 500 km^3。假设1 L废水污染8 L淡水，那么全球受到污染的淡水总量可能会达到12 000 km^3。不仅如此，人类活动也产生了大量的固体废弃物。据估计，全世界人口每天制造的垃圾大约为350万t，以霍恩威格（Daniel Hoornweg）为首的专家团队称，如果人类不改变自己的行为方式，到2100年每天全球就会新增1 100万t生活垃圾，据此，他们评论称，垃圾增长的速度已经超过了包括温室气体在内的其他环境损害因素。而世界银行2012年6月发布的有关全球城市固体垃圾管理状况的前瞻性报告指出，城市居民产生的垃圾量将从2012年的年均13亿t增加到2050年的年均22亿t。

1.2.2.3 生态破坏

与资源短缺及环境污染相关的另一项危机就是生态系统遭到破坏。据联合国《千年生态系统评估报告》分析，在过去一个世纪里，人类从主宰生态系统以及开发生物多样性中获益。该报告显示，与1900年相比，1960年以来，世界经济活动增长了6倍，食物产量增加了2.5倍，食物价格下降，人类生活水平明显提高。但获益的同时导致生物多样性丧失、许多生态系统服务功能下降以及其他群体贫困程度加剧。据测算，人类活动已经破坏了地球60%的草地、森林、农耕地、河流和湖泊。在近几十年中，地球上近1/3的红树林遭到破坏；1950年后的30年间土地转

** 1 ppb=10^{-9}，全书同。

化为耕地的面积超过1700—1850年150年的总和；除南极洲以外，所有大陆都发生荒漠化，10%～20%的旱地已经退化（65%～85%的确定性）；1960—2000年，水库储水量翻了两番，结果是大型水库内的储水量估计是任何时刻河流中流动水量的3～6倍。2008年2月22日，联合国环境规划署（UNEP）发布了最新报告《生活在死水中》（*In Dead Water*）。该报告第一次详细描述了环境污染、过度捕捞等对海洋带来的影响，指出全球一半的鱼类生活在不到7.5%的海域中，由于人口的增长和沿海地区的发展，80%以上的海洋污染将来自陆地，并且该比重还将增加。森林砍伐、污水排放和河流径流将导致沉积物和营养物的负荷增加，这会极大地减弱珊瑚礁的恢复力，在近几十年中，地球上1/5的珊瑚礁已经死亡。沿海地区的快速开发和污染，不断加速主要渔场及其附近的海洋死亡区的蔓延，海洋死亡区（低氧或缺氧地区）的数量已从2003年的149个增长到2006年的200多个。过度捕捞和水底拖网捕捞导致海洋渔业资源衰竭，衰竭储量的比率从1950年的4%上升到2000年的25%，而未被开发的储量从65%突跌为0，一些经济价值很高的渔业，如纽芬兰岛沿海的大西洋鳕鱼，由于过度捕捞突然崩溃。除鱼类不断走向衰竭外，估计今后100年中，大约12%的鸟类、25%的哺乳动物和32%的两栖动物将濒临灭绝。世界自然基金会发布的《地球生命力报告2014》也显示，自1970年以来，全球生物多样性受到有史以来最严重的挑战，全球生物物种的种群数量已下降52%。换句话说，目前地球上的哺乳动物、鸟类、爬行类和鱼类数量平均约为40前的50%，而这些物种种群是支撑着维系地球生命力的生态系统，是反映人类活动对地球家园影响的"晴雨表"。

由于不断追逐经济总量的增加，人类砍伐树木的速度超过其生长速度，捕鱼的数量超过海洋的供给能力，或者释放到大气中的二氧化碳超过了森林和海洋的吸收能力，废弃物堆积的速度超过其可被吸收或循环利用的速度，造成自然资源蓄积量减少，人类对自然的需求已经超过地球的可供给能力。随着世界人口预计在2050年和2100年分别达到96亿和110亿，地球可供每个人使用的生物承载力还将进一步缩水，生物承载力的持续上升更具挑战性①。而人类的存续、福祉和繁荣依赖于健康的生态系统及其提供的服务，人类正在遭受资源环境破坏带来的经济社会影响。

---

① 引自世界自然基金会的《地球生命力报告2014》。

1.2.3　资源环境危机的经济社会影响

1.2.3.1　资源环境危机的经济影响

由世界银行与联合国共同编写的《自然灾害、非自然灾害：有效预防的经济学》报告指出，1980—2011 年，灾害夺走了 250 多万人的生命，使全世界蒙受了 3.5 万亿美元的经济损失。2011 年是有记载以来灾害损失最大的一年，损失总额估计达到了 3 800 亿美元，这种情况延续了过去 30 年来损失不断增加的趋势。该报告还预计，灾害造成的损失将继续增长，到 2050 年，大城市中暴露在风暴、地震等自然灾害面前的人口将有可能增加 1 倍，达到 15 亿人。到 2100 年，即使没有气候变化的影响，与天气有关的灾害造成的损失仍有可能增加 2 倍，达到每年 1 850 亿美元；如果考虑气候变化的因素，仅热带飓风所造成的损失就将额外增加 280 亿～680 亿美元。

另据联合国环境规划署（UNEP）金融倡议机构等组成的研究小组 2010 年发布的调查报告显示，人类活动造成全球变暖和大气污染等环境破坏，由此引起的经济损失在 2008 年已经达到约 6.6 万亿美元，相当于全球 GDP 总量的 11%。UNEP 推算，按照目前的发展速度，到 2050 年环境破坏造成的经济损失将比 2008 年扩大 3 倍以上，达到 28.6 万亿美元。研究小组根据以往的研究结果、被认为由全球变暖引发的农作物受损及灾害、氮氧化物和硫氧化物等大气污染造成的健康损害等指标，推算出了 2008 年全球环境破坏造成的经济损失。其中全球变暖造成的损失最大，达到 45 300 亿美元。水资源的浪费和水污染、大气污染分别造成了 12 260 亿美元、5 460 亿美元的损失，加上其他因素引发的全球经济损失，总额达到 6.6 万亿美元。其中有 1/3 的损失归咎于世界最大的 3 000 家企业，特别是电力、石油及天然气开发、采矿等行业引起的损失较大。

联合国环境规划署还在 2010 年 10 月公布的《生态系统与生物多样性经济学》报告中指出，如果不采取任何行动，生态系统遭受破坏将导致全球每年遭受 2 万亿～4.5 万亿美元的损失。因毁林和森林退化造成世界经济损失每年达 2 万亿～5 万亿美元，大于金融危机造成的损失。由于具有高额补贴的工业捕鱼船队之间的竞争，以及现有法规不够完善和执行薄弱，已经导致大量具有商业价值的鱼群被过度捕捞，从而导致海洋渔业收入每年以 500 亿美元的比例递减。

2010 年，Aldy 等在一份经济学文献评论中就上述危机产生的经济影响进行了大致估计，认为如果气温与工业化前水平相比升高 2.5℃，那么到 2100 年，气候变暖导致的全球国内生产总值（GDP）的损失每年将达到 1%～2%。如果气温升高 4℃，那么全球 GDP 的损失比例将增加到 2%～4%。气候变化带来的严重影响可能无法避免，也是全球经济发展最严重的挑战之一。

这份报告同时指出，生态系统的退化实际上是人均资产的减少。传统的统计方式在计算经济增长时不考虑自然资源的消耗或者可再生资源的退化。造成的结果便是，一个国家国内生产总值的增长是建立在人均资产丧失的前提下。此外，由于生态系统对所有人都是开放的，比如说所有人都能使用蓄水层的纯净水，都可以向大气排放污染物，因此，生态系统的退化也没有反映在经济统计上。然而，如果将与自然资产相关的经济损失计算到成本中，那么严重依赖自然资源的国家收入状况就会发生很大的改变。2001 年，在 122 个能够提供完整经济数据的国家中，如果考虑自然成本，其中 39 个国家的净收入至少削减 5%。

1.2.3.2 资源环境危机的社会影响

资源环境危机不仅对经济造成巨大的影响，对社会也形成不可估量的损失。据联合国发布的《千年发展目标与环境全球检测报告》指出，目前全世界 10 亿人仍缺乏取得安全饮用水的合理途径，26 亿人缺乏基本的环卫设施。要实现水和环境卫生的目标，需要把目前的年投资额增加 1 倍，达到约 300 亿美元，即环境改善每年需投入 300 亿美元。据估计，环境对健康的危害所造成的经济负担高达 GDP 的 1.5%～4%。在全世界，环境风险因素在 80%的疾病中起了一定作用，包括疟疾、痢疾和呼吸道感染，每 30 秒钟就有一个儿童死于疟疾。

更可悲的是，世界人口中因生态系统退化导致人均资产削减最严重的恰恰是最缺乏生活基本保障的人。该报告发现，全球超过 20 亿人口居住在干旱地区，与其他地区的人相比，他们发生营养不良、婴儿死亡和传染性疾病的比率都要高得多。贫穷和自然资源减退的双重作用，使贫穷地区的人只能以有限的手段保护自然资源，从而造成资源的进一步退化和贫穷的加重。

总结经济增长理论与经济增长史我们发现，经济增长理论在探索经济增长源泉时，一方面确认“资源稀缺性”的存在，通过生产可能性边界探讨“资源稀缺性”与“选择性”的矛盾问题；另一方面，又强调“选择”取决于个人偏好（克鲁索的偏好，这种偏好实际上就是他生存的必需与消费愿望的结合），突出个人偏好即消费对生产的决定性作用。随着人口的不断增加，生产过度问题随之产生，在这种条件下，转而探讨人的能动性，认为人力资本的积累借助知识、技术等创新活动能够推动生产可能性边界外移。这种研究视角，促成了在现实经济发展过程中，追求经济总量的增加，经济获得稳步提升的同时，也引发了资源环境危机与贫富差距的日益扩大。

在这种背景下，联合国可持续发展大会“里约+20峰会”集中讨论了两个主题，其中，“绿色经济在可持续发展和消除贫困方面的作用”成为大会主题之一，绿色经济也因此成为新环境下应对资源环境危机与解决贫困问题的经济增长模式。

1.3　绿色经济的提出与绿色经济核算的意义

1.3.1　西方环境资源经济思想历程

西方环境资源经济思想最早产生于古典经济学时期。经历了由单一资源分析到逐步深入的发展过程。但是，直到20世纪60年代西方发起的“绿色运动”，经济绿化的思想与理论研究才正式得以形成并获得发展。当前，绿色经济已引领着世界经济发展的潮流，形成一种新的经济增长模式。

1.3.1.1　亚当·斯密以前价值理论中的自然资源基础

英国古典经济学的奠基人威廉·配第（William Petty，1623—1687）在他创立的价值理论中认为，“劳动是财富之父，土地是财富之母”，把劳动和土地作为价值的两个并列源泉。这里的土地即是作为自然物质的土地，如生产谷物的耕地、矿山等。配第把“土地作为与劳动并列的价值源泉”的思想说明，在经济学的起源阶段，自然资源与人类劳动都处在经济学的研究范围之内，二者不可分。

之后，18世纪50—70年代的重农学派建立了以“自然秩序”为哲学基础，以“纯产品”理论为核心的理论体系。重农学派所说的“纯产品”，是指农业部门生产出来的财富超过在生产过程中所耗费的财富的余额，其来源是土地肥力，是土地的赐予。因而，在重农学派的价值理论中，土地资源与劳动依然是创造价值的两个必不可少的条件。

但是，这种思想在亚当·斯密后发生了改变。斯密的经济学对价值理论研究的重心逐渐转向社会经济关系方面，自然资源基础被忽略了。

1.3.1.2 古典经济学时期的自然资源观

英国古典经济学理论体系的创立者亚当•斯密（Adam Smith，1723—1790）观察到劳动和资本在推动物质生产中的巨大作用，因而把国民财富的源泉确定为劳动，把年产品与消费者人数的比例作为衡量国民富裕程度的标志，认为年产品与消费者人数的比例取决于国民劳动的素质和生产性与非生产性劳动者的比例，而生产性与非生产性劳动者的比例又取决于推动劳动的资本量的大小及资本的用途。故此，斯密构筑了经济增长的基本模式：

$$\Delta G = f(L, K) \tag{1.1}$$

式中：ΔG —— 经济增长速度；

L —— 劳动；

K —— 资本。

这一模式隐含着一个重要的假设前提，即劳动和资本所推动的自然资源和环境基础不存在任何障碍，可以无限地满足劳动和资本的要求。因而，自然资源不成为经济增长的内生因素。这种设定自斯密后开始流传推崇，成为经济学的准则之一，为以后的经济学家所遵循。

与斯密对自然资源的认识不同，英国人口学家和经济学家托马斯•罗伯特•马尔萨斯（Thomas Robert Malthus，1766—1834）在他的《人口论》中阐述了人口与生产资料的增长趋势。认为随着人类经济的发展，等级程度不断降低的土地虽会不断得到开发，但可耕地的存量毕竟有一个绝对的数量界限，一旦社会经济的发展达到可耕地的绝对数量界限，生产资料即土地的有限性对经济增长具有制约性，产品实现问题就成为经济增长不可逾越的障碍。

英国经济学家大卫•李嘉图（David Ricardo，1772—1823）否定了马尔萨斯的可耕地是经济增长的绝对限制观点，认为经济增长的确最终归结为自然资源的约束（主要取决于土地的肥力），但最后出现的“静止状态”只是经济增长的一种不断逼近的趋势，并不是经济增长肯定会出现的最终结果。

由此可见，自然资源特别是土地资源对经济增长的制约问题，在古典经济学家的视野中已经有了不同程度的反映。

19 世纪中叶英国最著名的经济学家约翰•斯图亚特•穆勒（John Stuart Mill，

1806—1873）对古典经济学家有关经济增长受自然资源约束的论断进行了归纳，将古典经济学家的自然资源稀缺概念推广到不可更新资源，认为不可更新资源稀缺是由人口增长引起的自然资源稀缺（主要是土地）之外的、将会对经济过程产生潜在约束的另一制约性因素，并对经济增长给环境质量可能带来的影响给予了高度重视。穆勒认为，环境有两类用途：一类是为人类提供生存的空间，另一类是给人类的生活增加舒适、愉悦、美感等。但环境给人类提供的第二种用途将会受到经济增长的严重威胁，且经济增长对环境质量的破坏还不能及时通过市场机制反映出来。

穆勒的自然资源和环境思想起到了承上启下的作用，尤其是他的环境保护思想，对当代环境保护运动产生了重要的影响。

杰文斯（William Stanley Jevons，1835—1882）着重分析了矿产资源对经济增长的限制，认为不可再生资源（尤其是煤）被耗竭的可能性是制约工业化国家（如英国）经济增长的最大威胁，并预言不可再生资源（如煤）的存量是英国经济增长的绝对界限。杰文斯对“煤炭问题”的研究，深化了穆勒对不可更新资源所作的分析，但其预言却被现实攻破。由此动摇了经济过程在物质上依赖于某种特定自然资源的观点，刺激了从市场机制角度重新认识自然资源约束的“新古典经济观”的产生。

1.3.1.3 新古典经济学时期的自然资源观

马歇尔（Alfred Marshall，1842—1924）是新古典学派的创始人，他对自然资源和环境经济思想最突出的观点是自然资源的稀缺可以通过价格机制得到反映，并通过市场供求关系的自发调节得到消除。这一论断也代表了新古典经济学家对资源环境问题的基本看法。新古典经济学理论认为，与人类的需求相比，资源总是相对稀缺。这种相对稀缺的资源在市场经济中通过价格机制进行分配。但在最优化的动态条件下，当价格不能很好发挥作用时，必然会刺激新技术、新发明的出现以提高开采效率，或者促使人们寻找能够降低成本的替代品，或者对已有的自然资源进行深加工、回收和更有效地利用。因而新古典经济学认为在长期内，不存在资源环境对经济增长的限制。这是20世纪60年代以前一直被推崇为正统的资源环境思想。

1.3.1.4 马克思、恩格斯的自然资源观

马克思和恩格斯也十分关注资源环境问题。马克思从科学的劳动价值论出发，在分析资本主义生产方式下的土地地租、矿山地租、建筑用地地租时，肯定了自然资源在创造使用价值方面的作用，同时也发现，资本主义方式不仅“使劳动者精力

衰竭”，而且“使土地日益贫瘠”。并认为只有在资本主义生产方式消亡时，自然资源的稀缺和人类对环境的破坏才会最终消失。马克思的资源环境思想，被当代激进经济学家所继承。

恩格斯同马克思一样，也肯定了自然资源在创造使用价值方面的作用。他在《劳动在从猿到人转变过程中的作用》一书中强调：“我们不要过分陶醉于我们对自然界的胜利。对于每一次这样的胜利，自然界都报复了我们。每一次胜利，在第一步都确实取得了我们预期的结果，但是在第二步和第三步却有了完全不同的出乎预料的影响，常常把第一个结果又取消了。”

1.3.1.5 20 世纪 60—70 年代的西方资源环境经济思想

进入 20 世纪 60 年代后，一系列经济和非经济因素如资源环境保护运动、热动力理论、生态理论以及增长极限理论、零增长论等对于突破新古典经济学家的资源环境经济思想产生了较大的推动作用。特别是其中的以“绿色革命”为标志的资源环境保护运动，引起人们对资源环境问题的广泛重视，由此提出了可持续发展的概念。同时，这个时期的“能源危机”“矿产资源危机”等问题日趋严重，60—70 年代许多经济学家开始反思新古典经济学的资源环境思想。他们对资源的最优耗竭率问题、污染问题和环境保护问题作了比较深入的探讨，形成了一些卓有成见的观点。

在资源耗竭问题上，将自然资源划分为可更新资源和不可更新资源两大类，并假设相对价格会自动反映自然资源稀缺程度，由此试图确定自然资源的最优耗竭率。对于自然资源最优耗竭率的研究，为确定自然资源存量的主要经济因素和条件提供了分析的工具，为研究更为复杂的经济环境关系奠定了基础。

在污染问题上，这一时期的经济学家沿袭了马歇尔和庇古（A.C.Pigou，1877—1959）的观点，认为由于价格机制不能有效地激励消除污染的经济行为，因而超出环境吸收能力形成的污染是不可避免的，污染是与最优资源利用无关的一个外部性问题。另外，这一时期的经济学家也对直接或间接的污染管理政策作了大量的探讨，引起了人们对环境吸收能力、公共物品、外部性、市场失灵以及自然系统保护等问题的关注。

在环境保护问题上，强调经济行为造成的环境成本和生态系统与自然环境的不可替代功能，这一认识超出了单纯把自然环境作为经济过程物质和能量来源的观点。在估算环境功能的价值方面，“影子价格”理论得到了发展和应用，并导致了大量关于消费、积累与环境质量之间最优选择的理论研究。

1.3.1.6 当代西方资源环境经济理论

20世纪60—70年代的经济学家对资源耗竭、污染控制、环境保护进行的研究是在“微观”层面上探讨的资源环境问题。当代资源环境理论主要是针对20世纪60—70年代的经济学家在资源环境问题认识上的不足展开的，着重揭示了资源环境系统的“宏观”问题。认为：①经济过程在物质上依赖于资源环境、经济活动必然产生资源环境成本。②环境整体上是一种稀缺“资源”，它为经济过程提供物质和能量来源、提供吸收经济过程排放的废物、为人类提供服务功能。③区分了长期稀缺与短期稀缺概念。自然资源短期稀缺产生于环境被过度地作为物质和能量来源导致的质量下降。长期稀缺则产生于持续扩大的环境退化不能得到有效的制止，生态的稳定性和持续性遭到了破坏。④生产方面等的创新可以延续资源的耗竭和环境质量的退化。⑤为保护资源环境质量和功能，有针对性地进行旨在弥补市场机制缺陷的制度设计和政府干预是必要的。⑥经济可持续发展战略。

从对西方资源环境经济思想的历史回顾中不难看到，贯穿这一领域经济思想的主线是资源环境与发展的关系问题。古典经济学家肯定了资源环境对经济发展的制约作用，并且以不同的方式表达了他们对这一限制的忧虑与思考；新古典经济学家则以对市场机制的绝对信心否定了这一限制，但也不得不对如何摆脱这一限制做出各种各样的说明，并对摆脱这一限制的途径进行探讨。在“能源危机”和“矿产资源危机”等问题的刺激下，近、现代经济学家日益深化了资源环境与经济增长的关系研究，促使包含资源环境问题的绿色经济增长模式日益走向经济发展的前台，当前绿色经济已经成为引领经济发展的新的经济增长模式。

1.3.2 绿色经济的产生与提出

自18世纪工业革命以来，受传统经济理论的指导，西方资本主义国家的经济发展经历了一条“先污染，后治理”的道路。这条道路给人们创造了巨大的物质财富，人们沉浸在财富的诱惑中，以至于忽略了自然环境在其承载极限外会产生逆向运动。20世纪60年代发生的“八大公害事件”震撼了全世界，引发了人们的反思。这时，一些学者开始注意到传统的以“资源耗费”为代价的经济发展理论存在缺陷，在对经济增长的研究上转而关注经济发展与环境、资源的关系，探讨经济增长的负效应。

1962 年美国生物学家蕾切尔·卡逊撰写的《寂静的春天》一书，唤醒了人类对环境问题的认识与关注，使人类开始意识到环境污染造成的危害是长期的、严重的，在资源环境面前，人们不能再坐以待毙。1972 年，罗马俱乐部出版的《增长的极限》阐述了人类社会的发展已经过渡到由人口增长、快速发展的工业、粮食缺乏和营养不良、枯竭的不可再生资源、日益恶化的生态环境五种发展趋势所组成。该书对经济增长与资源环境问题的认识上升到一个新的高度。1972 年，英国的经济学家 B. 沃德和美国微生物学家 R. 杜博斯编写了《只有一个地球——对一个小行星的关怀和维护》，该书从经济、社会和政治的不同角度，阐述了经济发展以及由经济发展带来的环境污染对不同国家产生的影响，呼吁世界各国人民对人类赖以生存的地球必须加以重视与维护。1972 年 6 月，环境问题的第一次国际会议在瑞典斯德哥尔摩召开，会议通过了《联合国人类环境会议宣言》，呼吁各国政府和人民，为维护和改善人类生存环境、造福人民和子孙后代须共同努力。并且认为，在人与环境的关系中，人类既是环境的创造物，又是环境的塑造者，同时环境又给人以生存的东西与发展的机会。因此，保护和改善人类环境是一个关系到全世界各国人民的幸福和经济发展的重要问题，各国必须联合起来。但环境问题的产生，在不同经济背景的国家却存在差异。在发展中国家，随着人口的增长，环境问题多半是由于发展不足造成的；而在工业化国家，却是由于过度追求物质财富，环境问题一般同工业化和技术发展有关。但不管何种原因带来的环境问题，世界各国在采取行动时，都必须更加审慎地考虑经济增长对环境产生的影响与后果，为了当代和子孙后代的生存，保护和改善人类环境已成为全世界一个紧迫的目标，并与世界和平、实现经济与社会发展的基本目标具有同等意义。

随着绿色经济研究的进展，后来的经济发展与环境资源的关系研究，更多地体现在由生态学家提出的可持续发展的思想与概念上。1980 年，《世界自然保护大纲》出版，该书第一次提出了可持续发展的思想。随后的 1981 年，莱斯特·布朗发表了《构建一个可持续发展的社会》，该书对可持续发展思想进行了系统而详尽的阐述。在可持续发展道路上，最值一提的当属挪威前首相布伦特兰夫人，她在主持的世界环境与发展委员会（WCEX）上公布了《我们的共同未来》，该书从共同的问题、共同的挑战以及共同的努力 3 个方面阐述了可持续发展的思想，引发了热烈探讨，并在世界各国掀起了可持续发展的浪潮。

同时，在研究经济发展和资源环境的相互关系过程中，一些经济学的分支学科也相继产生。比如，20世纪70年代后期，先后产生了环境经济学、生态经济学、资源经济学等。这些理论从不同角度研究经济发展与资源环境的关系，虽然侧重点不同，但对绿色经济发展也起到了推波助澜的作用。

20世纪90年代以来，在可持续发展浪潮的推动下，为了实现环境与经济发展的“双赢”，西方理论界又提出了一系列的绿色发展思想。重要的代表作有：赫尔曼·戴利的《超越增长：可持续发展的经济学》（2001）、艾尔斯的《转折点：增长范式的终结》（2001）、保罗·霍肯的《商业生态学：可持续发展的宣言》（2001）、唐奈勒·H. 梅多斯、丹尼斯·L. 梅多斯、约恩·兰德斯的《超越极限：正视全球性崩溃，展望可持续的未来》（2001）、哈丁的《生活在极限之内：生态学、经济学和人口禁忌》（2001）等。这些著作都阐述了经济发展与环境、资源的关系，认为环境、资源已经成为现代经济发展的稀缺性要素，难以承载现有经济增长速度，因而，经济发展的规模即经济增长的数量性在稀缺性资源下已不可能，未来经济发展主要是质量的提高，即环境资源效用的改善。

与此同时，在西方发达国家悄然兴起了一种绿色运动，并迅速扩展到全球。这股势不可当的国际性绿色浪潮，逐渐成为许多学科的研究对象，并进而成为学术界研究和探讨的热点命题。

西方的绿色运动引发了“浅绿色”与“深绿色”两种不同的绿色思想观点，这两种观点对绿色经济认识存在差异。“浅绿色”思想观点认为，虽然现代化的经济进程中存在着种种环境、经济和社会问题，但人类凭借自身的智慧能够通过科技手段找到新的能源和替代资源，并可望通过科技手段克服经济增长带来的现有种种环境和生态问题，因而，人类不必过于担忧，保持经济的持续增长和保证人类的幸福生活应该依然是现代化进程中的重点。而“深绿色”思想观点认为，在资源环境问题上，虽然科技进步确实能够提高资源的利用效率和发现新的可替代资源，并且在一定时期和一定区域范围内有利于减缓环境和资源的压力。但由于资源环境问题本质上不是经济增长而是当代社会的发展机制问题带来的，科技进步难以从根本上解决经济增长过程中产生的环境和资源问题，且即使找到了无限的或可替代的资源和能源，经济也不可能实现无止境的增长。因而，各个国家应该着力于从根本上改变当代社会的整个发展方向。

相对于“浅绿色”思想，“深绿色”思想反映的绿色经济思想更为明确，可以概括为：绿色经济是一种以保护生态、节约资源为基础并处于稳定状态的经济，它不以追求经济增长而是以发展为目的，期望以满足人类在长久的未来生活能够在一个相当优裕的生活标准或人均资源使用水平前提下的、适度规模和适度技术的、区域性自给自足的经济形态或经济发展模式。

而“绿色经济”（green economy）一词最初源自英国经济学家皮尔斯 1989 年出版的《绿色经济蓝图》一书。Jacobs 与 Postel 等在 1990 年代后提出了绿色经济学概念。但作为一种真正能够引领世界经济活动走向并被各国政府所采纳的名词，则是由联合国秘书长潘基文提出来的。在 2007 年年底的联合国巴厘岛气候会议上，潘基文秘书长指出“人类正面临着一次绿色经济时代的巨大变革，绿色经济和绿色发展是未来的道路”。

伴随着随后发生的金融危机，绿色经济成为各国政府应对危机的手段而成为热点概念，也引起了学术界的广泛探讨。而当前世界各国对绿色经济概念的关注，“很大程度上是由于人们对现行经济模式的失望，以及对新千年第一个 10 年中的诸多并发危机及市场失灵产生了疲惫感，尤其是 2008 年的财政和经济危机”（《迈向绿色经济：实现可持续发展和消除贫困的各种途径》）。在这种背景下，联合国环境规划署通过有关论证得出，投资 2%的全球生产总值用于绿化，包括农业、能源、建筑、水、林业、渔业、制造业、废物利用、旅游业和交通运输业 10 个核心经济部门，改变现行褐色的、污染和低效的经济发展模式，促使公共和私人资本流向低碳、资源高效途径，不仅能推动全球经济驶向更加可持续发展的轨道，而且随着时间的推移，还能够维持甚至提高经济增长速度。因而，呼吁各国发展绿色经济，绿色经济由此产生并进入经济增长实践中。

1.3.3 绿色经济核算的意义

绿色经济作为一种新的经济增长模式，在过去几年内从环境经济学的专业领域进入主流政策谋划领域，并且也在可持续发展和消除贫困的范畴内得到讨论。同时，越来越多的证据表明，向绿色经济过渡拥有充分的经济和社会根源，政府和私营部门正在努力参与绿色经济转型，绿色经济在各国发展的良好状态正在显现。

如何准确地呈现绿色经济这种发展状态，为推进生态文明建设、有效保护和永续利用生态资源、促进传统经济向绿色经济过渡提供信息基础、监测预警和决策支持，需要绿色经济有关方面的统计数据，为此，有必要对绿色经济开展统计核算。系统地讨论绿色经济核算的基本理论、方法、指标体系将会在以下3个方面产生理论与实践意义。

（1）能够真实地反映绿色经济发展状况，为政府部门推进绿色发展理念提供决策依据。绿色经济是一种建立在传统经济增长模式上的新生产方式，在生产、分配、消费等社会再生产领域灌入了新的内容。而现有国民经济核算体系建立在传统经济增长模式基础上，主要核算纯经济领域有关活动的内容，绿色经济成果并未在该体系中得到完整反映。因而，绿色经济核算既不会与传统国民经济核算相同，也不会是单纯的绿色 GDP 核算，它是一种对新生产方式的全面核算。通过对绿色经济内涵、绿色经济核算的基本理论、基本核算方法、有关指标体系的全面探讨，为系统地测度绿色经济成果提供理论方案，会使得绿色经济有关数据测算清晰明了，从而为政府推进绿色发展理念、制定绿色经济发展计划或政策提供更为可靠的数据依据。

（2）能够完善和发展经济核算的理论与方法，为建立与可持续发展模式相适应的经济核算与分析体系提供理论范式。绿色经济是产业经济为适应人类环保与健康需要而产生并表现出来的一种发展状态，它以经济与环境的和谐发展为目标，将环保技术、清洁生产工艺等众多有益于环境的技术转化为生产力，并通过有益于环境或与环境无对抗的经济行为，实现经济的可持续增长。将绿色经济的这些内容反映在核算体系中，是对现有国民经济核算体系在资源环境方面核算不足的弥补；同时，将从事环保与健康活动的产业从传统三次产业中分离出来，也是对现有国民经济核算在产业分类上的完善，对推动新的产业成长及建立与可持续发展模式相适应的经济核算体系都将会产生理论指引作用。

（3）能够协调经济、资源与环境统计数据，为学科间开展绿色经济研究搭建桥梁。自资源环境危机以来，绿色 GDP 核算、循环经济核算、低碳经济核算都受到了学术界的广泛关注，研究成果为资源环境核算积累了数据方法基础。但这些核算只是针对资源环境的某一方面内容开展，很难发现经济、资源与环境间存在的联动问题以及与其他有关类型的经济统计数据是否一致。绿色经济核算将经济、资源与环境间的统计数据放在一个统一的基本框架下，不再是单纯地考察传统经济的GDP数据，也不再是单纯地考察资源的循环利用情况与污染排放问题，而是要核算经济生产在改进人类福祉与减少生态环境风险中的经济增长与生态文明成果。经济增长与生态文明建设结合在一起，能够协调经济、资源与环境统计数据，而且很容易发现和解决它们之间存在的问题，并实现不同类型间统计数据的衔接，为经济学、生态经济学、资源环境学等学科开展绿色经济研究提供联动数据，以便更好地推动绿色经济的转型发展。

第 2 章

绿色经济的基本理论

2012 年 6 月，联合国可持续发展大会暨“里约+20”峰会将绿色经济列为会议的两大主题之一，重点研究可持续发展和消除贫困背景下的绿色经济发展。放眼当今，绿色经济在全球方兴未艾，许多国家把发展绿色产业作为推动经济结构调整的重要举措。特别是在应对国际金融危机中，不少国家在政策上突出绿色理念和内涵，谋划后危机时代的发展。那么，什么是绿色经济？它与其他可持续发展方式有何关系？作为一种新生产方式，绿色经济又是怎样在国民经济中运行的等一系列问题，决定着绿色经济核算如何开展，对这些问题的回答是绿色经济核算的基本理论前提。

2.1 绿色经济的基本概念

2.1.1 绿色经济的界定

从第 1 章的经济增长理论与对事实的回顾分析中看到，人类在分享经济增长带来的生活水平提高的同时，正经历着经济增长的伴生物——贫富差距、资源耗竭、环境污染、生态退化等带来的生存危机。重拾“天人合一”的古老生存智慧，以“绿色”重构现代生产和生活方式，走人与自然和谐的可持续发展道路，已成为当今人类社会的普遍共识。

但对于什么是绿色经济，虽然世界绿色运动自 1962 年开始至今已经有 50 多年历史，却并没有一个明确的含义。近年来崛起的绿色经济，直接与 2008 年爆发的金融危机有关，与英国环境经济学家 Pearce 最早提出的绿色经济概念不同，具有了全新的意义。目前，较普遍接受的是联合国开发计划署提出的绿色经济定义，联合国环境规划署（UNEP）在 2011 年发布的《迈向绿色经济：实现可持续发展和消除贫困的各种途径》将绿色经济界定为“提高人类福祉和社会公平，同时显著降低环境风险和生态稀缺的经济”。这一定义是在联合国千年发展目标与可持续发展进展缓慢的条件下提出的，企图借助一种新的发展模式将贫困问题与可持续发展问题结合在一起共同应对。概念突出了绿色经济肩负着实现可持续发展和消除贫困的双重责任，包含了以下几个方面内容：

（1）绿色经济延伸了资源配置理论的视角，更加侧重资源的配置效率。经济学意义下的资源配置可以分为生产领域的资源配置和消费领域的资源配置。生产领域的资源配置是指可供选择的生产要素资源包括劳动力、资本、土地、能源和原材料等在特定社会机制作用下在不同产业之间及产业内部不同生产者之间的分配和组合。消费领域的资源配置是指由生产者提供的用于社会分配的产品资源在特定社会机制作用下在不同消费者之间的分配。在市场经济条件下，生产领域的资源配置与消费领域的资源配置均通过价格机制实现。在价格机制的自发调节下，企业通过对利润最大化的追求，实现生产要素资源在不同产业之间及产业内部不同生产者之间的配置；消费者通过对商品消费效用最大化的追求，实现商品资源在消费者间的配置。这种调节机制，一方面要求生产资源与产品资源存在市场交易行为，对于不能在市场上交易的资源，价格机制的资源配置功能受阻；另一方面，价格绝对遵循资源供求变动是不可能的，它只能相对地围绕资源供求变动，这种相对的运动，在垄断等条件下就会导致资源配置的不合理。因此，在传统经济模式中，一部分自然资源的配置因为没有市场交易被忽视，另一部分资源因为价格相对地围绕资源供求变动而被不合理地配置。而在绿色经济下，自然资源完全纳入经济发展规划和核算当中，显著降低环境风险与生态稀缺必然要求绿色经济强调经济发展过程中提高能源和资源效率的功能，意味着绿色经济将更好地利用自然资源，更加有效、公正地配置资源。可以说，绿色经济延伸了资源配置理论的视角。

（2）绿色经济扩充了经济运行的投入产出范围。传统经济系统模型把人类的经济社会看做一个封闭系统，在这个系统中，家庭和企业由物质流和货币流连接起来，形成产品和要素两大市场。在要素市场上，企业将货币支付给家庭，购买家庭的生产要素投入生产过程生产产品；在产品市场上，家庭将货币支付给企业，购买企业生产的产品。两个行为主体的物质交换与货币支付行为具有以下特征：首先，产权是物质流运行的基本条件。无论是家庭提供生产要素还是企业提供产品，在两大市场上进行交易以拥有产权为前提，在产权规则下，每个交易当事人都将得到他应得的权益，同时也都将支付应由他承担的成本，物质流与货币流得以实现，交易得以形成。而对于那些不存在产权的资源，不在两大市场交易范围内，进而也不进入投入与产出范围计算。其次，边际效应是货币支付行为的标准。效用价值论认为物品的效用和物品的稀缺性相结合形成价值，其中，物品的效用是商品价值形成的必要条件，而物品的稀缺性则是物品价值形成的充分条件。但商品的价值量不是取决于它的总效用或平均水平，而是取决于它的边际效用，即满足消费者最小欲望那一单位的商品的效用。某物品越稀缺同时需求越强烈，边际效用就越大，因而价值就越大，货币支付就高，反之越少。实际经济增长过程中，人们认为空气、水等自然资源是经济增长用不完的原材料，人们把这部分自然资源当成"取之不尽、用之不竭"的资源，同时，生产和生活所遗留的废物被认为是自然界能够消化且不是生产与生活所需要的。因而，这部分资源与产品的边际效用小，货币支付小甚至为零，进而被排除在货币流动范围外。

而绿色经济提高人类福祉，强调人类福祉在绿色经济发展中的重要性。人类福祉是贫困的反义词，它是一种以环境和情形而定的状态，其组成要素包括满足高质量生活标准的基本物质需求、自由与选择、健康、良好的社会关系以及安全等（联合国《千年生态系统评估报告》，2005）。这实际上是对国家财富的重新认识，国家财富是指一个国家内，凡是具有创造价值能力的所有物质，包括有形物质财富如食物、资源、住房等，也包括无形财富如人力资本、社会资源和自然资源等，该指标是对"唯 GDP 论"的超越①。图 2-1 反映了 GDP 与人类福祉的关系，从图 2-1 可以看出，绿色经济不仅包含了传统经济维持安全和生计所需的物质、收入、资产、足够的食物、住所、家居设备、衣服和获取商品的途径，还扩展了自然资源的投入范围，包括生产与生活所需要的环境与适宜的休闲场所等，更扩展了产出的核算区域，将 GDP 的产出核算扩展到生活条件、幸福程度等。因此，绿色经济扩展了经济运行的投入产出范围。

① 杨朝飞、[瑞典]里杰兰德：《中国绿色经济发展机制和政策创新研究报告》，2012 年。

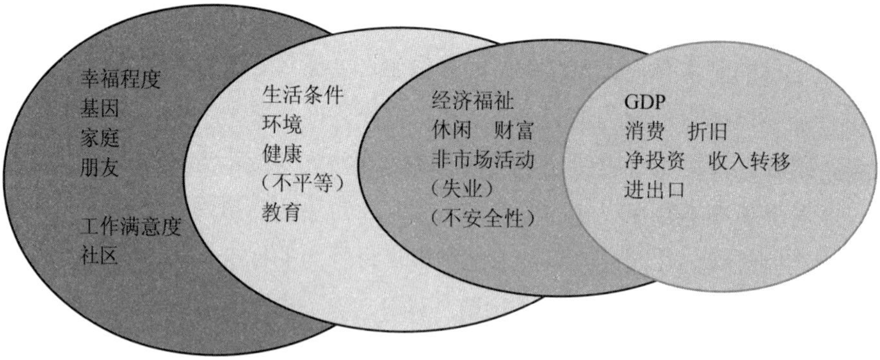

资料来源：德意志银行：《社会福利衡量》，2006年。

图 2-1 GDP 与人类福祉的关系

（3）绿色经济能促使经济、社会与环境三方红利的共同释放。联合国环境规划署在《迈向绿色经济：实现可持续发展和消除贫困的各种途径》的报告中指出，过去人们普遍认为环境可持续发展与经济发展存在不可避免的此消彼长的关系。而目前已经有大量证据可证明“绿化”经济并不会抑制财富创造和就业机会；相反，许多绿色经济部门正涌现出大量投资以及相关的财富和就业机会，绿色经济能促使经济、社会与环境三方红利的共同释放，最终走向经济健康增长、人口健康生存与生态健康发展的和谐统一。原因在于：①在经济领域，绿色经济通过提高资源配置效率，不仅提高了全要素生产率，促使资本存量增加，释放了经济增长的空间与扩展路径，而且绿色经济作为一种消除贫困的途径，在经济领域以人民幸福作为国家经济增长的第一位目标，立足建设“幸福型”国家，这是对传统国家发展理念的财富观、力量观的根本性变革。“幸福型”国家建设，不仅能调动一切创造财富的资源的充分利用，更能发挥一切创造国民幸福的资源的充分利用，是对传统资源充分利用的超越，释放了经济增长的资源红利。②在社会领域，绿色经济坚持以人为本，把社会公平、社会发展、社会分配、利益均衡等作为基本内容，把“经济效益与社会公平取得合理的平衡”作为绿色经济的重要指标和手段。通过建立公平，绿色经济将经济发展成果传递至社会领域，并将其优化，尽显人与人的和谐、人与环境的和谐。而经济社会领域的资源充分利用与减排放，加之围绕生态系统生物多样性建设的投资日益增多，生态环境系统也将会由失衡走向健康发展。可见，发展绿色经济，不仅可以帮助各国改善人类福祉和社会公平，同时还能大大降低发展领域的环境风险和生态不足，通过公私部门的绿色投资，不仅会推动收入和就业的增长，还能减少二氧化碳排放和污染、提高能源和资源效率以及保护生物多样性和生态系统服务。因此，绿色经济在改善环境质量、提高要素配置效率、促进经济增长与消除贫困方面都具有可操作性。绿色经济实现了可持续发展的环境与社会支柱以及经济支柱并驾齐驱，绿色经济方式可在国家、区域及全球层面上实现可持续发展，是一种新经济增长模式。

我国学者结合中国实际情况，对绿色经济也提出了不同的观点。刘思华（2001）认为，绿色经济的本质是生态经济协调发展基础上的可持续发展经济，这种协调性要求人类对当代经济包括后代人的发展都要考虑在内[①]；张叶（2002）指出，“从发展绿色经济是为了经济社会可持续发展的目的出发，可以将绿色经济界定为在生产、流通、分配、消费过程中不损害环境与人的健康并且是能盈利的经济活动”[②]；许宪春（2010）认为，“绿色经济是一种将资源环境因素作为内生变量，在经济活动过程中和经济活动的结果上都加以绿色化的平衡式经济，是一种可持续发展形态[③]；牛文元（2010）指出，绿色发展是指国家的生理代谢、运行机制和行为方式等建立在遵循自然规律、有利于保护生态环境的基础之上，追求经济、社会与生态环境协调可持续发展，以实现生产、生活与生态三者互动和谐、共生共赢为目标，并认为“生态健康、经济绿化、社会公平、人民幸福”是绿色经济发展的四个核心要义。

我们认为，从绿色经济产生与发展的脉络看，最初的绿色概念源于传统经济学对资源环境认识的不足而导致的生态危机。虽然环境学、资源学、生态学等都从不同角度加入到这场生态危机的讨论中，但从联合国的应对措施来看，1972 年的联合国会议主要是针对环境保护提出行动措施、1992 年在环境保护的基础上提出“可持续发展”，再到 2012 年在可持续发展的基础上提出绿色经济。40 多年的可持续发展探索之路，最终落实到一种具体的经济形式上，说明一方面绿色经济不是抽象的概念，也不是要取代可持续发展，只是人们日益认识到环境问题提出 40 多年来在全球范围内却依然有增无减，甚至愈演愈烈，说明可持续发展的实现需要依赖于采用正确的经济模式，这种经济模式能够在可持续发展框架下强调经济在地球关键

① 刘思华：《绿色经济论》，北京：中国财政经济出版社，2001 年版。

② 张叶：《绿色经济问题探索》，载《生态经济》2002 年第 3 期。

③ 许宪春：《绿色经济发展与绿色经济核算》，载《统计与信息论坛》2010 年第 11 期。

自然资本的非减下发展；另一方面虽然过去 40 多年来，不少国家相继推出循环经济、低碳经济等旨在解决资源环境问题的发展思路，它们也分别在物质利用、碳排放方面取得了良好的效果。但由于这些发展思路采取的是一种点对点映射式的策略，资源环境问题针对性相对较强，并没有触动经济模式本身，南北问题、地区间的贫困差距问题等日益制约着可持续发展的推进。因此，单纯强调资源环境问题，不寻求解决全球性贫困的发展模式，也很难推动世界性的可持续发展。因此，当前的绿色经济相对最初 20 世纪 60—70 年代提出的绿色概念具有了全新的内容，它肩负着促进经济增长、自然资本的非减化与消除贫困的使命。

这三个使命决定了绿色经济在处理方法上采用基于资源环境问题并溯源而上的思路探究经济社会方方面面产生的负外部性问题。故而，绿色经济必然贯穿于国民经济各领域、各环节。从微观上说，形成了绿色产品的供给与需求；从宏观上说，生产、消费、流通等社会再生产领域不仅通过提倡节约资源、减少废弃物排放等方式实施绿色化转型，而且逐渐形成了生产环境货物与服务的产业。因而，可以说在可持续发展框架与生态经济思想中产生的绿色经济，不仅仅是一种目标模式，更侧重于实体经济，具有完整国民经济性质。

因此，“提高人类福祉与社会公平，显著降低环境风险与生态稀缺的经济”作为绿色经济的定义是一个相对全面的描述绿色经济特征的概念，以此认识绿色经济，容易表征与描述。这也是本书对绿色经济的界定。

2.1.2　绿色经济的特征

（1）绿色经济内容广泛，逐渐渗透到国民经济各部门、各环节，形成完整的社会再生产运动。随着绿色经济的发展，当前，绿色经济已不再局限于某一企业或产业部门生产的绿色产品。社会再生产各环节，包括生产、消费、分配与交换的各个环节，凡是节约了自然资源、减少了环境污染，就是一种环境友好的表现，是绿色经济的表现形式。由此看出，绿色经济已经脱离绿色运动的表象，逐渐深入到经济实体中，成为具有自身特征的社会再生产运动，形成完整的绿色生产、绿色消费、绿色分配与绿色交换的经济循环体系，具有完整的国民经济性质。

（2）人类健康与生态健康是绿色经济发展的本质。人类社会随着生产能力的提高，使人们能够把更多的自然物质纳入社会经济周转中。与此同时，也把大量的废弃物，甚至是有毒害的废弃物任意地排放到自然生态系统中，当这种废弃物超过了自然生态系统的自净能力，生态系统就无法自我健康运行，生态环境就遭到了破坏，随之而来的是，人类健康也必然遭受着环境污染带来的各种影响。在这种形势下，人们对自身健康、生态健康的欲望日益迫切。绿色经济在此背景下产生，各种有益于身体健康的绿色产品、绿色服务以及有益于生态健康的环境货物与服务应运而生。可见，如何服务于人类健康、生态健康以及二者的协调发展是绿色经济最为本质的内容。其中，谋求生态健康是绿色发展的基本内核，“一个国家的生态系统服务功能的价值是否实现了随着国家财富的增长而保值、增值，是否实现了由被动的生态治理到主动的生态修复、由严峻的生态赤字到丰裕的生态盈余的根本转变，构成了判断一个国家是否是绿色国家的基础指标。”[①]而谋求人类健康则是提高国民生活质量、发展潜能、提升人民幸福的重要内容，是当前我国经济发展追求的重大目标。绿色经济将二者结合在一起作为经济增长的追求目标，是一种基于传统经济之上，又高于传统经济增长模式的高级形态。

（3）扩展了生产理论与需求理论，形成了新的产业与经济增长点。随着社会经济的发展，人民生活水平获得了极大提高，需求层次逐渐抬升，人们对闲暇的向往、对舒适生存环境的追求日益强烈。顺应需求的变化，生产开始由物质生产与人口生产逐渐向纵深发展，开始出现环境生产、精神生产的生产方式。绿色经济囊括了需求的变化与生产范围的延伸，形成了诸如生产环保设备、垃圾回收与处理，或者形成更广泛的为防治环境污染、改善生态环境、创造适宜的人类生存生活环境而进行的技术开发、产品生产、流通、信息服务为内容的新产业。绿色经济扩展了生产与消费的内容，形成了新的经济增长点与效益。绿色生产与绿色消费是绿色经济的重点，也是当前我国绿色经济发展实践的重点环节，它们分别从经济增长模式与消费模式代表了经济的绿色化。

归纳上述各点可以看出，绿色经济是对传统经济的转型，是一种新的经济增长模式。与传统经济增长模式相比，绿色经济在处理“资源稀缺性”与“人的欲望无穷性”的矛盾时，更加侧重二者的平衡协调。同时，绿色经济将人类健康与生态健康作为发展的终极目标，实际上追求的是一种经济质的增长，比单纯追求经济总量增长的传统经济增长模式有着很大的进步，更具有可持续性，对消弱由传统经济增

① 牛文元：《中国科学发展报告 2010》，北京：科学出版社，2010 年版。

长模式导致的“资源环境危机、人均生活水平悬殊”等问题有着不可估量的作用。

2.1.3 绿色经济与生态经济、循环经济及低碳经济

生态经济、循环经济、低碳经济及绿色经济是能源危机、环境危机产生后相继产生的几种经济形态，都是在可持续发展框架下为解决人类可持续发展问题形成的。因而，均属于可持续发展的实现途径，是可持续的发展模式，却又在运行方式、核心内容与侧重点上存在差异，是不同的可持续发展途径。

2.1.3.1 生态经济、循环经济与低碳经济的来源与定义

生态经济学概念源自20世纪60年代美国经济学家鲍尔丁的项目《一门科学——生态经济学》。此后，生态经济学逐渐成为被关注的研究领域，是一门新兴的学科，正处在发展过程中，尚未形成统一的概念。生态经济学以生态经济为研究对象，但对于生态经济如何规范，学者们并没有达成共识。一般认为，生态经济是把经济社会发展建立在生态系统承载范围内，使经济活动像生态系统一样形成全封闭循环，达到资源的零输入与废弃物的零排放，在保证自然再生产的前提下扩大经济再生产，从而实现经济社会发展与生态环境保护协调发展。生态经济是一种理想化阶段，目前，世界各国的生态经济发展仅停留于经济活动的生态化趋势阶段。

循环经济概念可追溯到20世纪60年代，美国经济学家鲍尔丁在其《宇宙飞船经济理论》中阐述了循环经济的思想。90年代之后，循环经济在国际社会形成发展趋势。我国从90年代开始关注循环经济思想，此后关于循环经济的理论研究与实践获得了极大的推进与发展。而对于循环经济的定义，同样也存在多种界定。当前，较普遍推行的是国家发改委作的解释：“循环经济是一种以资源的高效利用和循环利用为核心，以‘减量化、再利用、资源化’为原则，以‘低消耗、低排放、高效率’为基本特征，符合可持续发展理念的经济增长模式，是对‘大量生产、大量消费、大量废弃’的传统增长模式的根本变革”。循环经济在我国经济实践中已经获得了比较广泛的推广。

低碳经济与上述两种经济形态的起源存在差异，它最早见于政府文件。2003年英国的能源白皮书《我们能源的未来：创建低碳经济》成为“低碳经济”概念的起点，英国也由此成为世界上最早提倡“低碳经济”的国家。2006年，前世界银行首席经济学家斯特恩在他的《斯特恩报告》中呼吁全球向低碳经济转型。2006

年年底，中国首次发布了《气候变化国家评估报告》，开始了低碳经济的研究与实践。低碳经济是碳生产能力达到一定水平后的经济形态，它以低能源、低污染、低排放为基础，通过技术跨越和制度约束，促使能源效率的提高、能源结构的优化以及消费行为的理性，达到低碳高增长的目的。与循环经济相似，低碳经济也已付诸实践并获得逐步推广。

2.1.3.2 绿色经济与生态经济、循环经济以及低碳经济的相同点

绿色经济与生态经济、循环经济以及低碳经济作为可持续发展的不同经济形态，有其相同的发展理念、理论依据与共同的目标。

（1）在发展理念上，4 种发展形态都包含有对自然资源与生态环境的新价值观。都认为经济社会活动过程中要重新审视自然资源与生态环境的价值，不仅要视其为可利用的资源，能创造财富，也要视其为与人类经济、社会系统具有同等地位的系统。因而，人类在进行自身生产与发展过程中，不仅要提高人对自然的改造能力，更要重视人与自然的和谐相处，促进人的全面发展与生态系统的平衡。

与这种发展理念相似，4 种可持续发展形态在消费观上也具有共同性质。都要求摒弃过度消费与奢侈浪费，提倡建立与自然生态相平衡的节约型消费模式，在消费的同时，要考虑废弃物处置方式，将其资源化，建立循环生产与消费的发展理念。

（2）在理论依据上，4 种发展形态都把生态经济理论和系统论作为其研究的理论支撑。认为人类经济社会发展要强调环境忧患意识，经济发展过程中不仅仅要追求经济增长与人类自身的发展，更要注重人与自然的平衡，实现生态经济效益的最大化。对于如何实现人与自然的平衡发展，4 种发展形态均认为需要借助生态技术水平的提高与制度的约束，且生态技术水平越高，人与自然的关系越和谐。

（3）在最终目标上，由于 4 种发展形态都是在可持续发展框架下形成的，均把可持续发展作为其追求的最高目标。要求人类在生产与消费过程中通过采取综合性措施，既要降低经济活动对资源环境的过度使用，又要减少对自然环境形成的负面影响，尽可能地节约自然资源，减少废弃物的排放。从自然与经济相结合的方式出发，实现人类经济社会与自然的良性循环，达到可持续发展的目的。

2.1.3.3 绿色经济与生态经济、循环经济以及低碳经济的区别

虽然绿色经济与生态经济、循环经济以及低碳经济都是可持续发展框架下形成的经济形态，有着共同的发展理念与目标。但 4 种发展形态又都有自己的特色，在研究的侧重点、解决的核心问题以及实施控制的环节上存在差异。

（1）就研究的侧重点分析，绿色经济崇尚健康，关爱生命，侧重于物质需求、精神需求与生态需求的满足，从而在社会再生产过程中通过科学技术手段实现绿色生产、绿色流通、绿色分配与绿色消费，形成完整的绿色国民经济运行体系。生态经济侧重于生态系统的保护，要求经济系统按照生态系统的运行模式进行全过程封闭循环，实现经济与生态的全过程融合。循环经济则侧重于物质循环，即强调经济活动按照自然生态系统物质循环和能量流动方式进行循环，并遵循“减量化、再利用、资源化”原则。而低碳经济注重于碳排放量，强调降低碳排放量缓和气候变化，通过建立低碳经济结构、减少碳能源消费，实现减少温室气体排放、建立应对全球气候变暖的应对机制。

（2）就研究的核心问题看，绿色经济强调以人为本，通过经济活动的绿色化来发展经济，提高人民生活福利水平。因而，绿色经济将人的健康与生态健康作为其研究的核心。生态经济的核心是生态系统的建设，实现经济与生态系统的可持续发展。循环经济的核心则是物质循环。低碳经济的核心则是能源技术创新、制度创新和人类消费发展观念的根本性转变。

（3）就实施控制的环节而言，绿色经济关注经济活动的输入输出端，重点在环境保护，即废弃物对环境的影响，但也不忽视输入端的投入。生态经济主要从自然资源的输入端关注经济系统与自然系统的关系。循环经济则主要以废弃物的输出端研究经济系统与自然系统的关系。而低碳经济则主要关注能源输入端，减少碳排放量。

绿色经济与生态经济、循环经济以及低碳经济都是 20 世纪后半期产生的可持续发展形态，它们是人类在资源危机、环境污染、生态破坏的条件下对人类与自然生态关系的重新认识和改进的结果。都是对“三高一低”①的传统经济模式向“三低一高”的可持续发展模式转型的尝试。有共同的系统观、发展观。因而，虽然在研究的侧重点、核心内容上存在差异，但它们互相补充、互为借鉴，寻求通过发展模式的创新与人类环境价值观念的革新，实现发展与环境保护的双赢。

---

① “三高一低”通常是指“高投入、高消耗、高污染、低效益”的经济增长方式。

2.1.4 绿色经济与传统经济发展模式

2.1.4.1 绿色经济是一种新的经济发展模式

自 1992 年联合国召开环境与发展大会以来，国际社会在推进可持续发展进程方面取得了很大进展，100 多个国家制定了可持续发展战略，许多国际条约也应运而生，这期间各种可持续发展模式如生态经济、循环经济、低碳经济等也不断被推出。然而，千年经济发展导致的区域经济社会发展不平衡、生态恶化、环境污染等问题至今未能得到根本扭转。进入 21 世纪后，国际金融危机、气候变化、粮食和能源危机、自然灾害等问题相伴而生，联合国提出的千年发展目标如期实现困难重重，世界可持续发展事业面临更为复杂的形势与严峻的挑战。

在这种背景下，联合国希望在 2015 年以后，将此前的 21 世纪议程、千年发展目标等逐步整合到可持续发展目标中。为此，2012 年联合国可持续发展会议（里约地球首脑会议+20）就集中讨论了“绿色经济在可持续发展和消除贫困方面的作用”问题。由此看出，联合国推出绿色经济旨在解决两个方面的问题：一是生态环境问题；二是贫困问题。而这两个问题均是由传统经济发展模式引发的，绿色经济对这两个问题的解答，实际上就是对传统经济发展模式的更替创新，是一种新的发展模式。

（1）就国民经济的循环运动与社会再生产流程而言，绿色经济发展模式有更为广泛的内容。在绿色经济模式下，国民经济循环运动中包含有绿色产品与服务以及环境货物与服务的生产。因而，在产品的供给过程中，形成“绿色生产—绿色流通—绿色消费”的“实物运动”形式。而在产品的需求过程中，消费者为了自身的健康与生存环境的健康，对绿色产品与服务的偏好将逐渐成为主流，进而必然形成“绿色生产—绿色分配—绿色消费”的“价值运动”形式。这种运动形式，与传统国民经济运动形式虽然在形式上不无区别，但在内容上却隐含了解决生态环境问题与贫困问题的全新内容。因而，是一种新的经济发展模式。

（2）从供给出发，绿色经济以提供绿色产品与服务及环境产品与服务为主要内容。这种性质的产品从生产工艺上讲，需要对进入生产系统的原材料及能量等加强配置与处理，以便节约资源，提高资源的使用效率，同时也对产出过程的产品质量有特殊要求，生产过程需要将产生的废弃物尽可能地内化在生产系统内，产品进入社会系统不以损害人体健康与生态健康为基本要求。因而，整个生产流程技术含量高，对传统经济的生产方式是一种挑战，必然带来新的技术革命。另外，由于绿色生产过程注重“节约资源、减少废物排放”，对资源的节约实际上提高了资源的利用效率，不仅降低了企业的生产成本，还间接地增加了资源的保有量；减少废物排放降低了企业的环境负外部性影响，提高了企业的社会信誉，因而生产出来的产品附加值高，市场升值幅度大，竞争能力强，对附加值低的同类产品生产企业会起到自然的优胜劣汰作用，企业在这个优胜劣汰的过程中转型升级并进一步推动整体经济的提升。因此，从供给角度考虑，绿色经济是一种新的经济增长模式。

（3）从需求理论出发，随着整体经济的稳步增长以及生存环境的恶化，资源环境危机带给人类社会的危害日益深化，促使人们由追求生存型、温饱型消费向健康、品质型消费转化，绿色经济生产的产品与提供的服务正好满足了人类对这种较高层次需求的渴望。消费者满意度高，给予的评价就高，反映在价格上，消费者能接受的产品定价就会随着需求满足层次的提高而提高，这有助于绿色产品与服务供给的实现。同时，伴随着消费者消费理念的转变，新的生活方式与生存方式会随之产生，这是一种生活方式的全新推进。因此，从需求角度看，绿色经济是一种新的消费模式。

（4）绿色经济在生产、流通和消费各个领域将资源环境的开发利用与保护作为其经济系统运行的内生因素，尽可能地减少对自然资源的影响与破坏，最大限度地提高自然环境的利用率和再生能力，保有了自然资源存量，理论上兼顾了当代人与下一代人的代际利益平衡以及当代人之间的利益平衡，使得自然资源的利用具有公平性与可再生性。因而，在对待自然环境的处理上绿色经济也是一种新的经济发展模式。

因此，综合来看，绿色经济在经济运行范围、渗透领域、增长模式、消费模式等方面对资源环境危机均有新的应对机制。不仅如此，绿色经济在处理资源环境过程中，不是单线运动，一方面，通过生产绿色产品（服务）与环境产品（服务）促进新的生产方式产生，带动经济增长；另一方面，在提供与消费绿色产品（服务）与环境产品（服务）过程中，自觉地维护生态环境，将“先污染，后治理”的模式推向“零污染”的生产与消费模式，优化了生态环境，进而提高了人体健康与生态健康的概率。

2.1.4.2 绿色经济与传统经济模式的区别

（1）“经济人”假设的区别。传统经济模式建立在“经济人”假设基础之上，这种“经济人”把追求经济利益最大化作为其行为的唯一目标。传统经济模式虽也考察资源的稀缺性，但受“经济人”追逐个人利益最大化影响，导致资源环境被排斥在理论研究框架外，成为经济发展的外生变量，从而滋生了资源环境问题。在绿色经济发展模式下，由于绿色经济是把经济活动与经济系统置于人类生态系统中，并且以自然生态系统为基础。在这种条件下，个人增强了生态意识，追求社会发展与生态环境质量的改善，并将这种目标同“经济人”追求经济利益最大化的目标放在一起。在绿色经济发展模式下，人不仅是“经济人”，而且也应该是一种社会人与自然人。因此，在绿色经济发展模式下，传统的“经济人”假设首当其冲受到挑战，两种模式下的“经济人”假设存在差异。

（2）经济增长源泉与消费理念的区别。在传统经济模式中，生产的投入只有资本品，包括生产资料与劳动力。对于生产过程中的其他公共资源，包括自然资源总量、环境自净能力、生态潜力、环境质量、生态系统等内容，虽然是人类社会与经济可持续发展必不可少的生产要素，由于没有市场，生产者没有为其支付成本，都不是生产投入。因而，它们不是经济增长源泉考察的范围。而在绿色经济发展模式下，自然资源与环境成为生产要素，特别是自然资源的节约与环境改善实际上增加了“资本”范围，在不增加投入的情况下增加了产出，或者在取得同量产出时，减少了投入。这说明，在绿色经济中，资本品和自然生态资本都被作为经济发展的重要源泉纳入生产资本的增长源泉与核算范围内。

绿色经济不仅在经济增长认识上不同于传统经济，在消费理念的培育上也存在差异。传统经济模式下，消费者追求物质消费、精神消费的满足，因而，过度消费、浪费消费、炫耀性消费成为其消费理念。而在绿色经济发展模式下，人们追求高层次需求的满足，崇尚健康成为新的消费理念。

（3）评价指标的区别。传统经济评价投入产出效率时，在微观上主要借助的指标是资本投资效率，宏观上主要借助国内生产总值及其增长速度分析资本品的贡献来反映。由于非资本品不计入国内生产总值中，因而不参与经济发展的评价。绿色经济则不同，在微观上不仅提供绿色产品与服务，也提供环境货物与服务；在宏观上强调社会再生产各环节上节约资源、减少废弃物的排放，关注人的健康与生态环境健康。因此，传统经济模式下侧重评价经济增长总量的指标 GDP 在绿色经济条件下不适应。虽然国际组织和一些国家已经开始实行“绿色账户”，把自然资源与环境纳入国民经济核算体系中，但由于绿色经济是一种新生事物，而且涉及范围广泛，完整全面的绿色经济核算需要一套全新的评价指标与体系。

综合上述，绿色经济是与生态经济、循环经济、低碳经济相辅相成的可持续发展经济形态。相对上述几种应对资源环境危机的方式而言，绿色经济贯穿于国民经济各个领域，并且有自己的生产方式与消费方式，能够产生新的生产力。因而，在应对传统经济模式产生的资源环境问题与贫困问题上，绿色经济更具现实性，是一种可推广的经济发展模式。

2.2 绿色经济的理论基础

2.2.1 绿色经济的自然资源价值论基础

自然资源是指具有社会有效性和相对稀缺性的自然物质或自然环境的总称。联合国出版的文献中对自然资源的含义为：“人在自然环境中发现的各种成分，只要它能以任何方式为人类提供福利的都属于自然资源。”自然资源是人类生活和生产资料的来源，是人类社会和经济发展的物质基础，同时也是构成人类生存环境的基本要素。虽然人类生产活动最初的资源都来源于自然，但对于自然资源价值认识问题上，却存在两种不同的观点。

2.2.1.1 自然资源无价值论

自然资源无价值论认为自然资源不具有价值。自然资源之所以没有价值，是因为：①商品的价值是无差别的一般人类劳动凝结。由于天然存在的自然资源没有人类劳动参与，不是劳动产品，虽然具有使用价值，但却不具有价值。②价值分析的对象是商品，商品有确定价格形成的市场机制，能够进行交易。很多自然资源不是商品，没有确定价格形成的市场机制，价值不易被表征。③面对人口的快速增长，为了生存，各国经济发展默认了以牺牲自然资源为代价的增长模式。而这种默认事实上又促长了经济发展过程中对自然资源价值的忽视。④很多自然资源具有“公共品”性质，“公共品”的非排他性使消费自然资源的单位都具有“免费乘车”的主观意向，消费者不表露他的消费偏好，自然资源价格就无法从市场中产生。基于以上方面的原因，一些学者认为，天然的自然资源是没有价值的。

资源无价值的观念及其在理论、政策上的表现，导致了资源的无偿占有、掠夺性开发和浪费，生态遭受破坏、环境不断恶化成为经济社会持续发展的制约因素。由于自然资源没有价值、不计价格，使得一些资源可以无偿使用，自然资源使用者都力图多占用，掠夺式开发。不仅如此，那些得到自然资源使用权的单位或个人还常常无视资源利用的经济效益，由于资源利用效率低下，资源存量日趋减少，资源竞争日益激烈，生态环境进一步恶化，直接影响国家收入的可持续性增长。另外，由于生态破坏与环境恶化，人类面临各种自然灾害风险的概率提高，风险成本增加，为了降低这种风险而开展的各种修复自然生态系统需要的人力、物力也随之增加，影响了经济增长的进程。最为可惜的是，由于将自然资源看作是无价值的，国民经济核算对此也不予以重视，使得国民财富核算失真，而核算的失真又进一步加剧了对自然资源无偿使用的滥用。

2.2.1.2 自然资源价值论

相对自然资源无价值论，一部分学者从哲学、经济学的价值定义寻找自然资源的价值根据。哲学认为价值是“主体与客体关系的一种内容，这种内容就是客体是否满足主体的的需要，是否同主体相一致，为主体服务”[①]。简单来说，价值实际上就是客体与主体的需要与满足需要的关系，如果主体有某种需要，且客体也能够满足这种需要，那么对主体来说，这个客体就是有价值的。自然资源具有物质性资源的功能属性、环境容量资源的功能属性、舒适性资源的功能属性、自维持性资源的功能属性，这些功能属性从不同方面能够满足主体人的需要，因此从哲学上看意味着自然资源具有价值。只是与人造产品和服务不同，自然资源的这些功能属性对人的需要在满足程度上不显性，其实体也不进入生产活动中，使用价值只是间接地对人的需要产生效应满足。比如，自然资源的环境容量资源功能属性，虽然为人类容纳、贮存和净化生产和生活中产生的固体、液体和气体废弃物，但其实体不进入生产过程而是以服务的形式满足经济体系的需要；自然资源的舒适性资源功能属性，具有满足人类对美感、认知和体验等精神生活需要方面的功能。与环境容量资源一样，也只是以其功能效益来服务于人类，体现的同样是间接效应。自然资源的这种间接效应使自然资源的市场发育不全，价值难以体现。但根据哲学上定义的价

① 李德顺：《价值论》，北京：中国青年出版社，1998 年版。

值，自然资源无论从主体、客体及其相互关系分析都符合价值的内在规定性，是有价值的。

经济学领域的价值观点又分为两类：一类是马克思的劳动价值论；另一类是西方经济学的效用价值论。由于马克思的劳动价值论认为劳动是价值的唯一源泉，自然资源由于没有人类劳动的凝结，因而从劳动价值论角度分析自然资源不具有价值属性。但马克思在《资本论》中又说："劳动并不是它所生产的使用价值即物质财富的唯一源泉，种种商品体（财富），是自然物质和劳动这两种要素的结合。如果把上衣、麻布等包含的各种不同的有用劳动的总和除外，总还剩有一种不借人力而天然存在的物质基质"，这种物质基质就是自然资源。由于财富是有价值的，而自然资源又是财富的构成，因而，财富价值论认为自然资源是有价值的。

西方经济学的效用价值论是从物品满足人的欲望能力（即商品对人类的满足程度）或人对物品的主观心理评价来说明和度量社会财富和商品价值的经济理论。英国经济学家 N. 巴本（1640—1698）认为，物品的效用在于满足人的欲望和需求，一切物品只有满足人类肉体和精神欲望，才具有效用，才成为有用的东西，从而才有价值。意大利经济学家 F. 加利亚尼（1728—1787）则从主观效用价值角度出发，阐述了价值与商品效用的关系，他认为，价值取决于交换当事人对商品效用的估价，或者说，价值是由效用和物品稀缺性决定的。后来的经济学家如 W. F. 劳埃德、H. H. 戈森、W. S. 杰文斯、C. 门格尔、L. 瓦尔拉斯发展出了边际效用价值论。边际效用价值论认为，商品价值只表示人对商品的心理感受，不表示商品某种内在的性质。价值取决于人的欲望以及人对物品的估价，且人对物品的欲望及其估价会随着物品数量的变动而变化，并在被满足和不被满足的欲望的边际上表现出来，即价值尺度是边际效用。对于不直接满足人的欲望的生产资料如自然资源，也由它们参与生产的最终消费品的边际效用决定。正是由于效用价值论认为价值起源于效用，又以物品稀缺性为条件，而自然资源不仅能满足人的欲望需要，又具有稀缺性，因而，在效用价值论看来，自然资源是有价值的。

根据效用价值论，自然资源的价值取决于两个因素：一是是否具有效用；二是是否稀缺。至于自然资源价值如何度量的问题，人们又从社会经济福利最大化引出最优资源配置问题，从而引出了用数学规划计算影子价格来量化资源价值的主流方法。1979 年，美国著名环境经济学家 A. 迈里克 • 弗里曼将新古典经济学的有关理论运用于环境和资源价值评价中，侧重从资源-环境与人类行为关系角度研究自然资源的价值，认为资源-环境系统提供的价值可以由三组函数关系来表述。

第一组是关于资源或环境质量水平与人类对其干预的关系，用公式表示为

$$q = q(S) \tag{2.1}$$

式中：q —— 一定质量或数量的资源-环境；

S —— 政府干预。

在政府对影响 q 的私人活动进行管制的地方，S 所产生的变化取决于私人决策者对公共规章的响应，鉴于此，弗里曼又将上述函数关系式表述为

$$q = q[S, S(R)] \tag{2.2}$$

式中：$S(R)$ —— 私人对政府规章响应的程度。

第二组是关于资源-环境对人类的用途以及用途对 q 的依赖性，其函数关系可表达为

$$X = X[q, Y(q)] \tag{2.3}$$

式中：X —— 资源-环境用途的活动水平；

Y —— 为获得资源-环境服务而输入的其他资源。

第三组是资源-环境的价值函数，用公式表示为

$$V = V(X) \tag{2.4}$$

式中：V —— 资源-环境服务的货币价值。

将式（2.2）、式（2.3）代入式（2.4），得

$$V = f\{S, S(R), Y[S, S(R)]\} \tag{2.5}$$

根据式（2.5），据以计算自然资源的价值。这里的自然资源价值包括政府干预、私人对政府规章的响应程度、获得资源环境服务而输入的其他资源等。

自然资源价值论及其度量方法的开拓，为绿色经济关于自然资源的核算提供了理论基础。

2.2.2 绿色经济的生态经济学基础

生态经济学（ecological economics），是以生态经济系统为主要研究对象，探讨生态经济系统的结构、功能及其运动规律的科学，是生态学和经济学相结合而形成的一门边缘学科。作为一门独立的学科，其主要目的是根据生态学和经济学原理，寻求人类经济活动与自然生态环境的关系。

耦合过程是生态经济学的核心原理，生态经济学根据这一原理认为，人类经济活动与自然生态环境间可以看成是一个生态经济有机整体。在这个整体中，自然再生产与社会再生产同时存在，并且其基础是生态系统的自然再生产，而发挥主导作用的是物质资料再生产。因此，人类在研究社会再生产的同时应该把物质资料再生产在内的生态再生产包含进来，生态经济系统的再生产是自然再生产与物质资料再生产的统一。

这两个再生产过程形成了生态系统与经济系统。生态系统为经济系统提供经济活动的基础，经济系统的运行不能脱离生态系统而存在，这是因为：一方面生态系统中的自然资源是人类经济活动的物质条件，它为人类提供一切生活资料和生产资料的基础来源；另一方面生态系统中的生态环境还具有容纳、贮存和净化生产和生活中产生的固体、液体和气体废弃物的功能，生态系统的稳定和平衡对于人类和地球的生存具有不可估量的意义。而经济系统通过经济活动对生态系统进行加工与延伸，经济系统在生态经济系统中具有主体结构的地位。这种主体结构地位来源于人的能动性。因为人作为社会再生产活动的主体，会通过各种形式的调节控制使经济系统的再生产过程成为一种具有服务于自身一定目的的社会活动，除此以外，人还会通过一定技术手段去改造生态系统，强化或者改变生态系统的结构和功能，使自然再生产过程也为自己的目的服务。当然，经济系统的这种主体地位是有条件的、相对的，作为基础结构的生态系统并非完全被动地接受经济系统所施加的影响，生态系统会在自然再生产的作用机制下对这种影响作出反应，并通过一定的形式如自然灾害反馈给经济系统，在这种条件下经济系统必须根据生态系统反馈的信息，调整自己对生态系统已经施加的影响方式，否则生态系统中的自然再生产活动就不可能顺利运行，生态系统的基础结构因此会遭到破坏。生态系统的基础结构一旦遭到破坏，经济系统的主导地位也就随之丧失。

由此生态经济学强调，生态经济系统中的生态系统与经济系统的自然再生产与物质资料再生产必须有序运行，相互协调，并共同融合为统一的、有序的生态经济系统。同时也强调，生态经济健康发展的关键在于能否使生态系统反馈机制与社会经济系统反馈机制相互耦合为一个机制。一个良性循环的生态经济系统，其生态系统和经济系统必然互为因果关系，在耦合过程中共同发展。因此，与传统经济理论只关注经济系统运行效益不同，生态经济学关注经济、社会与生态三大系统效益的有机统一。

生态经济学的自然再生产与物质资料再生产统一的观点以及追求经济、社会与生态三大系统效益最大化的行为目标，为绿色经济将生态健康与人体健康作为经济增长的动力机制提供了理论根源。

2.2.3 绿色经济发展的外部性理论基础

外部性理论是福利经济学的重要组成部分，也是环境经济学的理论支柱，同时也是绿色经济发展的理论基础。外部性概念由剑桥学派两位奠基者亨利·西季威克和艾尔弗雷德·马歇尔率先提出。随后，马歇尔的学生庇古在其名著《福利经济学》中，分析了边际私人纯收益与边际社会纯收益相背离的条件，进一步研究与完善了外部性问题，提出了“内部不经济”和“外部不经济”概念，并从社会资源最优配置角度出发，应用边际分析方法，提出了边际社会净产值和边际私人净产值，最终形成了外部性理论[①]。

按照传统福利经济学的观点，外部性（externality）是指在实际经济生活中，生产者或消费者的活动对其他生产者或消费者带来的非市场性的影响[②]。从资源配置的角度分析，外部性是表示当一个行动的某些效益或费用不在决策者的考虑范围内而产生的一种低效率现象。其中，对受影响者有利的外部影响被称为外部经济，或称为正外部性；对受影响者不利的外部影响被称为外部不经济，或称为负外部性。

外部性还可以用数学形式表示，假设：

① 徐桂华、杨定华：《外部性理论的演变与发展》，载《社会科学》2004 年第 3 期，第 26 页。

② 钱易、唐孝炎：《环境保护与可持续发展》（第 1 版），北京：高等教育出版社，2000 年版，第 229 页。

$$U_j = u(x_{1j}, x_{2j}, x_{ij}, x_{mk}), \quad j \neq k \tag{2.6}$$

式中：$x_{ij}(i=1,2,\cdots,n)$ —— 经济行为人 j 的各项经济活动水平；

x_{mk} —— 经济行为人 k 的一项经济活动水平；

U_j —— 经济行为人 j 的效用或福利水平。

当 x_{mk} 存在时，说明 j 的效用或福利水平除受到他自己的活动 x_{ij} 的影响外，还受到所不能控制的 x_{mk} 的影响，此时，我们称 k 对 j 施加了外部性。

从外部性所产生的经济活动来看，它们是伴随生产或消费的活动而产生的，因而常常细分为生产的外部经济（或外部不经济）与消费的外部经济（或外部不经济）。传统生产与消费活动对资源环境经常产生外部不经济，外部不经济不进入行为人的生产消费决策中。因而，在式（2.6）中，代表外部性行为的 x_{mk} 就不进入函数的内生因素中，而是将其转嫁于社会，进而造成个人效用或福利大于社会效用或福利。绿色经济要突破传统经济实现对资源环境的重建，首要的就是扭转这种外部不经济性，促使生产与消费对资源环境产生正的外部性。因此，外部性理论是绿色经济发展不同于传统经济模式的重要理论基础。

2.2.4 绿色经济的物质基础

2.2.4.1 物质代谢理论

物质代谢论最早出现于莫尔苏特（Jokob Moleschott）1857 年的著作《生命的循环》中。莫尔苏特研究的是生命物质代谢，他认为生命是一种代谢现象，是能量、物质与环境的交换过程。随后代谢理论分化为生命代谢与生态代谢两个分支。存在于生物化学领域的生命代谢是指营养物质在细胞、器官以及有机体之间的转化；而存在于生态学领域的生态代谢则是指生态系统中物质循环、能量流动和转换的过程，即物质在产品、服务和废物的生成、使用、处理和降解等所有环节中物理化学过程的集合[①]。20 世纪 50 年代，物质代谢理论在社会经济领域获得发展，人们开始运用代谢理论探讨社会经济发展的物质基础。将物质代谢置于生态经济大系统

---

① 王军：《循环经济的理论与研究方法》，北京：经济日报出版社，2007 年版，第 143 页。

中，认为经济或社会代谢的作用是维持社会经济系统的功能，这种功能可以归结为进入经济系统的物质流持续为经济行为主体提供效用，代谢过程表现为人类改造自然过程中社会经济系统内部物质消耗及其与外界环境之间的物质和能量交换，包括生命代谢（包括合成代谢和分解代谢）以及经济或社会代谢（包括生产和消费）。除此之外，随着研究的深入，代谢理论还逐渐形成了城市代谢论、产业代谢论等。

物质代谢理论的发展过程，包含了 3 个重要的物质代谢，即生命代谢、生态代谢和经济或社会代谢三大类别[①]，具体如图 2-2 所示。

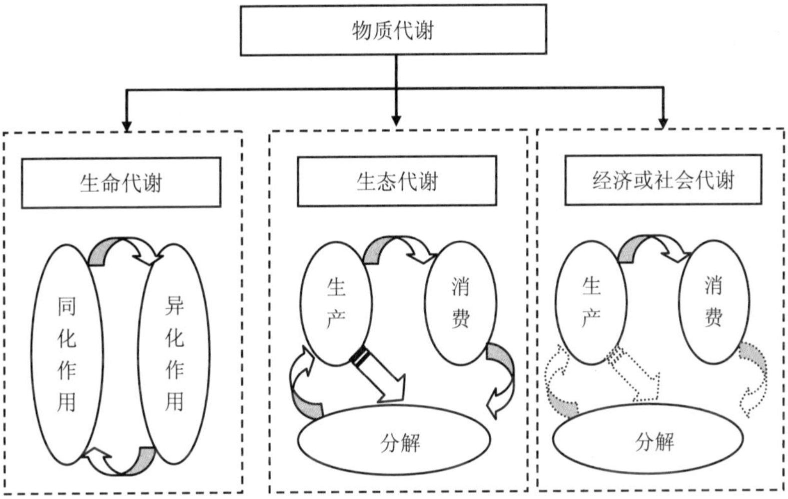

图 2-2　物质代谢类别

图 2-2 的物质代谢类别是物质代谢理论在不同学科领域拓展的结果，但综合起来，却为人类与自然环境的关系呈现了一个完整的物质代谢关系图。在这个图中，每一个代谢都构成了人与自然的物质流，它们互相联系与转化，缺一不可。这种紧密的关系，反映出经济、社会与环境相统一发展的必然性，资源环境由此成为经济体系的内生变量。同时，从生态与经济或社会代谢分析，生产与消费是物质代谢的基本方面，反映了生产与消费在绿色经济分析中的重要作用。因此，物质代谢理论为绿色经济发展提供了物质分析基础。

① 傅泽强等：《物质代谢分析框架及其研究述评》，载《环境科学研究》2010 年第 8 期，第 1091～1098 页。

2.2.4.2 物质平衡理论

克尼斯（Allen V. Kneese）等在《经济学与环境》一书中提出了物质平衡理论。物质平衡理论是环境经济学的基础理论，该理论企图通过对环境与经济系统的物质平衡关系的分析，揭示环境污染的经济学本质。其基本观点为：一个现代经济系统由 4 个部门组成，它们分别是物质加工、能量转换、残余物处理与最终消费，每一部门又都包含有自身的物质，如物质加工部门包含直接、间接光合作用物质、无机化工品、初级金属及其制品与建筑材料等。物质在这四个部门间以及构成 4 个部门的经济与生态环境之间流动，流动关系[①]见图 2-3。

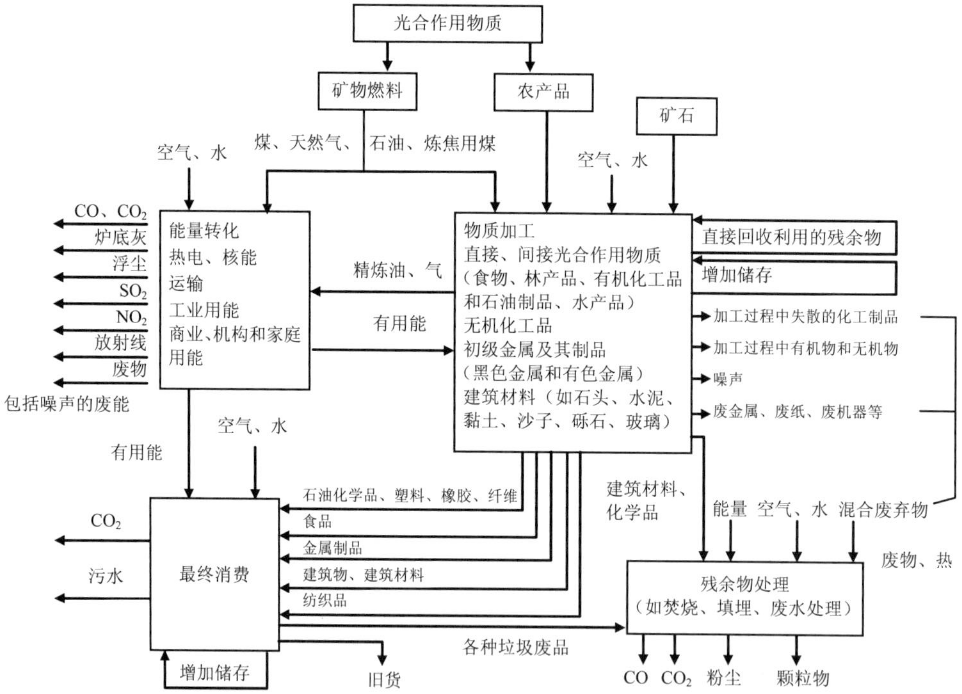

图 2-3 物质流动关系

在图 2-3 中，生态系统中的物质通过光合作用以矿物燃料、农产品以及矿石等形式经过能量转换部门、物质加工部门进入经济系统，如果经济系统是封闭的，没

① 克尼斯等：《经济学与环境——物质平衡方法》，上海：三联书店，1991 年版。

有进口与出口，能量与物质经过生产过程后，一部分转换成为有效用的最终商品进入最终消费，另一部分变成污染物，排放进入环境。进一步，如果物质，如植物、设备、储备、耐用消费品、建筑物等的净积累为零，也就是说如果生产和消费过程不存在积累，那么在一段时间内，经济体系排放到生态环境的物质量必然大致等于从生态环境进入经济系统的物质，即生态系统投入到经济系统的环境物质最终必然以产品的形式返回环境。但是在现实经济中，生产和消费过程都存在积累，如果把这些积累考虑进去，那么生态经济系统间的物质与能量就应该表述为：在一个足够长的时期内，制造的产品的质量（已被消费的和未被消费的），加上生产和消费过程中产生的污染物的质量，必然大致等于最初从自然界获取的质量。也就是说，在全球系统中，物质通过物理、化学和生物过程，从某一部门流向另一部门，处在不断运动中，它们之间存在物质的平衡关系。用数学式可以表达为

$$E_x = E_m + K \tag{2.7}$$

式中：E_x——环境对经济系统的物质投入；

E_m——经济系统向环境排放的污染物；

K——经济系统的物质沉淀（积累）。

如果生产和消费过程中不存在积累，那么，式(2.7)中的$K=0$，这时，$E_x = E_m$，即投入的环境物质最终必然以污染物的形式返回环境。如果现实经济中，生产和消费过程都存在积累，那么，$K>0$，这时$E_x = E_m + K$。

式（2.7）的平衡关系也表明，在经济系统中，物质相互转换遵循平衡原理，经济系统中产生的废物越多，则原料（资源）消耗必然越大，资源的过度开发与环境污染是成正比的。因此，物质循环与能量流动在自然再生产运动与社会再生产运动中必须具有协调性，只有平衡发展，才能实现人体健康与生态健康的共同发展。物质平衡原理为绿色经济的协调性分析提供了物质基础。

如果将物质平衡概念与交换的一般均衡概念结合在一起，物质平衡原理还可以将资源或服务的消耗与产品的生产通过线性方程联系起来建立数理模型进行量化分析，这个数理模型称为瓦尔拉—卡塞尔模型。瓦尔拉—卡塞尔模型将经济学中交换的一般均衡概念与环境经济学中的物质平衡概念巧妙地结合在一起，使得模型除体现经济学中各部门间相互依存的关系外，还能够将经济活动所消耗的资源体现出来。因此，借用该模型不仅可以测算资源消耗量，还能为绿色经济核算体系的建立

提供理论依据。

瓦尔拉—卡塞尔模型的基本形式如下：

$$\begin{cases} R=(r_1,r_2,\cdots,r_m) \\ V=(v_1,v_2,\cdots,v_m) \\ X=(x_1,x_2,\cdots,x_n) \\ P=(p_1,p_2,\cdots,p_n) \\ Y=(y_1,y_2,\cdots,y_n) \end{cases} \tag{2.8}$$

式中：R——资源与服务量；

V——资源价格；

X——产品或商品量，即总产出；

P——产品价格；

Y——最终需求；

m——资源的种类；

n——部门的个数。

根据式（2.8），按照交换的一般均衡原理，可以从实物量与价格两方面建立资源消耗与经济活动的关系。

（1）从实物量角度。如果在经济系统的 n 个部门中分配 m 种资源，则经济部门的经济活动与资源消耗的关系为

$$\begin{aligned} &r_1=a_{11}x_1+a_{12}x_2+\cdots+a_{1n}x_n \\ &r_2=a_{21}x_1+a_{22}x_2+\cdots+a_{2n}x_n \\ &\cdots\cdots \\ &r_m=a_{m1}x_1+a_{m2}x_2+\cdots+a_{mn}x_n \end{aligned} \tag{2.9}$$

或 $r_j=\sum\limits_{k=1}^{n}a_{jk}x_k$ ， $j=1,2,\cdots,m$

式（2.9）如果用矩阵形式可以表示为

$$\begin{bmatrix} r_1 \\ r_2 \\ \vdots \\ r_m \end{bmatrix}=\begin{bmatrix} a_{11} & a_{12} & \cdots & a_{1n} \\ a_{21} & a_{22} & \cdots & a_{2n} \\ \vdots & \vdots & \vdots & \vdots \\ a_{m1} & a_{m2} & \cdots & a_{mn} \end{bmatrix}\begin{bmatrix} x_1 \\ x_2 \\ \vdots \\ x_n \end{bmatrix} \tag{2.10}$$

即：$\boldsymbol{R}=\boldsymbol{AX}$

$$其中，\boldsymbol{R}=\begin{bmatrix} r_1 \\ r_2 \\ \vdots \\ r_m \end{bmatrix}，\boldsymbol{A}=\begin{bmatrix} a_{11} & a_{12} & \cdots & a_{1n} \\ a_{21} & a_{22} & \cdots & a_{2n} \\ \vdots & \vdots & \vdots & \vdots \\ a_{m1} & a_{m2} & \cdots & a_{mn} \end{bmatrix}，\boldsymbol{X}=\begin{bmatrix} x_1 \\ x_2 \\ \vdots \\ x_n \end{bmatrix} \tag{2.11}$$

式中：$\boldsymbol{A}$ —— 资源消耗矩阵；

a_{ij} ——j 部门单位产品消耗资源 i 的量。

该公式能够测度不同经济部门的总产出所消耗的资源与服务量。

同时，根据投入产出模型，中间产品、最终需求和总产出（或商品生产）间存在如下关系：

$$\boldsymbol{CX}+\boldsymbol{Y}=\boldsymbol{X} \tag{2.12}$$

式中：$\boldsymbol{C}$ —— 列昂惕夫系数矩阵；

$\boldsymbol{CX}$ —— 中间投入（或中间产品）。

将式（2.12）加以变换，可以得到：

$$\boldsymbol{X}=\boldsymbol{BY} \text{ 或 } x_j=\sum_{k=1}^{n} b_{jk} y_k \tag{2.13}$$

式中：$\boldsymbol{B}=(1-\boldsymbol{C})^{-1}$ ，是投入产出逆阵，也称列昂惕夫逆矩阵。

再将式（2.13）代入式（2.11）中，于是得到：

$$\boldsymbol{R}=\boldsymbol{ABY} \text{ 或 } r_j=\sum_{k=1}^{n} a_{jk} \sum_{l=1}^{n} b_{kl} y_l \tag{2.14}$$

令：$\boldsymbol{G}=\boldsymbol{AB}$，则式（2.14）可表示为

$$\boldsymbol{R}=\boldsymbol{GY} \tag{2.15}$$

其中

$$\boldsymbol{G}=\begin{bmatrix} a_{11} & a_{12} & \cdots & a_{1n} \\ a_{21} & a_{22} & \cdots & a_{2n} \\ \vdots & \vdots & \vdots & \vdots \\ a_{m1} & a_{m2} & \cdots & a_{mn} \end{bmatrix}\begin{bmatrix} b_{11} & b_{12} & \cdots & b_{1n} \\ b_{21} & b_{22} & \cdots & b_{2n} \\ \vdots & \vdots & \vdots & \vdots \\ b_{m1} & b_{m2} & \cdots & b_{mn} \end{bmatrix}$$

式（2.15）则反映了资源消耗与最终需求的关系。

因此，首先从实物量角度看，总产出与最终需求所消耗的资源与服务量均可以通过均衡式进行计算，这种均衡式将经济系统与生态系统的关系联系起来并量化，为分析二者的平衡关系提供了实证分析依据。

（2）从价格角度看，n 种中间商品的价格与 m 种资源价格会存在如下关系：

$$p_k = \sum_{j=1}^{m} g_{jk} v_j \text{，} \quad k = 1, 2, \cdots, n \tag{2.16}$$

即：

$$\boldsymbol{P} = \begin{pmatrix} p_1 & p_2 & \cdots & p_n \end{pmatrix} = \begin{pmatrix} v_1 & v_2 & \cdots & v_m \end{pmatrix} \begin{bmatrix} g_{11} & g_{12} & \cdots & g_{1n} \\ g_{21} & g_{22} & \cdots & g_{2n} \\ \vdots & \vdots & \vdots & \vdots \\ g_{m1} & g_{m2} & \cdots & g_{mn} \end{bmatrix}$$

或者

$$\boldsymbol{P} = \boldsymbol{VG} \tag{2.17}$$

其中

$$\boldsymbol{G} = \begin{bmatrix} g_{11} & g_{12} & \cdots & g_{1n} \\ g_{21} & g_{22} & \cdots & g_{2n} \\ \vdots & \vdots & \vdots & \vdots \\ g_{m1} & g_{m2} & \cdots & g_{mn} \end{bmatrix}$$

$$= \begin{bmatrix} a_{11} & a_{12} & \cdots & a_{1n} \\ a_{21} & a_{22} & \cdots & a_{2n} \\ \vdots & \vdots & \vdots & \vdots \\ a_{m1} & a_{m2} & \cdots & a_{mn} \end{bmatrix} \begin{bmatrix} b_{11} & b_{12} & \cdots & b_{1n} \\ b_{21} & b_{22} & \cdots & b_{2n} \\ \vdots & \vdots & \vdots & \vdots \\ b_{m1} & b_{m2} & \cdots & b_{mn} \end{bmatrix}$$

式（2.15）与式（2.17）分别从实物量与价格角度展示了经济系统中经济活动与资源消耗的关系。进一步，如果引入环境部门，并将资源与服务分开来，还能更加深入地体现经济活动中环境部门、最终消费部门与资源、服务的关系，具体操作步骤如下：

第一，将产品部门分为环境部门（x^e）和最终消费部门（x^c）；

第二，将资源与服务分开来，即把 $\boldsymbol{R}$ 分为资源与服务两部分，于是 $\boldsymbol{R} = (\boldsymbol{R}^z, \boldsymbol{R}^s)$；

第三，相应的价格变为 $\boldsymbol{V} = (\boldsymbol{V}^z, \boldsymbol{V}^s)$；

第四，相应的消耗系数改为 $\boldsymbol{G} = \begin{bmatrix} \boldsymbol{G}^z \\ \boldsymbol{G}^s \end{bmatrix}$。

于是，式（2.15）可以进一步细化为

$$\boldsymbol{R} = \begin{bmatrix} \boldsymbol{R}^z \\ \boldsymbol{R}^s \end{bmatrix} = \boldsymbol{GY} = \begin{bmatrix} \boldsymbol{G}^z \\ \boldsymbol{G}^s \end{bmatrix} \boldsymbol{Y} \text{或} \begin{bmatrix} \boldsymbol{R}^z \\ \boldsymbol{R}^s \end{bmatrix} = \begin{bmatrix} \boldsymbol{G}^z \\ \boldsymbol{G}^s \end{bmatrix} \boldsymbol{Y} \tag{2.18}$$

反映了资源与服务及最终消费的关系。

而式（2.17）也可以细化为

$$\boldsymbol{P}=\boldsymbol{VG}=\left[\boldsymbol{V}^{z},\boldsymbol{V}^{s}\right]\begin{bmatrix}\boldsymbol{G}^{z}\\ \boldsymbol{G}^{s}\end{bmatrix}=\boldsymbol{V}^{z}\boldsymbol{G}^{z}+\boldsymbol{V}^{s}\boldsymbol{G}^{s} \tag{2.19}$$

即：$$p_k=\sum_{j=1}^{t}g_{jk}^{z}v_j^{z}+\sum_{j=1}^{p}g_{jk}^{s}v_j^{s},\quad k=1,2,\cdots,n \tag{2.20}$$

式中：$\sum_{j=1}^{t}g_{jk}^{z}v_j^{z}$——转移到原材料成本的价格；

$\sum_{j=1}^{p}g_{jk}^{s}v_j^{s}$——转移到服务费用的价格。

表明产品的价格由转移到原材料中的成本以及转移到服务的费用两部分构成。

从上述瓦尔拉-卡塞尔模型的关系可以看出，经济系统物质流动的平衡关系如下：

（1）从环境部门流向其他各部门的物质等于生产投入的所有原材料：

$$\sum_{k=1}^{n}c_{ek}x_k=\sum_{j=1}^{l}r_j^{z}=\sum_{j=1}^{l}\sum_{k=1}^{n}a_{jk}^{z}x_k=\sum_{j=1}^{l}\sum_{k=1}^{n}g_{jk}^{z}y_k \tag{2.21}$$

即

$$\sum_{k=1}^{n}c_{ek}x_k=\sum_{j=1}^{l}\sum_{k=1}^{n}a_{jk}^{z}x_k$$

表明从环境部门（e）流向各经济部门的物质总量等于所有的原材料。

（2）流入和流出最终部门的物质是平衡的，即：

$$\sum_{k=1}^{n}c_{kc}x_c=\sum_{k=1}^{n}c_{kc}x_c+c_{ce}x_e \tag{2.22}$$

表明各部门流到最终消费部门的物质总量，即全部最终商品总量，等于全部再循环物质与废弃污染物（包括积累）之和。

（3）流入和流出中间产品部门的物质也是平衡的，即：

$$\sum_{j=1}^{l}\sum_{k=1}^{n}g_{jk}^{z}y_k-\sum_{j=1}^{n}y_j+\gamma\sum_{j=1}^{n}\sum_{k=1}^{n}c_{cj}b_{jk}y_k=\sum_{j=1}^{n}c_{ke}x_e \tag{2.23}$$

（4）流入环境的全部污染物等于中间产品和最终消费部门流出的污染物，即：

$$c_{te}x_e=\sum_{k=1}^{n}c_{ke}x_e+c_{ce}x_e \tag{2.24}$$

（5）来自环境物质流减去连续再循环的产品，等于来自中间产品部门的污染物流加上最终消费产出的污染物流，即：

$$\sum_{j=1}^{l}\sum_{k=1}^{n} g_{jk}^{m} y_k - (1-r)\sum_{j=1}^{n}\sum_{k=1}^{n} c_{cj} b_{jk} y_k = \sum_{k=1}^{n} c_{ke} x_e + c_{ce} x_e \tag{2.25}$$

（6）来自环境的物质最终将以污染物的形式回到环境中，即：

$$\sum_{j=1}^{l}\sum_{k=1}^{n} g_{jk}^{m} y_k = \sum_{k=1}^{n} c_{ke} x_e + c_{ce} x_e + (1-r)\sum_{j=1}^{n}\sum_{k=1}^{n} c_{cj} b_{jk} y_k \tag{2.26}$$

瓦尔拉-卡塞尔模型表明，当环境资源变得稀缺时，与生产消费和环境的作用关系相关的外部性是“普遍存在”的。这些外部性通常表现为非市场的。但原则上通过引入一些影子价格，市场影响可以模拟到基本近似的程度。从而使资源配置从“次优”逼近“帕累托最优”状态①。这种最优状态正是绿色经济发展所践行的宗旨。因此，瓦尔拉-卡塞尔模型不仅为绿色经济发展模式提供了物质依据，也为绿色经济核算提供了理论基础。

2.2.5 绿色经济的制度与管理基础

对于传统经济活动产生的环境外部性如何内部化需要借助制度的创新。制度创新是解决外部性问题、将外部利益内部化的主要手段（盛洪，1993）。而对于绿色经济制度如何创新，学术界开展了积极有益的探索，包括排污权交易试点、环保设施运营的市场化、环境信息的公开化等。排污权交易由 20 世纪 70 年代的美国经济学家戴尔斯提出，美国国家环保局将其用于管理大气污染源及河流污染源，之后，英国、德国等国家相继开展了实践排污权交易政策。我国运用排污许可证管理大气污染源，有一定的成效。环保设施运营在经济发达国家市场化程度较高，我国环保设施运营市场化刚刚起步，但试点工作也取得了初步效果。环境信息的公开化在发达国家也取得了较好的效果，消费者越来越愿意选择环保业绩好的企业产品，投资者也愿意与污染治理好的企业合作。我国公众的环境知情权也有了较大扩展，监督力正日益发挥着作用。这些制度的尝试与实践，为绿色经济的发展提供制度创新基础。

---

① 马中：《环境与自然资源经济学概论》，北京：高等教育出版社，2006 年版。

环境标准与环境管理体系的建立也为绿色经济的发展提供了标准化的管理基础。我国的环境管理制度经过 20 多年的发展，已经建立起一套较成熟的管理制度，如 ISO14000 系列标准、农业标准化管理与农产品质量标准化、无公害农产品生产计划及相关标准、绿色食品管理体系等都为我国环境治理与绿色经济的发展提供了行之有效的管理模式。

综合上述各方面，物质代谢与物质平衡原理及自然资源的价值论分别从物质运行角度与价值运行角度为绿色经济发展模式提供了理论基础；绿色经济制度创新与标准化管理体系为绿色经济处理环境问题提供了制度保障，它们从不同角度为绿色经济发展模式的产生与推进提供了理论基础。因此，绿色经济发展模式是一种具有深厚理论基础的新经济发展模式，具有旺盛的生命力。

事实上，上述各种理论不仅为绿色经济发展模式提供了理论支撑，实际上也是绿色经济的本质特征所体现的内容。绿色经济是一种显著降低环境风险的经济，将环境因素纳入其发展内容中，就是承认自然资源的价值属性。同时，绿色经济又将消除贫困与降低环境风险结合在一起，实质上遵循了物质平衡原理。

2.3 绿色经济的循环运动

2.3.1 国民经济的循环流程

国民经济的运动从产品（产品和服务）的生产开始，到产品的使用（消费、消耗或投资等）结束，完成一个循环。从供给与需求角度分析，国民经济的这种循环运动存在两种运动形态。一方面是从供给角度分析的国民经济“实物运动”形态；另一方面是从需求角度分析的国民经济“价值运动”形态。在“实物运动”形态中，从产品的生产到产品的使用，中间需要经历商品的流通环节，其整体运动形式表现为“生产—流通—使用”。这个过程，产品的价值与使用价值一起运动并形成商品市场的供给。而在“价值运动”形态中，从产品的生产到产品的使用，中间需要经历收入分配环节，其整体运动形式表现为“生产—分配—使用”。这个过程，产品的价值与使用价值相分离，生产成果经过分配形成国民经济各部门或各单位的收入，进而形成对各种商品有支付能力的需求。国民经济的循环流程[①]可以用图 2-4 表示。

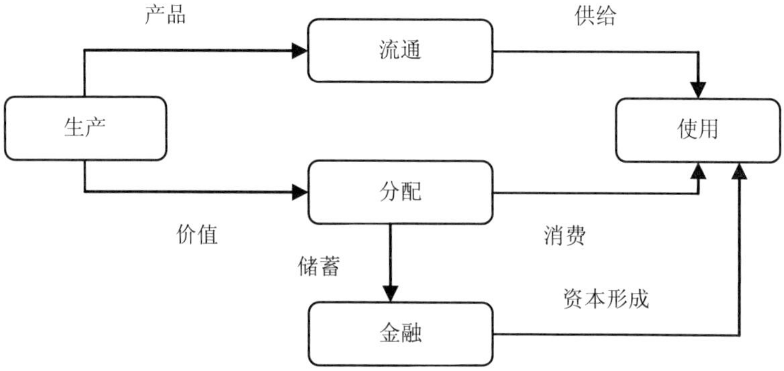

图 2-4　国民经济的循环流程

在图 2-4 中，上半部分是国民经济的“实物运动”形态，形成产品的供给；下半部分是国民经济的“价值运动”形态。在“价值运动”形态中，产品在市场中实现价值后，通过收入分配与再分配，形成国民可支配收入，进而形成消费与储蓄（或投资）构成有支付能力的需求。只有形成有效需求，产品的价值才能在市场中得到实现，供给才能顺畅流通。由此看出，在国民经济的循环运动中，产品在市场中实现其价值转化具有极为重要的作用，而价值的转化又取决于产品供给与需求的平衡。扩充到整个国民经济，反映出社会总供给与社会总需求的平衡决定着国民经济的顺利运行。在一个社会中，如果社会总供给超过了社会总需求，就会造成市场疲软，产品积压，社会生产难以为继，失业增加；相反，如果社会总需求超过了社会总供给，则又会形成商品匮乏，物价上涨，居民生活水平下降，生活质量难以提高。由此可见，社会总供给与社会总需求的平衡是国民经济循环运动的核心问题之一，只有在社会供求总量基本平衡的条件下，才能实现国民经济的良性循环，这是一国经济持续增长的前提，宏观经济管理与国民经济核算必须高度关注社会总供求的平衡问题。

① 杨灿：《国民经济统计学》，北京：科学出版社，2008 年版。

2.3.2 绿色经济的循环流程

绿色经济作为一种新的经济增长方式并不是要脱离现行经济模式，而是对现行经济增长方式的转型。因此，绿色国民经济依然在原有国民经济基础上运动，只是在运动过程中，社会再生产的每一个环节增加了新的内容。比如，就生产环节而言：①由于绿色经济是一种显著降低环境风险的经济，在国民经济的投入产出过程，既要节约自然资源（投入过程），又要减少废弃物的排放（产出过程），这与传统国民经济循环运动中的生产存在差异。传统国民经济循环运动中的生产过程追求商品产出的最大化，生态环境不在生产决策范围内，这种生产过程对自然环境往往形成“高投入、高排放”的形式。②由于自然资源包括环境资源成为生产过程的内生变量，生产决策的形式会发生变化，生产过程利润最大化目标将包含社会责任的内容。③由于一部分企业生产绿色产品或专门生产环保产品，形成了新的绿色产业。可见，由于绿色经济的运行，不仅使原有产业性质变得更加环境友好，更重要的是扩展了产业范围，产生了新的经济增长点。同样的，绿色经济运行下的其他社会再生产环节也都相应地发生了变化，增加了新的内容。绿色国民经济的循环流程见图 2-5。

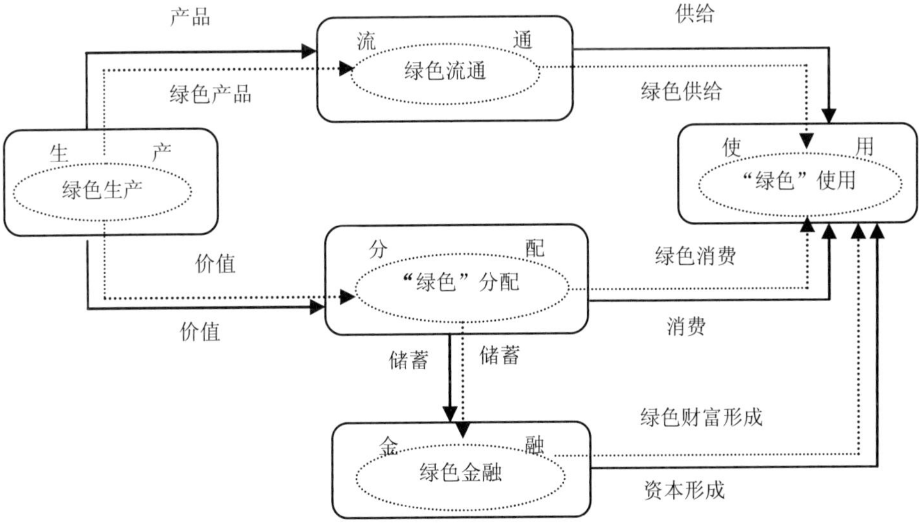

图 2-5 国民经济中绿色经济循环流程

与传统国民经济循环流程相比，图 2-5 的国民经济循环中包含了绿色经济的循环。由于绿色经济是对传统经济的转型，在绿色经济发展的初期，绿色经济只是传统经济的一部分，因而绿色经济的每一个运行阶段都内含在传统经济相应运行阶段中。随着绿色财富积累的不断增加，绿色经济在国民经济中所占份额会越来越大，直至整体国民经济走向绿色经济的发展道路，原有国民经济循环流程中的每一阶段均转变为绿色经济运行的相应阶段。

在绿色经济发展初期，国民经济循环中的生产阶段，绿色生产与传统生产并存。它们分别提供绿色产品与一般产品，进入流通阶段，它们或许会发生交织，一部分绿色产品采用了常规的流通渠道，一部分一般产品却采用了绿色流通，但为了规范绿色经济的内涵，我们认为只有经历绿色流通的绿色产品才形成绿色供给。也就是说，从实物形态分析，绿色经济的运行形式为“绿色生产—绿色流通—绿色使用”，这种运行形式形成绿色供给。从价值角度分析，绿色生产经过分配，形成有购买力的绿色消费，运行形式为“绿色生产—绿色分配—绿色使用”。这里的绿色分配有别于传统意义的分配概念，这是因为，在绿色经济运行过程中，由于自然资源成为了生产的内生变量，那么它就要参与生产成果的分配，这会导致收入初次分配发生变化；同时，由于环境污染外部性内部化，收入再分配也会相应发生变化，绿色经济发展过程中的分配必须关注社会的公平，才能有利于贫困问题的解决。不仅如此，在绿色经济模式下，消费活动也发生了很大的改变，消费者不仅崇尚适度消费，追求高层次需求满足，对消费后的废弃物也进行了回收与利用。因此，在绿色经济模式下，虽然国民经济的运行形态依然是“实物运动”的供给与“价值运动”的需求相对称发展，但这里的供给与需求都是在环境友好与绿色生产及绿色消费条件下发生的，这种变化后的绿色供给与绿色需求是否平衡，决定着绿色经济循环运动能否正常运转，也决定着传统经济能否成功转型绿色经济成为可持续发展的经济模式。在经济系统内部，绿色供给与绿色需求的平衡发展是基本决定因素，因此经济系统内部的绿色生产与绿色消费是绿色经济核算必须关注的问题。

2.3.3　绿色经济条件下的社会再生产环节

2.3.3.1　绿色生产

绿色生产是绿色经济循环运动的起点，也是绿色经济发展最易操作的现实形式之一。它是一种按照有利于生态环境保护的原则来组织的生产过程，以节能、降耗、减污为目标，实现对现有生产过程的环境友好，创造出绿色产品与环保产品，以满足人体健康与生态健康需要的一种新生产模式或经济增长模式。

与传统生产只是为满足人们物质需要不同，绿色生产是为满足人体健康与生态健康的需要而产生的。因此，绿色生产包含两方面的内容：一方面，实现对现有生产活动的环境友好，以满足生态健康的需要；另一方面，创造绿色产品与环保产品或服务，以满足人体健康的需要。

在绿色生产条件下，为达到上述两方面需要的满足，绿色生产的投入产出技术会发生相应的变化。这种变化不仅体现在对生产要素的处置上，也体现在生产的副产品处置上。对生产要素而言，在绿色生产条件下，在传统生产条件下被看作是外生变量的一些自然资源都成了生产的内生变量。这样，生产过程的约束条件发生了变化，自然资源在带来经济产量的同时也成了生产成本，一旦自然资源的使用成了生产成本，企业必然会采取节约的方式应对这种生产成本的增加，从而促进节约型生产方式的建立。而对于生产副产品而言，由于生态健康成了一种需要存在于社会生活方式中，生产活动就不得不考虑产品对生态需要的满足。于是，在传统生产方式下任意排放、任意丢弃的生产副产品，在绿色生产下，必须加以内化，从而生产活动对环境的外部性置于了生产活动本身，外部性内部化，而且减少污染物的排放也进入了生产的投入产出过程中。因此，对现有生产方式采取节约自然资源的投入、减少废弃物的排放就构成了绿色生产的特色之一。

不仅如此，在绿色生产条件下，产业的分类也发生了变化。在原有产业的基础上，形成了一些绿色产品与环保产品生产的企业，它们逐渐发展成为新的产业。我国绿色经济学家刘思华针对绿色生产的这一特色，提出了五大产业分类法。认为国民经济的各产业可分为五大类：广义农业、广义工业、广义服务业、广义知识业和广义生态产业（或环保产业）。将生态产业从第一、第二、第三、第四产业中分离出来，以加强生态建设，解放和发展生态生产力，帮助或加速自然再生产即生态产品的增加进而增加生态资本存量，从而维持和巩固人类生存和经济社会发展的生态基础。生态产业是 21 世纪的战略产业，与技术产业一起成为 21 世纪经济的增长点（刘思华，2000）。

2.3.3.2 绿色消费

在国民经济循环运动中，消费既是生产过程的终点，又是另一个生产过程的起点。消费作为社会再生产过程中的重要环节，引导着生产发展的方向，成为推动社会生产的重要力量。在世界经济绿色化的背景下，不仅绿色生产获得了较大发展，绿色消费也成了一种新的消费潮流与趋势，它与绿色生产相对应，推动着绿色经济的循环运动。

绿色消费从满足生态需要出发，以绿色理念为指导，以有益于健康和环境改善为基本内涵，是符合人的健康和生态健康的各种消费行为和消费方式的统称。它是人类对工业文明时代的生产方式和消费方式进行深刻反思的产物。工业文明在促使社会财富极大丰富的同时，也给人类带来了资源枯竭和环境恶化，恶化的环境给人们生活质量的提高带来了很大的阻力。在此背景下，消费者从自身健康出发，一方面要求企业进行绿色生产，生产和销售对环境影响最小的绿色产品；另一方面，消费者也开始对自身的消费行为和消费方式进行绿色化转型。

因此，在绿色消费模式下，消费者的偏好发生了变化，消费理念随之改变。消费者的消费活动不仅尽量节约使用相关的自然资源，特别是那些不可再生的自然资源；也尽量减少对环境产生的污染；同时，在选购消费品时，尽量选择有利于身体健康与环境保护的产品。消费者在市场上选择偏好的变化，实际上是向社会与生产企业传递了一个绿色化需求信息，这种信息会推动绿色市场的扩大，迫使非绿色产品市场的缩小，引导着生产者与销售者走向绿色化，推动绿色经济的发展。

2.3.3.3 绿色流通

商品流通是以货币为媒介的连续不断的商品交换过程，流通过程通常包括商流、物流与信息流 3 个部分。绿色流通是绿色供给的重要环节，它是指商品流通中以减少资源消耗、保护环境为导向的商品交换过程。

绿色流通不同于传统的商品流通，它们不仅在流通目标上存在差异，流通活动的具体功能和内容上也存在不同。绿色流通除了追求经济利益外，还增加了节约资源、保护环境的目标。此外，绿色流通在履行一般商品流通功能的同时，增加了诸如支持绿色生产、经营绿色产品、促进绿色消费、回收废弃物、实行绿色运输、绿色包装以及绿色流通加工等特殊功能。

在社会经济活动中，生产决定交换，流通执行交换的职能，因而，生产也决定着商品流通。同时，流通也为生产所需要的各种生产要素提供了便利，对生产也有反作用。在绿色经济活动中，绿色生产是实现绿色流通与绿色消费的前提条件，但绿色流通又通过在经营品种的选择上拒绝污染产品、在经销条件上给予绿色产品价格上的优惠来促进绿色生产的发展。除此之外，绿色流通还可以通过减少流通企业本身的资源消耗、减少流通活动本身对环境的污染等方式促进绿色经济的顺利运行。

2.3.3.4 绿色分配

分配是连接生产和消费的桥梁，是社会再生产的重要环节。在社会再生产中，一方面生产决定分配的对象和方式。马克思指出："分配的结构完全取决于生产的结构，分配本身就是生产的产物，不仅就对象说是如此，而且就形式说也是如此。就对象说，能分配的只是生产的成果，就形式说，参与生产的一定形式决定分配的特定形式，决定参与分配的形式。"（《马克思恩格斯选集》第 2 卷，第 98 页）另一方面分配对生产也起反作用，适应特定生产方式的分配，能够促进生产的发展，不适应生产形式的分配，可能会对社会生产形成阻力。

绿色经济的显著特征之一就是经济活动对环境造成的外部性影响内部化。资源环境成为经济活动的内生变量参与生产活动，生产活动的形式发生了变化，分配形式也应相应发生改变。按照生产要素参与分配的原理，当资源环境作为内生变量参与生产活动时，资源环境本身就应参与到分配活动中，这样初次分配格局就会发生变化。同时，环境外部性影响的内部化，使得一些公共产品的生产也随之发生改变，影响收入再分配格局。因此，在绿色经济发展过程中，收入分配相应地需要进行调整。

绿色分配联系着绿色生产与绿色消费，同时也决定着国民财富积累的规模，在绿色经济循环运动中不可忽视。

绿色生产、绿色消费、绿色流通与绿色分配分别从绿色供给与绿色需求角度决定着绿色经济的发展，它们互相联系、缺一不可，构成绿色经济循环运动的完整形式。研究绿色经济，应该把它们放在一个整体框架内进行全面的剖析。但是，绿色经济发展是一个渐进的过程，在绿色经济实践中，当前备受关注的是绿色生产与绿色消费。我国在绿色经济的实施进程中，绿色生产与绿色消费也走在了各环节的前面，已经体现出一定成效。因此，本研究进行绿色经济核算时，以绿色生产与绿色消费作为经济领域的主要核算对象。

2.3.4 绿色经济条件下形成的两个系统和两种运动形态

从图 2-2 及图 2-3 中可以看出，在光合作用下，物质与能量在生态系统中，通过生态系统自身的生产与消费形成生态代谢，即形成自然再生产的循环运动。能量与物质在自然再生产运动过程中，其中的一部分停留在生态系统内部，通过自然生物的生产、消费、分解形成稳定的循环运动机制，即生态系统的平衡；另一部分则经过能量转化、物质加工等形式进入经济或社会系统中。在经济或社会系统中，能量与物质经过经济活动中的生产、消费环节形成经济或社会代谢，即形成社会再生产运动。在社会再生产运动中，大部分能量与物质形成经济产品，用以满足人类各种需要的提升，形成经济系统的供求平衡。较少的一部分则以废弃物的形式再次进入生态系统。

可见，自然界的能量与物质运动经过了两个系统即生态系统与经济或社会系统，形成了两种运动形态即自然再生产运动与社会再生产运动，由此构成完整的能量与物质循环。

能量与物质在这两个系统内部通过各自的再生产运动调节，能够形成各自的平衡。但由于一部分能量与物质在经济或社会系统以废弃物的形式排放到生态系统中，这一部分能量与物质通过光合作用，若不能促进生态系统的再生产运动正常运行，那么，生态系统的平衡就会打破，最终影响经济或社会系统的平衡。这说明，能量与物质的正常流通取决于自然再生产运动与社会再生产运动的良好衔接，即生态系统与经济或社会系统的协调。而这个衔接或协调则又主要取决于经济或社会代谢中的生产与消费。因此，经济或社会系统中的生产与消费成了绿色经济实现生态系统与经济系统协调发展的关键因素。

当前，世界各国绿色经济政策包含有两重含义：①使现有各经济体更加“环境友好”；②通过生产环境产品和服务实现经济增长。现有各经济体的环境友好就是经济或社会代谢中从生态系统获取的资源与排出废物不破坏生态系统的健康运行，生产环境产品与服务是修复已破坏的生态系统的物质代谢。可见，实施绿色经济的目的是在国民经济社会再生产运动各环节实现绿色化，实际上就是促使生态系统与经济系统内部的健康运行及它们之间良好衔接的实现。因此，绿色经济实际上是自然再生产运动与社会再生产运动的统一体。绿色经济的运行，实现了两个系统内部各自运动形态的平衡以及两种运动形态的协调，协调性是绿色经济发展的显著特征。

2.3.5 绿色经济循环运动的自然生态目标

对绿色经济的内涵以及联合国推出的绿色经济发展模式分析可知，绿色经济肩负着解决贫困问题与环境问题的双重任务，贫困问题依赖于绿色经济在经济系统中的有序运行，而环境问题仰仗自然生态系统的平衡发展。因此，绿色经济循环运动的目标包含两个重点内容：①经济社会系统的健康运行；②自然生态系统的健康运行。经济社会系统的健康运行主要取决于绿色经济的供需平衡，上述绿色经济循环运动的每一阶段内容陈述了这种供需平衡的基础条件。而自然生态系统健康运行的提出源于人类对自然再生产运动的破坏，有着与经济系统健康运行相区别的内容。

2.3.5.1 人类对自然再生产运动的破坏

人类文明发展史也是一部生态系统破坏史。20 世纪以来，受传统经济理论的影响，人类追求财富的欲望是那样的强烈，以至于大肆从生态系统攫取资源，任意排放废弃物，导致生态系统的功能与结构无法自我调节，系统的稳定机制难以正常发挥作用而日益走向失衡。

人类对生态系统的破坏主要表现为：①乱砍滥伐、乱捕滥猎。人类对生态系统的乱砍滥伐、乱捕滥猎，破坏了生态系统的生产者，使能量流动与物质循环受阻，生态系统中的消费者也随之逃散或灭绝，这给许多动植物资源造成难以逆转的影响。据科学家估计，生物圈内每丧失一种植物将引起 20～30 种以这种植物为生存源的动物随之消失。目前全球平均每天至少有一物种消失，且人为因素造成的物种灭绝速度是自然灭绝速度的 1 000 倍[①]。在我国，由于乱砍滥伐、乱捕滥猎使原本稀少的森林资源和野生动植物栖息地破坏，许多珍稀动植物濒危程度不断加剧。目前，约有 233 种脊椎动物面临灭绝危险或受到严重威胁，约 44%的野生动物呈数量下降趋势。野生高等植物濒危比例达 15%～20%，其中裸子植物、兰科植物等高达 40%以上[②]。②乱砍滥伐与过度放牧。森林与草原是初级生产的承担者，对维持生态系统的稳定性有着非常重要的作用。森林具有涵养水源、保持水土、增加湿度、防风固沙、净化空气、减弱噪声等功能。可是，人类在“取之不尽、用之不竭”的理念指导下，对森林资源采取了收割式的采伐。据估计，地球上原有森林面积为 76 亿 hm^2，森林覆盖率为 60%，而目前世界上的森林资源不到 38 亿 hm^2，森林覆盖率在 30%以下。在草原生态系统中，草为草原上动物的存活提供了物质和能量基础，也为草原生态系统的生存与发展提供了前提条件。而人类受经济利益驱动，不顾草原生态系统的承载力，过度放牧，导致草原生态系统日益脆弱，自我修

---

① 李莉：《人口学研究与实践探讨》，贵阳：贵州科技出版社，2008 年版，第 305 页。

② 中央政府门户网站，www.gov.cn，2011 年 2 月 28 日。

复能力下降，有些地方出现荒漠甚至沙漠化。森林与草原的破坏，不仅减少了固定太阳能的能力，也使很多生物的栖息地受到损坏，加速物种灭绝速度。③农业开发与城乡建设用地大幅增加。农业开发与城乡建设用地是人类把自然生态系统转变为人工生态系统的典型代表，严重干扰和损害了生态系统的正常运转，是人类对生态系统最具破坏性的部分之一。城市建设挤占了大量绿地、耕地，据统计，全世界因工业、交通和城乡建设而损失的耕地每分钟约为 40 hm^2，全世界仅住宅建设用地一项，每年就要占用耕地 1 400 万 hm^2、牧场 600 万 hm^2 和林地 1 500 万 $hm^2$①。人类对生态系统造成的这种极大破坏，不仅危及生物物种的生存环境，也对人类自身基本生存条件形成了屏障。④废弃物的排放。废弃物排放是人类活动与自然活动共同的结果，但对生态系统造成破坏性影响的是人类活动排放的废弃物。人类不仅要进行自身的生产，还要进行大规模的物质生产，物质生产排放的废弃物如废气、废水、固体废物、噪声以及辐射等，通过迁移与转化与其他环境要素和物质发生化学的、物理的或化学物理的作用，虽然生态系统对这些作用表现出一定的自净能力，但生态系统的调节能力是有限度的，一旦外力的作用超过了它的承载能力，生态系统的结构就会发生变化。目前人类活动的废弃物排放对生态环境的影响已经超过了环境的自净力量，且以负面影响为主，成为破坏生态平衡的主要因素。

可见，人类对生态系统的破坏性影响主要集中在：大规模地把生态系统转变为人工生态系统、大量从生物圈中获取资源以及向生态系统中超量输入人类活动所产生的产品和废物。这些活动是目前生态系统失衡的主要外力。人类对生态系统破坏的主要方面也成为绿色经济提倡节约资源、减少废弃物排放的理论依据。

生态系统遭受破坏后对健康形成了直接的影响。例如，人类工业生产因燃烧化石燃料，使大气中的二氧化硫浓度增高，危及人和其他生物的健康；工业废水和生活污水，不仅使水体质量恶化，危及水生物的生存，也影响了人们生活用水的需要，近年来我国水源污染事件频发就是典型的例证。生态破坏后引起的人类疾病种类也日益增多，死亡率增高。据世界卫生组织估计，每年大约有 300 万儿童死于与生态破坏有关的环境原因，80%～90%的腹泻是由生态破坏引起的疾病传播造成的。当前在一些国家和地区由于不良的牲口管理导致了动物性传染病的传播，甚至导致了对抗生素的耐药性，人类正经受着自身活动带来的健康威胁。

① 李莉：《人口学研究与实践探讨》，贵阳：贵州科技出版社，2008 年版，第 307 页。

人类活动对生态系统的影响进而对健康的影响，它们之间实际上互为前提，又互为结果。以农村生态系统为例（图 2-6），人类生产与生活由于过度使用农药、化肥而破坏了土地生态系统的结构与功能，土壤退化；同时，由于乱砍滥伐森林、树木，导致林木减少、森林退化，它们均是水资源能量的源泉，二者功能的丧失直接影响了水资源的再生能力，导致水资源缺乏。更有甚者，人类生产生活产生的排泄物直接排入水系统中，破坏了水资源自净能力与再生能力，不仅传播疾病，也给农业生产造成影响，形成低质量、被污染的产品，最终危害人类健康。

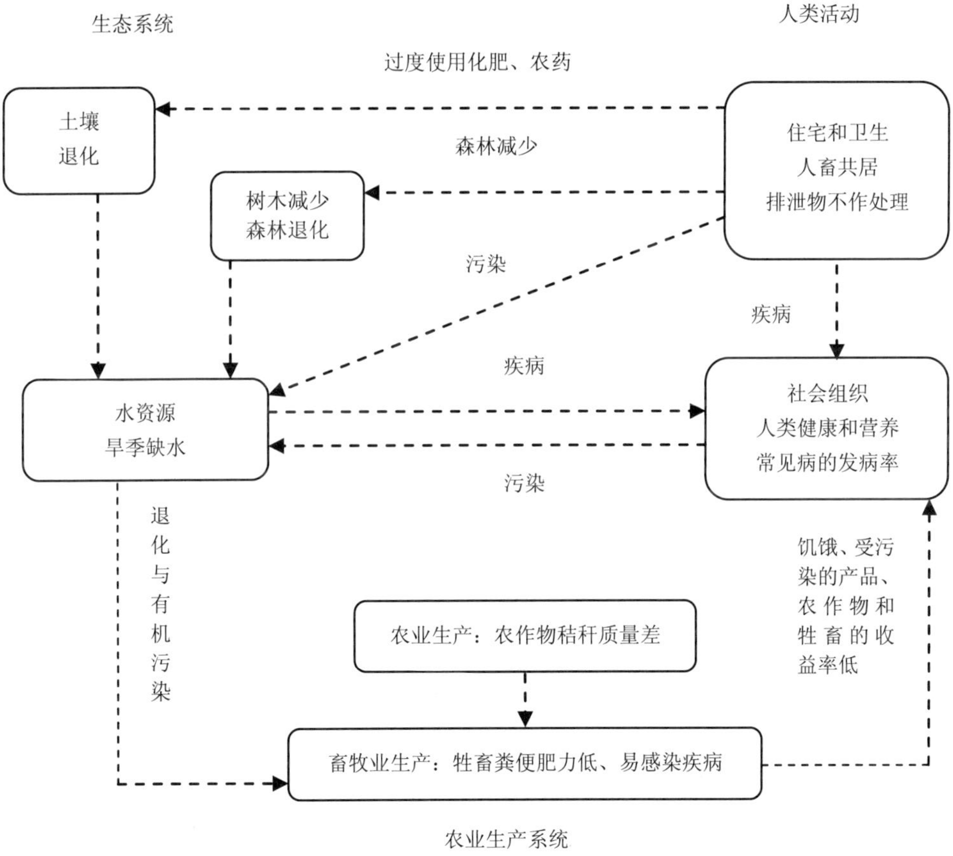

图 2-6　农业生产系统中人类活动与生态系统的关系

由此可见，生态系统的健康是人类生存的需要，而生态系统的人为破坏对这种健康构成了直接威胁。在这种背景下，20 世纪 80 年代，生态健康应运而生。当前，在生态环境破坏日趋严重的情况下，生态系统健康更是成了理论研究的重点，受到了生态学、环境学的关注，同时，它也是绿色经济的必备环节，必然成为绿色经济研究的部分。

2.3.5.2 自然生态系统的健康运行

（1）生态健康的含义。人类对自然生态系统的破坏引发了人们对生态健康的关注，自然生态系统的健康运行成为绿色经济循环运动的自然生态目标。生态健康概念产生于20世纪80年代，虽然发展历史不长，却受到了国际社会的广泛关注。一些国际组织，如水生生态系统健康与管理协会（AEHMS）、国际生态系统健康学会（ISEH）；一些国际杂志，如 *Ecosystem Health*、*Aquatic Ecosystem Health and Management Journal*、*Journal for Ecosystem Health and Medicine* 等都为生态系统健康研究注入了活力与力量。

至于什么是生态健康，国内外学者虽给予了不同的定义。但基本上都包含了“活力”“组织力”及“恢复力”3个方面的内容。如 Rapport（1989）认为，生态系统健康是指生态系统在时间上具有维持自身组织结构、自我调节和对胁迫的恢复能力；Ungeau（1992）指出，健康的生态系统具有生长力、恢复力和完善的结构；Costanza（1999）将生态系统健康概括为活跃的、能够维持它自身的组织结构、并且能够在一段时间后自动从胁迫状态恢复过来[①]。肖风劲（2002）将生态系统健康概括为具有恢复力、自我维持能力，不受风险影响，在经济上可行，因而生态系统健康不仅是生态学的健康，还包括经济学的健康和人类健康。高桂芹（2006）认为生态健康是指生态系统具有稳定性，整体功能表现出多样性，具备活力和相应的生产率。

这些定义基本上都是从生态系统本身出发，从生态系统的组织结构与功能是否能良性循环作出的界定。毋庸置疑，生态系统的组织结构与功能是生态系统正常运转的重要构件，但是从生态系统自稳定机制分析，生态系统在不受外力破坏的情况下，具有稳定功能，可以自行健康运行。只有当生态系统遭受了外部力的冲击，且这种冲击超过了它的承载力时，生态系统的组织结构才失去其功能，从而失去其健康。可见，生态系统是否健康关键在于人与生态系统关系的处理上，这种关系决定了生态健康的主体是生态系统，而客体不能脱离人类活动，定义生态健康应从人与

---

① 尹连庆等：《生态系统健康评价的研究进展》，载《环境科学与管理》2007年第11期。

生态系统的关系角度出发，考察在人的活动影响下，人的生产生活环境及其赖以生存的生命支持系统的能量流动与物质代谢功能是否能正常运转。

因此，生态健康应该是指在人类经济活动和社会活动影响下，生态系统所具有的支持人的生产、生活环境正常运行以及维持其自身活力、组织力，并在遭受破坏的情况下能在一段时间后自动从胁迫状态恢复过来的能力。在绿色经济条件下，绿色生产活动、绿色消费活动从生产与生活角度节约资源、减少废弃物排放，就是从生态系统角度增加资源的自我生长能力、增强物种的自我净化功能。故而，绿色经济条件下的生态健康最突出的特征在于生态系统破坏后的恢复力。

（2）自然生态系统的恢复与重建。生态系统受损后，健康状态已不存在。生态恢复就是针对生态破坏、促使生态由失衡走向健康的过程。对于何为生态恢复、怎样才是达到了生态恢复，国内外学者有不同的观点。国外学者对生态恢复的认定主要有 3 种代表观点，包括美国自然资源委员会强调的生态恢复是使一个生态系统恢复到较接近其受干扰前的状态、学者 Braxshaw 认为的生态恢复是有关理论的一种“酸性试验”、国际恢复生态学会提出的生态恢复是帮助研究生态整合性的恢复与管理过程的科学。国内学者也有不同的观点，如学者章家恩等认为，生态恢复是通过运用一定的生物、生态技术，尽快地、成功地将生态系统的结构、功能恢复到一定的或原有的乃至更高的水平。许木启等则认为生态恢复是恢复被损害生态系统接近于干扰前的自然状况的管理与操作过程。

从国内外学者对生态恢复的认识看出，生态恢复是一个过程，这个过程不论采取何种手段，最终都要达到使生态系统恢复到受干扰前的状态，即生态健康的状态。可见，在生态系统已经破坏的情况下，生态恢复对生态健康的建立具有极为重要的作用。

生态恢复的途径与方法因生态系统的结构与功能而异。在绿色经济条件下，绿色生产与绿色消费是针对传统生产与消费对生态系统形成的破坏而作的修复。因此，绿色经济模式下的生态恢复突出表现为绿色生产与绿色消费过程中对资源与废弃物的处理方式，而处理的结果就是绿色经济条件下的生态健康状况。可见，生态健康的测度是绿色生产与绿色消费的延续，它们结合在一起，实现绿色经济发展的目的。

联合国在其千年发展目标与可持续发展目标进展缓慢的背景下，企图寻求一种能将二者结合在一起的经济增长模式以解决当前世界共同面临的贫困问题与环境污染问题，进而提倡世界各国发展绿色经济，并认为绿色经济是提高人类福祉与社会公平，同时显著降低环境风险与生态稀缺的经济。这种经济增长模式之所以能够解决贫困问题（提高人类福祉与社会公平）和环境污染问题（显著降低环境风险与生态稀缺），是因为它的经济运行方式以经济系统为核心，又突破了经济系统，将经济社会再生产运动与自然再生产运动结合在一起，关注人类健康与生态健康。这种经济增长模式，实际上将经济增长的目标由单纯地追求经济总量的增长转变为在不损害生态环境的前提下谋求人类福祉提高与社会公平，是一种质量型经济增长模式。

归纳绿色经济循环运动，发现绿色经济具有与国民经济相似的循环流程，绿色经济的社会再生产环节也与国民经济社会再生产环节具有极多的共性。这种特征决定了绿色经济核算与国民经济核算具有共同的原理，国民经济核算理论是绿色经济核算的理论基础。但绿色经济又与国民经济循环运动存在一定的差异，主要的差异表现在：绿色经济不仅包含社会再生产运动也包括自然再生产运动，绿色经济不仅包含经济增长的目标，也包含自然生态健康发展的目标。这些差异又表明，绿色经济核算不能完全依赖国民经济核算理论，需要借助生态环境方面的有关核算方法。

第 3 章

国民经济核算体系概要

从第 2 章的分析可以看到，绿色经济具有与国民经济一致的运行内容，绿色经济活动的大部分产品如绿色标志产品、环境标志产品及其相应的服务均蕴含在现有国民经济中。因而，国民经济核算体系是绿色经济核算的根本依据。国民经济核算体系框架、核算内容、基本理论及核算方法既是绿色经济核算经济产品的理论基础，也是绿色经济核算与绿色经济和传统经济相区分的最有效途径，绿色经济核算的整体框架、核算方法与国民经济核算具有一致性。

3.1 国民经济核算的有关界定

3.1.1 国民经济的概念

国民经济是指由相互联系、相互影响的经济环节、经济层次、经济部门和经济地区构成的一个国家社会经济活动的总称。从横向关系上看，国民经济是物质生产部门和非物质生产部门的总和；从纵向关系上分析，国民经济是社会产品再生产包括生产、分配、交换和消费的总过程。纵横交叉，构成了国民经济网络般的经济联系。具体来说，有以下几个方面。

（1）从“横向关系”上看，“国民经济”是指社会物质生产和非物质生产各单位、各部门所构成的相互关系的总体。物质生产部门主要包括工业、农业、建筑业、商业和交通运输业等；非物质生产部门主要指文化教育、卫生医疗、生活旅游、城乡公用事业等。物质生产部门与非物质生产部门通过投入各种生产要素（劳动手段、劳动对象和劳动者），生产出物质性产品（实物产品、物质性服务、非物质性服务）。投入转化为产出的过程要求国民经济各部门必须按比例、保持协调地发展，同时保持社会再生产各环节包括生产、分配、交换和消费之间的平衡。唯有这样，才能实现国民经济的协调发展，即实现供给与需求的平衡。在现代市场经济条件下，供给与需求的这种平衡需要通过国家调控市场、市场引导企业才能实现，而国家调控市场的手段需要依赖国民经济核算，要求国家和地区的统计部门能够及时提供准确而系统的统计数据和资料。可见，国民经济核算是国民经济宏观调控的需要，而从横向上理解国民经济，也便于国民经济核算对核算主体分类的需要。

（2）从“纵向关系”上看，国民经济又包括上述经济单位和部门运用各种要素资源进行的包括生产经营、市场交易、收入分配、消费支出、资金融通及资本积累等各种经济活动，这些经济活动即构成社会再生产的“生产、分配（交换）与消费”环节，它们间彼此衔接、相互影响、不断循环，就形成了国民经济的运行过程。因而，国民经济又可以理解为社会再生产各环节的总和，是一个不断循环的宏观经济运行过程。由于人类所创造的商品具有价值与使用价值两重性，商品从生产到使用，两重性贯穿其中，故而国民经济的循环过程需要经过两种运动即“实物运动”和“价值运动”，“实物运动”形成社会总供给，“价值运动”形成社会总需求。国民经济基本流程见图 3-1。

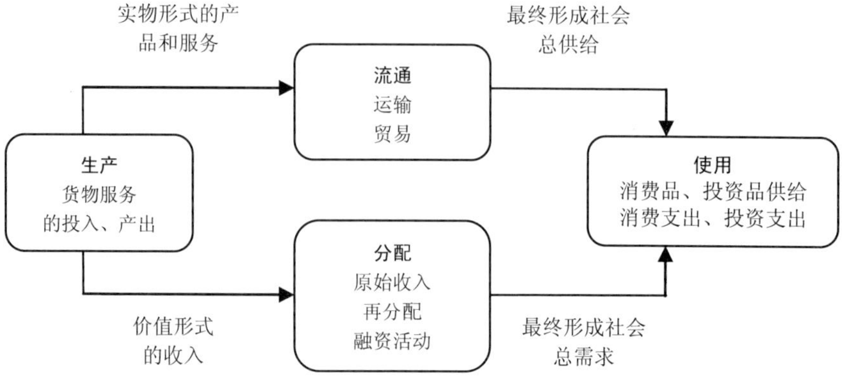

图 3-1　国民经济循环运行流程

在图 3-1 中，生产、分配（交换）、消费各个再生产环节循环往复构成的有机整体，就称为“国民经济”。国民经济活动从生产产品与服务的投入产出开始，一方面，经过运输贸易的流通过程，形成实物形态的消费品与投资品供给，即形成社会总供给；另一方面，根据要素报酬原理，经过分配与再分配以及各种融资活动，形成消费支出与投资支出，即形成社会总需求。社会总供给与社会总需求在市场中结合，使得实物形式的产品与服务价值得以实现，需求得到满足，当总供给与总需求实现平衡时，社会再生产也顺利得以实现，社会再生产进入下一轮循环。这个过程，周而复始，价值运动伴随着实物运动而产生，又可以脱离实物运动而存在，具有相对独立性，两种运动是商品经济最基本的运动，始终处于既对立又统一的状态之中。宏观经济调控就是要使两种运动保持平衡，即社会总供给与社会总需求实现平衡（包括总量平衡和结构平衡）。因而，国民经济核算既要提供总量核算，又要体现结构构成。

国民经济的“运行”和“结构”是交叉结合的。社会再生产是在各个部门中进行的，而“部门结构”则反映了经济运行的性质和特点。国民经济核算作为一种社会经济活动，建立在国民经济的“结构”概念与“运行过程”的基础上。

3.1.2 国民经济核算的概念

国民经济核算，简称国民核算（national accounting），是指按照一套既定概念和方法对国民经济运行过程即社会再生产全过程进行的全面、系统定量描述，以便从数量上反映国民经济运行状况及社会再生产过程中生产、分配、交换、消费各个环节之间以及国民经济各部门之间的内在联系。与微观经济核算以“企业或事业单位”为对象进行的经济核算（如企业或事业单位中的业务核算、会计核算和统计核算等）不同，国民经济核算是以“地区或国家”即以“整个国民经济”或社会再生产过程为对象的经济核算。在内容上，国民经济核算需要将国民经济运行过程中的社会总供求及其包含的经济行为间的联系描述出来。具体来说，国民经济核算从生产开始，首先要说明生产如何创造或转换产品和服务，以及形成初次分配和再分配收入；说明收入如何用于消费和积累，以及经济中通过各种金融中介机构进行的融资活动；说明国内与国外发生的经济收支往来和资本收支往来；最后将一国国民财产和财富的状况与变化反映出来。在方法上，通过系统的规范概念、分类、核算原则、表现方式及逻辑关系，实现对国民经济运行过程系统的统计描述。

因此，简而言之，国民经济核算就是以国民经济为整体的统计核算，旨在从宏观的层面考察国民经济的“结构”与“运动过程”两个方面的数量规模、构成及内在联系，并为正确研究这些问题提供基本的核算数据、统计方法和分析框架，是国民收入统计演化的结果。

3.1.3 国民经济核算体系的概念

国民经济核算体系是指在一定经济理论指导下，综合运用统计、会计、数学等方法，为测定一个国家（或地区）在特定时期内的经济活动（经济流量）和特定时点上的经济成果（经济存量）所构成的核算系统。国际上存在两种国民经济核算体系，即国民经济账户体系和物资产品平衡体系。国民经济账户体系（the system of national accounts，SNA）是目前世界上通用的国民经济核算体系，它是一套按照基于经济原理的严格核算规则进行经济活动测度的国际公认的标准建议。这些建议的表现形式是一套完整的概念、定义、分类和核算规则，其中包含了测度诸如国内生产总值（GDP，用来衡量经济表现最常用的指标）之类项目的国际公认的标准。通过 SNA 的核算框架，经济数据得以按照经济分析、决策和政策制定的要求以一定程序予以编制和表述。这些账户本身以凝结的方式提供了根据经济理论和理念组织起来的有关经济运行的大量详尽信息，它们详细而全面地记录了经济体内发生的复杂的经济活动，以及在市场或其他地方发生的不同经济主体之间、不同经济主体组之间的相互作用（SNA，2008）。

国民经济核算体系（SNA）要测度经济中各主体之间出于各种目的所发生的一切交易。产品和服务的生产是国民经济的核心，生产出来的产品和服务可能用于核算期当期的消费，也可能积累起来留待以后再使用。简而言之，国民经济核算首先核算生产过程所产生的增加值即 GDP，将与 GDP 相对应的总收入分配给不同经济主体或不同经济主体组成的群体，构成其收入，这就是分配与再分配过程的核算；通过该过程，一个经济主体可以消费由另一个经济主体生产出来的产品和服务，或者可以获得产品和服务以备在未来时期进行消费。SNA 刻画此类经济流量模式的途径是：对经济主体中的机构单位，针对产品和服务在生产和最终消费过程中从一个阶段到另一个阶段的相关交易来构造各个账户，由此对相关活动予以识别（SNA，2008）。

3.2 国民经济核算的基本经济理论与基础

3.2.1 国民经济核算的基本经济理论

国民经济核算体系包括了生产核算即 GDP 核算、收入分配核算、收入使用核算、资金流量核算、国际收支核算、资产负债核算等经济流量与存量的核算。这些核算建立在以下基本经济理论基础上。

3.2.1.1 生产理论

我国统计学家钱伯海曾提出："生产范围划在哪里，产出指标就算到哪里，使用指标也算到哪里，初次分配、原始收入与派生收入、中间消耗与最终使用就在哪里分界"。可见，生产的概念是整个国民经济核算的基石，只有确立一个明确的生产概念，才能建立、展开全部核算体系。

在经济学发展史上，生产是一个历史范畴，对于生产概念的理解，西方经济学中的"生产"是指一切能够创造或增加效用的人类活动。生产活动包括物质资料的生产，也包括劳务等无形产品的生产，而生产过程则是从生产要素的投入到产品产出的过程。从物资技术效率角度分析，生产过程可分为两个方面：①生产要素的投入，即生产过程中使用的各种要素并组合起来形成生产力，包括劳动、原料、资本等类型，每一类又可以进行更为具体的细分；②产出，即生产出来的各种产品与劳务[①]。

由于国民经济核算的自身特点，其判断生产活动的标准与社会生产是一致的，但它的范围较社会生产的范围相对要窄一些，因为核算体系在确定生产范围时，不仅要考虑有关活动是否属于生产活动，而且还要考虑在各账户编制中是否存在很大困难。考虑到这些问题，核算体系中的生产概念没有包括住户为自己消费所生产的所有无报酬的家庭或个人服务。

确切地说，在核算体系中，生产被理解为是在机构单位负责、控制和管理下进

① 刘天祥：《西方经济学：微观部分》（第 3 版），长沙：中南大学出版社，2012 年版。

行的一种物理过程，在此过程中，劳动和资产用于将一些产品和服务投入转换为另一些产品和服务产出。作为产出的所有产品和服务都必须能够在市场上出售，或者至少能够有偿或无偿地由一个单位提供给另一个单位。因此，国民经济核算体系将实际上注定要进入市场的全部生产——无论是用于销售还是用于以货易货，均列入生产范围（SNA，2008）。

3.2.1.2 分配理论

生产就是利用土地、劳动力和资本的转换或者是一些产品和服务的消耗投入来产生出另一些产品和服务的过程。投入和产出之间价值的增加就是生产过程的总的增加值。新增价值要进行分配，分配由所有的收入和支出活动所构成。根据收入的性质和支出的目的来划分，整个分配过程可分为三个方面：即国内生产总值的初次分配过程、再分配过程和最终分配过程。

（1）国内生产总值的初次分配过程。将增加值分解为劳动者报酬和净营业盈余。其中劳动者报酬是指劳动者的劳动所得，净营业盈余是指从产值中扣除全部生产费用和生产税后，归企业的剩余资金，它是企业从事生产而获得的要素收入。

（2）国内生产总值的再分配过程。由于在生产中，租借的土地、资金和其他无形资产等也同样作出了贡献，因此，企业的净营业盈余中还隐含了部分财产收入，应予以扣除。从创造财产收入的资产项目看，它们不是生产过程的产业，因此财产收入不是资本形成，财产使用也不是资本消耗。财产收入及其支付只是收入的一种有偿转移。

（3）国内生产总值的最终分配过程。只有到机构单位所得收入完全自由支配为止，国内生产总值分配才算完成。由于税收和经常转移的因素，初次收入分配的大小还会被改变。这种收入的转移与生产无关。可支配收入就是企事业单位得到的可自己支配的最终收入。对可支配收入的使用，产生了消费、投资和储蓄。

收入的分配与再分配被划分为这样 3 个过程，主要依据各过程与生产关系的密切程度。从收入直接来源于生产到间接来源于生产，最后完全与生产无关，较详细地反映了收入在各过程中的分配情况。

3.2.1.3 需求理论

需求是经济学中的一个重要概念。根据需求的内容和目的，将需求划分为消费需求和投资需求。

（1）消费需求。消费需求主要产生于住户部门。在经济学中常把消费需求看成可支配收入及储蓄的函数。即存在这样关系：

消费需求=可支配收入−储蓄

这种关系确切地体现在国民经济的收入支出账户中。产生消费需求的第二部门是政府部门。这种消费被称为公共消费，它是向整个社会公众提供，并由社会公众同时获得的一种服务，相当于经济学中“公益”的概念，其资金来源由政府财政提供。在现代国家管理中，政府的消费不仅与公益有关，而且也成为调节总需求规模的一种手段。

（2）投资需求。投资需求是指实物投资，主要有三项内容：一是固定资产的增加；二是存货的增加；三是土地的购买。投资的多少一方面来源于储蓄和转移资本；另一方面可利用贷款进行投资，当利用负债作资本进行实物投资时，有以下这些关系：

储蓄=实物投资+金融资产增加+非金融无形资产增加

储蓄+负债增加=实物投资+金融资产增加

储蓄投资差额=资金余缺

对于住户部门，储蓄常常大于投资；对于企业部门，储蓄常常小于投资。资金的余缺主要靠金融活动调剂，以满足投资的需求。

3.2.1.4 市场理论

国民经济核算体系是为市场经济所设计的。这里所说的市场经济就是通过市场将稀缺资源在不同用途之间进行分配的经济。市场上的基本经济事件就是交易，这种交易可在不同的主体之间发生，在交易中产品、服务、资产和劳动力的相对价值就直接或间接地产生。因此，经济学中的市场理论为国民经济核算的分类及价格的核算提供了基础。交易是市场上的基本经济事件，国民经济核算就是从这个基本的经济事件开始的。首先，交易的单位必须是能独立拥有资产、发生负债、从事经济活动和其他实体进行交易的经济实体。这样的单位才有权对产品和服务进行交换。因此核算体系产生了机构单位的划分，有了这种分类，市场上进行的各种交易性质也就容易确定了。市场经济交易主要有 3 种情况：产品和资产的所有权在单位之间的转移；新金融债权的产生或现有债权的消失；一个机构单位为另一个机构单位工作。将交易的性质与机构单位性质相交叉，可得到下列几种交易：产品和服务的交易；分配交易；金融手段交易；其他积累交易。

在交易中涉及的产品、资产、服务或劳动力的相对价值是直接或间接从市场上产生的。这种相对价值就是价格。在市场经济中，价格由市场所决定，反过来，价格对市场也起着重要作用。由于市场经济具有竞争性，所以对生产要素和最终产品的价格基本上是由供求关系决定的。

国民经济核算中的价格体系是为了分析经济增长而建立的整体数据。核算体系主要涉及4种价格形式：要素价格、基本价格、生产者价格和购买者价格。对国民经济而言，核算体系应采用统一的价格形式，即价格标准应有相同的内涵。

3.2.1.5 经济循环理论

国民经济核算体系是将国民经济作为一个有机联系的整体来反映国民经济总体循环或运行的情况，包括运行结果、运行过程以及运行过程中的内在联系。

国民经济循环过程也就是社会再生产全过程，包括生产、分配、交换、消费在内的统一过程，也是实物运动和资金运动的统一过程。在经济循环中，生产活动是经济流量的起点，在期初资产上生产者投入劳动进行生产，产出产品和服务，经过收入的分配与再分配，用于消费的支出，然后通过储蓄形成积累，最后通过投资者的投资支出来完成经济的循环。投资是一种再生产行为，它既是本次经济循环的终点，也是下次经济循环的起点。这是因为投资活动会引起存量的变化，下次经济循环中生产所用的固定资本和流动资本会以新的数量规模发生作用。

3.2.2 国民经济的核算基础

国民经济核算及理论方法要依托一定的经济学基础、方法基础和统计学基础。

3.2.2.1 国民经济核算的经济学基础

联合国经济和社会事务部统计处公布的国民经济核算体系（SNA）是以西方经济理论特别是凯恩斯的国民收入决定论为依据建立起来的。凯恩斯国民收入决定论通过四个部门即居民、企业、政府与国外部门，3个市场即产品市场、货币市场与劳动力市场建立了总需求与总供给模型。其中总需求衡量经济社会对产品和劳务的需求总量，从支出角度分析居民消费支出、企业投资支出、政府购买支出以及国外部门的净出口四类支出行为进而分析产出水平，这恰好从最终产品的使用去向说明了一国总产出的决定；总供给衡量经济社会投入的基本资源所生产的产量，是根据宏观生产函数、劳动需求函数与劳动供给函数推导得到的，这从投入产出角度提供了一国产出水平的决定基础。因此，总供给与总需求模型是国民经济核算框架构造的经济学基础，由此也决定了生产与消费是国民经济核算的重点内容。

图 2-4 是国民经济循环流程的一个简图，该图依据社会再生产环节将国民经济循环过程划分为 4 个主要流程，即生产、分配、交换与消费，是封闭国民经济的一种理论简化，实际经济运行过程要相对复杂且随着新的经济现象的出现，国民经济运行过程所包含的内容变得更加丰富，一个开放经济体的国民经济循环流程[①]见图 3-2。

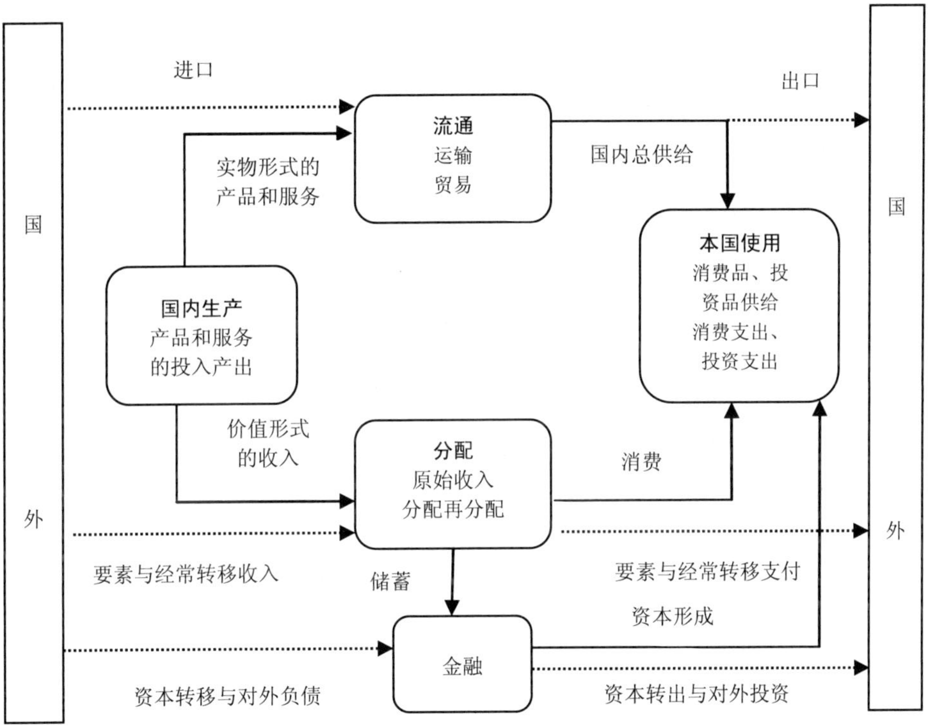

图 3-2 开放经济体国民经济循环流程

与图 2-4 相比，图 3-2 在结构上增加了国外部门，运行过程也将“金融”活动单独列入国民经济循环中。这种变化，从结构上完善了国民经济的概念，比较真实地呈现了国民经济的主体活动。金融活动单独列入国民经济循环过程，更加突出了资金融通对于各部门资金余缺的调节以及社会总需求的形成作用。整体上看，图 3-2 既呈现了国民经济概念中所包含的“横向结构”与“纵向运行过程”两个方面

① 杨灿：《国民经济统计学——国民经济核算原理》，北京：科学出版社，2008 年版。

的含义，又将西方宏观经济的国民收入决定理论囊括其中，特别强调了社会供需总量与结构平衡对开放国民经济良性循环的意义。因此，图 3-2 是国民经济核算框架的理论基础。国民经济核算是为了经济分析和政策制定的目的而设计的，因此，国民经济核算框架设计、概念定义、总量指标、原则确定方面必然要以经济理论和经济原则为依据。

3.2.2.2 国民经济核算体系设计的方法基础

借贷记账法是企业会计的基本核算方法，是一种复式记账法，采用分项目建立“T”形账户，每一账户都分为借贷双方，分别记录与账户有关的经济业务增加、减少及期末余额，任何一项经济业务的发生，都将以相等的数额分别计入至少两个对应账户的借贷方。

国民经济核算在体系设计方法以及所使用的核算规则上借鉴了企业会计这种账户和复式记账原理，在国民经济核算中，对于一项交易，如对于产出的销售，不仅要在卖方的生产账户中有一笔登录，同时必须在卖方金融账户中也有一笔等值的登录，以记录因出售产出而收到的现金或短期金融信贷。由于这两笔等值登录也是买方所必需的，因此这项交易实际上涉及卖方和买方两方的宏观经济账户，在它们的账户体系中同时会有四笔等值的登录。一般来说，两个不同机构单位之间的交易，总是需要在 SNA 账户中同时作四笔等值的登录（即四式记账），即使该交易仅是一种转移而不是交换，甚至没有发生货币转手也是如此（SNA，2008）。复式记账方法的运用，意味着不同机构单位和部门之间的交互作用能够得到记录和分析，国民经济账户有了基本一致的结构和平衡关系，并且能够使不同核算内容连接起来，整个核算成为相互联系的整体。同时，国民经济核算作为宏观核算工具，在很大程度上要利用企业微观核算资料作为基础，这在另一种意义上构成了企业会计对国民经济核算的基础作用。

3.2.2.3 国民经济核算的统计学基础

国民经济核算体系由国民收入统计发展而来，统计学也为国民经济核算提供了方法基础。统计学中的诸多方法，如综合指标法、指数法、分配法、平衡法、图示法等均在国民经济核算体系得到体现。另外，统计学中的数据调查方法、数据收集分析方法均构成了国民经济核算数据搜集的主要方法，统计体系中的数据，如国际收支统计或劳动力统计，一般来说都必须与国民经济核算数据配合使用。因此，国民经济核算需要运用现代统计方法。

需要说明的是，经济学、会计学与统计学为国民经济核算提供了理论基础，但国民经济核算的建立与发展与纷繁复杂的现实经济生活有着密切的关联。现实经济生活和管理需求是进行国民经济核算的原动力，正是由于经济生活演变不断衍生出新的研究领域和研究课题，才促使国民经济核算自身不断完善与发展，这也是绿色经济实践运作后会对国民经济核算提出新的要求的原因。

同时，我们也看到，国民经济核算是对一个国家或地区社会经济活动的核算，虽然关系错综复杂，但不同企事业单位的经济活动连接起来就是一个完整的社会再生产运动，在市场经济条件下，只要供给与需求能够保持平衡发展，这个运动就会循环往复，经济就会持续发展。国民经济核算沿着国民经济活动的这种运动特征设计核算框架，通过一系列宏观统计指标依赖的经济原理，最终将纷繁复杂的国民经济活动成果呈现出来，实现了为国家宏观调控提供核算数据的目的。可以说，国民经济核算体系所依赖的经济理论、核算基础足以支撑其科学性，即使绿色经济作为一种新的经济增长模式会对传统经济模式带来新的变革，但国民经济活动的内容与性质不会发生改变，以此为基础建立的国民经济核算体系依然是宏观经济核算的本体。

3.3 国民经济核算体系的构架

3.3.1 国民经济核算体系的建立

国民经济核算是对一国国民经济进行的测算，需要将国民经济运行过程及结果用数量形式反映出来。国民经济在进行核算时通常采用核算表与经济账户形式来反映国民经济的运行过程及其结果。这两种形式中，核算表侧重于经济活动某一方面的描述，如国内生产总值表就是对国民经济的生产与使用进行的全面核算；而经济账户则侧重于对经济循环过程的核算，核算时依据国民经济循环运行的条件、过程和结果设置账户，即以资产负债存量为起点和终点的“生产—分配—消费—积累”过程设置账户。因此，国民经济核算体系是依据国民经济循环流程通过核算表与经济账户建立起来的，国民经济核算与国民经济描述与被描述在经济账户中的关系见图 3-3。

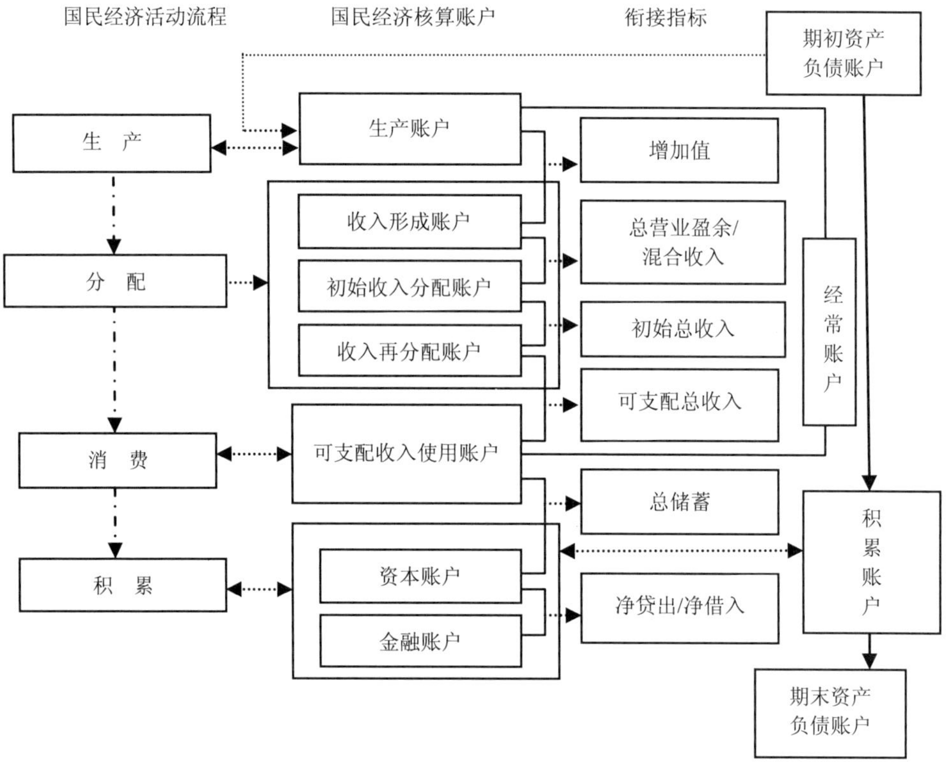

图 3-3 国民经济与国民经济账户体系的关系

图 3-3 描述了国民经济循环运动过程中的“生产—分配—消费—积累”领域中的生产、分配、消费和积累等经济活动或经济变动与国民经济账户的对应关系以及各账户间的衔接关系。各种经济活动均能通过对应的账户来反映，其中，生产活动通过生产账户来反映国民经济各部门的投入与产出情况，它是全部流量账户的起点。分配活动通过收入分配账户来反映，收入分配账户又细分为收入形成账户、初始收入分配账户与收入再分配账户，它们主要反映国民经济各部门在初次分配和再分配过程中的各种收入和支出情况，以及由此形成的原始收入和可支配收入水平，起着连接生产账户与消费账户的中间环节作用。消费活动是通过收入支配（消费）账户来反映的，该账户集中反映了国民经济有关部门在消费与储蓄间的支配情况。而积累活动借助积累账户来测算，积累账户中的资本账户与金融账户主要反映国民经济各部门在资本交易和金融交易过程中的各种资金来源和资金运用情况。因此，

对应国民经济循环运动过程，每一类经济活动都有与之对应的账户来测算。

而各种经济活动间的衔接又通过各账户的平衡项来表现。从生产账户到金融账户，每一个账户均借助这种平衡项来实现经济活动的前后衔接。比如，生产账户与收入形成账户的衔接指标是增加值，增加值在生产账户中反映了生产活动的结果，而在收入形成账户中它又构成了收入分配的起点，解释了增加值的去向；随后，总营业盈余/混合收入实现了收入形成账户与初始收入分配账户的衔接、初始总收入搭建了初始收入账户与收入再分配账户的桥梁、而可支配总收入实现了分配与使用的衔接，这种首尾相接的关系一直持续到最后一个交易账户即金融账户，从而完成一个经济循环过程的完整记录，所有的经济活动结果都有了相应的数据测算模式并实现了前后关联，国民经济活动成果通过国民经济核算账户实现了数据分析。

3.3.2 国民经济核算体系的特征

国民经济核算对国民经济运行过程及结果的描述至少含有以下信息：

（1）国民经济核算与经济学相辅相成。图 3-3 清晰地呈现了国民经济循环活动与国民经济核算的关系。在该图中，国民经济是从纵向上反映经济单位和部门运用各种资源要素从事生产经营、市场交易、收入分配、消费支出、资金融通及资本积累等经济活动的运行过程，囊括了社会再生产各环节，同时又将生产理论、分配理论、需求理论、市场理论概括其中，不仅为国民经济核算从纷繁复杂的国民经济活动中理清了思路，也为国民经济核算的实现提供了理论依据。可见，一方面，国民经济核算离不开经济学，必须深入细致地研究经济学理论，国民经济核算才能随着经济实践的变化更加完善。另一方面，国民经济核算体系中的各项指标是判断宏观经济形势的标准，是经济学家提出宏观经济政策建议的依据。国民经济核算与经济学相辅相成，互相促进发展，1984 年，理查德 • 斯通（Richard Stone）曾指出，现代经济科学是通过与核算科学的有机结合，在不断缩小先验理论与经验研究鸿沟的过程中谋求新发展的。西方经济学理论是一个不断完善的过程，国民经济核算应该亦如此。

（2）国民财富估算是国民经济核算宏观经济运行结果的重要目标之一。在历史上，人们对于财富的关心远早于对收入的关心。17 世纪初，英国海关总监估算了 1600 年英国公民财富，此后国民财富估算和国民收入估算一起受到各国政府的重视，西方国家对国民财富进行了多次估算，这为国民资产负债表的建立和核算创造了条件。国民资产负债核算是以一个国家（或地区）为整体的核算，反映一国国民经济或部门在一定时点上拥有各类资产和负债的状况，表明国民经济运行的起始和终结。1953 年，联合国颁布的《国民经济账户体系和辅助表式》（即旧 SNA），首次提出将分部门的资产负债表纳入一个完整的国民经济核算体系的设想；1968 年，联合国《国民经济账户体系》正式把资产负债表纳入了国民经济核算体系中，并对国民资产负债表的结构及其与各种流量的关系作了概括性说明；1993 年，联合国进一步修订颁布了《国民经济核算体系》，将核算期资产负债的全部变化内容纳入积累账户，使资产负债核算得以更加完善。图 3-3 中，期末资产负债存量既是资产负债核算的最后结果，也是流量核算的起点，国民经济总体中诸如投入产出、收入支出、积累消费、进出口等流量的变动，都只是国民财富等存量在期初到期末这一段时间内存量增减的体现。期初的资产存量是国民经济流量运行的条件，期末资产存量则是国民经济流量运行的结果，从这个意义上说，资产负债存量核算是国民经济核算的核心内容。不仅如此，由于资产负债核算内容包括资产总值、负债总值和资产净值，这些总量数据的核算，能够正确评估一个国家（或地区）国民财富状况、水平及分布，资产负债差额是全部资产减去全部负债后的差额，它是一个国家或地区的资产净值的重要标志，是国民经济核算的最终目标之一。绿色经济核算理论上也应该提供一个反映绿色经济活动最终财富的积累指标，如果设计这样的一个统计指标，那么也需要借助资产负债核算来开展。但资产负债从核算期初到期末的核算，实际上包含了整个社会再生产运动流程，也就是说，如果绿色经济设计资产负债核算，那么，这个表中应该反映的是全部的绿色经济活动，于是，期末的资产负债存量作为流量核算的起点也应该是绿色经济活动的成果，这样才能实现数据的时间连接。但显然，绿色经济活动过程中，投入绿色生产活动中的流量不可能全部是绿色经济活动的成果，故而在绿色经济发展初期，虽然能够设计绿色经济的资产负债核算表，但由于数据不可能全部体现为绿色经济活动成果，数据上的时间连接难以实现。

（3）国民经济核算注重经济系统的经济活动再现，忽视了自然生态系统的平衡。现行国民经济核算体系是以 20 世纪 30 年代凯恩斯宏观经济理论为基础建立的。这一理论以物质财富即国民收入的增长为核心，认为物质财富的增长必定会带来人类福利的改善，故而理论研究的重点围绕经济活动展开。图 3-3 简单明了地呈现了这种理论的基本内核，与期初资产负债账户相对应的是经济系统中的生产账户，即生产活动，与期末资产负债账户连接的是金融账户，这是一个纯粹的经济系统循环流程。在这个图中，无论是一次经济活动的开始还是经济活动的结束，均未与自然生态系统发生联系，是一种将人、自然与经济相分割的发展模式。在这种发展模式下，国民经济核算体系也就仅仅是一个以物质资本循环为纽带的体系，它分析与检测的范围也只限于社会再生产的全过程，即产品与服务的生产、交换、分配和消费。这与现实经济活动过程有着明显的差异。实际上，任何现实经济活动都不能独立于自然资源与生态环境之外，许多自然资源与生态环境不仅是人类目前许多重要产业的原材料、燃料、能源、动力的主要来源，还是其产出的废弃物的接纳场所。它们既是生产的条件，也是重要的生产要素，并且事实上已经通过市场化的经济流量与存量直接参与了经济循环的全过程；既是社会总资本的组成之一，也是一国财富的重要组成部分。然而，自然资源的价值在国民账户中没有得到应有的反映。在近几年的国家核算体系项目中，虽然部分地考虑了土地、森林、矿产和水资源的经济价值，但是对这些自然资源价值的评估往往停留在其直接使用价值的计量之上，而没有考虑它们作为生命支撑系统对人类生存所具有的服务价值的重大意义。导致了日益严峻的环境和资源危机，并已经成为制约经济和社会发展的重大问题，国民经济核算需要输入新的内容。

（4）社会再生产运动过程是国民经济账户体系构建的理论依据。国民经济账户体系依据社会再生产运动过程得以建立与实现，这为绿色经济核算提供了一种研究思路。绿色经济是自然再生产运动与社会再生产运动的结合体，如果把经济系统中的社会再生产运动延伸至自然生态系统，形成一条与社会再生产运动首尾相连接的扩展社会再生产运动过程，沿着这一扩展的再生产运动过程，将生态经济学与经济学结合在一起运用于绿色经济核算中，应该会为核算绿色经济运行的条件、过程与结果提供便利与可行性。

3.3.3 国民经济核算体系的发展

英国经济学家约翰·梅纳德·凯恩斯（J.M.Keynes）曾运用国民收入的总量指标在他的著作《就业、利息和货币通论》（1936）中建立了宏观经济理论模型。该模型借助企业、居民和政府的经济流量循环关系，深入考察了消费、储蓄和投资等支出活动变动情形下的国民收入决定问题。在凯恩斯的倡议和推动下，英国经济学家理查德·斯通（R.Stone）和詹姆斯·米德曾于20世纪40年代初率先运用复式记账方法为英国财政部编制过一份官方认可的国民收入和支出估计。20世纪中叶，俄裔美国经济学家西蒙·库兹涅茨（S.Kuznets）对国民收入的概念、性质和构成等展开了深入的理论诠释，归纳了估算国民收入的生产法、收入法和支出法等方法，确立了国民收入统计的市场价格标准，基本完成了国民收入统计的理论化和系统化工作。由于斯通、库兹涅茨等所做的重要理论工作，欧美各国的国民收入统计实务在“二战”后取得了长足进展，并形成了相对完备的国民经济核算体系。

联合国积极推动了国民经济核算体系的全球一体化。1947年联合国公布了《国民收入的计量和社会核算表的编制》、1953年又公布了《国民核算体系及其辅助表》（称旧SNA），涉及企业、住户、一般政府3个基本的机构部门，包含生产账户、支出账户、资本调节账户以及对外交易等账户。SNA1953标志着以国民收入生产、分配和消费过程为基础描述国民经济运行的国民经济核算体系获得了成熟的发展。随后，随着宏观经济分析理论的发展以及在国民经济管理的现实要求下，国民经济核算在20世纪60年代中期又获得了新的发展，主要表现为在原有国民收入生产、分配和消费核算基础上，引入了投入产出核算、资金流量核算、国际收支核算和资产负债及国民财富核算，在内容上更适应市场经济过程的描述和国民经济管理的要求，标志着国民经济核算体系发展进入新的重要阶段。1968年联合国公布了《国民经济核算体系》（SNA），并于1970年在世界各国推行实施。该体系包含了20个账户，涉及生产、消费支出和资本形成账户以及涉及收入与支出及资本筹集账户。扩展了核算内容，包括国民收入核算、投入产出核算、资金流量核算、资产负债核算以及国际收支核算五大核算系统。1993年联合国第27届统计委员会会议又通过了关于SNA的修改方案，在总结各国SNA实践和应用基础上，进一步改进和完善了国民经济核算体系，如该体系专门设置资产重估价账户反映通货膨胀的影响；加强了服务活动核算；界定了资产核算范围和分类，使之向环境经济核算扩展。整体上SNA1993为一个国家的国民经济总体提供了全景描述，对各国国民经济核算工作提供了几乎全面的指导，此后，国民经济核算体系实现了全球一体化。

随着各国经济环境的变化，2003年第33届联合国统计委员会决定对SNA1993予以更新，以便使国民经济核算框架与数据用户的需要联系起来。经过国民经济核算秘书处工作组的努力，2008年第39届联合国统计委员会以及2009年第40届联合国统计委员会分别公布了 SNA2008 第 1 卷、第 2 卷，并向联合国经济与社会理事会建议，SNA2008 应该作为新的编辑国民经济核算统计数据的国际标准使用。

与 SNA1993 相比，SNA2008 将那些近年来越来越重要的经济特征引入核算之中，对那些日益成为分析焦点的各种观点做了详细阐述，澄清了与之相应的国民经济核算处理方法。这些新面貌主要体现在资产、金融部门、全球化及其相关问题、一般政府和公共部门以及非正规部门 5 个方面。SNA2008 还认为卫星账户有望继续为具有挑战性的测算如环境核算问题中的测算提供有用的解决方案，鼓励在不影响中心框架的可比性基础上利用卫星账户来扩展相关国民经济核算账户。另外，SNA2008 也认为，如果某些项目仅在某些国家才有意义或者仅具有某种分析意义、无法使一张表达到与中心系列账户相同的精度时，可以采用“补充项目”或“补充表”的形式。

从 1953 年第一套综合国民经济核算标准发布，到随后的 1968 年、1993 年和 2008 年的 3 次大修订，国民经济核算体系得以日臻完善（表 3-1）。表 3-1 描述了每一次国民经济核算体系改进与完善的特点，国民经济核算体系的完善与全球一体化发展过程说明，一方面，市场经济的发展，即新的经济活动或经济联系方式的出现，以及新经济关系的形成等，均要求国民经济核算给予准确的描述；另一方面，经济理论的发展，人们对客观经济过程认识的概念、关系等方面的理论创新，也指导了国民经济核算体系的改革。可见，国民经济核算体系是一个不断完善与完美的过程，这个过程离不开经济理论与经济实践，当然国民经济核算体系也受到统计核算方法发展的影响。SNA 的发展应该是经济发展（如出现新的金融工具）、统计估计和测量技术进展以及数据收集手段完善等综合作用的产物。

不过，值得关注的是，与现实要求相比，国民经济核算体系虽然仍然有许多方面亟待完善，但国民经济核算体系作为一个科学的测算体系，其基本原理、核算框架不容置疑。绿色经济作为一种新的经济模式，在经济内容、国民经济循环运动过程等方面会存在很多自身的特征，但这些特征并不改变国民经济核算体系的基本内核，也就是说，绿色经济核算不是对国民经济核算体系的推翻与重新设置，而是一种完善。

表 3-1 国民经济核算体系的发展

SNA 历史沿革	特点
1953 年 SNA	1953 年 SNA 涉及 3 个基本的机构部门：企业、住户、一般政府；包含生产账户、支出账户、资本调节账户以及对外交易账户等
1968 年 SNA	1968 年联合国统计委员会公布了修订的 SNA，包含 20 个账户，由 3 类账户组成：国家的合并账户；涉及生产、消费支出和资本形成账户；涉及收入与支出及资本筹集账户； 1968 年 SNA 扩展了核算内容，包括国民收入核算、投入产出核算、资金流量核算、资产负债核算以及国际收支核算五大核算系统
1993 年 SNA	1993 年修订的 SNA 体现了许多新特点。可概括为 10 个字：更新、澄清、简化、协调一致。比如，该体系专门设置资产重估价账户反映通货膨胀的影响；加强了服务活动核算；界定了资产核算范围和分类，使之向环境经济核算扩展
2008 年 SNA	SNA2008 的新面貌在于，将那些近年来越来越重要的经济特征引入核算之中，对那些日益成为分析焦点的各种观点做详细阐述，澄清这一系列广泛主题在国民经济核算中的处理方法。新面貌主要包括资产、金融部门、全球化及其相关问题、一般政府和公共部以及非正规部门 5 个方面。提出灵活运用卫星账户以及“补充项目”或“补充表”

3.4 中国国民经济核算体系的基本内容

我国国民经济核算经历了 MPS 体系的建立和发展、MPS 体系与 SNA 体系并存以及 SNA 体系下的发展 3 个阶段。目前使用的国民经济核算体系是《中国国民经济核算体系（2002）》。该体系参照 SNA 体系建立，其基本框架由基本核算表、国民经济账户与附属表 3 个部分组成。基本核算表包括国内生产总值表、投入产出表、资金流量表、国际收支表和资产负债表；国民经济账户包括经济总体账户、国内机构部门账户和国外部门账户；附属表包括自然资源实物量核算表和人口资源与人力资本实物量核算表。它们结合在一起全面地描述了我国国民经济循环流程。

3.4.1 基本核算表

基本表以分表的方式描述社会再生产运动全过程。其中，基本表中的国内生产总值表与投入产出表从不同角度描述了社会再生产运动中的生产活动。国民经济核算中的生产活动包括生产者提供或准备提供给其他单位的产品或服务的生产、生产者用于自身最终消费或固定资本形成的所有产品的自给性生产、自有住房提供的住房服务和付酬家庭雇员提供的家庭服务的自给性生产。生产活动的成果是国内生产总值，因而，国内生产总值表以国内生产总值为核心，对国民经济生产与使用指标进行全面系统的核算，概括地反映生产法、收入法和支出法国内生产总值的基本构成项目以及 3 种计算方法间的相互关系。由于国内生产总值可以从价值构成、收入形成以及使用去向角度进行描述，进而又形成了生产法国内生产总值表、收入法国内生产总值表和支出法国内生产总值表，它们反映了国内生产总值的形成过程。投入产出表以矩阵形式描述国民经济各部门在一定时期（通常为一年）生产中的投入来源和产出使用去向，揭示国民经济各部门相互依存、相互制约的数量关系，同时，又将生产法、收入法、支出法国内生产总值结合在一张表上，细化了国内生产总值，它由供给表、使用表和产品部门×产品部门表组成。供给表反映各产业部门生产的产品结构和各种类型产品的产业部门来源结构；使用表反映各产业部门的中间投入结构和最初投入结构以及各种类型产品的中间使用去向和最终使用去向；产品×产品部门表反映产品部门的中间投入结构和最初投入结构以及产品部门的中间使用去向和最终使用去向。

资金流量表主要以收入分配和资金运动为核算对象，通过对初次分配总收入、可支配总收入、总储蓄、净金融投资等指标的核算，反映一定时期各机构部门收入的形成、分配、使用、资金的筹集和运用以及各机构部门间资金流入和流出情况，是国民经济循环中分配阶段与使用阶段的描述。采用复式记账原理，用矩阵结构表示交易活动，分为资金流量（实物交易）表与资金流量（金融交易）表两大部分，其中实物交易表主要描述各机构部门收入分配、消费、储蓄与投资情况；金融交易表主要描述各机构部门的各种类型金融资产和负债的变动情况。

国际收支表建立在开放经济理论下，描述开放经济活动交易，包括国际收支平衡表和国际投资头寸表。国际收支平衡表包括四大部分，即经常账户、资本与金融账户、储备资产和净误差与遗漏，反映一定时期内常住单位（居民）和非常住单位（非居民）发生的交易。国际投资头寸表反映特定时点上常住单位对外金融资产和负债的存量状况，以及在一定时期内由交易、价格变化、汇率变化和其他调整引起的存量变化。

一次完整的社会再生产运动全部结束后，最后通过资产负债表描述经济流量的历史积累。资产负债表采用国际上通用的矩阵结构，运用复式记账原则，核算时以经济资产存量为对象，反映某一时点上机构部门及经济总体所拥有的资产和负债的历史积累状况。期初资产负债规模和结构是当期经济活动的初始条件，经过一个核算期的经济活动（包括生产、分配、消费、投资、资金融通等）和非经济活动（如自然灾害、战争等）形成了期末资产负债的规模和结构。各机构部门和经济总体的资产与负债相抵后的净值，是各机构部门及经济总体的主要财富和经济实力的最终体现。

3.4.2 国民经济账户

国民经济账户是以账户的形式对国民经济运行过程和结果进行描述。针对国民经济运行的各个环节与层次分别设置了不同的账户。从层次上看，主要包括经济总体账户和国内机构部门账户及国外部门账户两个层次；从运行环节来看，包括了生产账户、收入分配账户及支出账户、资本账户、金融账户、资产负债账户。经济总体账户与国内机构部门账户均包含了上述运行环节的账户。经济总体账户以国民经济总体为对象，是国民经济账户的主体。部门账户是经济总体账户的分解，分别按机构部门和产业部门设置。这样，通过国民经济账户，既可以从每个国内机构部门的角度观察从生产、收入分配、消费到投资的整个循环过程，又可以从经济总体的角度观察整个经济的循环过程，还能够观察经济总体及每个国内机构部门与国外部门发生的各种经济往来。

国内机构部门账户中的生产账户描述国民经济运行中的生产过程，反映国内机构部门通过生产过程创造的价值及相应的价值形态；收入分配及支出账户描述收入分配过程和消费过程，反映国内机构部门通过生产过程形成的收入如何在拥有相应生产要素的机构部门之间进行分配，收入如何在不同机构部门之间进行转移以及机构部门如何将它们的可支配收入在消费和储蓄之间进行分配；资本账户和金融账户描述投资及其资金筹集过程，其中，资本账户反映国内机构部门可用于资本形成的资金来源、资本形成的规模以及资金剩余或短缺的状况；金融账户反映国内机构部门各种类型金融资产和负债的净变动额；资产负债账户反映国内机构部门资产负债存量状况。经济总体账户也由生产账户、收入分配及支出账户、资本账户、金融账户和资产负债账户组成，它们分别是国内机构部门对应账户的汇总账户。

国外部门账户描述对外交易过程，反映常住单位与非常住单位之间发生的各种交易活动以及相应的存量状况，包括经常账户、资本账户、金融账户和资产负债账户。经常账户反映常住单位与非常住单位的经常性交易，包括产品和服务进出口以及劳动者报酬、财产收入、生产税等的流入流出；资本账户、金融账户和资产负债账户与国内机构部门的相应账户所反映的内容相类似。

3.4.3 附属表

附属表是对国民经济核算体系核心部分的补充，用于描述我国自然资源和资源资产、人口资源和人力资本的规模、结构与变动以及经济、资源与人口之间的相互关系，包括自然资源实物量核算表与人口资源及人力资本实物量核算表。其中自然资源实物量核算表反映主要自然资源在核算期期初和期末两个时点的实物存量及核算期内的变动情况，人口资源与人力资本实物量核算表反映人口资源与人力资本存量状况及其变动情况。

自然资源是指我国境内所有自然形成的，在一定的经济、技术条件下可以被开发利用以提高人们生活福利水平和生存能力，同时具有某种“稀缺性”的实物性资源总称。可进一步细分为资源资产和非资产性自然资源。资源资产是指所有权已经界定，所有者能够有效控制并能够在目前或可预见的将来产生预期经济收益的自然资源。它属于经济资产范畴，包括土地资源、森林资源、矿产资源、水资源等，不具备资源资产性质的自然资源属于非资产性自然资源。编制自然资源实物量核算表的方法有直接法和间接法。直接法是指充分利用现有的资源调查、人口普查及其他相关资料，编制附属表的方法。间接法是指以期初附属表为基础，采用“外推法”和“内插法”编制期末附属表的方法。我国目前采用直接法编制附属表。表 3-2 是自然实物量核算表，分为五部分：第一部分反映自然资源在核算期初的实物存量状况；第二部分反映由于各种因素引起的自然资源实物量的增加；第三部分反映由于各种因素引起的自然资源实物量的减少；第四部分反映自然资源在核算期内由于科技进步、核算方法改变等因素而引起的增减变化；第五部分反映自然资源在核算期终结的实物存量状况。

人口资源是指我国在特定时点具有生命的常住“自然人”的人口数量。它包括人力资源和其他人口资源，其中人力资源包括初级劳动力和人力资本。人力资本是指人口资源中“自然人”具有的知识、健康、技能与能力等素质的总和，包括受教育程度、再培训水平、卫生保健状况、劳动技能与能力等。

表 3-2　自然资源实物量核算表

项目	土地资源					森林资源				矿产资源				水资源			
	土地资源资产				非资产性土地资源	森林资源资产			非资产性森林资源	矿产资源资产			非资产性矿产资源	水资源资产			非资产性水资源
	农用地		房屋及建筑物占地	其他		培育资产	非培育资产			能源矿藏	金属矿藏	非金属矿藏		初始利用量		重复利用量	
		耕地					人工林	天然林						地表水	地下水		
一、期初存量																	
二、本期增加																	
（一）自然增加																	
（二）经济发展																	
（三）分类及结构变化引起的增加																	
（四）其他因素引起的增加																	
三、本期减少																	
（一）自然减少																	
（二）经济使用																	
（三）分类及结构变化引起的减少																	
（四）其他因素引起的减少																	
四、调整变化																	
（一）技术改进																	
（二）改进测算方法																	
（三）其他																	
五、期末存量																	

3.4.4　核算体系的基本关系

基本核算表和国民经济账户是我国国民经济核算体系（2002）的中心内容，它们通过不同的方式对国民经济运行过程及结果进行全面描述。附属表是对基本核算表和国民经济账户的补充，它对国民经济运行过程所涉及的自然资源和人口资源与人力资本进行描述。在基本表中，每张核算表侧重于经济活动某一方面的核算，所有的基本核算表构成一个有机整体，对国民经济活动进行全面的核算。而国民经济账户则侧重于对经济循环过程的核算，各个账户按生产、收入分配、消费、投资和融资等环节设置，相互之间通过平衡项来衔接，既系统地反映了经济循环过程中每个环节的基本内容，又清楚地反映了各环节之间的有机联系。由此可见，基本表与经济循环账户既存在相互关联；基本表的每一张表都是对经济循环账户在某些方面的具体化和延伸，而经济循环账户又把基本表中各种流量和存量的基本指标连接起来，形成一套逻辑严密、结构严谨的账户体系；又存在差异，虽然它们都是对国民经济运行过程及结果的描述，但对同一国民经济运行过程进行描述时二者实际上是采用了不同的核算方法，基本表主要采用的是平衡表和矩阵表核算方法，而经济循环账户主要采用的是账户核算方法。整体上，国民经济核算体系的 3 个部分分别有各自的功能，特别是基本表与国民经济账户，是宏观经济核算的基础。随着经济的发展，在保持基本核算框架不变的前提下，国民经济核算体系有一个不断丰富的过程。

3.4.5 中国国民经济核算的指标体系

国民经济核算对国民经济活动进行具体测算时，需要借助一系列统计指标。国民经济统计指标是特定国民经济现象总体的某种特征的数量概念。在整个国民经济核算中，生产、分配与使用活动等所涉及的统计指标见表 3-3。

在表 3-3 中，一级指标分为流量与存量，流量是反映一定时期的生产产品和劳务而取得的收入或支出的总量，用于测算社会再生产过程中的各种经济活动。存量是反映某一时点上过去生产和积累起来的产品、货物、储备、资产负债的结存数量。二级指标针对流量与存量的性质又设置了 9 个指标，流量指标中设置了产品生产指标、收入分配指标、收入使用指标、投资积累指标与对外经济指标；存量指标中又设置了资产指标、负债指标、财富指标与人口和劳动力指标。最后根据不同的流量指标与存量指标又设置了 34 个具体的三级指标。围绕这些指标，国民经济核算设置了不同的账户与核算表提供具体的数据收集与测算整理，最终形成宏观经济的数据体系。

表 3-3　国民经济核算统计指标体系

一级指标	二级指标	三级指标
流量	产品生产指标	总产出、中间消耗、增加值、国内总产出、国内总产值、国内净产值
	收入分配指标	国民收入、国民净收入、国民可支配收入、国民可支配净收入
	收入使用指标	总消费、总储蓄、净储蓄
	投资积累指标	固定资产形成、资本形成、其他非金融投资、金融资产获得、金融负债发生
	对外经济指标	国际收支总额、国际收支构成各种国际收支差额
存量	资产指标	固定资产、存货、其他生产资产、土地和地下资产、其他非生产资产、各种金融资产
	负债指标	各种金融负债
	财富指标	资产净值、国民财富
	人口和劳动力指标	人口数、劳动适龄人口数、劳动力资源、就业劳动力、失业劳动力

整体上看，我国国民经济核算体系既与 SNA 保持了很大的相通性，又将我国国民经济的主要活动通过账户体系与核算表呈现出来，是一个逻辑性、严密性很高的核算体系。虽然我国国民经济核算体系与联合国国民经济账户体系同样面临资源环境核算的瓶颈，但在这个核算体系中，主要宏观经济总量通过不同的统计指标得以反映与测算。

特别值得一提的是，在这些总量指标比如总产出、总消费中，已经包含了绿色经济的生产活动成果与消费内容如绿色食品的生产与消费，它们是绿色经济对人体健康作用的结果，也就是说，绿色经济关于“提升人类福祉与社会公平”的内容主要发生在经济系统的国民经济活动中，这就意味着绿色经济在关于人体健康方面的核算很大程度上只是国民经济核算在一些统计指标上的归并、增补活动，不需要改变国民经济核算原理、核算方法。因此，现有国民经济核算为绿色经济在“提升人类福祉与社会公平”内容上提供了核算基础。

不仅如此，由于绿色经济循环流程具有与现有国民经济一致的形式，它们均包含了生产、分配、交换与消费环节，从社会再生产过程来看，绿色经济核算整体上可以参照国民经济核算框架来设计；而从经济活动内容分析，绿色经济产品与传统经济产品具有相同的经济活动主体与市场性质，国民经济核算的方法可以作为绿色经济核算的基础方法。这样处理，不仅便于绿色经济核算直接借用现有统计核算数据，不需要花费过多的人力、物力、财力去收集、整理数据；更为重要的是，能够便于绿色经济活动成果与传统经济活动成果进行比较，建立起它们之间既有联系又有区别的参照系，进而为绿色发展理念提供科学的依据。

第 4 章

环境经济核算及相关指标

根据联合国环境规划署对绿色经济的定义：“提高人类福祉和社会公平，同时显著降低环境风险和生态稀缺的经济”来看，绿色经济除了提供经济产品以提高人类福祉和社会公平外，还提供生态环境产品以显著降低环境风险和生态稀缺。因而，绿色经济核算必然包含生态环境有关的内容。随着资源环境问题的日益恶化，联合国及其他国际组织就资源环境的核算进行了不懈的探索，目前形成了具有国际标准性质的《综合环境经济核算体系》。同时，学术界就绿色经济核算也提出了一些核算指标，它们为绿色经济核算和生态健康提供了可借鉴的方法基础。

4.1 综合环境经济核算体系

针对经济社会发展过程中日益恶化的环境问题，联合国、欧盟委员会、国际货币基金组织、经济合作与发展组织、世界银行五大国际组织依托国民经济核算体系，开拓了反映经济与环境关系的核算体系，即综合环境经济核算体系（system of environmental-economic accounting，SEEA）。该体系经过不断修正，先后推出了 3 个手册文本，包括《综合环境经济核算—临时版本》（SEEA—1993）、《综合环境经济核算—2003》（SEEA—2003）以及《综合环境经济核算—2012》（SEEA—2012）。目前，环境经济核算的框架和概念体系基本建立，基本核算方法逐步规范，2013 年第 44 届联合国统计委员会批准将 SEEA—2012 环境经济核算制度中心框架作为环境经济账户的国际标准，在世界各国和地区推广应用。

SEEA—2012 中心框架基于一致概念、定义、分类与核算准则，描述了经济与环境的关系以及环境资产存量及其变动，并就环境经济设计了 3 个方面的核算内容：实物流量账户、环境资产账户与环境活动账户及相关流量。这些账户结合在一起，结合总量调整核算表，为当前资源环境核算领域提供了最权威的核算体系。

4.1.1 实物流量账户

SEEA—2012 认为，物质流在环境与经济系统存在如下关系：物质流随着自然投入进入经济系统，形成经济产品与残余物，经济产品成为社会进步的基础，被人类所消耗。经济系统产生的残余物又分为 3 个部分：一部分残余物存留在经济系统中，比如受控垃圾场收集与处置的残余物；另一部分残余物直接排放至环境系统；还有一部分自然资源残余物如开采覆岩、矿山降水、捕捞后丢弃的鱼类最后也进入环境。因此，物质流以自然投入形式进入经济系统，一部分在经济产品内部循环，并被消耗掉；另一部分以残余物的形式回到环境系统。经济系统与环境系统的物质流动关系[①]如图 4-1 所示。

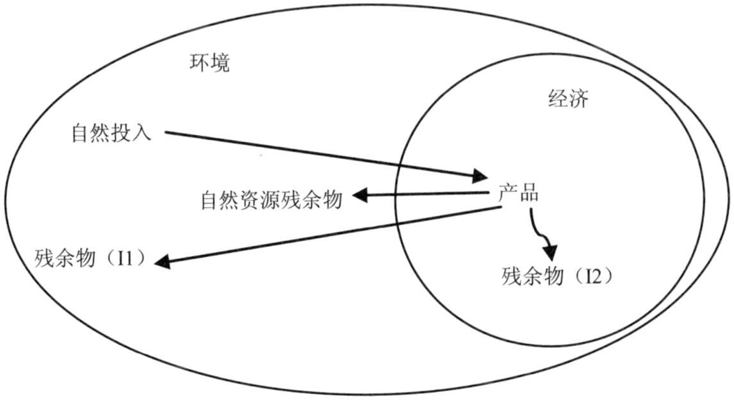

图 4-1　环境与经济的物质流关系

① UN 等：*The System of Environmental-Economic Accounting*（2012）。本节其他图表也均出自该体系。

根据图 4-1 中物质在环境与经济间的这种流动关系，SEEA—2012 中心框架构建了实物流量账户。实物流量账户是基于 SNA—2008 的价值型供给与使用表建立的，主要用于核算与经济活动相关的各种物质流，重点提供能源、水、气体排放与固体废弃物的有关核算（表 4-1）。

表 4-1　环境—经济实物型供给表与使用表

供给表						
	生产；残余物产生		积累	来自国外的流量	来自环境的流量	总计
	生产；各产业产生的残余物（按 ISIC 分类）	住户产生的残余物	产业（按 ISIC 分类）			
自然投入					A.来自环境的流量（包括自然资源残余物）	自然投入总供给（TSNI）
产品	C.国内生产（包括回收利用和重复使用的产品）			D.产品进口		产品总供给（TSP）
残余物	I1 产业产生的残余物（包括自然资源残余物）；I2 处理后产生的残余物	J.住户最终消费产生的残余物	资产报废和毁损的残余物；受控垃圾填埋场的排放物	L.来自国外的残余物	M.来自环境的残余物	残余物总供给（TSR）
总供给						

使用表						
	产品的中间消耗；自然投入的使用；残余物收集	最终消费	积累	流向国外的流量	流向环境的流量	总计
	产业（按 ISIC 分类）	住户	产业（按 ISIC 分类）			
自然投入	B.自然投入的开采：B1.用于生产的开采；B2.自然资源残余物					自然投入的总使用量（TUNI）
产品	E.中间消耗（包括回归利用与重复使用产品）	F.住户最终消费（包括回收利用与重复使用的产品）	G.资本形成总额（包括固定资产与发明）	H.产品出口		
残余物	N.收集与处置的残余物（受控垃圾填埋场的堆积物除外）		O.受控垃圾场的废水积累	P.流向国外的残余物	Q.流入环境的残余物	残余物的总使用(TUR)
总使用						

表 4-1 分上、下两个部分，上半部分是供给表，下半部分是使用表。在供给表中，行向表示实物流量的供给，列向表示实物流量的来源。在使用表中，行向表示实物流量的使用，列向表示实物流量的去向。整个供给与使用表描述了 3 类流量的供给与来源或使用与去向情况，分别是：从环境到经济系统的实物流量、从经济系统到环境的实物流量以及处在自然投入与残余物间的经济产品。

从环境到经济系统的实物流量实际上就是自然投入，自然投入的分类(表 4-2)。

表 4-2 自然投入分类

自然投入分类	自然投入分类
1. 自然资源投入	**2. 可再生能源投入**
1.1 用于产品生产（中间消耗）	2.1 太阳能
1.1.1 矿物与能源资源	2.2 水能
1.1.1.1 石油资源	2.3 风能
1.1.1.2 天然气资源	2.4 潮汐能
1.1.1.3 煤与泥煤资源	2.5 地热能
1.1.1.4 非金属矿物资源（煤与泥煤除外）	2.6 其他电热能
1.1.1.5 金属矿物资源	**3. 其他自然投入**
1.1.2 石油资源（已挖掘）	3.1 来自土壤的投入
1.1.3 天然林木资源	3.1.1 土壤养分
1.1.4 水生动植物资源	3.1.2 土壤碳
1.1.5 其他自然生态资源（林木与水生动植物除外）	3.1.3 其他来自土壤的投入
1.1.6 水资源	3.2 来自空气的投入
1.1.6.1 表层水	3.2.1 氮
1.1.6.2 地下水	3.2.2 氧
1.1.6.3 固体水	3.2.3 二氧化氮
1.2 自然资源残余物	3.2.4 其他来自空气的投入
	3.3 其他自然投入

从表 4-2 可以看到，环境投入到经济系统的物质流包括三大类：①自然资源投入。投入到经济系统的自然资源一部分用于产品生产，另一部分成了自然资源残余物。用于产品生产的自然资源主要包括矿物与能源资源、石油资源、天然林木资源、水生动植物资源等。②可再生能源投入。这部分自然投入主要是指太阳能、水能、风能、潮汐能等。③其他自然投入。即来自土壤的各种养分以及来自空气的各种气体。

从经济系统到环境的实物流量主要是各种残余物。残余物是企业、家庭等部门在生产、消费与积累过程中丢弃、流出、排放的各种固体废弃物、废水与废气等。

处在自然投入与残余物间的经济产品，实际上就是经济系统的生产过程中生产的产品与服务。这部分产品是 SNA 的核算对象，将其纳入 SEEA 的供给与使用表中，是按照物质流的循环原理给予记录以保持物质流平衡。因此，在 SEEA 中，这部分经济产品只记录实物流量而不核算其产品价值。

SEEA 中心框架的实物流量账户将上述三类流量作为核算对象，使得环境与经济的关系得以建立。该账户既能反映实物流量的供给与来源，又能核算实物流量的使用与去向，物质流在环境与经济间存在如下平衡关系：

产品总供给（TSP）=国内生产（C）+产品进口（D）（4.1）

产品的总使用（TUP）=中间消耗（E）+住户最终消费（F）+
资本形成总额（G）+产品出口（H）（4.2）

式（4.1）与式（4.2）反映了处在自然投入与残余物间的经济产品总供给与总使用是恒等的。

进入经济体的实物流量=来自环境的自然投入（A）+产品进口（D）+
来自国外的残余物（L）+来自环境的残余物（M）（4.3）

流出经济体的实物流量=流入环境中的残余物（Q）+产品出口（H）+
流向国外的残余物（P）（4.4）

经济体存量的净增加=资本形成总额（G）+受控垃圾场的积累（O）−
来自生产资产与受控垃圾场的残余物（4.5）

式（4.3）、式（4.4）与式（4.5）描述了物质流在环境与经济间的流入与流出情况。

4.1.2 环境活动账户与相关流量

环境活动账户是用来核算与环境有关的各种经济活动的账户。环境活动主要是指那些为削减或减轻环境压力或充分利用自然资源的各种经济活动，这些活动中最显著的如污染环境的恢复、资源的保护与管理、为减轻环境污染所投入的各种技术活动等。

在 SEEA 中，各种各样的环境活动最终被归纳为两类：一类是环境保护活动；另一类是资源管理活动。环境保护活动主要是指那些为阻止、减少与消除污染环境或其他恶化环境的经济活动；资源管理活动主要是指那些为保护与维持自然资源存量、阻止自然资源存量下降的各种经济活动。具体的环境保护与资源管理活动见表 4-3。

表 4-3 环境活动分类

1. 环境保护活动	2. 资源管理活动
1.1 环境与气候保护	2.1 矿物与能源资源管理
1.2 废水处理	2.2 木材资源管理
1.3 废物处置	2.3 水生资源管理
1.4 保护与恢复土壤、地下水与地表水	2.4 其他生物资源管理（林木与水生资源除外）
1.5 生物多样性与景观保护	2.5 水资源管理
1.6 减小噪声与震动（工作场所措施保护除外）	2.6 与资源管理有关的研究与发明
1.7 防止辐射（安全辐射除外）	2.7 其他资源管理活动
1.8 为保护环境的研究与发明	
1.9 其他环保活动	

表 4-3 中的各种环境活动是基于环境活动分类框架（CEA）进行的分类。全部环境活动分为两类，环境保护活动主要是针对大气、固体废物与废水开展的各种保护活动；资源管理活动主要是基于不同类型的资源如矿物与能源资源、林木资源、水生资源等开展的各种经济活动。

上述环境活动还可以从两个角度加以理解：①如果将这些环境活动视为生产活动，那么，根据生产活动特征，生产者在生产过程中不仅会创造新价值，同时还会形成环境货物与服务产品；②如果将环境活动看作是在环境保护与管理活动目的下的功能性活动，那么，为实现环境保护与资源管理，就会需要花费一定的经济支出，如为购买各种环境货物和服务或者其他产品进行环境保护与资源管理需要一定经济支出、为环境保护与资源管理发生的各种收支转移等均属于这种性质的经济支出。基于这两个角度，SEEA 中心框架形成了环境活动账户。

环境活动账户分为两个基本部分，它们分别是环境货物与服务部门统计（EGSS）以及环境保护支出核算（EPEA）。环境货物与服务部门统计主要是显示环境货物与服务的供给及生产过程，也就是将环境活动视为生产活动。环境保护支出核算主要是反映经济系统中各部门在特定时期内为保护环境而花费经济资源的状况，这个账户是基于将环境活动视为一种功能性活动建立的。

具体来看，环境货物与服务统计的核算主体是环境货物与服务的生产者，因此凡是以环境保护与资源管理为目的的生产、设计与制造活动都是 EGSS 统计核算的范畴。在 EGSS 中，环境货物与服务主要包括专门的环境服务、环境关联产品、环境适用产品以及环境末端技术等。EGSS 的基本统计核算框架如表 4-4 所示。

表 4-4　环境货物与服务核算表　　货币单位

	生产者			
	专业生产者		非专业生产者	自给性生产者
	政府	其他专业生产者		
环境货物与服务产出				
专项环保服务				
单用途产品				
改良产品				
环境末端技术				
综合环境技术				
环境货物与服务总产出				
中间消耗				
总增加值				
雇员报酬				
固定资本形成总额				
环境货物与服务出口				
就业人数				

表 4-4 反映了不同生产者所生产的环境产品与服务量。核算表中，纵向表示不同生产者情况，具体包括专门生产者、其他生产者与自用生产者。专门生产者是以环境货物与服务为主要生产活动的生产者，包括政府部门与其他专门生产者；其他生产者是不以环境货物与服务为主要生产活动的生产者；自用生产者是出于自用目的环境货物与服务的生产者。横向表示环境货物与服务的产出类型与产出情况，它是按照 SNA 核算体系中的生产账户形式设置的，包含了环境货物与服务的具体类型以及它们的产出与消耗情况，具体为：环境货物与服务的总产出、中间消耗、总增加值、雇员报酬、固定资本形成总额以及环境货物与服务的出口，最后一行还列出了与环境货物与服务生产有关的就业人数。

环境活动账户的另一基本核算部分是环境保护支出核算（EPEA）。环境保护支出核算能够显示不同经济单位为环境保护目的在不同环境货物与服务上的支出情况。它是从使用者角度反映不同经济单位为环境保护目的而发生的支出 EPEA 核算能够分析环境保护活动的程度以及评估环境保护支出是怎么融资的。不仅如此，该表也可以用来反映诸如防止与减少污染的支出、环境保护活动的经济贡献以及污染防控技术的改变等。EPEA 式样如表 4-5 所示。

表 4-5 环境保护支出核算表

货币单位

支出项目	使用者						合计
	生产者			住户	政府	非营利机构	
	专项环保服务的生产者		其他生产者				
	专业生产者	其他生产者					
专门环境保护服务							
中间消耗							
最终消费							
固定资本形成总额							
环境关联产品							
中间消耗							
最终消费							
固定资本形成总额							
适用产品							
中间消耗							
最终消费							
固定资本形成总额							
特定活动的资本形成							
环境保护的转移支付							
与国外的环保转移收支							
国民环保支出总计							

表 4-5 显示，环境保护支出核算表能够评估为环境保护而发生的各种支出项，包括专门环境保护服务的支出、环境关联产品的支出以及适用产品支出。这些支出项也许联系着中间消耗、最终消费或固定资本形成，它们是专门环保生产者、其他生产者、住户、政府以及为住户服务的非营利机构因环境保护而承担的支出或进行的投资，与 SNA 的使用者角度核算支出原理相似。除此以外，还有一部分支出是为环境保护而发生的转移支付，这部分转移支付与上面的环境保护支出项合在一起形成各部门为环境保护所最终承担的支出，即国民环保总支出。

因此，EPEA 不仅能够核算不同经济单位为环保活动发生的各种支出项，还能最终提供一个国民环保总支出核算指标数据。国民环保总支出的核算式为：

国民环保总支出=环保货物与服务而形成的最终消费、中间消耗与固定资本形成总额+特定环境保护活动而形成的固定资本总额+国内常住单位为环境保护发生的转移支付+国外的环保转移支付−国外的环保转移收入 （4.6）

EGSS 与 EPEA 都是环境保护活动账户，但它们是从不同视角测度环境保护活动的。就账户结构而言，EPEA 功能结构相对完整，将专门环境保护服务、环境关联产品与适用产品以及转移支付联系在一起在同一个账户中得到了体现，而 EGSS 则主要关注环境货物与服务的生产活动统计；就涵盖的环境活动而言，EPEA 仅仅关注环境保护活动，而 EGSS 不仅关注环境保护活动，还关注资源管理；就货物与服务内容而言，EPEA 从需求（使用）视角，测度了与环境保护活动有关的全部货物与服务，如为环境保护活动而发生的资本形成支出项不仅包括购买专门环保设备，也包括诸如与环保活动有关的建筑物、汽车、计算机等等，而 EGSS 则从生产（供给）视角重点关注与技术有关的环境货物与服务；就环境活动的生产者而言，EPEA 由于生产限制在专门环境服务上，因此其生产者仅仅是指那些最初活动是专门环境保护服务的生产者，而 EGSS 的专门生产者包括最初活动是所有环境货物或服务的生产者；就适用产品的价值而言，EGSS 统计适用产品的全部价值，而 EPEA 由于只关注以环境保护为目的而发生的费用，因此在 EPEA 中适用产品价值只核算与适用产品购买有关的费用，发生在清洁用品上的费用支出不包括在内；就国际贸易而言，虽然 EPEA 与 EGSS 都记录货物与服务的进口与出口，但在 EPEA 中，常住居民的环保支出包括从国外的进口，而 EGSS 的常住居民只包括出口；在税收与补贴的处置上，由于 EGSS 的产品价值是产出价值，基于基本价格核算的，因此 EGSS 在产品价值上不包括税收与补贴，而 EPEA 的产品价值是购买者价格核算的，因此产品价值上涵盖了税收与补贴。

4.1.3 环境资产账户

在 SEEA 中心框架里，环境资产是指那些能为经济活动如生产、消费或积累提供资源的环境要素，包括矿产与能源资源、土地、土壤资源、林木资源、水生资源及其他生物资源与水资源。SEEA 中心框架的环境资产分类见表 4-6。

表 4-6 SEEA 中心框架的环境资产分类

环境资产分类	环境资产分类
1. 矿产与能源资源	**3. 林木资源**
1.1 石油资源	3.1 培育的林木资源
1.2 天然气资源	3.2 天然林木资源
1.3 煤与泥煤资源	**4. 水生资源**
1.4 非金属矿物资源（煤与泥煤除外）	4.1 培育的水生资源
1.5 金属矿物资源	4.2 天然水生资源
2. 水资源	**5. 其他生物资源（林木与水生资源除外）**
2.1 地表水	**6. 土壤资源**
2.2 地下水	**7. 土地资源**
2.3 土壤水	

在表 4-6 中，环境资产实际上归为两大类：一类是自然资源；另一类是培育性资源。自然资源包括所有的生物资源（包括林木资源与水生资源）、矿产与能源资源、土壤资源以及水资源；培育性资源主要出现在林木资源以及水生资源中。

值得注意的是，海洋水资源与大气资源由于存量大与环境资产研究目标的直接意义联系不大而被排除在 SEEA 中心框架的资产分类范围外。自然资源与环境资产存在差异，自然资源只是环境资产的子集，在 SEEA 中心框架中所有的培育资源与不具有经济价值的土地资源以及当前没有经济价值的已知矿藏均不在自然资源之列。另外，在 SNA—2008 中，自然资源属于非生产资产、培育性资源属于生产资产，或归为固定资产（如为获取绵羊羊毛）或归为研究与发明（比如屠宰牲畜），而在 SEEA 中统称为环境资产。

上述环境资产通过环境资产账户核算。环境资产账户记录期初期末环境资产存量及其核算期环境资产的变动情况，分为实物型环境资产账户与价值型环境资产账户。两类环境资产账户的一般表式见表 4-7。

表 4-7 包含了两类环境资产账户的核算模式。两类环境资产核算账户的列向记录不同资源项目，包括矿产与能源资源、土地资源（包括森林土地）、土壤资源、林木资源、水生资源以及水资源，其中在林木资源与水生资源中又区分了培育性资源与天然资源。横向反映环境资源存量及其变动项目，引起环境资源存量变动的因素主要有生物资产的自然增长、矿物与能源资源的新发现、经济开采导致的资源减少、各种灾害、分类变化引起的资产变化等。实物型环境资产账户由于受不同资产

项计量单位差异的影响资产不能加总，因此在表4-7中，涉及的加总项不在实物型资产账户核算中。价值型环境资产账户由于具有统一的价值单位，资产项能够加总，但由于受价格影响，价值型环境资产账户需要解决资源的重估价问题，并在表中显示重估价带来的价值变化。

表4-7　环境资产账户的一般结构　　　　实物单位　　货币单位

	矿产与能源资源	土地资源（包括森林地）	土壤资源	林木资源		水生资源		水资源
				培育资源	天然资源	培育资源	天然资源	
期初资源存量								
资源存量的增加								
存量增长								
存量的新发现								
向上再评估								
重新分类								
资源存量总增加（价值型）								
资源存量的减少								
开采								
存量的正常减少								
灾害损失								
向下再评估								
重新分类								
资源存量总减少（价值型）								
资源存量的重估价（价值型）								
期末资源存量								

4.1.4　总量调整核算表与绿色GDP

SEEA是在环境资源问题日益恶化、GDP作为反映国民经济状况的综合指标其局限性受到理论质疑的条件下产生的。为了反映经济系统在其运行过程中对资源耗减和环境退化的影响，SEEA通过环境经济实物流量核算、环境资产核算，将实物环境资源货币化，特别通过引进非生产自然资产与其他非生产自然资产两个指标，并将其与 SNA 的经济指标衔接在一起，形成了总量调整核算表。总量调整核算表的目的是以 GDP 为基础，将资源环境消耗看作经济成本从中扣除，得到经资源环境调整的经济产出总量，即通常所说的绿色 GDP。

绿色 GDP 的核算可从 4-8 的 SEEA 核算矩阵的基本框架中获得。

表 4-8　SEEA 核算矩阵的基本框架

	经济活动					环境
	生产	国外	最终消费	经济资产		其他非生产自然资产
				生产资产	非生产自然资产	
期初资产存量				$K_{p.ec}^0$	$K_{np.ec}^0$	
产品供给	P	M				
产品使用	C_i	X	C	I_g		
固定资本消耗	CFC			−CFC		
国内生产净值	NDP	$X-M$	C	I		
非生产自然资产的使用	Use_{np}				$-\text{Use}_{np.ec}$	$-\text{Use}_{np.env}$
非生产自然资产的其他积累					$I_{np.ec}$	$-I_{np.env}$
经环境调整后的总量	EDP	$X-M$	C	$A_{p.ec}$	$A_{np.ec}$	$-A_{np.env}$
持有资产损益				$\text{Re}v_{p.ec}$	$\text{Re}v_{np.ec}$	
资产数量的其他变化				$Vol_{p.ec}$	$Vol_{np.ec}$	
期末资产存量				$K_{p.ec}^1$	$K_{np.ec}^1$	

资料来源：杨面昆：《GDP 及其扩展核算研究概论》，中国统计出版社，2007 年版，第 239 页。

绿色 GDP，即调整后的 EDP①（environmentally adjusted net domestic product）是 SEEA 核算框架的核心指标。SEEA 体系认为，经济系统在其运行过程中，对环境资源产生了两种影响：一是数量耗损，即人类的生产与生活需要投入物质资源形成的资源耗减；二是质量耗损，是由于人类经济活动对环境资源的过度使用引起的环境系统质量的降级造成的环境退化。资源耗减与环境质量退化这两种耗损应该视

① EDP 是绿色 GDP 去掉固定资本折旧后的余额，即 EDP=绿色 GDP−固定资本折旧，所以，绿色 GDP=EDP+固定资本折旧。

作经济活动的环境成本，需要从 GDP 中扣除，由此产生了经环境因素调整后的国内产出，即绿色 GDP。

从表 4-8 中我们看到，与 GDP 核算方法相同，绿色 GDP 也可以从生产角度与使用角度进行核算。

从生产角度核算是利用生产法进行的，其核算式为

$$\begin{aligned}\text{EDP} &= P - C_i - \text{CFC} - \text{Use}_{np} \\ &= \text{GDP} - \text{CFC} - \text{Use}_{np} \\ &= \text{NDP} - \text{Use}_{np}\end{aligned} \quad (4.7)$$

由于非生产自然资产的使用 Use_{np} 实际上就是环境资源的耗损，从表 4-8 看到，这部分耗损由两部分构成：一是资源耗减 $\text{Use}_{np,ec}$；二是环境退化 $\text{Use}_{np.env}$，这样，式（4.7）又可以写成：

$$\text{EDP} = \text{NDP} - \text{Use}_{np,ec} - \text{Use}_{np.env} \quad (4.8)$$

从生产法角度说明，EDP 即绿色 GDP 是由国内生产净值（NDP）扣除资源耗减（$\text{Use}_{np,ec}$）与环境退化（$\text{Use}_{np.env}$）以后的差额。

从使用角度，同样地可以利用使用法核算绿色 GDP，其核算式为

$$\text{EDP} = C + (X - M) + A_{p,ec} + A_{np,ec} - A_{np,env} \quad (4.9)$$

式（4.9）表明，绿色 GDP 也是由消费、投资与净出口构成，但由于包含了资源环境的影响，支出项与 GDP 支出项又存在差异。具体来说，绿色 GDP 等于消费产品（C）、净出口产品（$X - M$）、经济资产中的生产资产的净投资品（$A_{p,ec}$）与经济资产中非生产自然资产的净积累（$A_{np,ec}$）之和扣除环境中其他非生产自然资产即环境资产（$A_{np,env}$）减少后的余额。由于：

生产资产的净投资品等于生产投资，即：$A_{p,ec} = I$ （4.10）

经济资产中的非生产自然资产的净积累等于经济资产中的非生产资产的积累（$I_{np,ec}$）扣除经济系统对非生产自然资产（$\text{Use}_{np,ec}$）的使用后的差额。即：

$$A_{np,ec} = I_{np,ec} - \text{Use}_{np,ec} \quad (4.11)$$

环境系统中的其他非生产自然资产即环境资产的减少（$A_{np.env}$）又包含两部分内容：一是环境资源的退化（$\mathrm{Use}_{np.env}$）；二是环境资产向经济资产的转移（$I_{np.env}$），这样

$$A_{np,env} = \mathrm{Use}_{np.env} + I_{np.env} \tag{4.12}$$

经济资产中的非生产资产的积累（$I_{np.ec}$）与环境资产向经济资产的转移（$I_{np.env}$）在数值上相等，符号相反，即：

$$I_{np,ec} = I_{np,env} \tag{4.13}$$

将式（4.10）、式（4.11）、式（4.12）及式（4.13）代入式（4.9）得

$$\begin{aligned} \mathrm{EDP} &= C + (X - M) + A_{p.ec} + A_{np.ec} - A_{np.env} \\ &= C + (X - M) + I + (I_{np.ec} - \mathrm{Use}_{np.ec}) - (\mathrm{Use}_{np.env} + I_{np.env}) \\ &= C + (x - M) + I - \mathrm{Use}_{np.ec} - \mathrm{Use}_{np.env} \\ &= \mathrm{NDP} - \mathrm{Use}_{np.ec} - \mathrm{Use}_{np.env} \end{aligned} \tag{4.14}$$

从式（4.14）看到，从使用角度核算，绿色 GDP 等于消费产品、净投资产品与净出口产品之和扣除资源耗减与环境退化以后的余额。由于消费产品、净投资产品与净出口产品之和就是国内生产净值，因此，从使用角度核算的绿色 GDP 也是国内生产净值与资源耗减与环境退化的差额。

可见，虽然按生产法与按使用法计算的绿色 GDP 的分析视角不同，推导过程也存在差异，但最终结果相同，即环境经济综合核算体系认为绿色 GDP 是国内生产净值经环境因素调整后的国内总产出。

4.1.5 SEEA 中心框架的发展及其推广应用

SEEA 中心框架重点提出了核算结构、实物流量账户、职能性账户、自然资源资产账户及实物和货币综合账户。与 SEEA2003 相比，SEEA 中心框架在覆盖面和风格上有 4 个显著变化。①SEEA2003 对环境退化以及相关的核算问题做了重点讨论，包括各种估价环境退化的方法；但在 SEEA 中心框架中则不包括与生态系统退化的账户，也不包括与生态系统相关的其他主题，这些问题在 SEEA 试验性生态系统账户中进行专门讨论。②SEEA2003 的账户侧重结合典型案例给予说明，包含了

许多国家基于不同核算领域的案例。但 SEEA 中心框架中没有列入国家核算的案例，而是在账户中通过数字来说明问题以支持对账户的描述。③在 SEEA—2003 中，包含了对具体问题进行会计处理的多种方法，但 SEEA 中心框架中没有给出任何有关会计处理方法。④SEEA2003 基于“1993 年国民账户体系”，而 SEEA 中心框架则是基于“2008 年国民账户体系”。

因此，相对 SEEA2003 来说，SEEA 中心框架在资源环境核算上的理论与操作性更强。目前，SEEA 中心框架执行中面临的最大挑战是政治动机、数据来源以及相关体制环境的建立。为此，联合国统计司和环境经济核算专家委员会为推广 SEEA 做出了很多努力。在 2012 年联合国可持续发展大会期间，组织了两次边会活动以推广 SEEA 的实践应用。第一次活动由澳大利亚、巴西、意大利、荷兰和南非共同主办，活动的主题为“在各国执行 SEEA：经验教训”，来自不同国家统计局的代表介绍了实施 SEEA 的经验和所建立的体制安排，比对和评估了各机构的现有资料，推广账户，并总体说明了在各自国家实践中哪些方法有效或无效。第二次活动由澳大利亚和巴西共同主办，活动的主题为“SEEA：绿色经济和可持续发展的监测框架”，主要目的是使公众了解 SEEA，在边会活动之外，还广泛分发了关于 SEEA 的简报，以促进将新标准作为计量框架，支持可持续发展和绿色经济政策。

不仅如此，在实践中，联合国经合组织已经将 SEEA 作为生成“绿色增长”指标的框架。联合国环境管理小组发布的《致力于实现平衡、包容性的绿色经济：联合国全系统视角》报告中也将 SEEA 作为核算/监测绿色经济取得进展的重要依据，并呼吁联合国各实体提高能力，促进 SEEA 的进一步发展。鉴于 SEEA 正日益成为反映环境与经济相互联系的基本核算框架，环境经济核算专家委员会建议各国有必要建立实施 SEEA 的综合信息体系；利用符合 SEEA 的概念、定义和分类发展基本统计，使基本统计能够适时纳入核算框架，并与其他官方统计挂钩。可预见，在联合国的推动下，SEEA 将成为环境核算领域的全球统一核算体系。同时，它也为绿色经济核算提供了理论平台，是当前绿色经济核算在生态健康核算上最易于借鉴的核算体系。

4.2 与绿色经济有关的统计指标

4.2.1 国外与绿色经济有关的统计指标

20 世纪 60 年代以来，全球性的资源短缺、生态环境恶化等问题愈演愈烈，一些学者和专家开始意识到用国内生产总值衡量一个国家或地区的经济增长存在某些缺陷，开始探讨包含资源环境代价的经济增长指标，并被冠以为绿色经济指数。国外与绿色经济有关的统计指标概括起来可分为三类：

（1）包含经济增长与资源、环境等内容的绿色经济指数。20 世纪 70 年代以来，国际组织、各国政府和一些学者开始关注资源、生态环境在经济发展中的作用，并就实现其与经济增长相结合的关系进行了积极的探索。1971 年，美国麻省理工学院提出了生态需求（ERI）指标，该指标被用于定量计量经济增长与资源环境压力的相互关系。1989 年，卢佩托等（rober repetoo）提出国内生产净值（net domestic product，NDP）指标，该指标重点是考察自然资源的损耗与经济增长的关系，对衡量实际经济增长具有重要意义。

（2）体现福利经济的绿色经济指数。例如，托宾（James Tobin）和诺德豪斯（William Nordhaus）在 1972 年提出了净经济福利指标，认为污染是一种经济增长的代价，因而主张把污染等经济行为所产生的社会成本从国内生产总值中扣除；同时，他们认为家务劳动价值、地下经济价值、闲暇等都是一国所创造的增加值，建议将它们考虑到国内生产总值核算中去。1973 年，日本政府提出净国民福利指标（net national welfare），该指标主要是将环境污染考虑到国内生产总值中，以净国民福利衡量经济增长的效果。1990 年，世界银行的资深经济学家戴利（Herman Daly）和科布（John B. Cobb）提出了可持续经济福利指标（index of sustainable economic welfare，ISEW），并在 1994 年对其进行了修改，该指标考虑了更为广泛的社会因素如财富分配不均、犯罪率、失业率等对社会带来的危害所造成的成本损失，因而主张从可持续发展角度建立指标衡量经济发展。1995 年，由国际发展重新定义组织（Redefining Progress）的 Cobb 等提出了真实发展指标（genuine progress indicator，GPI），建议用真实发展指标衡量一个国家或地区的真实经济福利，该指标扩展了传统的国民经济核算框架，包括社会、经济和环境三个账户，具有一定的可操作性，并首先在美国、加拿大和英国得到应用，因而该指标的提出对国民经济核算注入了新的内容。

（3）用以体现财富的绿色经济指数。1995 年，世界银行在《世界发展报告》中首次用包含有自然资源、生产资本、人力资本和社会资本构成的扩展的财富指标（extensive wealth，EW）衡量全球或区域的发展，该指标由于较全面地反映了资本积累，且较公正地体现了世界各地区发展状况，得到学术界的赞赏。同年，世界银行又在《监测环境进展》中提出了真实储蓄率指标（genuine savings），该指标核算了自然资源枯竭和环境污染损害之后的一个国家真实的储蓄率，比较真实地衡量了资本的形成，为评价一个国家或地区财富与发展水平的动态变化提供了更加有力的依据。

以上三类体现绿色经济的指标可看做是对宏观经济绿色指数相关研究的早期探索。在学术界，真正明确提出“绿色指数”的是鲍勃·霍尔（Bob Hall）与玛丽·李·克尔（Mary Lee Kerr）。在《1991—1992 年绿色指数：对各州环境质量的评价》（Hall B. and Kerr M. L.，1991）一书中，二位学者首次提出了“绿色指数”的概念，并通过设计指标体系综合测度了绿色指数。在绿色指数建立过程中，他们将绿色指数评价指标体系分为一级、二级、三级指标，其中一级指标包括两大类：一类是绿色状态指标，由空气污染、水污染、能源消费和交通、有毒物质、危险品和固体废弃物、社区卫生和工作环境、农林渔业和娱乐 7 类二级指标共计 179 个三级指标构成；另一类是绿色政策指标，包含议会领导、政策促进 2 类二级指标共计 77 个三级指标，这类指标是为了突出了政府在促进环境质量提高方面发挥的作用，对于督促地方政府在环境保护中有所作为具有明确的实践意义。该指标体系及其由此测算的绿色指数对美国加强环境管理具有重要的指导作用。除此之外，国外对绿色指数的研究还涉及消费者的生活方式这一领域。2008 年，美国《国家地理》杂志与加拿大的GlobeScan公司合作发起了一项关于消费者与环境相关的消费行为全球调查，以期测算消费领域的“绿色指数”（green index）。该指数从消费者的生活方式在住房、交通、食品和商品四个方面对环境的影响进行测算，首次调查在全球 14 个国家的 14 000 名消费者中进行。2009 年，此项调查扩展至 17 个国家。测算结果显示：印度、巴西、中国和阿根廷名列绿色指数的前四名，而美国、加拿大、日本和英国相继排名在最后几位。

4.2.2 中国现有工业企业环境统计指标

4.2.2.1 环境统计企业的有关内容

（1）环境统计企业的性质。环境统计企业的性质一般以工商行政管理部门对企业登记注册的类型为依据，分为以下几种（表 4-9）。确定环境统计企业的类型有利于分析不同类型的企业对环境的影响，以便确定企业在环境经济下的优胜劣汰。

表 4-9 环境统计企业的类型

代码	企业登记注册类型	代码	企业登记注册类型	代码	企业登记注册类型
100	内资企业	159	其他有限责任公司	230	港、澳、台商独资企业
110	国有企业	160	股份有限公司	240	港、澳、台商投资股份有限公司
120	集体企业	170	私营企业	290	其他港、澳、台商投资企业
130	股份合作企业	171	私营独资企业	300	外商投资企业
140	联营企业	172	私营合伙企业	310	中外合资经营企业
141	国有联营企业	173	私营有限责任公司	320	中外合作经营企业
142	集体联营企业	174	私营有限责任公司	330	外资企业
143	国有与集体联营企业	190	其他企业	340	外商投资股份有限公司
149	其他联营企业	200	港、澳、台商投资企业	390	其他外商投资企业
150	有限责任公司	210	合资经营企业(港或澳、台资)		
151	国有独资公司	220	合作经营企业(港或澳、台资)		

（2）环境统计企业规模的确定。环境统计企业规模的确定是按企业从业人员数、营业收入两项指标为划分依据进行确定的。在划分规模时，企业一般按国家统计局制发的《国家统计局关于印发统计上大中小微型企业划分办法的通知》确定规模，划分标准见表 4-10。

表 4-10　统计上大中小微型企业划分标准

行业名称	指标名称	计算单位	大型	中型	小型	微型
工业企业	从业人员（X）	人	$X \geq 1\,000$	$300 \leq X < 1\,000$	$20 \leq X < 300$	$X < 20$
	营业收入（Y）	万元	$Y \geq 40\,000$	$2\,000 \leq Y < 40\,000$	$300 \leq Y < 2\,000$	$Y < 300$

（3）环境统计企业所在流域的确定。企业所在流域指企业所在的水体流域的名称，比如××沟、××河、××港、××江、××塘、××海等。同时需要标明排水去向类型、排入的污水处理厂、受纳水体等，这种处理有利于统计企业对水体的污染状况，以便明确污染的主体。

4.2.2.2　现有工业企业环境统计指标

目前，我国环境统计企业设计的统计指标大致可以归为五类，分别是：产出指标、资源投入指标、“三废”指标、危险废物指标以及污染治理投资与费用指标。具体指标设置见表 4-11。

表 4-11　工业企业环境统计指标

统计指标名称	统计指标名称	统计指标名称
1.产出指标	3.11 废气治理设施数	4.危险废物指标
1.1 工业总产值	3.12 除尘设施数	4.1 危险废物产生量
1.2 主要产品生产情况	3.13 脱硫设施数	4.2 危险废物综合利用量
2. 资源投入指标	3.14 废气治理设施处理能力	4.3 危险废物综合利用往年贮存量
2.1 工业用水量	3.15 废气脱硫设施处理能力	4.4 危险废物送外单位综合利用量
2.2 煤炭消耗量	3.16 废气脱硝设施处理能力	4.5 危险废物贮存量
2.3 用电量	3.17 废气除尘设施处理能力	4.6 危险废物处置量
2.4 主要原辅材料用量	3.18 废气治理设施运行费用	4.7 危险废物处置往年贮存量
3.“三废”指标	3.19 二氧化硫产生量	4.8 危险废物送持证单位处置量
3.1 废水治理设施数	3.20 二氧化硫排放量	4.9 危险废物倾倒丢弃量
3.2 废水治理设施处理能力	3.21 氮氧化物产生量	5.污染治理投资与费用指标
3.3 废水治理设施运行费用	3.22 氮氧化物排放量	5.1 计划总投资
3.4 工业废水处理量	3.23 烟（粉）尘产生量	5.2 至本年底累计完成投资
3.5 工业废水排放量	3.24 一般工业固体废物产生量	5.3 本年完成投资及资金来源
3.6 排入污水处理厂的化学需氧量浓度	3.25 一般工业固体废物综合利用量	5.4 排污费补助
3.7 排入污水处理厂的氨氮浓度	3.26 综合利用往年贮存量	5.5 政府其他补助
3.8 工业废水中污染物产生量	3.27 一般工业固体废物贮存量	5.6 企业自筹
3.9 工业废水中污染物排放量	3.28 一般工业固体废物处置量	5.7 银行贷款
3.10 工业废气排放量		

在表 4-11 中，产出指标与资源投入指标相对简单，产出指标主要包括产值指标与产量指标；资源投入指标仅包括主要资源投入量。“三废”指标与危险废物指标涉及废物产生量、排放量、处理量、处理能力及综合利用等方面的内容；污染治理投资与费用指标包括企业自筹、政府补贴、银行贷款等。这些指标在具体统计核算时有它们特殊的界定。

（1）工业用水量。指报告期内企业厂区内用于工业生产活动的水量，它等于取水量与重复用水量之和。取水量，是指报告期内企业厂区内用于工业生产活动的水量中从外部取水的量，它等于企业从城市自来水取用的水量和企业自备水用量之和，包括从其他企业回用水量。工业生产活动用水包括主要工业生产用水、辅助生产（包括机修、运输、空压站等）用水和附属生产（包括厂内绿化、职工食堂、非营业的浴室及保健站、厕所等）用水；不包括：①非工业生产单位的用水，如厂内居民家庭用水和企业附属幼儿园、学校、对外营业的浴室、游泳池等的用水量；②生活用水单独计量且生活污水不与工业废水混排的水量。重复用水量是指报告期内企业生产用水中重复再利用的水量，包括循环使用、一水多用和串级使用的水量（含经处理后回用量）。

企业内部对工业生产活动排放的废水直接利用或经过处理后回收再利用的水量，不包括从城市污水处理厂回用的水量。每重复利用一次，则计算一次重复用水量。但锅炉、循环冷却系统等封闭式系统内的循环水不能计算重复用水量。

（2）煤炭消耗量。指报告期内企业所用煤炭的总消耗量。又可以分为：燃料煤消耗量、燃料煤平均含硫量、燃料煤平均灰分、燃料煤平均干燥无灰基挥发分、燃料油消耗量（不含车船用）、燃料油平均含硫量、焦炭消耗量、焦炭平均含硫量、焦炭平均灰分、天然气消耗量以及其他燃料消耗量。

在统计核算时，其他燃料应根据当地的折标系数折算为标准煤后统一核算。各种折标系数见表 4-12。

表 4-12　各类能源的参考折标系数

能源种类		折标系数	能源种类	折标系数
原煤		0.714 3	煤焦油	1.142 9
洗精煤		0.900 0	粗苯	1.428 6
其他洗煤	洗中煤	0.285 7	原油	1.428 6
	煤泥	0.285 7～0.428 6	汽油	1.471 4

<table>
<tr><th colspan="2">能源种类</th><th>折标系数</th><th colspan="2">能源种类</th><th>折标系数</th></tr>
<tr><td colspan="2">型煤</td><td>0.5～0.7</td><td colspan="2">煤油</td><td>1.471 4</td></tr>
<tr><td colspan="2">焦炭</td><td>0.971 4</td><td colspan="2">柴油</td><td>1.457 1</td></tr>
<tr><td colspan="2">焦炉煤气</td><td>0.571 4～0.614 3 kg/m³</td><td colspan="2">燃料油</td><td>1.428 6</td></tr>
<tr><td colspan="2">高炉煤气</td><td>0.128 6 kg/m³</td><td colspan="2">热力</td><td>0.034 12 kg/10⁶ kJ
0.142 86 kg/10³ kcal</td></tr>
<tr><td colspan="2">天然气</td><td>1.330 0 kg/m³</td><td colspan="2">电力</td><td>0.122 9 kg/（kW·h）</td></tr>
<tr><td colspan="2">液化天然气</td><td>1.757 2</td><td rowspan="9">生物质能</td><td>大豆秆、棉花秆</td><td>0.543</td></tr>
<tr><td colspan="2">液化石油气</td><td>1.714 3</td><td>稻秆</td><td>0.429</td></tr>
<tr><td colspan="2">炼厂干气</td><td>1.571 4</td><td>麦秆</td><td>0.500</td></tr>
<tr><td rowspan="6">其他煤气</td><td>发生炉煤气</td><td>0.178 6 kg/m³</td><td>玉米秆</td><td>0.529</td></tr>
<tr><td>重油催化裂解煤气</td><td>0.657 1 kg/m³</td><td>杂草</td><td>0.471</td></tr>
<tr><td>重油热裂解煤气</td><td>1.214 3 kg/m³</td><td>树叶</td><td>0.500</td></tr>
<tr><td>焦炭制气</td><td>0.557 1 kg/m³</td><td>薪柴</td><td>0.571</td></tr>
<tr><td>压力气化煤气</td><td>0.514 3 kg/m³</td><td>沼气</td><td>0.714 kg/m³</td></tr>
<tr><td>水煤气</td><td>0.357 1 kg/m³</td><td>—</td><td>—</td></tr>
</table>

注：1. 折标系数，指各种能源折合为标准煤的系数。

2. 除表中标注单位的能源外，其余能源折标系数单位均为：kg/kg。

3. 各地的能源折标系数由当地环保部门协调统计部门提供。调查对象也可根据燃料品质分析报告自行折标核算。

4. 以上数据引自《国家统计局标准》与《炼油厂能量消耗计算方法》。

（3）废水治理设施数。指报告期内企业用于防治水污染和经处理后综合利用水资源的实有设施（包括构筑物）数，以一个废水治理系统为单位统计。附属于设施内的水治理设备和配套设备不单独计算。已经报废的设施不统计在内。只核算企业内部的废水治理设施，工业废水排入的城镇污水处理厂、集中工业废水处理厂不能算作企业的废水治理设施。企业内的废水治理设施包括一级、二级和三级处理的设施，如企业有 2 个排污口，1 个排污口为一级处理（隔油池、化粪池、沉淀池等），另 1 个排污口为二级处理（如生化处理），则该企业有 2 套废水治理设施；若该企业只有 1 个排污口，经由该排污口的废水先经过一级处理，再经二级（甚至三级）处理后外排，则该企业视为 1 套废水治理设施。即针对同一股废水的所有水治理设备均视为 1 套治理设施，针对不同废水的水治理设备可视为多套治理设施。

（4）废水治理设施运行费用。指报告期内企业维持废水治理设施运行所发生的费用。包括能源消耗、设备维修、人员工资、管理费、药剂费及与设施运行有关的其他费用等。

（5）工业废水处理量。指经各种水治理设施（含城镇污水处理厂、工业废水处理厂）实际处理的工业废水量，包括处理后外排的和处理后回用的工业废水量。虽经处理但未达到国家或地方排放标准的废水量也应计算在内。计算时，如遇有车间和厂排放口均有治理设施，并对同一废水分级处理时，不应重复计算工业废水处理量。

（6）工业废水排放量。指报告期内经过企业厂区所有排放口排到企业外部的工业废水量。包括生产废水、外排的直接冷却水、废气治理设施废水、超标排放的矿井地下水和与工业废水混排的厂区生活污水，不包括独立外排的间接冷却水（清浊不分流的间接冷却水应计算在内）。直接冷却水：在生产过程中，为满足工艺过程需要，使产品或半成品冷却所用与之直接接触的冷却水（包括调温、调湿使用的直流喷雾水）。间接冷却水：在工业生产过程中，为保证生产设备能在正常温度下工作，用来吸收或转移生产设备的多余热量，所使用的冷却水（此冷却用水与被冷却介质由热交换器壁或设备隔开）。直接排入环境的废水：废水经过工厂的排污口或经过下水道直接排入环境中，包括排入海、河流、湖泊、水库、蒸发地、渗坑以及农田等。排入污水处理厂：指企业产生的废水直接或间接经市政管网排入污水处理厂的废水量，包括排入城镇污水处理厂、集中工业废水处理厂以及其他单位的污水处理设施的废水量。

（7）工业废水中污染物产生量。指报告期调查对象生产过程中产生的未经过处理的废水中所含的化学需氧量、氨氮、石油类、挥发酚、氰化物等污染物和砷、铅、汞、镉、六价铬、总铬等重金属（类）本身的纯质量。它可采用产排污系数根据生产的产品产量或原辅料用量计算求得，也可以通过工业废水产生量和其中污染物的浓度相乘求得，计算公式是：污染物产生量（纯质量）= 工业废水产生量×废水处理设施入口污染物的平均浓度（无处理设施可使用排口浓度）。计算砷、铅、汞、镉、六价铬、总铬等重金属污染物时，上述计算公式中“工业废水产生量”为产生重金属废水的车间年实际产生的废水量，“废水处理设施入口污染物的平均浓度”为该车间废水处理设施入口的年实际加权平均浓度，如没有设施则为车间排口的年实际加权平均浓度。

（8）工业废水中污染物排放量。指报告期内企业排放的工业废水中所含化学需氧量、氨氮、石油类、挥发酚、氰化物等污染物和砷、铅、汞、镉、六价铬等重金属（类）本身的纯质量。它可采用产排污系数根据生产的产品产量或原辅料用量计算求得，也可以通过工业废水排放量和其中污染物的浓度相乘求得，计算公式是：污染物排放量（纯质量）= 工业废水排放量×排放口污染物的平均浓度。如果企业排出的工业废水经城镇污水处理厂或工业废水处理厂集中处理的，计算化学需氧量、氨氮、石油类、挥发酚、氰化物等污染物时，上述计算公式中“排放口污染物的平均浓度”即为污水处理厂排放口的年实际加权平均浓度。如果厂界排放浓度低于污水处理厂的排放浓度，以污水处理厂的排放浓度为准。

另外，计算砷、铅、汞、镉、六价铬等重金属（类）污染物时，上述计算公式中“工业废水排放量”为车间排放口的年实际废水量，“排放口污染物的平均浓度”为车间排放口的年实际加权平均浓度。

（9）工业废气排放量。指报告期内企业厂区内燃料燃烧和生产工艺过程中产生的各种排入空气中含有污染物的气体的总量，以标准状态（273.15 K，101 325 Pa）计算，计算公式为：工业废气排放总量＝燃料燃烧过程中废气排放量+生产工艺过程中废气排放量。

（10）一般工业固体废物产生量。系指未被列入《国家危险废物名录》或者根据国家规定的危险废物鉴别标准（GB 5085）、固体废物浸出毒性浸出方法（GB 5086）及固体废物浸出毒性测定方法（GB/T 15555）鉴别方法判定不具有危险特性的工业固体废物。计算公式为：一般工业固体废物产生量=（一般工业固体废物综合利用量-综合利用往年贮存量）+一般工业固体废物贮存量+（一般工业固体废物处置量-处置往年贮存量）+一般工业固体废物倾倒丢弃量。

（11）一般工业固体废物综合利用量。指报告期内企业通过回收、加工、循环、交换等方式，从固体废物中提取或者使其转化为可以利用的资源、能源和其他原材料的固体废物量（包括当年利用的往年工业固体废物累计贮存量），如用作农业肥料、生产建筑材料、筑路等。综合利用量由原产生固体废物的单位统计。

（12）危险废物产生量。指当年全年调查对象实际产生的危险废物的量。危险废物指列入《国家危险废物名录》或者根据国家规定的危险废物鉴别标准和鉴别方法认定的，具有爆炸性、易燃性、易氧化性、毒性、腐蚀性、易传染性疾病等危险特性之一的废物。按《国家危险废物名录》（环境保护部、国家发展和改革委员会2008 年第 1 号令）填报。

（13）计划总投资。指污染治理项目按照总体设计规定的内容全部建成计划（或按设计概算和预算）需要的总的资金。没有总体设计的更新改造、其他固定资产投资和城镇集体投资单位，分别按年内施工工程的计划总投资合计数核算。

（14）至本年底累计完成投资。指至报告期末，企业在污染治理项目中实际完成的累计投资额。实际完成投资额包括实际完成的建筑安装工程的价值，设备、工具、器具的购置费，以及实际发生的其他费用。没用到工程实体的建筑材料、工程预付款和没有进行安装的设备等，都不能计算此指标。

（15）本年完成投资及资金来源。指在报告期内，企业实际用于环境治理工程的投资额。投资额中的资金来源，是指投资单位在本年内收到的用于污染治理项目投资的各种货币资金，包括排污费补助、政府其他补助、企业自筹。各种来源的资金均为报告期投入的资金，不包括以往历年的投资。本年污染治理资金合计＝排污费补助+政府其他补助+企业自筹。排污费补助，指从征收的排污费中提取的用于补助重点排污单位治理污染源以及环境污染综合性治理措施的资金。政府其他补助，指用于补助重点排污单位治理污染源以及环境污染综合性治理措施的除排污费补助以外的政府其他补助资金。企业自筹，指除排污费补助、政府其他补助资金以外的其他用于污染治理的资金，包括国内贷款（不包括环保贷款），利用外资、银行贷款等其他来源资金。

4.2.2.3 其他与绿色经济有关的统计指标

国土资源部、国家能源局、水利部、国家林业局、国家海洋局以及环境保护部是我国资源环境统计数据发布的主要单位。国土资源部主要提供各种类型的土地使用面积、新增面积以及主要矿产基础储量及其变动量指标数据；国家能源局主要提供全社会用电量、全国电源新增生产能力等指标数据；水利部主要提供水资源总量、供水总量、用水总量、水土流失治理面积、除涝面积等指标数据；国家林业局主要提供森林面积、森林覆盖率、森林蓄积量、造林面积等指标数据；国家海洋局主要提供海洋灾害、各类水质海域面积以及海洋经济指标数据；环境保护部是我国资源环境统计的主要职能部门，除了提供“三废”相关的统计指标数据以外，还在自然生态保护与建设、环境治理投资等方面提供了相对全面的统计指标数据。

国家统计局在《中国国民经济核算体系（2002）》中也以附属账户的形式设置了自然资源实物量核算表，展开了对森林、土地、矿产、水资源等自然资源的实物量核算。目前形成了包括矿产资源、土地资源、水资源、森林资源、海洋资源、草地资源、野生动物资源、再生资源与环境统计 9 个大类为主要内容的具有中国特色的资源环境统计体系。

除了在资源环境统计方面我国核算领域有了相对成熟的统计指标体系以外，在绿色经济方面，中国绿色食品发展中心自 1998 年以来每年发布《中国绿色食品统计年报》，公布我国绿色食品主要产品数量、产量、产品结构、认证企业数、监测面积以及绿色食品销售额与出口额等指标数据。这些指标及其核算数据为绿色经济核算提供了核算基础，绿色经济核算生态健康建设成果的绝大部分数据取自上述各种资源环境统计指标的核算结果。

4.3 绿色经济核算需要厘清的几个问题

国民经济核算，是指按照一套既定概念和方法对国民经济运行过程即社会再生产全过程所进行的全面、系统定量描述，以便从数量上反映国民经济运行状况及社会再生产过程中生产、分配、交换、消费各个环节之间以及国民经济各部门之间的内在联系。

综合环境经济核算为经济与环境间的关系提供了一个核算框架，作为国民经济核算的卫星账户体系，综合环境经济核算提供了环境对经济的贡献以及经济对环境影响的一致性分析框架。但该框架不是修正或替代国民经济核算，只是国民经济核算在资源环境方面的一个卫星账户。

绿色经济是对传统经济的转型，不改变社会再生产运动的形式，但再生产过程除了社会再生产运动以外，还包含了自然再生产运动。因此，绿色经济核算既要体现社会再生产全过程的绿色运行状况，又要体现自然再生产运动的状况，这种再生产运动特征决定了绿色经济核算既不脱离国民经济核算，又与综合环境经济核算有着差异，绿色经济核算的建立需要厘清与它们的关系。

4.3.1 绿色经济核算与现有国民经济核算的关系

绿色经济是促成提高人类福祉与社会公平，同时显著降低环境风险和减少生态稀缺的经济。这种经济增长模式是在现有国民经济内部产生（图 2-5），并通过提供符合人体健康与生态健康的产品不断替代传统产品而促使传统经济由追求总量增长过渡至追求人类福祉的提高与社会公平化。因此与传统经济相比，绿色经济在经济运行过程中会显示出节约资源与减少废弃物排放的特征，提供的产品会将人体健康与生态健康结合在一起作为生产的最大化目标，同时在使用上也会体现出绿色偏好性质。这些特征性质使得绿色经济在运行过程中自动将经济与环境系统结合在一起，成为转变现有经济增长模式的新经济形式。

然而，尽管绿色经济成为一种取代“褐色”经济的新经济形式，但绿色经济从供给到使用的过程中并不改变国民经济再生产运动形式，国民经济在实物运动形式上依然保留着“生产—流通—消费”的模式、在价值运动形式上也会保留“生产—分配—消费”的运行特征，绿色经济必须经历这两种形式的运动，才能实现由供给到使用的转化，价值才能实现，也才能具有生命力与竞争力，绿色经济只有具有生命力与市场竞争力，才能在市场竞争中去实现绿色产品替代传统产品、从而不断推动传统经济向绿色经济转化。

正是由于绿色经济在传统国民经济内部遵循着社会再生产运动的循环形式，说明绿色经济核算的基本经济学基础并未改变，那么，国民经济核算的逻辑框架就依然成立。故而，从核算体系构建的经济基础分析，现有国民经济核算框架依然是绿色经济核算的基础，也就是说绿色经济核算并不需要独立于现有国民经济核算领域以外重新去构建一套新的核算体系，它不改变现有国民经济核算框架。

但绿色经济虽然运行于传统经济内部却又不同于传统国民经济，从供给上看，绿色经济会形成绿色产品或环境产品，在使用上会形成绿色消费与绿色投资为主题的中间使用与最终使用。这些特征将表征绿色经济，那么绿色经济核算就需要在供给与使用上将其反映出来。而在反映这些关系时，从质上分析，由于绿色经济与传统经济是一种替代与被替代、改进与被改进的关系，体现在量上就会表现出一种数量分离关系。可见，绿色经济核算从理论上看实质上就是将现有国民经济中的绿色经济成果分离出来。为此，构架绿色经济核算时只需要在现有国民经济核算框架体系内建立一套指标体系甄别出绿色经济，并通过一定形式核算出绿色经济成果，测度出绿色经济发展进程及其结构形式即可。

由于从社会再生产运动分析绿色经济贯穿于现有国民经济社会再生产运动之中，因此建立在社会再生产运动基础上的国民经济核算体系（SNA）是绿色经济核算的本源。在现有国民经济核算体系基础上，需要构建一套测度绿色经济成果的指标体系，并将其从现有国民经济活动成果中分离出来，这是绿色经济核算需要解决的基本问题之一。需要强调的是，绿色经济核算不是独立于国经济核算体系以外的另一套核算体系。

4.3.2 绿色经济核算与综合环境经济核算体系的关系

综合环境经济核算体系（SEEA）是国民经济核算体系（SNA）的卫星账户，是在环境问题日益严重、而国民经济核算体系又缺乏对自然资源耗减与环境质量退化核算的条件下产生的，是可持续发展经济思路下的产物，主要用于在考虑环境因素的影响下实施国民经济核算。

与 SNA 比较，SEEA 一方面拓宽了自然资源与人力资本实物量核算中关于自然资源的使用、环境费用核算的范围；另一方面，把 SEEA 同 SNA 常规的经济账户联系起来，扩大了国民经济核算体系的分析功能。资源环境的核算是 SEEA 区别于 SNA 的重点，在资源耗减方面，SEEA 不仅分离并阐述了 SNA 中所包含的所有与环境资产有关的流量与存量，以显示不同的环境保护支出，也扩展了经济核算的资产核算部分，以反映环境资产及其变化，并且还分析了由产业活动、家庭和政府等生产与消费所导致的对自然资产的影响。在环境质量退化方面，提供了由产出和消耗活动所形成的污染对环境质量的影响价值。出于对自然资源损耗与环境降级的费用支出考虑，可以计算修正后 SEEA 各部分的整体经济总和，特别提供了 EDP 即绿色 GDP 的总量经济指标的核算。

在 SEEA 中，绿色 GDP 是将经济活动中所付出的资源耗减成本和环境降级成本从 GDP 中扣除后的余额。由于该指标是考虑了自然资源与环境因素影响之后的经济活动最终成果，代表了国民经济增长的一种净正效应。因此，绿色 GDP 一度被认作是替代 GDP 衡量一国经济可持续发展的总量指标。从 20 世纪 70 年代开始，联合国和世界银行等国际组织在绿色 GDP 的研究和推广方面做了大量的工作。2004 年以来，我国也正式积极开展绿色 GDP 核算的研究，2004 年 3 月，国家环保总局与国家统计局联合启动了“中国绿色国民经济核算（简称绿色 GDP 核算）研究”项目，并于 2005 年开展了全国 10 个省市的绿色国民经济核算和污染损失评估调查试点工作，在连续发布了《中国绿色国民经济核算研究报告》后，近年来，该项目已停止发布研究报告与相关测度数据。

虽然绿色 GDP 是考虑了自然资源与环境影响后的经济活动最终成果指标，但从其计算公式“绿色GDP＝GDP-资源耗减价值-环境退化价值”可以看到，由于GDP指标测度的是现有国民经济活动的最终成果，从产出分析，该指标由现有三大产业增加值构成。而这三大产业中，除个别产品或生产流程具有绿色经济特征以外，其余绝大部分产品或生产流程来源于传统或“褐色”经济模式，也就是说，GDP指标含有“褐色”经济活动成果，由此测度的绿色GDP不仅整体上仍是“褐色”经济最终活动成果，而且在数据上会大大夸大绿色经济活动成果与绿色经济发展进程。以《中国绿色国民经济核算研究报告2004（公众版）》测度数据为例，2004年，我国全行业GDP数据为159 878亿元，虚拟治理成本为2 874.4亿元，GDP污染扣减指数为1.8%。根据绿色GDP计算公式，绿色GDP占GDP比重为98.2%，如果绿色GDP衡量了绿色经济成果，那么意味着2004年我国绿色经济比重为98.2%，显然这一数据与我国现有绿色经济差异非常大。因此，从GDP作为绿色GDP的被减指标分析，绿色GDP不是衡量绿色经济活动成果的指标。

另外，从经济活动的外部性分析，由于外部性可以从两个方面测度：①从成本角度测度，社会边际成本=私人边际成本+外部性边际成本；②从收益角度测度，社会边际收益＝私人边际收益＋外部性边际收益。虽然两个方面都能反映经济活动的外部性，但对于生产活动而言，从成本角度分析外部性，实际上是将外部性置于类似中间消耗进行研究。而从收益角度展开分析，实际上开展的是近似于福利测算。因而生产活动的外部性究竟采用成本还是收益核算，实际上代表了不同的经济含义。绿色GDP的核算原理采用了前者，且公式上采用了扣除的方式，说明测算的是生产活动的负外部性。这种测算原理与绿色经济内涵不一致，绿色经济能够增加人类福祉和社会公平，同时显著降低环境风险与生态稀缺，是一种正向的经济活动，原理上应该从收益角度分析外部性。所以，从外部性角度分析进一步证明了绿色GDP不能作为绿色经济活动成果的核算指标。而绿色GDP是SEEA框架的总量调整指标，SEEA框架围绕绿色GDP设置相关的核算表与账户，其基本原理均来源于绿色GDP的思想，因而SEEA核算框架不等于绿色经济核算。

但SEEA作为当前最为权威的环境经济卫星账户，为绿色经济核算提供了自然资源资产与环境保护支出等方面重要的核算依据。比如，SEEA的环境活动账户不仅提供了环境货物与服务核算表（表4-4），还就环境保护支出建立了专门的核算账户（表4-5），这些核算表与账户为绿色经济核算减少或消除环境压力、有效利用自然资源等活动提供了核算基础。另外，SEEA提供的有关资源与环境估价方法如核算自然资源的市场估价法、折现法、净现值法、净现价法、成本费用法、持久收入法、使用者特许权法、使用者成本法以及估算环境退化成本的方法也都为绿色经济有关方面的价值核算提供了方法基础。可以说，综合环境经济核算体系为自然再生产运动核算以及自然再生产运动与社会再生产运动的衔接核算均提供了借鉴材料。

不过，虽然综合环境经济核算提供了环境经济的一个核算框架，但该框架只是国民经济核算体系的卫星账户，测度的是经济活动对资源环境的负效应，不等于绿色经济核算，因为绿色经济核算需要反映人类经济活动对提高人类福祉与资源环境的正效应。但它在资源环境方面提供的核算账户与方法以及实现与经济活动衔接的处理方式都为绿色经济核算提供了最为可行的理论依据。绿色经济核算需要借鉴综合环境经济核算体系的账户与方法建立起自身的测度模式，这也成为构建绿色经济核算需要解决的又一基本问题。

4.3.3 绿色经济核算的对象

从绿色经济定义我们看到，面对资源环境问题，人类在探索可持续发展道路上提出了诸如生态经济、循环经济、低碳经济等解决方案与实践途径，这些应对方案都是在实践中推广的可持续发展模式，核算领域关于如何测度这些发展模式进行了不懈地理论探索，形成了一定的核算模式。2012 年联合国可持续发展大会提倡世界各国发展绿色经济，绿色经济在理论上有别于生态经济、循环经济与低碳经济，这种理论差异如何在数量上表现出来，反映在核算上首要处理的问题就是绿色经济的核算对象的确定，因为核算对象决定了数据的取值域，同时也是具体核算如何构建与应用的基础。

绿色经济与生态经济、循环经济以及低碳经济相比，在可持续发展道路上不仅需要应对资源环境问题，还要同时解决困扰全球的贫困问题。因此，绿色经济不是单纯的某一生产流程的节能减排，而是需要提供新产品、创造新价值，并通过借助这些新产品、新价值同时实现“既提高人类福祉与社会公平、又显著降低环境风险与减少生态稀缺”两个目的。绿色经济的特征与目的决定了它在国民经济中具有完整的循环流程（图 2-5），这种循环流程与现有国民经济循环流程一致。而一个国家的现有国民经济整体构成了国民经济核算体系（SNA）的核算对象，同样地，一个国家的国民经济整体也应该是绿色经济的核算对象。将一国国民经济整体界定为绿色经济核算对象原因有二：①从纵向上分析，产品价值链的每一部分都与资源环境相联系，绿色经济对传统褐色经济的取代必将是整个价值链的改变，并非只涉及物质的输入与输出端的革新。而产品的价值链决定了从物质投入到产品形成并消费，必然经历生产、分配、消费、交换四类经济活动，这四类活动代表整个国民经济运行过程的四个阶段，它们周而复始，形成了国民经济的循环。②从横向上分析，绿色经济的目标之一是提高人类福祉与社会公平，这种目标将经济由追求总量增长过渡至谋求福利与社会公平，总量增长既可以是某一单位或部门，也可以是某一领域的率先发展，而公平必然是一个惠及国民经济中各单位、各部门的概念，因此国民经济各机构单位、各机构部门均应该是绿色经济核算参与单位，构成国民经济整体。

所以说，无论从纵向的国民经济循环流程看，还是从横向的国民经济单位分析，绿色经济的核算对象都应该是一国国民经济整体。然而，绿色经济是作为传统国民经济转型升级的一种增长模式出现的，转型升级是对现有国民经济的一种质的飞跃。这种质的飞跃主要表现在产品的生产与使用上会提高资源配置与利用效率，生产与消费也将日益走向环境经济的帕累托最优状态。帕累托改进过程及其结果与传统国民经济生产流程及产品将会存在质的差异。由此推断，绿色经济核算在核算一国国民经济整体时严格来说应该是其质的飞跃部分，也即体现绿色经济特征的那一部分国民经济整体，实际上就是将国民经济中具有绿色经济特征的经济活动从原有国民经济活动中分离出来。

但同时我们又看到，绿色经济是一种新生经济模式，有一个循序渐进的过程。当前绿色经济在国民经济的各个领域并未占据主导地位，各个产业中，绿色经济与传统经济交织在一起，它们在市场中或独立实现最终使用价值或互相交易成为中间产品，如绿色消费品在市场交易中能够为消费者所使用并实现其价值，而大部分环境产品却可能再次进入生产、消费领域以改进传统经济的褐色性质。这样的话，如果绿色经济核算按照国民经济核算体系对最终产品进行核算的原理，那么一部分绿色产品就会成为中间消耗从最终成果中被剔除掉，不仅会使得绿色经济核算成果偏低，也会使一部分绿色国民经济活动主体被忽略。

故此我们认为，绿色经济核算的对象是一国具有绿色经济特征的国民经济整体。在具体统计核算时，根据经济活动的主要产品性质，再结合货物与服务的用途以及生产的投入、工艺过程和技术，需要对全部经济活动进行产业分类归并，以便开展统计核算实务。

4.3.4 绿色经济核算对现有产业的分类与归并

由于绿色经济与传统经济交织在一起，现有三次产业中包含了绿色经济的成果。绿色经济核算首先要对这部分成果从现有三次产业中分离出来，分离时首先要厘清现有三次产业的分类情况。联合国制定并推荐各国使用的产业分类标准《全部经济活动的国际标准产业分类》(international standard industrial classification，ISIC）是目前国际通用的产业分类标准。以该标准为基础，我国也制定了《国民经济行业分类》作为国民经济行业分类的国家标准。依此标准，我国国民经济共分为 20 个门类、门类下又有不同的大类，大类再分为中类，最后到小类，具体分类可参见《国民经济行业分类》（GB/T 4754—2011）（表 4-13）。

表 4-13 国民经济行业分类

国民经济行业分类（GB/T 4754—2011）	国民经济行业分类（GB/T 4754—2011）
A 农、林、牧、渔业	18 纺织服装、服饰业
01 农业	19 皮革、毛皮、羽毛及其制品和制鞋业
02 林业	20 木材加工和木、竹、藤、棕、草制品业
03 畜牧业	21 家具制造业
04 渔业	22 造纸和纸制品业
05 农、林、牧、渔服务业	23 印刷和记录媒介复制业
B 采矿业	24 文教、工美、体育和娱乐用品制造业
06 煤炭开采和洗选业	25 石油加工、炼焦和核燃料加工业
07 石油和天然气开采业	26 化学原料和化学制品制造业
08 黑色金属矿采选业	27 医药制造业
09 有色金属矿采选业	28 化学纤维制造业
10 非金属矿采选业	29 橡胶和塑料制品业
11 开采辅助活动	30 非金属矿物制品业
12 其他采矿业	31 黑色金属冶炼和压延加工业
C 制造业	32 有色金属冶炼和压延加工业
13 农副食品加工业	33 金属制品业
14 食品制造业	34 通用设备制造业
15 酒、饮料和精制茶制造业	35 专用设备制造业
16 烟草制品业	36 汽车制造业
17 纺织业	37 铁路、船舶、航空航天和其他运输设备制造业

国民经济行业分类（GB/T 4754—2011）	国民经济行业分类（GB/T 4754—2011）
38 电气机械和器材制造业	69 其他金融业
39 计算机、通信和其他电子设备制造业	K 房地产业
40 仪器仪表制造业	70 房地产业
41 其他制造业	L 租赁和商务服务业
42 废弃资源综合利用业	71 租赁业
43 金属制品、机械和设备修理业	72 商务服务业
D 电力、热力、燃气及水生产和供应业	M 科学研究和技术服务业
44 电力、热力生产和供应业	73 研究和试验发展
45 燃气生产和供应业	74 专业技术服务业
46 水的生产和供应业	75 科技推广和应用服务业
E 建筑业	N 水利、环境和公共设施管理业
47 房屋建筑业	76 水利管理业
48 土木工程建筑业	77 生态保护和环境治理业
49 建筑安装业	78 公共设施管理业
50 建筑装饰和其他建筑业	O 居民服务业、修理和其他服务业
F 批发和零售业	79 居民服务业
51 批发业	80 机动车、电子产品和日用产品修理业
52 零售业	81 其他服务业
G 交通运输、仓储和邮政业	P 教育
53 铁路运输业	82 教育
54 道路运输业	Q 卫生和社会工作
55 水上运输业	83 卫生
56 航空运输业	84 社会工作
57 管道运输业	R 文化、体育和娱乐业
58 装卸搬运和运输代理业	85 新闻和出版业
59 仓储业	86 广播、电视、电影和影视录音制作业
60 邮政业	87 文化艺术业
H 住宿和餐饮业	88 体育
61 住宿业	89 娱乐业
62 餐饮业	S 公共管理、社会保障和社会组织
I 信息传输、软件和信息技术服务业	90 中国共产党机关
63 电信、广播电视和卫星传输服务	91 国家机关
64 互联网和相关服务	92 人民政协、民主党
65 软件和信息技术服务业	93 社会保障
J 金融业	94 群众团体、社会团体和其他成员组织
66 货币金融服务	95 基层群众自治组织
67 资本市场服务	T 国际组织
68 保险业	96 国际组织

表 4-13 呈现了我国目前的国民经济行业分类情况，根据这个行业分类标准，绿色经济在这些行业中的分类归并情况具体如下：

在表 4-13 中，门类 A 中包含了农业中的谷物种植、豆类、油料和薯类种植，棉、麻、糖、烟草种植，蔬菜、食用菌及园艺作物种植，水果种植，坚果、含油果、香料和饮料作物种植，中药材种植等；林业中包含了林木育种和育苗、造林和更新、森林经营和管护、木材和竹材采运、林产品采集；畜牧业中包含有牲畜饲养、家禽饲养、狩猎和捕捉动物以及其他畜牧业；渔业中包含水产养殖、水产捕捞；农、林、牧、渔服务业包含了农业服务业、林业服务业、畜牧服务业及渔业服务业。这个门类保障了人类最基本的生存需要，与人体健康关联最大，国际市场上对高品位、高质量、优品种和无毒无害无污染的农产品的要求相对严格，促成了包括无公害农产品、绿色食品和有机食品在内的绿色农业的发展。绿色农业既是改善生态环境、提高人们健康水平的环保产业，也是贫困地区脱贫致富的有效途径，具有节约能源、节约资源、节约资金、施用有机肥、不造成环境污染的绿色经济特征，在统计核算时将标注了绿色标志的产品从农、林、牧渔业中分离出来归类在相应不同大类中加以统计。值得注意的是，林业中的林木育种和育苗、造林和更新、森林经营和管护等大类，是森林资源的一种培育活动，不需要区分传统与绿色的类别，整个大类直接归类在绿色林业中加以统计。

门类 B 是采矿业，包括了煤炭开采和洗选业、石油和天然气开采业、黑色金属矿采选业、有色金属矿采选业、非金属矿采选业、开采辅助活动及其他采矿业 7 个大类。这个门类是通过开采和采伐等手段以获取自然资源的工业部门，其产品是大自然的生成物即自然资源，从产品性质分析，不应该作为绿色经济活动的成果统计。但是，在自然资源的开采或采伐过程中，有些活动比如矿井的运行、碾磨等均需要投入一定自然资源（如石油、煤发电等），这个过程中如果节约了资源的投入、减少了废弃物的排放，那么节约资源量与减少的废弃物排放量就应该作为绿色经济成果给予统计。

门类 C 是制造业，包含了农副食品加工业，食品制造业，酒、饮料和精制茶制造业，烟草制品业，纺织业，纺织服装、服饰业，皮革、毛皮、羽毛及其制品和制鞋业，木材加工和木、竹、藤、棕、草制品业，家具制造业，造纸和纸制品业，印刷和记录媒介复制业，文教、工美、体育和娱乐用品制造业，石油加工、炼焦和核燃料加工业，化学原料和化学制品制造业，医药制造业，化学纤维制造业，橡胶和塑料制品业，非金属矿物制品业，黑色金属冶炼和压延加工业，有色金属冶炼和压延加工业，金属制品业，通用设备制造业，专用设备制造业，汽车制造业，铁路、船舶、航空航天和其他运输设备制造业，电气机械和器材制造业，计算机、通信和其他电子设备制造业，仪器仪表制造业，其他制造业，废弃资源综合利用业，金属制品、机械和设备修理业共计 31 个大类。制造业是资源消耗量大、环境污染最为严重的工业部门，因此对制造业实施绿色化即推进绿色工业发展是绿色经济发展必须重点关注的方面。绿色大世界国际联合组织认为，绿色工业是全球绿色经济一体化的重要组成部分，绿色工业是实现清洁生产、生产绿色产品的工业，即在生产满足人的需要的产品时，能够合理使用自然资源和能源，自觉保护环境和实现生态平衡。依据绿色工业的要求，在制造业的 31 个大类中，既有生产绿色产品的行业，也有生产过程实施了减少资源消耗、同时实现了废物减量化的部门。在统计核算时，对提供绿色产品的制造业直接统计在相应的大类下、对实施了减少资源消耗与减少废弃物排放的制造业按节约资源量与减少废弃物排放量折算。

门类 D 是电力、热力、燃气及水生产和供应业，包括了电力、热力生产和供应业，燃气生产和供应业以及水的生产和供应业 3 个大类。这 3 个大类中，诸如水力发电、风力发电、太阳能发电、污水处理及其再生利用、其他水的处理、利用和分配等本身都是绿色经济的发展对象，直接作为绿色经济统计核算的对象纳入绿色经济核算中。

门类 E 是建筑业，包括了房屋建筑业、土木工程建筑业、建筑安装业以及建筑装饰和其他建筑业 4 个大类。建筑业是一个上下游行业种类繁多的行业，比如钢铁、水泥、砖瓦、建筑陶瓷、平板玻璃、铝材加工、化工、纺织等行业均与之相关联。因此，建筑业对整个国民经济发展有着重要的作用，不仅如此，建筑业还与人民生活改善有着密切的关系，建筑业的绿色化也由此成为绿色经济发展的重要部分。在全寿命期内，能够最大限度地节约资源、保护环境、减少污染，为人们提供健康、适用和高效使用空间，与自然和谐共生的建筑便是绿色建筑。世界各国对绿色建筑都提出了相应的标准，首个绿色建筑标准于 1990 年在英国发布。2006 年，建设部正式颁布了《绿色建筑评价标准》；2009 年，又启动了《绿色工业建筑评价标准》的编制工作。2013 年 1 月，国务院在发布的《国务院办公厅关于转发发展改革委、住房城乡建设部绿色建筑行动方案的通知》中提出“十二五”期间要完成新建绿色建筑 10 亿 m^2，到 2015 年年末，20%的城镇新建建筑达到绿色建筑标准要求。据此判断，凡是具有绿色建筑标志（Green Building Label）的建筑均统计在绿色建筑业门类下，且绿色建筑已经在我国取得了一定发展。

门类 F 是批发和零售业，包括了批发业和零售业两个大类。批发业是指向其他批发或零售单位（含个体经营者）及其他企事业单位、机关团体等批量销售生活用品、生产资料的活动，以及从事进口贸易和贸易经纪代理的活动，包括拥有货物所有权，并以本单位（公司）的名义进行交易活动，也包括不拥有货物的所有权，收取佣金的商品代理、商品代售活动；还包括各类商品批发市场中固定摊位的批发活动，以及以销售为目的的收购活动。而零售业是指百货商店、超级市场、专门零售商店、品牌专卖店、售货摊等主要面向最终消费者（如居民等）的销售活动，以互联网、邮政、电话、售货机等方式的销售活动，还包括在同一地点，后面加工生产、前面销售的店铺（如面包房）；谷物、种子、饲料、牲畜、矿产品、生产用原料、化工原料、农用化工产品、机械设备（乘用车、计算机及通信设备除外）等生产资料的销售不作为零售活动；多数零售商对其销售的货物拥有所有权，但有些则是充当委托人的代理人，进行委托销售或以收取佣金的方式进行销售。根据批发业以及零售业的界定来看，批发和零售业门类主要是促成产品交易活动实现的服务行业，服务过程中同样地会形成对资源的需求以及产生废弃物的排放。因此，资源的节约量以及废弃物排放的减少量是这个门类绿色活动考察的对象。

门类 G 是交通运输、仓储和邮政业，包括铁路运输业、道路运输业、水上运输业、航空运输业、管道运输业、装卸搬运和运输代理业、仓储业以及邮政业 8 个大类。这是一个资源消耗与废物排放较大的服务业，对这个门类而言，其绿色发展主要在于节约资源与减少废弃物排放。因此，在统计核算绿色经济活动成果时，主要测算资源的节约量与废弃物的减少量。

门类 H 是住宿和餐饮业，包括住宿业和餐饮业两个大类。住宿业是指为旅行者提供短期留宿场所的活动；餐饮业是指通过即时制作加工、商业销售和服务性劳动等，向消费者提供食品和消费场所及设施的服务。这两个大类统计绿色经济活动成果时主要以服务过程中节约的资源量与减少的废弃物排放量作为统计核算的对象，但餐饮业因为会通过即时制作加工提供一些绿色服务产品，如餐饮业的绿色食品、绿色饮料等，应该作为绿色经济活动成果在相应大类下予以统计。

门类 I 是信息传输、软件和信息技术服务业，包括电信、广播电视和卫星传输服务、互联网和相关服务以及软件和信息技术服务业 3 个大类。信息传输、软件和信息技术属于现代服务业，现代服务业具有智力要素密集度高、产出附加值高、资源消耗少、环境污染少、高感情体验、高精神享受等特点，符合绿色经济发展特点。因此，该门类的服务业增加值应该直接作为绿色经济活动成果统计在相应门类下。

门类 J 是金融业，包括了货币金融服务、资本市场服务、保险业以及其他金融业 4 个大类。2003 年 6 月，国际金融公司与荷兰银行共同发起建立了“赤道原则”，这是一个在项目融资上全面考虑环境因素和社会问题的国际金融行业基准。此后，以“赤道原则”为基准的绿色金融制度开始在世界范围内推广，2007 年以来，我国环保部门会同银监会、保监会、证监会相继推出了“绿色信贷”“绿色保险”和“绿色证券”等绿色金融活动，目前，绿色金融已经成为国际组织、政府、企业普遍关注的焦点。绿色金融是指金融业在贷款政策、贷款对象、贷款条件、贷款种类和方式上，将绿色、环保产业作为重点扶持项目给予政策倾斜。因此，对于该门类的绿色经济核算，主要以金融业投资运作的服务对象为基准进行统计。

门类 K 是房地产业，只包含了房地产业 1 个大类，主要从事房地产开发经营、物业管理、房地产中介服务、自有房地产经营等活动。传统的房地产开发经营过程中产生大量的能耗与建筑、装修垃圾，同时有些建筑材料有害辐射超标，危害人体健康，房地产业的节能环保以及人性化的空间布局成为产业发展的必由之路。这种条件下，绿色房地产近年来逐渐走进市场，我国一些大型房地产开发企业如万科、绿地、招商等率先尝试绿色地产转型。绿色房地产主要是指房地产产品在其全寿命周期各阶段将节约能源、保护环境和人类健康的理念有机地融入房地产的开发经营中，进而营造健康、舒适的人居环境。对这个门类的绿色经济成果统计目前主要以节约能源量以及减少废弃物排放量为核算对象。

门类 L 是租赁和商务服务业，包括了租赁业和商务服务业两个大类。主要开展机械设备的租赁、文化与日用品的出租以及企业管理服务、法律服务、咨询与调查、广告、知识产权服务、人力资源服务、旅行社及相关服务、安全保护服务等活动。这些活动对资源消耗与环境污染影响相对较小，特别是一些活动比如知识产权服务、人力资源服务、安全保护服务等实际上提升了人的需求层次，使人类的安全感、认同感增强，这种层面逐渐接近绿色经济的特征，待市场发育成熟时可以直接转入绿色经济统计核算中。

门类 M 是科学研究和技术服务业，包括了研究和试验发展、专业技术服务业以及科技推广和应用服务业 3 个大类。研究和试验发展是为了增加知识以及运用这些知识创造新的应用所进行的系统的、创造性的活动，包括了自然科学、社会人文科学、工程和技术、农业科学以及医学对新发现、新理论的研究，新技术、新产品、新工艺的研制研究与试验发展等活动。专业技术服务业主要涵盖了气象、地震、海洋服务、测绘质检技术服务、环境生态监测、地质勘查及工程技术等活动。气象、地震与海洋服务主要提供灾害防御、资源利用、减灾等活动；测绘质检技术服务主要是通过专业技术手段对动植物、工业产品、商品、专项技术、成果及其他需要鉴定的物品所进行的检测、检验、测试、鉴定等活动；环境与生态监测由环境保护监测与生态监测两个部分组成，环境保护监测是对环境各要素以及对生产与生活等各类污染源排放的液体、气体、固体、辐射等污染物或污染因子指标进行的测试与监测活动；生态监测是对森林资源、湿地资源、荒漠化、珍稀濒危野生动植物资源的调查与监测活动；地质勘查是对矿产资源、工程地质、科学研究进行的地质勘查、测试、监测与评估等活动；工程技术是对工程项目策划、投资与造价咨询、招标代理、工程监理、项目管理等提供服务活动。科技推广和应用服务业包括了农业技术推广、生物技术推广、新材料技术推广、节能技术推广以及科技中介等服务活动，这是为新技术、新产品、新工艺直接推向市场而进行的相关技术活动。整个门类的上述各活动体现了现代服务业的创新性与环保性，具有典型的绿色经济特征，因此该门类直接作为绿色经济核算的对象统计在相关门类下。

门类 N 是水利、环境和公共设施管理业，包括了水利管理业、生态保护和环境治理业以及公共设施管理业 3 个大类。水利管理业包括防洪除涝设施管理、水资源管理、天然水收集与分配、水文服务等活动，是为了对河道、堤防、岸线整治、河流、湖泊、行蓄洪区和沿海的防洪设施管理以及对水资源的开发、利用、配置、节约等开展的活动。生态保护和环境治理业包括了生态保护与环境治理两类活动。生态保护主要是针对自然保护区、野生动物、野生植物开展的保护与管理活动；环境治理包含了水污染治理、大气污染治理、固体废物治理、危险废物治理、放射性废物治理及其他污染治理。公共设施管理业包括了市政设施、环境卫生、城乡市容、绿化及公园与游览景区的管理，是为了提高人居环境而开展的各类管理活动。这个门类既是人类对自然资源与生态环境开展的防治、整治、修复及保护活动，也是对提升人居环境进行的管理活动；既是环境经济活动的内容，也是绿色经济降低环境风险与生态稀缺的内容，属于绿色经济核算的对象直接统计在相应门类下。

门类 O 是居民服务、修理和其他服务业，包括了居民服务、机动车、电子产品和日用产品修理业以及其他服务业 3 个大类。该门类中的部分服务活动如保健服务、清洁服务等对提高人体健康具有很大的促进作用，各类修理活动具有废物循环利用的性质，与绿色经济内涵有很大的相融性，可以作为绿色经济核算对象统计在相应门类下。

门类 P 是教育，包括各级各类学校的教育服务活动。它是根据一定社会的现实与未来的需要，有目的、有计划、有组织、系统地引导受教育者获得知识技能，陶冶思想品德、发展智力和体力的一种活动。随着人类的生存、健康与发展受到环境灾难冲击的影响越来越大，人们认识到公众缺乏环境意识是造成环境恶化的重要原因，加强绿色教育是解决环境问题的重要方式，绿色教育也因此进入教育服务中。绿色教育旨在教育中融入环境保护与可持续发展的理念，并将这种理念渗透到各级各类教育的教学和实践中，成为素质教育的重要组成部分。近年来，我国高等学校还专门开设了资源环境与科学专业，培养专门的资源环境方面的高素质人才。教育为绿色经济发展提供了智力保障，属于绿色经济发展的组成部分，相应服务活动应该统计在该门类下。

门类 Q 是卫生和社会工作，包括卫生与社会工作两个大类。人类卫生和社会工作活动是一个非常重要的产业，是社会和谐、经济可持续发展的基础。人体健康是绿色经济发展的目标之一，该门类下的医疗保健、疾病预防控制等活动是提高人体健康的重要手段，为弱势群体提供的各种救济、救助活动是社会公平的重要内容。因此，该门类也是绿色经济发展不可或缺的部分，属于绿色经济核算的对象，相关成果统计在相应门类下。

门类 R 是文化、体育和娱乐业，包括了新闻和出版业，广播、电视、电影和影视录音制作业，文化艺术业，体育以及娱乐业 5 个大类。文化、体育和娱乐业被称为经济增长的“软实力”，在世界经济与文化交流中发挥着重要的作用。比如，体育类的足球英超联赛、意甲、德甲、法甲，篮球的 NBA；广播、电视、电影和影视录音制作业中的美国电影、日本的卡通片、动漫画；文化艺术类中的西方流行音乐等与经济相互交融，促进了世界经济的往来与文化的交流，同时与科技的结合也日益紧密，撞击着人们的旧思维，提升了人类精神生活的质量，也冲击着很多传统的行业向新型行业转化。因此，从提升人类精神生活质量以及带动新型行业发展来看，该门类符合绿色经济发展要求，特别是其中的文物及非物质文化遗产保护为不同代际的人提供了公平享用文化遗产的权利；休闲健身活动、群众文化活动等均直接成为愉悦人们的心情、保障身体健康的途径，是绿色经济的内容之一，应该作为其核算对象统计在相应门类下。

门类 S 是公共管理、社会保障和社会组织，包括了中国共产党机关，国家机关，人民政协、民主党派，社会保障，群众团体、社会团体和其他成员组织以及基层群众自治组织 6 个大类。该门类为公共管理与社会保障提供公共服务活动，是有关政策措施发布及保障实施的部门。绿色经济的发展需要公共管理部门提供一系列政策措施保障绿色经济相关活动的顺利开展，因此该门类为绿色经济发展开展的公共管理、社会保障与社会组织活动均应该统计在绿色经济活动相应门类下。

综合上述国民经济行业内绿色经济发展特征可以看到，在现有国民经济行业内，第一产业的农、林、牧、渔业中绿色农业已经初具规模，主要以提供绿色产品为主并在市场中有一定的占有率，林业提供的产品对生态环境具有净化作用，绿色畜牧业也逐渐在推广。因此，第一产业的绿色经济特点是提供绿色产品，进入市场交易。第二产业中的采矿业是对自然资源的采选活动，自然资源是经济活动必不可少的投入要素，采矿业也由此成为经济活动中必不可少的行业，这个行业的绿色化主要体现为采选过程中对资源的节约量与废弃物排放的减少量，因此采矿业的绿色经济核算主要以节约资源量与减少废弃物排放量折算计量；第二产业中的制造业品种繁多，有些产品具有绿色标志、有些产品具有环境标志，有些行业废物循环利用，鉴于该行业生产性质与绿色经济内涵的关系，在统计核算时，分两部分进行：一部分是凡是具有绿色标志、环境标志的产品均作为绿色经济成果统计在相应门类下；另一部分是该门类中对节约的资源量与减少的废弃物排放量经折算统计为绿色经济活动成果并登记在相应行业中。废弃物综合利用业直接统计为绿色经济活动成果；第二产业中的电力、热力、燃气及水生产和供应业所包含的新能源是绿色经济的内容，直接统计为绿色经济活动成果；而第二产业中的建筑业也在走向绿色化，该行业中凡具有绿色建筑标识的建筑产品均统计为绿色经济活动成果，另外所节约的资源量与减少的废弃物排放量经折算亦统计为绿色经济活动成果并登记在相应行业中。第三产业是服务业，该产业中凡是提供绿色服务的行业均为绿色经济核算对象，凡是节约的资源量与减少的废弃物排放量经折算均统计为绿色经济活动成果并登记在相应行业中。

第 5 章

绿色经济核算的构架

作为一种新的经济增长模式，虽然绿色经济活动内容与现有国民经济活动具有很大的相通性，但绿色经济包含了两个系统的两种运动形态，如何将绿色经济的这种运行特征通过核算理论反映出来，在借鉴前面两章的国民经济核算理论、环境经济核算理论基础上，需要对绿色经济的基本核算框架、核算思路、核算方法等进行详细的讨论，形成能够实际测度绿色经济成果的理论框架体系。

5.1 绿色经济核算的基本问题

5.1.1 绿色经济核算的主要目标

从理论上说，经济核算的目标决定着经济核算框架的建立形式，不同的核算目标会形成不同的核算体系。比如，微观企业的会计核算通常需要服务于企业所有者的利润目标以及国家的税收目标，因而现行的会计核算体系实际上是资本利润会计和国家税收会计的综合体。宏观的国民经济核算目的是为经济行为监测、经济分析、国际比较、政策分析和制定以及宏观经济调控和管理服务的，于是国民经济核算体系就围绕国民经济运行过程，通过系统地定义规范（包括核算概念、定义、核算原则、指标体系和分类标准）和核算方法及表现形式从数量上系统地反映国民经济运行状况及社会再生产过程中的生产、分配、交换、消费各个环节间以及国民经济各部门间的内在联系。

绿色经济作为一种可持续发展模式，企图在经济增长过程中提高人类福祉与社会公平，显著降低环境风险与减少生态稀缺，这种发展目标决定了绿色经济核算必须围绕人类福祉、环境与资源而展开，也就是说，绿色经济核算的目标需要服务于国民经济绿色化管理，体现国民经济的绿色化程度。

首先，绿色经济核算要服务于国民经济管理，能够体现国民经济的发展。原因在于绿色经济有独立完整的经济循环形式，这是绿色经济与循环经济、低碳经济以及生态经济的显著差异。正是由于绿色经济有自己独立的经济循环方式，使得绿色经济核算既不同于循环经济核算、低碳经济核算，也不同于以绿色 GDP 为核心的综合环境经济核算，绿色经济核算需要将国民经济整体的绿色发展程度表现出来。

其次，绿色经济核算要服务于生态环境保护，能够体现经济活动对生态环境的保护程度以及对资源的有效利用。也就是说，绿色经济核算要能够表征经济活动对环境与资源的正外部性。这一点与综合环境经济核算的思路相反，综合环境经济核算的最终指标绿色 GDP 被认为是扣除经济活动产生的负外部性后的最终产出指标，围绕这一指标，综合环境经济核算的框架得以构建（表 4-8）。由于绿色经济是人类对现有经济模式的“高投入、高排放、高消费”全面改进而产生的新经济模式，那么绿色经济核算就必须服务于反映绿色经济对“高投入、高排放、高消费”的改进程度，体现经济活动的正外部性。

最后，绿色经济核算的目标最终要归结于服务于人类福祉的提高，能够充分反映在绿色经济模式下人类生活质量的改善程度。虽然绿色经济特别注重环境与资源的健康发展，经济活动的每一个环节都将环境与资源作为其内在目标，表面上看，经济活动倾向于环境资源系统的良性发展。而事实上，无论是降低环境风险还是减少生态稀缺，所有活动的目的无非是为人类创造一个舒适的生存环境以及为人类生存创造可持续发展的条件，也就是说，其最终的目的都是人类生活质量的提高。因此，绿色经济核算要围绕人们生活质量方面展开，绿色经济核算事实上是一种社会福利的核算。

5.1.2 绿色经济核算的思路

根据绿色经济的内涵以及绿色经济核算的目的，绿色经济核算整体上应该分两个部分：一是核算绿色经济对人类福祉的作用程度；二是核算绿色经济对生态健康的作用程度。

目前，关于人类福祉的认识大多数人认为，人类福祉应该包括维持高质量生活的基本物质需求、健康、自由与选择、良好的社会关系和人身安全。这些方面共同反映了人类在满足物质、社会、心理和精神需求方面应该具备的条件[①]。从这些条件来看，决定福祉的因素往往需要借助满足人类各种需求的物品为媒介，如食物、纤维、燃料、洁净水、建筑房屋的原料、市场上的各种农作物、牲畜、林产品及矿物等等，它们从不同方面满足了人类最为基础的物质需求，人类通过消费这些物品使得自己的欲望得到满足进而产生心里满足感，滋生出幸福。所以说，物品是人类福祉的载体，人类福祉的表征实际上可以借助各种物品来实现。这从萨缪尔森的幸福方程式“幸福=效用/欲望”的公式也能够得到进一步验证。在此方程式中，效用是商品能够给消费者带来满足和快乐的特性，它与消费商品的数量有着密切的关系，而效用与幸福又是一种正比例关系，进而意味着幸福与消费商品的数量也存在着密切的关系，如果幸福是一种福祉，那么福祉也与消费的物品存在关联性。绿色经济是一种提高人类福祉的经济，这里的福祉不仅仅是维持最基本物质需要，而是维持一种高质量的物质需求，且人类在这种经济模式下能够健康生存与繁衍以及公平的发展与提升。因此，绿色经济条件下的福祉决定因素在物品上必须能够有益于人体健康（包括身体健康与心理健康），此外，优美的自然环境及社会方面的一些促成条件（如教育），都是提升人类福祉的有关决定因素。也就是说，凡是能够维持人类高质量生活的物品、环境与促成条件均是绿色经济对人类福祉的提升，都是绿色经济条件下福祉的载体。由此推断，核算绿色经济对提高人类福祉的作用程度可以转化为核算福祉的决定因素，即核算各种提升人类福祉的物品投入、环境与促成条件即可。

生态健康概念产生于20世纪80年代，虽然发展历史不长，却受到了国际社会

① 张永民译：《生态系统与人类福祉：评估框架千年生态系统评估项目概念框架工作组的报告》，北京：中国环境科学出版社，2007年版。

的广泛关注。Rapport（1989）认为，一个健康的生态系统在时间上具有维持自身组织结构、自我调节和对胁迫的恢复能力。但这些能力在受到人类经济活动的破坏并超出其承载力时不能自我恢复，生态健康也就不复存在。绿色经济是一种显著降低环境风险与减少生态稀缺的经济，从生态系统角度分析实际上是增加资源的自我生长能力，增强物种的自我净化功能，故而绿色经济条件下的生态健康最突出的特征在于生态系统破坏后的恢复力。这种恢复力需要通过人类有意识的恢复活动来支撑，包括生产、生活过程中节约资源、减少废弃物排放、投资于生态恢复的各种金融活动等，这些活动越多，生态破坏后的恢复力越强，生态系统越容易走向健康发展。故而，就人类对生态健康的破坏而言，恢复活动就承载了生态健康的全部内容，恢复活动是生态健康的载体，那么绿色经济对生态健康作用程度的核算就可以转化为核算生态健康的各种恢复活动。

据此，我们看到，虽然绿色经济内涵中包含的人类福祉与生态健康的定量测度难度很大，但它们的获取都需要借助一定的物质载体才能实现，这些物质载体的实现程度决定了人类福祉与生态健康的实现程度。通过测算这些物质载体，能够看到绿色经济在提升人类福祉以及关注生态健康方面的进程情况，这个程度即是绿色经济发展的程度，符合绿色经济核算的目的。因此，从核算思路上看，绿色经济核算主要是核算提升人类福祉的各种物质媒介、环境与促成条件以及促使生态健康的各种恢复活动。

提升人类福祉的各种物质媒介主要是各种物品投入。虽然绿色经济近几年才正式提出，但绿色经济活动却早已在全球展开，各种提升人类福祉的物品投入随之产生。1978 年，德国率先提出“蓝天天使”计划，在这一计划的实施过程中，他们给 3 600 种产品发放了环境标签，即推出“绿色标志”，凡是贴有“绿色标志”的产品表明产品生产和使用的过程完全符合环境保护要求，对生态环境和人体健康无损害。1988 年后，加拿大、日本、美国、法国、瑞士、芬兰、澳大利亚、韩国等国先后实施了绿色标志制度。我国农业部于 1989 年开始实行绿色食品标志制度。1993 年，国家环保局发布《关于在我国开展环境标志工作的通知》，标志着中国环境标志计划的开始，并于 1994 年正式实施“绿色标志”制度。到目前为止，进入市场销售的绿色标志产品几乎涉及各行业，这些产品由于对生态健康与人体健康均无损害，与绿色经济内涵一致，显然属于绿色经济活动成果。但它们与传统经济产品共存于现有经济体系内，其价值已经被涵盖在现有国民经济核算中，如绿色食品中的大米、食用植物油及制品、水产品、乳制品等都已经统计在门类 C 下的农副食品加工业大类中，对于这部分绿色经济活动成果，绿色经济核算时只需要依照“绿色标志”制度，将它们从现有农副食品加工业大类中分离出来予以单独统计即可。

绿色经济为恢复生态健康开展的各项活动，是生态健康核算的内容。由于各种恢复活动会对资源环境产生正外部性，这部分效应不仅构成绿色经济的成果，也是衡量生态环境是否健康的重要内容，需要在绿色经济核算中予以反映。绿色经济对资源环境的正外部性体现在两个方面：①对生态资源的正外部性，主要表现就是对自然资源的节约；②对生态环境的正外部性，主要表现就是减少废弃物的排放。衡量这两部分正外部性的关键步骤取决于如何界定节约资源与减少废弃物的排放。由于绿色经济是一种提高人类福祉与社会公平的经济，节约资源、减少废弃物的排放与提高人类福祉是相辅相成的，没有人类福祉的提高，单纯的节约资源与减少废弃物排放，就失去了社会进步的意义。因此，绿色经济下的节约资源是在保证经济增长或人们生活质量改善的条件下的资源节约。减少废弃物的排放很大程度上改善了人类生存环境，相应地会提高人们的生活质量，但如果减少废弃物是通过减产、牺牲社会供给的形式获取的，显然不符合绿色经济的发展宗旨，故而减少废弃物的排放也应该是建立在经济增长的前提下。

如何在经济增长或人们生活质量改善的前提下核算资源的节约量与废弃物的排放量是绿色经济核算的难点。目前学术界对能源消耗、碳排放的测算成果较多，常用方法有两种：一种是基于投入产出表“自上而下”的计算方法；另一种是基于产品单耗“自下而上”的计算方法（或生命周期评价法）。基于产品单耗的计算方法是一种相对精确的计算方法，但由于产品种类繁多，针对每一产品进行资源单耗计算难度较大，现实也不准许。因此，实际测算中运用较广泛的方法就是投入产出表的“自上而下”的计算方法。投入产出表的方法能够测算不同行业对能源的消耗量以及相应的碳排放量，同时结合投入产出表中的平衡关系，还能对不同机构部门产生的能源消耗量以及碳排放进行测算，便于从支出法角度核算资源消耗量与碳排放量，是值得借鉴使用的方法。

但投入产出法只能核算投入到经济活动中的实际能源量，人类生产、生活过程中，除了消耗能源资源外还会对其他生物资源形成需求量，同样影响着生态健康发展，绿色经济在核算资源的节约量时应该包含该部分内容。生物资源需求量的测算方法应用最广泛的是加拿大生态经济学家 William 提出的生态足迹分析法。该方法从需求方面计算生态足迹的大小以反映既定技术条件和消费水平下特定人口对环境的影响规模。生态足迹计量法分析的重点是生态足迹的计算，生态足迹是在一定的社会经济规模条件下，维持特定人口的资源消费和废弃物吸收所必需的生物生产土地面积。该方法认为人类要维持其生存，必须消费各种产品、资源和服务，从这些消费品生产的关联关系来看，每一项消费品的消费量最终都可以追溯到提供生产该消费所需的原始物质与能量的生态生产性土地面积上，所以人类的所有消费都可以折算成相应的生态生产性土地的面积，该面积即为生态足迹。生态足迹分析法为各类自然资本提供了统一的度量基础，该方法与投入产出法、产品生命周期法结合，对绿色经济核算资源节约量与废弃物减排量提供了很好的核算基础。

除了上述方面外，国民经济活动中对资源的循环利用、对生态系统的其他修复活动等均增加了自然资源的资本存量，隶属于绿色经济的生态健康内容，属于绿色经济核算的内容。循环经济核算国内外比较常用的方法是物质流核算法，物质流核算法以物质的重量作为物质输入、输出的计量标准，是一种实物量核算方法。该方法通过追踪人类社会对自然物质资源的开采、加工、消费、循环利用、废弃等全过程中的物质流动，建立一套可定量计算并能动态更新的物质流账户体系来反映经济社会的发展对生态环境的依赖和影响情况。对生态系统修复活动的统计核算在 SEEA 中有专门的账户进行测算，绿色经济有测算这部分活动时可以借鉴 SEEA 有关核算账户开展。

因此，综合起来分析，绿色经济核算的思路可归结为图 5-1 的形式。在图 5-1 中绿色经济核算主要分为两个部分，包括人类福祉的提升以及生态健康的恢复。人类福祉提升的核算主要基于需求层次角度进行分类，核算生存需求、归属需求与成长需求 3 个方面。生存需求主要是高质量物质需求的满足，目前主要是“绿色标志”产品；归属需求主要是宜居生活环境，包括宜居城市与农村；成长需求主要是科技、教育对个人能力的培养等。体现人类福祉提升的各载体在现有国民经济核算体系中均得到了体现，只需要将它们分离单独统计核算。恢复生态健康的核算是基于当前生态健康破坏的前提下生态健康的恢复力角度进行分类核算的，主要核算资源的节约、废弃物的减排放、资源的循环利用以及生态恢复的各种投资活动等。它们的核算将根据各自特征采用不同的核算方法。

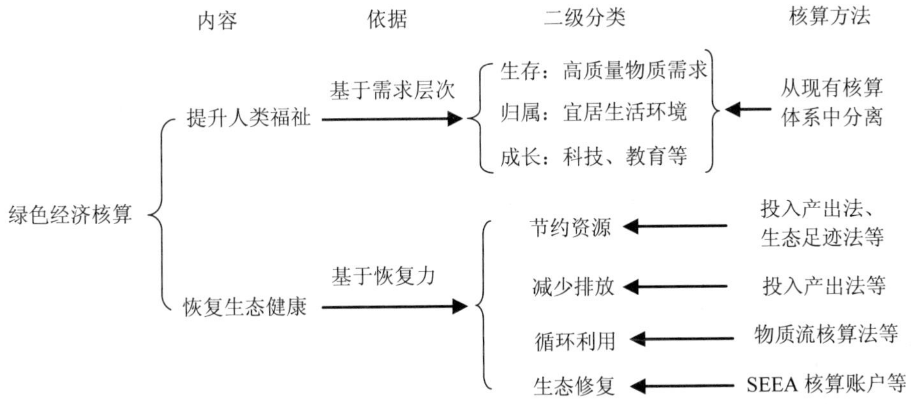

图 5-1　绿色经济核算思路

5.1.3　绿色经济核算框架

根据绿色经济核算思路，绿色经济核算包含了两个方面的内容。考虑到人类福祉的提升是从需求角度入手进行的分类，而且当前消费者对标注有“绿色标志”的产品消费支出不仅是对健康诉求的满足，也是对环境无害的一种支持；另外，从生态健康角度分析，生产与消费是资源消耗与废弃物排放的主要经济活动，绿色生产与绿色消费的倡议与实践受到了社会各界的关注与支持。所以，测算绿色经济的成果可以使用支出法，通过支出法核算表对各项支出的测算有利于测度不同支出项对绿色经济的贡献度。

如果说支出对应着需求，那么，与需求匹配的一定是供给。供给是生产的结果，无论是从满足人类福祉提升高质量物品供给出发，还是从节约资源、减少废弃物排放出发，从产业角度采用生产法核算绿色经济成果不但是可行的，对分析不同产业的绿色经济转型也是必需的。因此，绿色经济成果也可以采用生产法通过生产法核算表测度不同产业的绿色经济发展程度。

除了需要借用核算表反映绿色经济成果外，具体的测定项目还需要建立相应的账户来反映。同时，由于绿色经济是一种质量型经济增长模式，为了反映经济增长的质量，绿色经济核算中相关统计指标会有所变化（下一节专门介绍），需要重新建立统计核算指标体系。支出法与生产法的绿色经济的核算框架如表 5-1 与表 5-2

所示。

在表 5-1 中，绿色国民生产总值由三大支出项构成，它们分别是最终绿色消费支出、绿色资本形成总额以及绿色货物与服务的净出口。最终消费支出由居民绿色消费支出与政府绿色消费支出组成，居民绿色消费支出主要是消费绿色标志的产品，这里的绿色标志是一种广义的概念，包括绿色产品标志、绿色食品标志、无公害农产品标志、节能标志、节水标志、汽车环保标志、环保产品标志等等。绿色资本形成总额主要测算经济资本形成与生态环境资本形成，其中经济资本是各绿色企业的固定资本形成与绿色存货增加；生态环境资本形成主要是自然资源产品形成、环境恢复以及生态产品形成。绿色货物与服务的净出口主要是测算绿色经济活动成果的出口量与进口量。各具体项目的测算方法及其统计指标在下面的章节中具体介绍分析。

表 5-1　支出法绿色国民生产总值表　　货币单位

支出项	××××年
绿色国民生产总值	
一、最终绿色消费支出	
（一）居民绿色消费	
农村居民绿色消费	
城镇居民绿色消费	
（二）政府绿色消费	
二、绿色资本形成总额	
（一）经济资本形成	
固定资本形成	
绿色存货增加	
（二）生态环境资本形成	
资源产品形成	
环境恢复	
生态产品形成	
三、绿色货物与服务的净出口	
（一）绿色货物与服务出口	
（二）绿色货物与服务进口（-）	

生产法绿色国内生产总值核算测算不同产业中的绿色经济活动成果，与原有国民经济核算不同，这里的产业除了第一产业、第二产业、第三产业外，还新设置了

一个生态环境产业。第一产业、第二产业以及第三产业对绿色经济的核算根据第4章第3节的国民经济行业分类具体归类计算。

关于生态环境的生产活动集合，我国学者刘思华提出了生态产业的概念。他认为生态产业①是指在保护环境、改善生态、建设自然的生产建设活动中，从事生产、创造生态环境产品或生态环境收益的产业和为生态环境保护与建设服务的产业及其符合生态环境要求的绿色技术与绿色产品生产相关的部门和产业的集合。这个集合可以分为三大部门10种产业群。

第一大部门为生态环境科学技术产业，是生态环境技术的生产部门。包括生态环境科学研究以及生态环境技术产业两部分，它们是生态产业的主导性或支柱性群体，涉及环保设备、生态建设监测仪器、生态环境高新技术设备和技术服务等。

第二大部门为直接生态环境保护与建设部门，是直接生产生态产品的产业群。包括了工业废气、废水、废渣的处理业、农业生态循环产业、各种垃圾的处理与利用产业、资源综合利用产业、再生资源回收、加工与利用业、资源产业、自然生态保护业、生态环境监测与自然灾害的预报及防治产业、生态环境文化教育产业、生态环境信息和管理产业等。

第三大部门为间接生态环境部门，这是一个性质和作用与直接生态环境部门相同但生产活动组织形式却包含在第一、第二、第三产业内的部门。具有两种表现形式：①在农业、工业、服务业的大型企业内部的生态环境保护与建设部门、生态环境教育部门、生态环境管理部门等，其产品和服务在企业内部生产并在其内部使用；②属于农业、工业、服务业的企业，生产与使用符合生态环境保护要求的绿色技术与绿色产品，成为绿色企业，如生态农业、生态工业、生态建筑业、生态商业、生态旅游业、生态信息业等。

三大部门10种产业群的划分法较全面的概述了生态产业的生产活动内容。在运用生产法核算绿色国民经济成果时，借鉴这种产业划分思想，将绿色国民经济划分为四次产业，即第一产业、第二产业、第三产业与生态环境产业。其中，第一产业、第二产业、第三产业主要统计绿色产品生产企业成果，也就是核算绿色经济对提高人类福祉与社会公平的程度。而生态环境产业包含了上述生态产业中的第一大部门与第二大部门的全部内容以及第三大部门的部分内容并重新进行了调整，整体

---

① 刘思华：《论生态产业与五次产业分类法》，载《中国生态经济学会第五届会员代表大会暨全国生态建设研讨会论文集》2000年第10期。

上分为生态环境产品业与生态环境服务业，生态环境产品业与生态环境服务业依据产品性质与服务性质还可以进一步细分，这在后面的章节中会详细介绍。将与生态环境有关的活动从其他产业中独立出来，是为了测度生态健康程度的，即生态环境产业成果主要用于测度绿色经济对生态健康的提高程度。

因此，生产法中的第一产业、第二产业、第三产业测度了绿色经济对提升人类福祉的作用程度，生态环境产业测度了对生态健康的作用程度，结合在一起，共同反映了绿色国民经济的发展进程。

表 5-2 是生产法绿色国民经济核算表。表中，共设置了 4 个产业，其中第一产业包含了绿色农业、绿色林业、绿色畜牧业、绿色渔业及为农、林、牧、渔业服务的绿色活动；第二产业分为绿色工业、绿色建筑业与清洁能源电力、势力、燃气及水生产和供应业；第三产业进一步划分为传统服务业的绿色化与现代服务业。上述各产业中不同行业还可以细分，具体见第 4 章第 3 节的分析。它们的数据主要取自于现有三次产业的统计，表征绿色经济对人类福祉的提升程度。第四个产业为生态环境产业，根据资源、环境与生态的区分，进一步划分为资源保护业、环境保护业与生态保护业，它们的数据部分来源现有的环境统计核算（见第 4 章现有环境统计指标核算），部分数据需要重新界定核算。

表 5-2　生产法绿色国民经济核算表　　货币单位

产　　业	增加值	总产出	中间投入
绿色国民经济合计			
一、第一产业			
（一）绿色农业			
（二）绿色林业			
（三）绿色畜牧业			
（四）绿色渔业			
（五）农、林、牧、渔绿色服务业			
二、第二产业			
（一）绿色工业			
绿色采矿业			
绿色制造业			
（二）绿色建筑业			
（三）清洁能源电力、热力、燃气及水生产和供应业			
三、第三产业			
（一）传统服务业的绿色化			

产　业	增加值	总产出	中间投入
（二）现代服务业			
基础服务业			
生产和市场服务业			
个人消费服务业			
公共服务业			
四、生态环境产业			
（一）资源保护业			
（二）环境保护业			
（三）生态保护业			

5.2 生产法核算中的基本问题

上一节核算框架分析中提出绿色经济整体上采用生产法与支出法进行核算，这就涉及两个重要的经济活动，即绿色生产与绿色消费。我国已故国民经济统计学家钱伯海提出：生产范围划在哪里，产值指标就算到哪里，中间消耗和最终使用也算到哪里，初次分配和再分配，原始收入和派生收入就在哪里分界。可见，生产范围的确定对核算的意义。绿色生产亦如此，本节就绿色生产的范畴及有关问题展开讨论。

5.2.1 生产的概念与定量表示

5.2.1.1 生产的概念

西方经济学在宏微观领域都对生产展开了研究。在微观经济学中，生产被认为是对各种生产要素进行组合以制造产品的行为。生产要素一般包括劳动、土地、资本，或者包括劳动、自然资源、资本与技术。而生产要素的组合实际上就是资源在生产过程中的配置。因此，微观经济学研究生产实际上就是考察生产要素如何合理配置以实现利润的最大化。同时，微观经济学又认为生产是将投入转化为产出的行为。投入和生产要素的概念相近，但投入比生产要素的含义要广，对于一个企业而言，投入是用于生产的所有资源，包括生产过程中所有的消耗。产出是指生产过程结束时制成的产品，包括满足人类需要的部分与排放到自然生态系统中的废弃物①。

① 高鸿业、吴易风：《现代西方经济理论与学派》，北京：中国经济出版社，1988 年版。

这两个概念看似差异不大，却会产生不同的增长模式。对于前者，认为生产是对各种生产要素组合制造产品的行为。这里的生产要素必须有对应的市场，其价值能够在市场中得到实现。对于那些没有相应的市场，其价值不能市场化的资源，不在生产要素合理配置考察范围内，这是传统经济发展模式典型的增长方式。而对于后者，将生产定义为投入转化为产出的过程。由于投入包括生产过程中所有的消耗，产出包括经济产品和废弃物。相对产品的制造行为而言，显然后者才真正体现了一个完整的生产含义。

宏观经济学研究生产主要是为了考察一个国家或地区的生产要素如何促进经济总体的产品供给能力增加以实现经济增长。因此，宏观经济学形成的生产理论实际上就是经济增长理论。经济增长理论一直以来都是经济学的一个重要研究范畴和基础理论，主要考察经济增长要素或经济增长的源泉如何促进一个国家或地区的经济增长。西方早期的经济学家比较注重自然资源在经济增长中的作用，并提出了相应的理论观点，如古典经济学家威廉·配第就提出了“劳动是财富之父、土地是财富之母”的观点，说明了自然资源在经济增长中的不可缺少或不可替代性。后期的经济增长理论主要分析劳动、资本、技术等要素对经济增长的贡献，对自然资源的关注不多。

而国民经济核算中的生产被理解为是在机构单位负责、控制和管理下进行的一种物理过程，在此过程中，劳动和资本用于将一些货物和服务投入转换为另一些货物服务产出。这里的生产是经济生产，经济生产是在机构单位控制和负责下，利用劳动、资本、货物和服务作为投入以生产货物或服务的活动。必须有一个机构单位对生产过程负责任，并拥有作为产出的货物或知识载体产品，或者有权因其提供变化促成服务或增值服务而得到付款或其他补偿。原则上没有人类参与或管理的纯自然生产过程不是经济意义上的生产，不能包括在经济生产范围内。比如，国际水域中鱼类资源的自然生产不是经济生产，而渔业养殖活动则是经济生产。

5.2.1.2 生产核算的范围

SNA 的生产范围包括以下几类活动：

（1）生产者提供或准备提供给其他单位的所有货物或服务的生产，包括在生产这些货物或服务过程中所消耗的货物或服务的生产；

（2）生产者为了自身的最终消费或资本形成所保留的所有货物的自给性生产；

（3）生产者为了自身的最终消费或资本形成所保留的知识载体产品的自给性生产，但（按照惯例）不包括住户部门的自给性产品生产，也不包括住户部门的大部分自给性服务；

（4）自有住房者的自给性住房服务；

（5）雇用付酬家政人员提供的家庭和个人服务的生产。

不过，需要说明的是，上述生产范围的确定只是一种理想形式并非绝对化。一方面，上述生产范围内的生产活动能否实现核算还要取决于核算手段，在不同国家核算实现程度可能存在差异；另一方面，随着人类生产能力的提高，生产触及面不断扩大，生产的范围也会随之扩展。

5.2.1.3 生产的定量表示

生产可以通过生产函数进行定量分析。生产函数是描述产出与投入最佳技术关系的一种函数。它表示一组既定的投入与其所能生产的最大产量的关系，或者既定的产量与其所需的最小投入量的关系。生产一定的产出需要的投入很多，在传统经济分析中通常把这些投入归结为劳动、资本、土地等。在讨论中往往又把资本与土地统称为资本。因此，在传统经济分析中通常所讨论的生产函数只是资本与劳动两种要素投入的情况。其表达式可以表示为：

$$Q = F(X) \tag{5.1}$$

式中：Q—— 产出量；

X—— 投入资源数量的向量；$X=(X_1, X_2)$，代表劳动力与资本。

生产函数简单明了地用数学公式表示了资源的投入转化为产出的过程，这为从宏微观角度定量考察生产的投入产出关系提供了方便。

很多经济学家对生产函数的具体化进行了研究。其中最著名的是美国经济学家柯布与道格拉斯提出的“柯布-道格拉斯”生产函数。其函数形式为：

$$Y = AK^{\alpha}L^{\beta} \tag{5.2}$$

式中：Y—— 产出量，一般用国内生产总值表示；

K—— 投入的资本数量；

L—— 投入的劳动力数量；

A—— 技术进步的效益；

α —— 资本的产出弹性；

β —— 劳动的产出弹性。

“柯布-道格拉斯”生产函数从投入角度可以考察资源对产出的贡献；从产出角度可以分析单位产出占用的资源数量；而且它还为收入分配提供了理论基础，是经济增长理论定量分析的主要工具。后续的经济学家扩展了经济增长理论研究，但定量分析依然未脱离这一模型的基本内涵。本研究考察绿色生产也建立在该模型基本原理基础之上。

虽然生产函数为定量研究生产提供了极大的方便，但在古典经济增长时期、新古典经济增长时期的各种增长模型中，自然资源、环境要素都被当成是外生变量而省略了。以柯布-道格拉斯生产函数为例，生产投入要素中主要是劳动与资本，虽然资本也包含了部分自然资源，但对于那些没有市场价格的自然资源被排斥在分析框架外；生产的产出只使人类需要的部分（即经济产品，其价值通常用国内生产总值表示）得以表现，而排放到自然生态系统中的废弃物在公式中没有得到体现。自然资源与环境要素不能作为内生变量放入经济增长模型中，生产就会产生环境负外部性影响，这是资源耗减与环境破坏理论上的诱因，也是传统生产观最主要的缺陷，为绿色生产的产生提供了理论背景。

5.2.2 绿色生产的含义及其影响

5.2.2.1 绿色生产的含义

绿色生产是在对传统生产的污染防治过程中逐渐形成的。目前理论界对绿色生产没有形成明确规范的定义。我国学者在研究绿色生产过程中，多从环保无公害角度探讨微观主体的生产活动，并借以认为是一种绿色生产。这方面的研究较多，从目前的成果分析，由此展开的研究理论性不强，研究也较分散。也有部分学者认为绿色生产就是一种清洁生产。清洁生产是联合国环境规划署于 1989 年率先提出的，认为清洁生产将综合预防的环境策略持续地应用于生产过程和产品中，以便减少对人类和环境的风险性①。《中国 21 世纪议程》（1994）对清洁生产所下的定义是：既可满足生产需要又可以合理使用生态资源、对环境破坏小的实用生产方法和措施。

从上述清洁生产的定义分析，其显著的特征是注重从生产源头削减污染，提高资源利用效率，使整个生产过程减少污染物的产生与排放。这些特征与当前倡导的绿色生产并无多大差异，因而，清洁生产可以说是绿色生产。但由于清洁生产较专注于工业生产过程，且关注的重点是如何削减污染物的排放，对生产末端、特别是

① 朱慎林：《清洁生产导论》，北京：化学工业出版社，2001 年版，第 8 页。

生态经济是否协调关注不多，相对而言，绿色生产有更广泛的内涵。

从联合国环境规划署将绿色经济定义为可增加人类福祉和社会公平，同时显著降低环境风险与生态稀缺的经济来看，向绿色经济过渡的核心目标之一是增加人类福祉。而人类福祉包括：①维持高质量生活的基本物质需求。即维持安全和生计所需的物质、收入、资产、足够的食物、住所、家居设备、衣服以及获取商品的途径。②健康。即身体健康、良好的感觉以及健康的生活环境。③安全。即安全地获取自然资源和其他资源、个人和财产的安全、生活在安全的环境中免受自然和人为灾害的影响。④良好的社会关系。包括获得相互的尊重、社会凝聚力、良好的家庭关系以及给孩子或其他人提供帮助的能力。⑤选择与行动的自由。包括对发生事情的控制能力和实现个人成就的能力[①]。人类福祉所包含的 5 个方面内容与马斯洛（Abraham H. Maslow）需求层次论所提出的人类需求的五个层次即生理需求、安全需求、社会需求、尊重需求和自我实现需求有很大的相通性，特别是与其提出的高层次需求具有极高的相似性，可以说，人类福祉实际上就是在人的基本需求得到满足后的一种高层次需求的表现。马斯洛在分析人的需求层次时认为，人的需求在同一时间不可能得到满足，只有当低层次的需求得到基本满足时，才会产生高层次的需求；一种没有得到满足的需求，便成为消费者购买行为的推动力。在传统生产方式下，“大量开采、大量生产、大量消费、大量废弃”的模式维持了人类基本生理需求满足的同时，也带来了资源枯竭、环境污染与生态恶化，人类健康、安全等需求受到了极大的威胁。当前，人类对福祉的向往与追求越来越强烈，绿色经济以增加人类福祉为其核心目标之一，反映出绿色经济的实施将促使这种高层次需求的最大转化。而与这种高层次需求转化相对应，供给必然随之发生变化，即绿色经济条件下的生产方式将向增加人类福祉方向转化。

可见，绿色经济条件下的生产，我们权且称其为绿色生产，是对传统生产方式的转型，但与传统的投入产出活动相比，绿色生产应包含两个方面的基本内容：

（1）绿色产品与服务是生产活动的成果，也是绿色财富积累的源泉。生产是为满足人的各种需求而产生的，任何生产都应该是以创造财富满足人类需要为主旨，这是经济学产生的前提，也是社会进步的基本条件，绿色生产也不例外。根据马斯洛的需求层次分析理论，人的需要是无止境的，当一种需求满足之后，就会产生另

① 联合国环境规划署等国际组织开展的国际合作项目《千年生态系统评估报告》。

一种需要，并且随着低层次需求的满足，个人的需求会向高层次需求转化。当前，随着社会生产力的提高，人的需要已经开始向高层次需求递进，追求健康舒适的消费已成人们的共识，绿色生产顺应这种需求产生并提供绿色产品与服务。绿色产品是具有环境标志的产品，是生产过程及其本身节能、节水、低污染、低毒、可再生、可回收的一类产品。绿色产品能直接促使人们消费观念的转变，并以市场调节方式来实现环境保护与改善社会生活品质。可见，绿色生产是一种满足高层次需求的生产方式，通过不断地扩大绿色产品与服务的范围与规模，促使绿色财富的积累。

（2）生产过程环保化，环保过程效益化。生产活动是一切财富的源泉，也是对生态环境影响最大的人类活动。传统生产方式的大量开采、大量废弃对资源环境造成了几乎毁灭性的破坏，绿色生产一改传统生产方式对资源环境的破坏性影响，以节约自然资源、提高资源的利用效率、减少废物排放作为其生产过程中的显著特征，实现生产过程的环保化。但绿色生产的环保化并不以经济增长为代价；相反，绿色生产通过提高资源利用效率、开发新能源、采用新技术，形成新的产业，从而从环境保护活动中获取经济效益，促使经济实现持续增长。

绿色生产中的“绿色”象征勃勃生机，大自然中的植物是以此为主色调，绿色生产体现了人类向往自然、崇尚自然的美好追求及对生态环境的保护与维护。因此，绿色生产的结果是要为人类提供健康的消费品与舒适的闲暇环境，最终要达到经济与生态环境的自然和谐，是注重生产末端结果的一种新型生产方式。但绿色生产涵盖了清洁生产的内容，绿色生产首先也必须是从生产源头开始，在整个生产过程节约自然资源与减少废物排放。同时，绿色生产是对传统生产的扬弃，其投入产出的基本要义并不改变。由此认为，与清洁生产及传统生产相比，绿色生产具有两个基本特征：

（1）创造绿色财富满足高层次需求是其基本特征。绿色生产是一种满足高层次需求的生产方式，创造绿色财富（建立在生态效益基础上的物质财富）是其生产追求的目标。

（2）节约自然资源、减少废物排放是其生产过程中两个显著特征。绿色生产以创造绿色财富为目标，必然在投入与产出过程中节约自然资源、减少废物排放，以此提高生态经济效率，满足日益扩大化的高层次需求的实现。上述两个方面，囊括了传统生产与清洁生产的基本要义，又突出了绿色生产与二者的差异。对自然资源的处置方式决定了绿色生产与传统生产的差别，对生产成果的关注度决定了绿色生产与清洁生产含义的不同。

由此看出，与传统生产相比，绿色生产过程环保化、绿色生产成果健康化，整个生产对应高层次需求，达到了增加人类福祉的目的。故此，将绿色生产定义为：一种高效率的要素生产率投入转化为高质量的产出活动与过程。这里的高效率要素生产率是指要素配置与利用的质量，反映在具体资源投入上主要表现为节约资源；高质量的产出主要体现为副产品（主要是各种废物）的减少，意即生产的产品是绿色产品与服务，创造的财富是绿色财富。

5.2.2.2 绿色生产对经济效率的影响

（1）绿色生产对生产可能性曲线的影响。节约自然资源的投入是绿色生产的第一个显著特征。自然资源投入的减少，相当于在现有自然资源存量的基础上增加了自然资源的储存量。假设经济社会只有有两种自然资源，它们分别为 D_W 、 D_B ，那么，全社会的自然资源原有存量 $\overline{D}=D_W+D_B$ ，由于自然资源的节约，自然资源现有存量实际上就变为： $\overline{D}=D_W+D_B+\theta$ ，其中，θ 为绿色生产过程中节约的自然资源。自然资源存量的扩大，反映在生产的埃奇沃斯矩阵图中，会引起矩阵边长的变化。假设矩阵的长表示资源存量，那么由于自然资源节约而实际形成的资源存量会延长矩阵的长度。由于矩阵的长度发生了变化，现有资源配置将使消费品与资本品的生产能在更高的产出水平上产生。对于消费品而言，由于最高的等产量曲线可以一直延伸到增加的资源存量中，这就意味着消费品的生产在现有资源条件下，能创造出更多产品。同理，对于资本品而言，也有同样的效果。因此，社会利用现有资源生产消费品与资本品的最大产量都在原有水平上有所提高，物质财富增加。

同时，由于自然资源的节约，意味着生产同等产量的产品所耗用的自然资源量降低。反过来，就意味着同等自然资源生产了更多的产品，自然资源的边际生产力由此得以提高。自然资源的边际生产力是等产量曲线的斜率，边际生产力的提高说明等产量曲线斜率增大。消费品与资本品的等产量曲线将会相切于埃奇沃斯矩阵图的更上方位置，于是生产的高效率曲线上移，最后生产可能性曲线外移。

图 5-2 表示了绿色生产对生产可能性曲线的影响。从原有的生产可能性曲线看，消费品 B 的最大产量是 P'，资本品的最大产量是 P，由于自然资源的节约，使得消费品与资本品的最大等产量线发生变化。这样，消费品与资本品的最大产量组合也随之发生变化，最终导致生产可能性曲线外移。生产可能性曲线的移动，表明社会提供的消费品与资本品最大数量增加。由于生产可能性曲线实际上就是高效率的生产轨迹线，生产可能性曲线的外移，代表生产效率获得提高。因此，绿色生产相对

于传统生产而言，从理论上分析，在资源配置与利用上，有助于要素生产率提高，经济效益因此获得提升，绿色生产是一种有效率的生产方式。

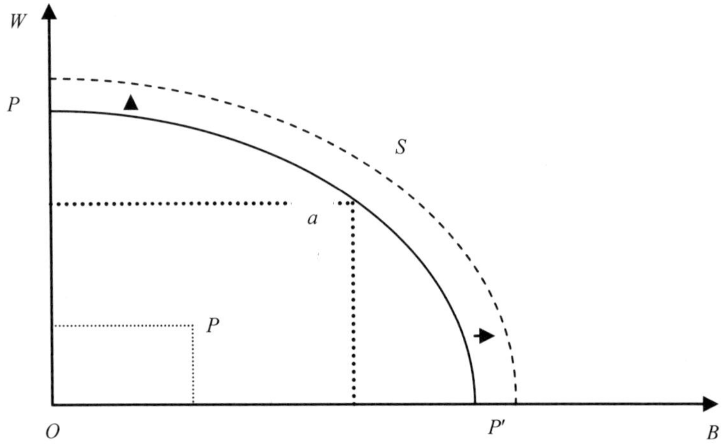

图 5-2　绿色生产对生产可能性的影响

（2）绿色生产对全要素生产率的影响。传统经济增长理论在分析经济增长的因素时，通常把自然资源作为外生变量，因而在传统经济增长模型中，自然资源对经济增长的贡献被忽略。绿色生产在对传统生产进行转型过程中，最突出的方面就在于日益重视自然资源在经济增长过程中的作用与代价，自然资源作为内生变量进入生产函数与经济增长模型中。对于柯布-道格拉斯经济增长模型而言，由于自然资源成为内生变量，那么，模型形式就转变为

$$Y_t = A_t L_t^{\alpha} K_t^{\beta} G_t^{\lambda} \tag{5.3}$$

式中：G—— 自然资源投入量；

λ—— 自然资源产出弹性；

其他与式（5.2）中所示含义相同。

对式（5.3）两边作对数处理有

$$\ln Y_t = \ln A_t + \alpha \ln L_t + \beta \ln K_t + \lambda \ln G_t \tag{5.4}$$

再对式（5.4）计算导数，得

$$\frac{\mathrm{d}\ln Y_t}{\mathrm{d}Y_t}=\frac{\mathrm{d}\ln A_t}{\mathrm{d}A_t}+\alpha\frac{\mathrm{d}\ln L_t}{\mathrm{d}L_t}+\beta\frac{\mathrm{d}\ln K_t}{\mathrm{d}K_t}+\lambda\frac{\mathrm{d}\ln G_t}{\mathrm{d}G_t} \tag{5.5}$$

式中：$\frac{\mathrm{d}\ln G_t}{\mathrm{d}G_t}$——自然资源增长率。

在绿色生产方式下，自然资源的增长率为负数（节约自然资源是绿色生产的特色）。同时，在分析绿色生产对生产可能性曲线的影响时发现，各微观主体在绿色生产方式下，最大产出量获得提高，从而整个经济社会的产出量增加，这意味着，对式（5.5）而言，等式左边的值不断增加，右边的$\frac{\mathrm{d}\ln G_t}{\mathrm{d}G_t}$负向值也不断反向变大，这样代表全要素生产率的$\frac{\mathrm{d}\ln A_t}{\mathrm{d}A_t}$的值不断增长。因此，从宏观上分析，绿色生产对经济效率也起到了促进作用。

因而，我们可以得出结论，从理论上分析，绿色生产是对传统生产的改进，促进了资源配置与利用效率，提高了经济效率，是一种有效率的生产方式。

5.2.2.3 绿色生产对生产负外部性的修正

传统生产对自然资源与环境存在生产的负外部性影响。在高投入转化为高产出过程中，由于自然资源与环境是生产的外生变量，生产过程无须考虑其生态价值，受“经济人”假设的驱使，追求利润最大化。利润的动机，促使生产对相对便宜的自然资源进行掠夺式开发与任意式的废物排放，不仅影响了当代人的利益，同时对后代人的生存环境也造成了损害，从而导致边际外部环境成本日益增大，自然资源耗减加快，环境污染日益严重。绿色生产特别关注节约自然资源投入与减少废物排放，这是对生产负外部性的修正。

节约自然资源，从理论上说减少了投入，节约了生产成本，应该促使边际私人成本减少。但节约自然资源是与生产技术进步相辅相成的，技术进步的投入在绿色生产的初始阶段，其成本可能远远高于生产过程中节约的自然资源投入成本，因而节约自然资源在绿色生产的初始阶段，可能反而会促使其边际私人成本增加。但节约自然资源，修复了生态环境，减少了社会使用自然资源的成本，从而减小了边际社会成本。

减少废物排放，实际上是把治理环境的成本在生产过程内部化，无疑会增大生产的投入成本，导致边际私人成本增高。但同时，也改良了生态环境，增加了社会福利，减少了社会治理污染的成本，促使边际社会成本降低。具体而言，在生产负外部性中可作如下分析：

当生产活动存在负外部性时，边际社会成本等于边际私人成本与边际外部成本之和。即：

$$MSC = MPC + MEC \tag{5.6}$$

式中：MSC——边际社会成本；

MPC——边际私人成本；

MEC——边际外部成本。

节约自然资源，意味着边际社会成本降低，边际私人成本可能增加，这样，对节约自然资源而言，在生产负外部性图（图 5-3）中，就表现为 MPC 曲线向左上方移动，MSC 曲线向右下方移动，随着两条曲线的移动，MPC 曲线与 MSC 曲线间的距离不断缩小，从而边际外部成本减小，边际外部成本曲线 MEC 下移，MPC 曲线移至 MPC′曲线，MSC 曲线移至 MSC′曲线，私人最优产量由 Q_0 缩减至 Q_0'，社会最优量由 Q_1 增加到 Q_1'，私人产量的降低减少了过度生产，社会最优量的增加拓展了社会发展的空间。因此，绿色生产减少了生产负外部性，提升了经济发展能力。

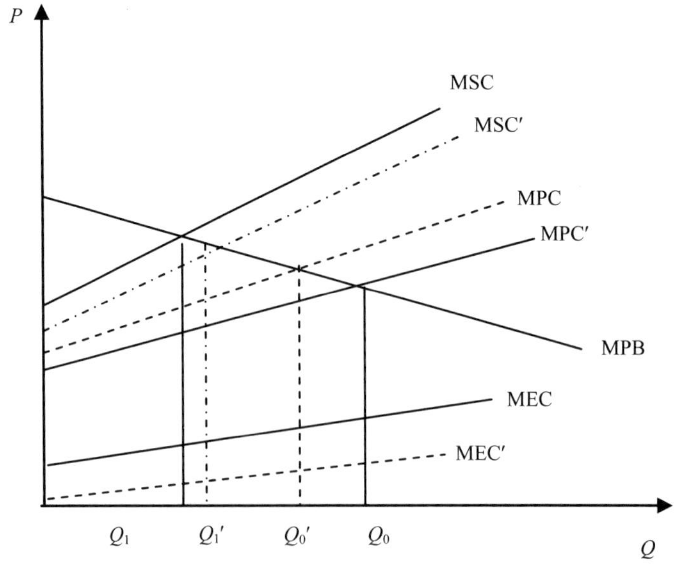

图 5-3 绿色生产对生产负外部性的修正

对于减少废物排放对生产负外部性的纠正，虽然其原理存在一定的差异，但导致的结果相似，这里不再赘述。

综合分析可以得出，绿色生产的实施对修正传统生产的生产负外部性将产生重要的作用。因此，从理论上说，绿色生产不仅是一种有效率的生产方式，而且削减了生产对环境负外部性影响。绿色生产的这些特征，决定了绿色生产核算与传统生产核算必然存在差异。

5.2.3 绿色生产的核算范围

生产账户是国民经济核算的起点，哪些活动被定义为生产，将会决定 GDP 的规模和整个经济的收入水平。同样地，哪些活动属于绿色生产，将会决定绿色经济的发展规模。在自然资源与环境污染日益严重下，联合国和世界银行等组织提出采用绿色 GDP 代替传统 GDP 核算经济活动成果。绿色 GDP 可以定义为一个国家或地区在考虑了自然资源（包括土地、森林、矿产、水和海洋）与环境因素（包括生态环境、自然环境、人文环境等）影响之后经济活动的最终成果。核算时通常的做法是将经济活动中所付出的资源耗减成本和环境降级成本从 GDP 中予以扣除。即 $\text{绿色GDP} = \text{传统GDP} - \text{资源成本} - \text{环境成本}$。这种核算是从生产活动的资源环境负外部性角度考虑的，与当前联合国主张的绿色经济发展有一定差异。

当前世界各国推行的绿色经济在显著降低环境风险与生态稀缺的同时能够增加人类福祉和社会公平。绿色经济的实施，突破经济系统的单一循环，将生态系统结合在一起构造生态经济系统大循环，在这个大循环系统中，资源环境已经进入经济活动内部，经济活动不仅不存在负外部性影响；相反，通过绿色经济的实施，将会不断积累绿色财富。联合国工业发展组织总干事在首届绿色经济行动合作伙伴关系会议上对绿色工业的阐述也突出了这一观点。他指出："绿色工业将在帮助各国实现持续发展目标中发挥关键的作用，这种作用包括如何提高自然资源利用率、减少垃圾和污染排放，促进更安全、更负责任的生产，反过来，也将有助于创造更加清洁、更加健康的社会。"可见，相对传统生产对资源环境的破坏性影响来说，绿色生产不仅仅通过改进传统生产方式修复生态环境，还将通过创造新的产品带动生态经济效益的产生。这样，绿色经济核算生产成果应该是经济活动对资源环境的一种积极效应，是一种增加人类福祉的活动，如果将这种影响从传统 GDP 中扣除，既不能测算发展绿色经济对改善人类福祉和社会公平的作用，也不能反映绿色经济在提高能源资源、改善环境与保护生物多样和生态系统服务的作用。因此，绿色GDP不适宜反映绿色经济的生产活动成果。

根据绿色经济发展的目的以及绿色生产在绿色经济中的作用，结合传统生产核算范围，我们认为，绿色经济条件下的绿色生产核算范围目前可以考虑从对传统产业的绿色转型以及生产绿色、环保产品两个角度入手，具体来说：

（1）从货物与服务角度看，注册为绿色标志的产品应该从传统产品中分离出来统计核算；原因在于，授予绿色标志的产品从研制、开发到生产、运输、销售、使用直到回收利用的整个过程都符合环境保护标准，对生态环境和人类健康均无损害，符合绿色经济发展实质，是绿色经济生产活动的成果。绿色经济核算首先需要将这一部分成果从传统产品中分离出来以体现绿色经济对健康、安全等高层次需求的满足程度。

（2）一些为环境污染控制与减排、污染清理以及废物处理等方面提供的产品与服务，如为污水处理、废物管理与再循环、大气污染控制、噪声控制设备与监测设施、科研与实验室设备、环境舒适性设施以及环保药剂、材料等提供的产品与服务。这些产品与服务是为解决终端环境问题即改善与修复生态环境而设计生产的生态环保产品，既可以存在于农业、工业、服务业和知识业的大中型企业内部，也可以是专门的生产企业。除此之外，还有一部分绿色生产活动直接提供生态环境产品与服务，如污水处理厂的污水处理、植树造林、湿地恢复等活动，这些产品与服务是最终产品，只是与绿色产品与服务的最终产品性质有些差异，绿色产品与服务最终进入经济消费领域，为满足人类消费需要，而生态环境产品与服务最终进入生态环境消费领域，为满足生态环境健康发展需要。

（3）除了上述绿色产品与服务及环保产品与服务属于绿色生产范围以外，对传统产业的绿色化转型也是绿色生产的重要方面。传统产业的绿色化转型目前主要表现为清洁生产。清洁生产作为一种关于生产、产品、服务一体化的预防性环境战略，已被世界各国越来越广泛地采用。根据联合国环境规划署对清洁生产的定义，清洁生产是一种将整体预防的环境战略持续地应用于生产过程、产品和服务中，以增加生态效率和减少人类和环境风险的创造性思想。这种思想对于生产过程，要求节约原材料和能源，淘汰有毒原材料，减降所有废物的数量和毒性；对于产品，要求减少从原材料提炼到产品最终处置的全生命周期的不利影响；对于服务，要求将环境因素纳入设计和所提供的服务中[1]。清洁生产对产品的生命周期与生产的全过程加以控制，实现产品整个生命周期与生产全过程资源能源消耗最小化以及污染物产生的最小化，提高资源利用效率，减少和避免污染的产生，保护和改善环境，保障人体健康。因此，清洁生产使“高消耗、高污染”的传统产业转变为“节能、降耗、减污、增效”的绿色产业。可见，清洁生产是实现传统产业绿色化的有效手段与重要途径，清洁生产的推广范围与程度标志着传统产业的绿色化转型程度，清洁生产是绿色生产的重要范畴。

（4）住户部门的自给性绿色产品与服务的生产，反映了住户部门对绿色经济的认同与促进作用，应该包括在绿色生产范围内。虽然在 SNA 核算体系中，住户部门的自给性产品生产因为对经济中其他部门的影响有限而不包括在生产核算范围内，但在当前绿色经济发展处于刚刚起步的阶段，住户部门有意识的绿色生产与服务活动将会大大促进绿色经济在各个领域的发展。故而，与 SNA 的生产核算范围不同，绿色生产核算范围更加广泛。

除了上述方面外，随着绿色经济发展的纵深化，绿色生产的统计核算范围将会随之扩大。与传统生产范围相比，绿色经济中生产者的生产范围理论上与其应该是一致的，但传统经济中部分生产者的生产活动由于统计困难或本身对经济影响不大而不在统计范围内，绿色经济却尽可能涵盖所有生产活动。

5.2.4 绿色生产的产出及其类别

与传统生产相似，绿色生产的产出在外在形态上也主要表现为货物与服务。货物是有形的产品，在绿色经济中主要是绿色产品与环境产品。这些货物根据其在国民经济范围内的使用性质，又可以进一步划分为中间产品与最终产品。服务是无形产品，在绿色经济中主要是各种现代服务业，包括服务于经济的绿色化活动与服务于生态环境健康发展的活动。

5.2.4.1 绿色产品

绿色产品是在 20 世纪 80 年代后期世界各国为适应全球环保战略，进行产业结构调整的产物。虽然不同学者从不同角度把握绿色产品的内涵与外延，但整体上来

---

① Hongyan He：*Implementation of Cleaner Production at Industries in Jiangsu，China*，P.H.Doctor Dissertation.Stanford University，September 2005，pp.24-26.

看，绿色产品是指在生产、使用及处理等环节中符合环境要求，对人体健康与环境无害或者危害极小，有利于资源再生与回收利用的产品与服务。这类产品本身具有节能、节水、低污染、低毒、可再生、可回收的性质。与传统产品相比，绿色产品具有如下显著特征：

（1）改善环境与提高人们的社会生活品质，具有绿色性。绿色产品从设计开发、到制造使用、再到回收利用过程，都有严格的环保性要求，对生态环境无害或危害极小，尽量减少材料使用量，最大限度地节约能源资源。因此，绿色产品的生产过程及其产品本身改善了环境质量。不仅如此，绿色产品无公害、安全、卫生，减少了对人体健康的致病因素，提高了人们的社会生活品质。绿色产品的绿色性可以用产品的绿色度来衡量。

（2）以市场调节方式来实现环境保护，具有经济性。与传统产品通过公共管理的形式修复环境影响不同，绿色产品将环境因素计入生产成本中，内生化环境保护成本，并通过市场交易，实现环境保护，这对生产的环境负外部性治理具有很好的可操作性与推广性。

（3）产品能够满足消费者当前和将来的需求，具有市场竞争力，即具有技术先进性。绿色产品的生命周期不仅包括本代产品，而且还包括报废或停止使用以后各代产品的循环使用或循环利用，因此，绿色产品能够满足消费者当前和将来的需求。正是由于需求的延续性，绿色产品在生产时，其成本不仅包括制造成本、使用成本、维护成本、能耗成本等，还应该包括回收处理费用、相关的环境保护费用等。显然，绿色产品的成本高于传统产品，如何以最少的投入获得最大的经济效益，这是绿色产品的经济判断，也是其具有市场竞争力的前提。

按照国际惯例，只有授予“绿色标志”的产品才是绿色产品。目前我国已认证的绿色产品涉及能源、绿色汽车、节能、环保、绿色建筑、绿色食品、绿色休闲、绿色金融以及其他行业，按照其环保性质可分为：

（1）可再生回收利用类。这类绿色产品如再生纸、再生塑料，中国古旧家具、经过翻新的轮胎、回收的玻璃容器、以再生石制的建筑材料等，利用回收废品进行再生产，不仅可以节约大量资源，而且可以减少垃圾污染，同时以废品为原料比使用原材料生产能耗低、污染排放少，利润回报高，受到了消费者的厚爱。

（2）改善环境质量类。又包括低排放型产品、低噪声型产品等。一次性发泡餐盒、有磷洗衣粉等会引起区域性环境污染，采用可降解塑料、无磷洗衣粉、无汞电池等产品均能有效缓解区域性环境质量；低噪声洗衣机、“静音”空调、低噪声建筑机械、低噪声混合粉碎机、低甲醛复合木地板、低排放的雾化燃烧炉等产品能改善住居环境质量，它们均属于绿色产品之列。

（3）保护人体健康类。在我国绿色产品的开发中，这类产品是发展最快、影响力最强、经济效益最明显的产品，目前正在引起消费者的普遍注意。绿色食品、绿色衣着品、绿色日用化学品、绿色家电、绿色药品等基本上属于绿色技术中较前卫的产品，代表着一种潮流和发展趋势，并将逐步淘汰传统产品。

（4）节约资源能源利用类。节水型清洗槽、节水型水流控制器、节能电脑、节能灯、太阳能产品及机械表等就属此类绿色产品。

除了上述绿色产品以外，还有一些绿色活动如绿色教育、绿色旅游、绿色休闲、绿色保险等，属于绿色服务类。由此可见，绿色产品与服务已经涉及不同的行业，在不同的行业创造新的价值。

5.2.4.2 环境产品

近年来，世界各国把大力发展环境产品与服务作为新的经济增长点以及争夺国际竞争力的重要途径。但对于什么是环境产品，不同机构有不同定义和分类。比如，亚太经合组织（APEC，1998 年清单）从最终用途出发，将环境产品分为空气污染控制、饮用水处理、废水管理、噪声/振动消除、固体/危险废物、热/能管理、可再生能源、监测/分析、其他回收系统、补救与清除十大类。经济合作与发展组织（OECD）将环境产品分为三大类，它们分别是：污染管理、较清洁技术和产品、资源管理。每一大类又进行了细分，污染管理细分为：空气污染控制、废水管理、固体废物管理、治理与清除、噪声与振动消除、环境监测、分析与评价；较清洁技术和产品细分为：较清洁/资源高效技术、工艺和产品；资源管理细分为：室内空气污染控制、供水、循环材料、可再生能源、热/能节约与管理、可持续农业和渔业、可持续林业、自然风险评估、生态旅游等。世界贸易组织（WTO）将环境产品分为空气污染控制、可再生能源、废物管理和废水处理及补救、环境技术、其他几个部分。虽然这几个国际组织从经济和贸易的供给属性出发分类环境产品，但这些产品与服务基本是与环境有关、以保护环境为目的的，整体上可以归为两大类：一类是末端治理类环境产品，另一类是中间生产环节的环境友好型产品，这两类产品均具有动态性，且环境本身具有宽泛性，目前作为治理污染的环境产品与服务，将来可能成为造成污染的产品与服务。因此，相比较其他产业的产品与服务，环境产品与服务的定义、边界与范围一直不清晰、不明确。

但是，根据经济合作与发展组织（OECD）和欧盟统计局（Eurostat）的定义，环境产品与服务是指为环境中水、空气和土壤的破坏，以及有关废弃物、噪声和生态系统问题提供测量、防治、限制，使之最小化或得到纠正的产品①。我们认为，与绿色产品所不同的是，环境产品主要是治理、修复与保护环境为目的产品，其主体对象主要是为环境服务的，可以形成自己的产业，即环境产业，但产品多为劳动对象。而绿色产品主要是为改善人体健康服务的，分布于现有各个产业中，很难形成独立的产业，产品多为生活消费品，进入最终使用领域。

5.2.4.3 环境产业

联合国综合环境与经济核算体系（SEEA，2003）将环境产业定义为：使生产对于水、空气和土壤环境损害以及与废弃物、噪声和生态系统有关的问题进行处理的产业。它包括使污染和资源使用达到最小的清洁技术、货物和服务，同时也包括与资源管理、资源开采和自然灾害有关的活动。从这个定义可以看出，环境产业属于依据功能定义的产业，是与环境有关、以保护环境为目的的经济生产活动集合②。

在国际上，环境产业有广义与狭义之分。广义的环境产业是指涉及产品的生产过程、使用过程以及废弃物的处理和处置过程，并追求所有环节的循环利用。而狭义的环境产业主要是对环境污染进行处理、控制和减排以及在清理废弃物的方面提供服务的有关行业③。广义的环境产业除了涵盖了狭义的内容外，还包括了清洁生产的内容。但狭义的环境产业体现环境功能与使用功能的一致，易于理解与操作，当前许多国家如德国、挪威、意大利、荷兰等均采用此定义，是环境产业当前发展的核心内容。

国家环保总局 2004 年也对环境产业作了解释，认为环境产业是国民经济结构中为了生态保护与恢复、环境污染防治、有效地利用资源、满足人民对环境的需求，为社会和经济的可持续发展提供清洁产品和技术服务支持的产业。它不仅包括减排与污染控制、废物处理与污染清理等方面的狭义内涵（包括提供产品与技术服务），还包括与产品生命周期过程中的节能技术、技术与产品、生态设计以及与环境相关

---

① 龚清华等：《我国环境产品界定及清单完善思考》，载《现代商贸工业》2012 年第 19 期。

② 高敏雪等：《环境产业：统计和分析框架》，载《中国人民大学学报》2009 年第 2 期。

③ 国家环境保护总局科技标准司、中国环境保护产业协会：《中国环境产业市场供求指南》，北京：中国环境科学出版社，2002 年版。

的各项服务等[1]。由此可见，我国的环境产业主要是以防治污染、改善生态环境与保护自然资源为目的经济活动集合，其产出是满足用户环境需求的货物与服务，并由此创造经济价值。与三次产业相比，环境产业具有以下特征：

（1）生产的主要目的是为满足环境健康发展的需要。与其他产业相区别，环境产业虽然最终是为改善人类生活环境服务的，但其直接服务主体却是环境，是为防治污染、改善生态环境与保护自然资源提供产品与服务。不过，这些产品与服务的依附主体是现有各次产业或不同的机构单位。也就是说，环境产业的产出是与国民经济各部门紧密联系在一起的，并成为各部门生产活动的劳动对象。因此，环境产业需要依附环境需要而存在。

（2）是包含大量技术的新兴产业。随着环境问题的日益严重，绿色需求成为世界范围内普遍存在且不断增长的需求热点，适应这种新的需求，世界各国尤其是发达国家，都将环境产业打造成为带动经济增长的新兴产业，当前，环境产品与服务成了世界贸易的重点方向之一，环境产业将成为一种"朝阳产业"。但环境产业无论是为防治污染还是保护自然资源都需要技术的支撑，尤其是节约自然资源、减少废弃物的排放与有效利用废弃物均依赖技术为生存基础，环境产业所包含的清洁生产实际上就是一种技术活动，技术在环境产业的发展中具有至关重要的作用。

（3）市场的盈利性占主导地位。环境产业是为满足环境需求服务的，最终是为促进人与自然的和谐发展，因此环境产业追求环境经济效益最大化。这种利益目标，决定了环境产业具有很强的公共物品的属性，这需要政府加强引导与干预。但环境产业与现有其他产业一样都是一种经济活动，当其成为一种产业发展时，其投入产出活动必然需要市场化，通过盈利的激励，产业才有可能不断发展，这也是当今各国积极发展环境产业，使其成为新的经济增长点的根源所在。

5.2.4.4 环境产业的分类

由于环境产业是一种依功能定义的产业，产业边界在不断延伸，各国对环境产业的分类并不相同。表 5-3 列举了环境产业发达的美国、日本以及我国环境产业的分类情况。

从表 5-3 看出，美国、日本与中国的环境产业分类整体上主要是针对环境与资源的改善、修复与保护展开的，但三国间又存在一定差异。美国的环境产业主体比

---

① 国家环境保护总局科技标准司、中国环境保护产业协会：《中国环境产业市场供求指南》，北京：中国环境科学出版社，2002 年版。

较明确，一个是环境，另一个是资源。其产出也比较清晰，服务于环境主体的主要是提供产品与服务，服务于资源的主要是节约与回收利用。日本的环境产业虽然其服务主体也是环境与资源，但却是从服务的手段上加以区分，一类是技术手段，另一类是人文手段。而我国的环境产业分类更细、包含的内容更广泛。环境产业服务的主体包括环境、自然生态与人类，其产出既包括用于环境保护的环境产品产出，也包括提升人类健康的绿色产品产出，同时还包括生产副产品的回收利用及其环境服务。

表 5-3　美国、日本及中国的环境产业分类

	分　类	内　　容
美国	环境服务	环境测试与分析服务，废水处理工程、固体废物管理、危险废物管理、修复服务、咨询与设计
	环保设备	水处理设备与药剂、仪器和信息系统、大气污染控制设备、废物管理设备、清洁生产和污染预防技术
	环境资源	水资源使用、资源回收、清洁能源
日本	技术系环境产业	污染防治技术、废弃物适当处理、生物材料、环境调和型设备、清洁能源
	人文系环境产业	环境咨询、环境影响评价、环境教育和情报信息服务、流通、金融、物流
中国	环境保护产品生产	水污染治理设备、空气污染治理设备、废物处理处置设备、放射性与电磁波污染防治设备、环境监测仪器与设备、环保药剂材料的生产
	环境服务	技术服务、环境咨询、环境污染治理设施运营、环境贸易与金融服务
	资源循环利用	废弃资源回收、固体废物综合利用、废水（液）综合利用、废弃物综合利用等
	自然生态保护	自然保护区建设、生态示范区建设和生态恢复与治理
	洁净产品生产	低害类产品、低排放类产品、可降解可回收再用产品、保护人体健康产品、节能节水产品、绿色食品等

应该说，每一个国家的环境产业分类都是服务于其特定的经济分析目的的，由于经济分析目的的不同，各国间产业分类必然存在差异。但是，产业首要的特征是集合的概念，这个集合的单元应该具有某种共同的性质才能集合成群体。这种共同的性质或者是从事同类物质生产或提供相同服务，或者是生产与提供具有同类或有

密切联系的替代品关系的产品与服务，或者它们使用了相同的原材料、相同的工艺技术，等等。从产业的这个要义来看，美国的环境产业分类是比较精确的。本书遵循产业的集群属性，将环境产业归为两大类，一类是提供产品，其服务对象主要是用于改善、修复与保护生态环境以及用于回收利用资源；另一类是提供服务，包括技术服务、管理服务、融资服务、教育服务等。另外，考虑到绿色经济的内涵性，特别为突出生态健康的重要性，我们将环境产业定义为生态环境产业，生态环境产业的大致分类如图 5-4 所示。

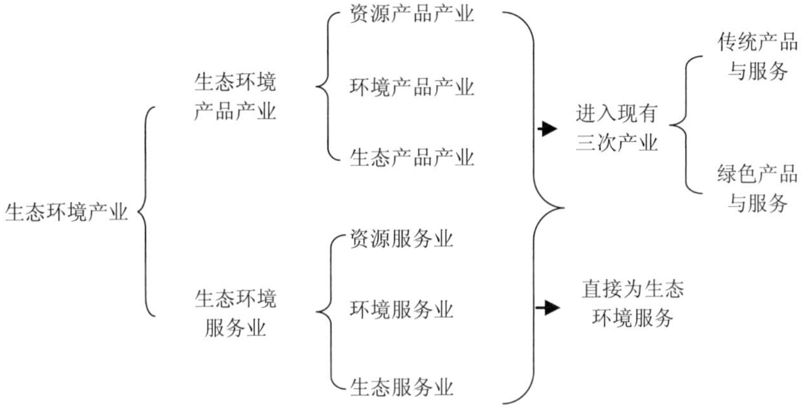

图 5-4　我国生态产业构成与产品流程

从图 5-4 看出，生态环境产业为改善、修复、保护资源环境提供环境产品与服务，形成不同的行业。这些行业生产的产品与服务一部分进入传统三次产业过程中，为三次产业的绿色化转型服务。进入三次产业的环境产品与服务，成为三次产业生产的劳动工具，它们与三次产业原有劳动资料、劳动对象及劳动力相结合，或生产出达到绿色标志的产品，即绿色产品，或依然提供传统产品。环境产业的另一部分环境产品与服务则直接服务于生态环境，成为生态环境产业的最终产品。

可见，生态环境产业经过自身的投入与产出活动，大部分产品是作为劳动工具而存在，这部分劳动工具对改善生产的负外部性起着重要的作用。这说明，生态环境产业与其他产业关联性非常强，对国民经济的绿色化转型以及促进经济增长有着不可替代的作用。因此，生态环境产业需要不断产业化、市场化，通过市场扭转生产的负外部性，以此逐渐改变环境产品与服务的公共品属性。

同时，从图 5-4 中也看出，生态环境产业对绿色产品的形成也有着非常重要的作用。绿色产品生产过程中的无毒、无害均需要环境产品与服务的支持，绿色生产过程是环境产业与三次产业相结合的过程。

图 5-4 只是生态环境产业分类的一个大致轮廓，详细分类将在后面的章节中具体介绍。

5.2.5 绿色生产过程

产品生产过程是围绕完成产品生产的一系列有组织的生产活动的运行过程。一个完整的产品生产过程需要经历：原材料采掘、原材料生产、产品制造、产品使用和产品使用后的处理等流程。这个流程实际上是产业生产与资源环境相结合的过程。产业生产对资源环境的处理方式决定了生产的传统性质与绿色性质。传统产品的生产过程见图 5-5。

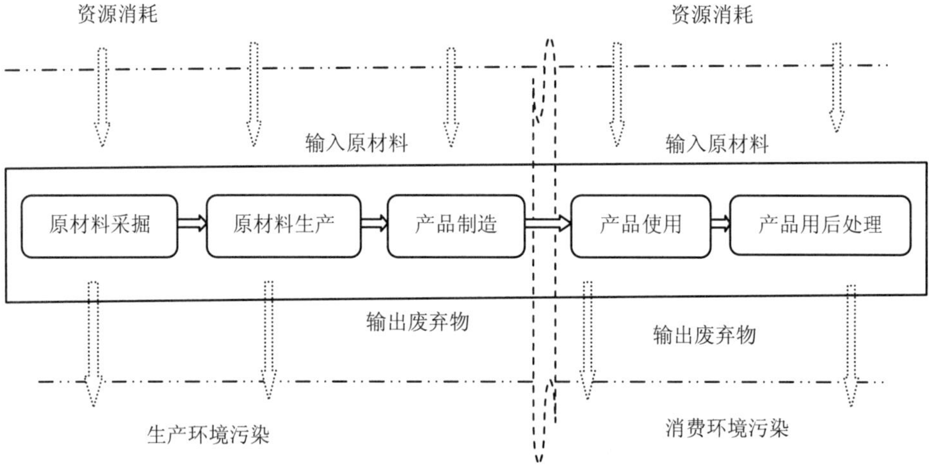

图 5-5 传统产品生产过程

图 5-5 是一个产品生产的完整过程。在这个过程中，资源与环境是开放系统，没有进入产品生命周期内。产品的生产从投入开始，输入端是资源的开采与利用，到产出结束；输出端是产品和废料，且产品在进入使用过程后，最终也变成废料，排放到环境中。因此，生产过程从投入到产出，都会与资源环境发生联系。传统生

产追求经济利益最大化，在整个产品生产过程中，忽视原材料采掘、原材料投入对资源消耗的影响，同时也不考虑废弃物排放对环境的污染。整个产品携带的是纯经济利益，但从投入到产出，从生产到消费，整个资源环境问题与产品有着密切的联系，针对产品进行绿色化是资源环境问题改善的根本途径之一。

绿色产品与环境产品都是生产过程在充分考虑了资源环境问题的前提下提供的产品，它们的生产流程与传统产品的生产流程存在一定的差异。绿色生产过程见图 5-6。

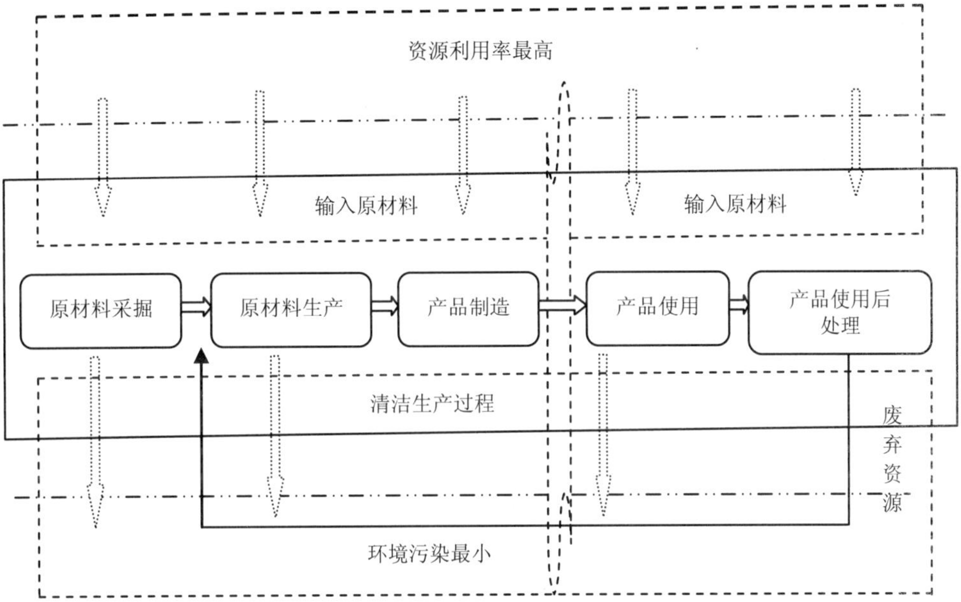

图 5-6　绿色生产过程

图 5-6 包含了 3 个方面的内容：①产品生命周期的全过程，是产品的生产过程；②资源系统，是资源的利用部分；③环境系统，是污染的排放部分。

与图 5-5 相比，绿色生产过程具有如下特征：

（1）资源与环境系统不再是开放系统，它们进入产品的全生命周期中。资源进入产品生产过程，要求利用率最高；环境进入产品生命周期中，要求环境污染最小。资源与环境进入产品生命过程中，意味着生产过程中的劳动资料、劳动对象即物化劳动发生了变化。这种变化必然带来生产成本、收入等相应的变化。

（2）产品使用后的废弃资源能够回收利用。绿色生产非常重视产品使用后的回收利用，它使传统的物料运行模式从开放式变为部分封闭式。终端产品使用后的回收利用转化为二次能源，改变了资产的存量，使资产负债发生变化。

（3）生产过程是清洁生产技术的运用过程。这个过程从生产源头开始，通过使用清洁的能源和材料，如洁净煤、有害物质较少的铁精矿石，或采用新能源如太阳能、电能，或综合利用二次物料和能源等减少生产源头的资源消耗。然后通过绿色设计，如将上道产品的“废料”，作为下道生产的“再生”资源或新产品加工的原料，使资源得到充分利用的同时减少生产过程中的废弃物。借助环境产业提供的环境产品与服务，进行绿色制造、绿色包装，进而生产节能、降耗、减污的产品。可见，绿色生产过程是一种低物耗、低能耗、废弃物少、污染少的清洁生产过程。

（4）绿色生产过程包含 3 个目标：①资源利用率最高，即生产过程能够节约资源；②环境污染最小，环境得到保护；③产品对人体无害，是健康产品。这 3 个目标交织在一起，贯穿在产品的整个生命周期中。对于资源利用效率的提高，从原料的开采到原材料投入产品生产过程，可以通过调整原材料结构、使用更加清洁的替代品来提高资源的配置效率与利用效率；对于环境污染最小的目标，可以通过使用环境产品减少污染物的排放、提高废弃物的回收利用等途径来实现；对于提供健康产品的目标，通过使用清洁技术，控制有害物质的方式进行。总之，这 3 个目标决定了绿色生产的产品具有绿色性、高技术性与经济性。

绿色生产过程的特征决定了绿色经济的投入产出过程具有与传统经济投入产出过程不同的特点。正是这种不同特征将使得绿色经济的投入产出核算与现有国民经济核算中的投入产出核算存在一定差异。

5.3 支出法核算中的基本问题

支出法主要包含了消费、资本形成与净出口，这些项目与现有国民经济核算中的同类项目有些差异，有必要对它们进行详细分析。

绿色消费是 20 世纪 90 年代兴起的一种新型国际性消费理念，它以符合人的健康和保护环境为标准，是一种高层次的需求。据调查，自 90 年代以来，绿色食品销售额年增长率在 20%以上，2009 年全球绿色食品零售额已达 1 000 亿美元。专家预测，世界绿色食品的销售量将占食品销售总量的 20%，年均需求达 2 200 亿美元[①]。在消费人群中，91.6%的日本人对有机蔬菜感兴趣，77%的美国人和 40%的欧洲人喜爱绿色食品。中国 53.8%的人对绿色产品有喜好愿望；37.9%的人表示已经购买过有绿色标志的商品[②]。可见，绿色消费已经进入人们的生活，许多国家从政策层面对绿色消费给予了大力支持。我国国民经济与社会发展 “十二五”规划中明确提出了提倡“绿色消费”，亦反映出对绿色消费的关注。

绿色投资作为一种开发型投资，不仅能够形成绿色资本，而且能形成绿色生产力。联合国在《迈向绿色经济：实现可持续发展和消除贫困的各种途径》的报告中通过模型测算发现，投资 2%的全球生产总值用于绿化 10 个核心经济部门，改变发展模式，促使公共和私人资本流向低碳、资源高效利用领域，能够推动的经济活动规模至少与常规方式所推动的规模相当，但却降低了现有模式日益根深蒂固的危机和冲击风险。目前全球经济实现绿色转型所需要的资金无法全面估算，根据《世界经济论坛》和《彭博社新能源财经》的估算，到 2020 年，仅清洁能源每年的投资需要上升到 5 000 亿美元，才能把全球变暖控制在 2℃以下，而汇丰银行估计，2010—2020 年，低碳能源市场转型将需要 10 万亿美元。如此庞大的绿色转型资金需求及其绿色经济投资所具有的效率，必将吸引投资者对绿色经济的青睐。

与绿色消费、绿色投资同时并进的是绿色出口贸易。目前，许多发达国家在推行投资自由化政策的同时，对贸易实施环境保护政策和制度，以绿色技术标准、绿色法规和绿色标志为主要内容的贸易制度正日益约束着传统产品的全球贸易。虽然这项举措带有贸易壁垒的性质，但从可持续发展角度分析，却推动了绿色产品的出口进而带动了绿色经济的发展。以绿色食品为例，2014 年中国绿色食品企业总数达 8 700 家，产品总数超过 21 000 个，出口额为 24.8 亿美元[③]，随着人类对环境与健康认识程度的提升，绿色产品的国际需求量将不断扩大，为了更好地适应世界市场这种需求的变化，中国企业适时的绿色转型将是提升产品国际竞争力的方向，从而带动绿色经济的发展。

但无论是绿色消费、绿色投资还是绿色贸易，目前理论研究尚处在探索阶段，如何开展它们的核算更没有现成的理论，本节尝试性地对它们进行探索性分析。

---

① 《2009—2010 年中国绿色食品市场发展研究报告》。

② http：//baike.baixu.com/view/13991.htm。

③ 2014 年中国绿色食品发展报告。

5.3.1 消费及其核算

5.3.1.1 消费的概念

人类的消费行为，伴随着人类的需求而产生并随着需求的变化而变化。对于消费的定义，在《消费经济学大辞典》中是这样解释的："生产的对称，社会再生产的基本环节之一，它是指人们通过对各种劳动产品（包括劳务和精神产品）的使用与消耗，满足其各方面的需要，以实现人本身的生产和再生产的过程和行为。"[①]

在经济学中，微观部分对消费的解释是指使用物品与服务满足人们欲望的过程[②]。既包括付费形式的私人物品的消费，也包括免费使用的公共物品的消费。但微观经济学研究消费，主要关注消费者根据收入与价格等因素决定如何达到消费效用的最大化。而在宏观经济学中，消费被认为是某种经济收入（如暂时收入、持久收入和未来收入预期）和生活安排（如生命周期、未来支出预期）等变量的函数。因而，宏观经济学研究消费，主要关注消费与收支的函数关系。由于经济学中的消费侧重于购买，对于人们购买商品后是否"使用"和如何"使用"以及商品消费可能带来的种种其他问题，经济学并不关注。故而，经济学推崇扩大消费（不管是低收入者增加的消费，还是高收入者奢侈浪费增加的消费）促进国民经济的增长。

在生态学中，消费是生态环境中能量转换与物质循环的一个重要环节。人类的消费包括物质消费与精神消费。物质消费，如人们消费的食物、住房、汽车等，主要消耗的是自然资源，并在消费结束后以"废物"的形式返还自然环境。精神消费，如人们读书、外出旅游等归根究源也是一种物质消费，最终消耗的依然是自然资源。因此，从生态学上分析，人类的消费是对自然物质与能量的消费，它们构成了地球上规模最大的物质与能量的消耗。

虽然不同学科从自身研究视角出发，对消费有不同的界定，但我们也看到，上述消费具有消耗物质与能量的共同内容。只是由于不同学科研究消费的目的不同，如经济学研究消费最终是为了体现消费对国民经济的促进作用，不考虑消费对生态环境的影响。而生态学在审视人类的消费行为时，就不只是关注生产与消费的平衡即经济系统的供需平衡，还考虑经济系统与自然生态系统的平衡。因此，从生态学

① 林白鹏：《消费经济学大辞典》，北京：经济科学出版社，2000 年版，第 3 页。

② 梁小民：《微观经济学》，北京：中国社会科学出版社，1996 年版，第 568 页。

出发研究消费，侧重于生态环境保护下的物质与能量消耗。

但人的需求是客观存在的，各种形式、各种层次的需求满足必须通过生产品的消费而实现，生产与消费过程中既要消耗物质与能量，又需要具有一定的经济实力支撑生产品的开发研究。因此，消费的概念应是结合经济学与生态学的内容实质而界定的，这个消费的概念就是绿色消费。

5.3.1.2 消费理念

消费理念，又称消费观念。是人们对待其可支配收入的指导思想和态度以及对商品价值追求的取向，是消费者主体在进行或准备进行消费活动时对消费对象、消费行为方式、消费过程、消费趋势的总体认识评价与价值判断。它的形成与变革总与一定社会生产力的发展水平及社会、文化的发展水平相适应。

消费观念对消费者的消费行为有很大的影响。它不仅影响消费者的品牌偏好、消费者对消费场所、消费方式的选择，也会影响消费者对其消费环境的评价，甚至影响到消费者对未来的预期和消费。因而，在影响消费者行为的众多因素中，消费理念往往主导着一个社会消费模式的取向，是消费理论研究中不可或缺的部分。

消费理念是一个民族文化长期沉淀的结果，同时，也是一个社会现实的直接反映。不同的消费理念，不仅引导消费者消费行为的价值取向，也会影响一个社会的经济发展走势。历史上曾出现过不同的消费理念，对社会经济产生了不同的影响。

（1）马克思的消费理论观。马克思的适度消费观认为：真正的经济，“绝不是禁欲，而是发展生产力，发展生产的能力。”这就要求“生产出新的消费，在流通内部扩大消费范围”，为此：“第一，要求在量上扩大现有的消费；第二，要求把现有的消费推广到更大的范围来造成新的需要；第三，要求生产出新的需要，发现和创造出新的使用价值。”但同时，马克思又提倡适度消费的观点，提倡发展生产力反对禁欲的时候也反对超过生产力发展水平而奢侈浪费，盲目追求高消费会影响积累、引起生产停滞以及因消费基金膨胀而引起物价上涨，扰乱正常经济秩序反而导致生产水平的下降。马克思在《资本论》中不仅提出了适度消费的观念，同时又推崇生态消费观。生态消费观实际上是一种人与自然保持协调的消费理念。可见，马克思将消费过程置于人与自然的物质变换大循环之中进行研究，在这个大循环中，人们的消费并非来源于劳动而是自然界。因此，人类如果不善待自然，尊重自然规律，过度消费，人类活动的结果必将“和地球的普遍灭亡一起消失”。

马克思主张从广泛的角度研究消费，主张适度消费并要保持消费和生态间的协调平衡思想，对绿色消费观的建立具有重要的指导意义。

（2）现代消费理念。现代消费观认为，人们消费的目的不是追求服务，而是追求幸福的满足。幸福是人们心里欲望得到满足的一种主观心理状态，或者是一种持续时间较长的对生活的满足和感到生活有巨大乐趣并自然而然地希望持续久远的愉快心情。美国经济学家萨缪尔森认为消费与幸福存在一个方程式，即 $幸福=\frac{效用}{欲望}$。由于某一个阶段，可以假设人们的欲望是既定的，这样，幸福就只取决于效用。而效用则是指人们从消费物品或劳务中所获得的满足程度。因而，幸福与消费存在一定的关系，这种关系表现为：人们在进行消费时，实际上消费的是物品对人们有用的地方，这种有用的地方能给人们带来一种主观快乐，一旦物品没有实际保存价值，对人们不能产生心里满足感，就会被人们抛弃。由此看出，消费始于购买止于抛弃，整个过程中，人们所要的并非是服务而是追求一种幸福感（图 5-7）。在图 5-7 中，社会生产出产品，进入消费，尔后以废物的形式被抛弃。故此，消费的目的不是追求服务，而是在追求幸福的满足。社会以消费为中心，而消费的最终目的是追求幸福。这是一种以消费为中心的现实消费观。

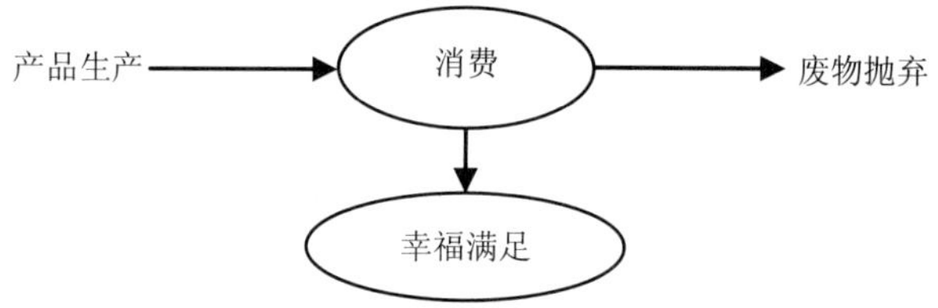

图 5-7　以消费为中心的现代消费理念

然而，心理学家在研究消费与幸福间关系时发现[①]，物质消费的追逐，迫使人的劳动时间增多，闲暇时间减少，工作压力加大，身心疲惫。而且，物质消费的不断增加，人们从生态环境获取的物质与能量越多，生存环境破坏就越严重，身心健康遭受自然灾害的侵蚀就变得越有可能。这种现象在现代社会比比皆是，反映出人们拥有财富的多少与幸福感不成正比，消费程度的满足与生活轻松愉快幸福也不成正比。

① [美]艾伦·杜宁：《多少算够——消费社会与地球的未来》，长春：吉林人民出版社，1997 年版，第 6 页。

这也说明，按照萨缪尔森的幸福方程式确定的追求越来越多的收入、消费越来越多的商品、过越来越奢侈的生活，并不是人们所追求的真正幸福；相反，更多的闲暇、更健康的身心和更安全与更稳定的生存状态，日益成为人们所向往与追求的幸福目标。但同时也看到，以消费为中心的现代消费理念，把消费置于整个社会再循环过程进行研究，是一种动态消费研究理念，同时明确消费的目的是追求幸福，追求更多的闲暇、健康的身心与稳定的生存状态，是消费理念的提高，为绿色消费理念的形成提供了价值取向。

5.3.1.3 消费的作用

（1）关于消费在社会再生产中的作用。马克思对消费在社会再生产中的作用进行了研究，认为社会再生产的 4 个环节即生产、分配、交换与消费存在辩证统一的关系，消费受生产、分配、交换的影响，但反过来对它们又有反作用。

关于消费与分配的关系，马克思认为，“在生产者和产品之间出现了分配，分配借社会规律决定生产者在产品世界中的份额，因而出现在生产和消费之间。”这说明，消费是在一定社会分配关系基础上形成的，是分配的最终实现。

而对于生产与消费的关系，马克思指出，“生产生产出消费”，“生产不仅直接是消费，消费不仅直接是生产；生产也不仅是消费的手段，消费也不仅是生产的目的，就是说，每一方都为对方提供对象……所以，消费不仅是使产品成为产品的终结行为，而且也是使生产者成为生产者的终结行为”，“消费创造出新的生产的需要，也就是创造出生产的观念上的内在动机，后者是生产的前提。……没有需要，就没有生产。而消费则把需要再生产出来”。马克思上述关于生产与消费的表述表明，生产与消费是相互依存的，生产的目的是消费，生产的产品只有在消费后才能成为现实产品，因而消费可以检验出生产的效益。而且，消费的需要决定着生产，并创造出生产的内在动机，且正是这种内在的动机，才是促使生产发展的原动力和前提。可见，在社会再生产诸环节中，消费既是终点又是起点，对生产、分配具有反作用。

（2）西方经济学关于消费作用的论述。经济学研究消费问题侧重于消费与收入的关系研究，主要沿着两条主线分开：一是收入直接影响消费，二是收入影响消费函数。消费与收入的关系即消费函数在宏观经济研究中起了核心作用，研究成果丰硕。比较有代表性的成果如凯恩斯的绝对收入假说、莫迪利亚尼的生命周期假说、杜生贝利的相对收入假说、弗里德曼的永久性收入假说等。这些理论从消费者个体入手研究消费问题，包括消费构成、消费者的消费选择和收入的关系，解释了当前收入、长期收入、预期收入等对消费的影响，较好地呈现了消费者的微观消费支出选择，但由于都是从消费者角度研究消费支出，忽视消费者的消费行为还受到诸如政治体制、群体等因素的影响，特别是忽视环境、生态问题的影响，使得传统经济学关于消费问题的研究有其局限性。

同时，传统经济学认为，通过不断扩大消费促进消费增长，可以使企业资本增值和逐利的实现，国民经济随之得以增长。消费对经济的作用可以通过图 5-8 得以体现，同时消费对经济的拉动作用也可以通过 GDP 核算式加以反映。GDP 核算式为：

$$\text{GDP} = 消费 + 投资 + 政府购买 + 净出口 \tag{5.7}$$

从图 5-8 分析，经济循环由生产开始，创造出有效供给提供给市场，与消费形成的有效需求相结合，产品价值得以实现，通过收入分配，形成消费。在价值实现的每一周期，消费总是作为终点与归宿，而作为下一个周期的循环运动，消费却是一个新的起点。因而，在社会再生产的循环运动中，消费起着不可替代的作用，这种作用表现为消费形成的有效需求对供给形成拉动作用。具体而言，“消费在两个方面决定着生产”，首先，“消费替生产创造了主体”，“产品只有在消费中才能成为现实的产品”。其次，“消费创造出新的生产需要，……创造出新的生产动力，人类的一切生产活动因消费的需要而产生”，“消费为生产提供想象的对象”[①]。

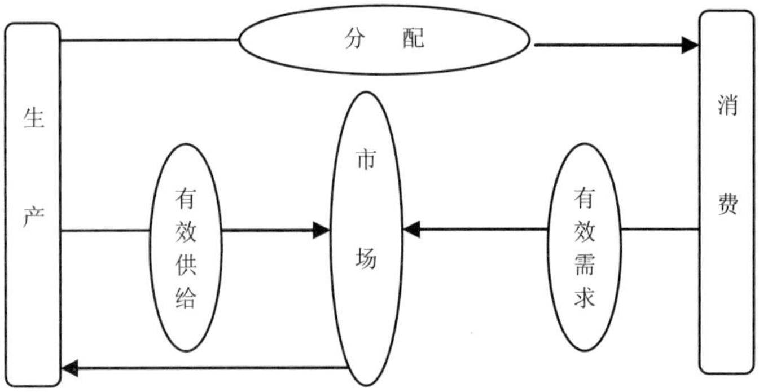

图 5-8　消费在社会再生产中的作用

① 马克思：《马克思恩格斯选集》第 2 卷，北京：人民出版社，1995 年版，第 9 页。

从 GDP 核算式看，消费是 GDP 的重要组成部分，经济生活中只要企业不断围绕消费需求进行生产，生产就能获得长足进展。而生产的增长又是一国国民经济发展的前提，可见，消费是拉动经济增长的力量。

传统经济学根据消费拉动经济增长这一原理，宣扬通过刺激消费可以促进经济增长，进而提升人民的消费能力，提高人民的生活质量。这种理念，促使人们追求过度消费、高消费等资源浪费型的消费方式，对自然资源与生态环境形成破坏性的影响。传统经济学侧重于消费对经济增长的促进作用研究，忽视了人与自然界的关系也是其理论研究的一大缺陷。

马克思与西方经济学关于消费作用的研究，为我们研究绿色消费提供了理论基础，由此也可以看到，在绿色经济发展过程中，绿色消费对整个绿色国民经济循环的作用。

（3）消费的外部性影响。消费外部性理论认为，人类的消费活动对环境存在外部性的影响。消费的环境外部性是指个人或家庭的消费行为直接影响环境。从性质上看，分为消费正外部性环境影响与消费负外部性环境影响。消费负外部性环境影响，是指个人或家庭的消费行为直接影响环境质量，而个人或家庭却未为此付出代价，导致私人消费边际成本低于社会消费边际成本，传统消费理念以及与之相对应的消费模式在对待自然环境问题上往往把消费置于生态系统之外，因而消费多形成环境的负外部性影响[①]。

消费负外部性影响环境的机理可以通过图 5-9 加以反映。

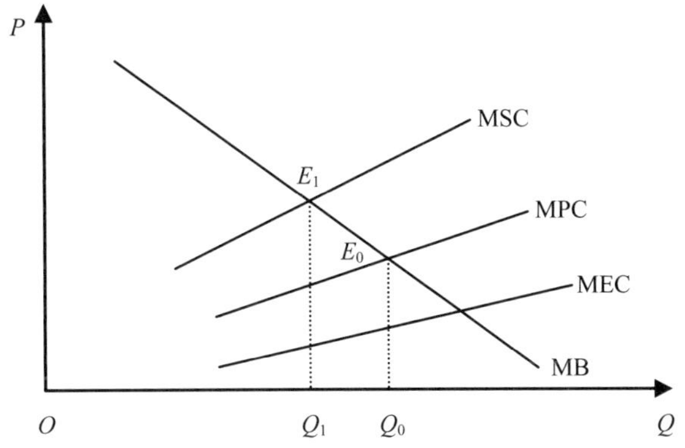

图 5-9　消费负外部性的环境影响机理

① 传统消费的正外部性影响不是本研究的对象，这里不再赘述。

图 5-9 中，MPC 代表边际私人成本，它是消费者每增加一单位商品的消费量所增加的实际成本；MEC 代表边际外部成本，它是消费者每增加一单位商品的消费量自己未承担而给社会或他人带来的成本增量。比如，生活废弃物的治理成本、非再生自然资源的投入成本等；MSC 代表边际社会成本，它由边际私人成本与边际外部成本组成，体现消费者消费商品与服务的真实成本。MB 代表边际效用，它是消费者每增加一单位商品的消费所增加的效用。按照帕累托最优原理，消费者最优商品或服务的选择点为图中的 E_1 点，它是边际社会成本与边际效用曲线的交点。但由于存在消费负外部性环境影响，消费者并不考虑他的消费对环境造成的危害，即不考虑边际外部成本，因而消费者真正的决策点是 E_0 点。这样，消费者真实的消费量是由 E_0 点决定的 OQ_0，而社会最优量却是由 E_1 点决定的 OQ_1。显然，由于负外部性的存在，消费者忽视其消费的外部成本，导致消费者消费产品的实际量大于帕累托最优量。消费者的需求过多，消费过度，对环境影响的累积量越来越大，由此诱发了许多资源环境问题。

传统消费存在的负外部性环境影响，为绿色消费模式节约资源、减少废弃物丢弃的消费理念的形成提供了理论背景。

5.3.1.4 消费的核算

在国民经济核算中，消费是指机构单位耗尽货物或服务的一种活动，但有两种截然不同的消费，即中间消耗和最终消费。支出法中的消费是最终消费，包含了住户部门的最终消费支出和一般政府部门的消费支出。

住户部门的最终消费支出是指由常住住户承担的消费性货物或服务的支出。这是一个典型的覆盖范围很大的总量指标，其中包括了各种各样的货物和服务，在统计核算时，可以利用“主产品分类”（CPC）按产品或服务种类细分；也可利用“按目的划分的个人消费分类”（COICOP）按目的或功能如食物、保健和教育服务等细分。不过，居民个人最终消费支出整体上可归纳为货币性购买支出、实物性分配以及自给性获得三大部分。我国国民经济核算的居民个人消费支出具体包括了食品支出、衣着支出、家庭设备、用品及服务支出、医疗保健支出、交通通讯支出、教育文化娱乐支出、住房服务、集体福利服务消费、金融媒介服务和保险服务、其他商品服务等。

政府部门最终消费支出是政府为实现公共性最终消费而花费的支出。政府作为非市场生产者，免费或以无经济意义的价格向住户或社会公众提供产出，非市场产出价值要以其生产过程中的总成本来估算，尽管政府会将这些非市场产出的货物和服务转移给个人或群体，但所发生的成本仍要记录为政府部门的最终消费支出，这部分消费支出分为两个部分：一部分由全社会共同享受，如国防、治安等，属于公共服务；另一部分则是通过实物社会转移最终由特定住户享受的货物和服务，是由政府替住户消费承担的支出。政府最终消费支出可以通过政府产出来推导，它们间的关系为：政府最终消费支出=政府的非市场产出价值+用于政府部门自身资本形成的产出价值+向市场生产者购买并免费或以无经济意义价格转移给住户的货物和服务价值-以无经济意义价格和以有经济意义价格出售的货物和服务价值。

5.3.2 资本形成及其核算

5.3.2.1 资本形成的概念

马克思主义政治经济学认为，资本是能带来剩余价值的价值。现代经济学认为，凡是用于生产、扩大再生产或能提高生产效率的物质（包括这种物质的载体）如机器设备、厂房、运输设备、存货等耐用品与无形物质都可称为“资本”。资本是生产过程中的一种要素，是一个技术概念，不仅代表本期的生产能力，与其他生产要素结合还能代表未来的生产能力，但未来生产能力的实现必须首先促成资本形成。

资本形成在经济学中被认为是储蓄转化为投资，投资又形成一定形式的资本，资本再转化为生产能力的过程，即“储蓄—投资—资本—生产能力”的过程。美国经济学家 R.讷克斯认为，资本形成的实质，是将社会现有的部分资源抽调出来增加资本品存量，以便使将来可消费产品的扩张成为可能。

因此，经济学认为，资本形成在经济发展中具有非常重要的作用。1953 年，R. 讷克斯在《不发达国家的资本形成问题》一书中提出了他的“贫困恶性循环”理论。该理论认为，在不发达国家，供给方面：人均收入低→生活消费比重高、储蓄低→资本形成不足→生产规模小、生产率低→产出低→收入低；需求方面：人均收入低→低消费、低购买→市场需求有限→投资引诱不足→资本形成不足→低生产率→低产出→低收入。供给与需求两方面的贫困恶性循环勾结在一起，形成一个死圈，如果要打破这个死圈，资本形成是关键，它将从供给和需求两方面同时作用促使经济进入良性循环。

1956 年，纳尔逊（Nelson R.R.）在《不发达国家的一种低水平均衡陷阱理论》

中指出，在不发达国家，由于人口过快增长，使得新增加的收入主要用于消费，投资的份额就会相对减少，经济增长率下降。因此，人口过快增长是阻碍人均收入提高的“陷阱”，必须进行大规模的资本形成，使投资和产出的增长超过人口增长才能跳出“陷阱”，实现人均收入的大幅提高和经济增长。

后来的经济学家就资本形成的经济作用也进行了阐述。比如，缪尔达尔（Myrdal G.K.）在他的“循环积累因果关系”理论中指出，穷国产生低收入的原因虽然有社会、经济、政治、制度等多方面，但最重要的因素是资本形成不足和收入分配不均，只有通过权力关系、土地关系、教育等方面的改革，使收入平等，增加穷人的消费，提高投资引诱并增加储蓄，促进资本形成，提高生产率和产出水平，提高人均收入，发展中国家才能从低收入的循环积累过程中解脱，进入良性的循环积累过程。罗森斯坦—罗丹（P.N.Rosenstein-rodan）的“大推进”理论也认为，发展中国家缺少工业生产所需的基础条件，要实现工业化，首先必须全面地、大规模地进行投资，特别是基础设施建设投资，这样才能有效地促进资本形成和经济增长。莱宾斯坦（Leibenstein H.）的“最小临界努力”理论同样认为，因为经济中存在“降低收入的力量”大于“提高收入的力量”，使人均收入滑入低水平均衡陷阱，摆脱陷阱必须有一个初始阶段的大规模投资，形成一个最小临界努力，使“提高收入的力量”大于“降低收入的力量”，从而推动经济跳出陷阱。

除了上述理论论证外，一些学者还就资本的经济增长作用进行了实证研究。比如，麦迪逊（Maddison）通过对22个发展中国家和地区1950—1965年的经济增长因素即人力资本、资源配置效率与资本资源进行了统计分析，发现这些发展中国家和地区的经济增长率平均为5.55%，其中劳动对经济增长的贡献是35%，资源配置效率对经济增长的贡献是10%，而资本对经济增长的贡献是55%。显然，穷国要变富，必须鼓励投资，促成资本形成。同样地，绿色经济要增长，没有资本形成，没有绿色投资，也是难以实现的。

5.3.2.2 资本形成核算

在国民经济核算中，资本形成是指各经济主体通过经济交易获得或处置生产资产的行为，即非金融资产的总投资，也即实物投资。它是积累的最终结果，也是各部门可支配收入用于消费后余下的那部分收入的使用。非金融资产是各种具有实物形态的有形资产和不具有实物形态的非金融无形资产的统称。根据其是否由生产而获得又可以区分为生产资产与非生产资产，生产资产是作为生产过程的产出而形成的非金融资产，包括固定资产、存货与贵重物品三类；非生产资产是那些生产所需的、但其本身并不能被生产的资产，包括土地、某些非培育的森林和矿藏以及某些无形资产等。

资本形成核算要解决两个问题：一是对非金融资产变化的核算；二是资本积累核算。在经济活动中，交易与非交易活动均会引起非金融资产的数量变化，但资本形成核算所反映的是由于资本交易活动引起的非金融资产数量的变化。在 SNA 中，资本积累核算反映资产、负债、净值等方面的所有变化，包括非金融资产交易流量的变化、金融交易流量的变化和由于非交易因素引起的非金融资产和金融资产数量的变化等，资本形成核算是积累的开始。

在核算内容上，资本形成核算包含了资本形成总额核算、固定资本消耗核算以及非生产非金融资产的核算三大部分。资本形成总额有广义与狭义两种，广义的资本形成总额是指包括固定资本形成总额、固定资本消耗、存货变化数额、贵重物品的获得减处置的所有价值总和；狭义的资本形成总额是指广义的资本形成总额中不包括固定资本消耗的价值总和。SNA 将固定资本消耗包括在广义的资本形成总额中，是作为负的固定资本形成总额处理的。其中，固定资本形成总额=生产者在核算期内获得的固定资产−处置的固定资产+机构单位由生产活动实现的非生产资产价值的某些增加部分（如土地改良）；存货变化价值=本期库存的入库价值−本期库存的出库价值+本期存货持有货物经常损失价值；贵重物品获得价值=获得该贵重物品支付的实际（估计）价格+获得贵重物品所有权转移费用与贵重物品经销商利润；贵重物品的处置价值=获得贵重物品的价值−处置贵重物品所有权转移费用。上述资本形成各部分的核算借助资本账户得以实现。

5.3.3 绿色消费及其核算

5.3.3.1 绿色消费的内涵

绿色消费是由国际消费者联盟（international of consumer unions，IOCU）1963 年提出来的，倡议消费者应有“环保”义务。20 世纪 80 年代，“绿色消费者运动”在英国发起，鼓励消费者消费时要选购有利于环境保护的产品。之后，这一运动在欧美等国流行。1991 年，国际消费者联盟又通过了“绿色消费主义决议案”，呼吁全球消费者支持生态标志计划，树立消费过程中的生态意识与绿色消费理念。1992

年6月，联合国环境与发展大会通过了《21世纪行动议程》。该议程呼吁各国执行新的政策以鼓励向适当的消费模式改变，更加重视消费问题，对消费进行更多的研究，以谋求绿色消费模式的建立。1994年，联合国环境规划署（UNEP）的《可持续消费的政策因素》以及1994年联合国可持续发展委员会在经济合作与发展组织会议上号召人们提出可行的可持续消费模式的计划，进一步推动了绿色消费理念的建立，对绿色消费内涵也给予了界定和明确[①]。1997年，国际消费者联盟连续3年开展了“可持续发展与绿色消费”活动。此后，“绿色消费主义”在欧美国家迅速发展并引领全球消费潮流。据调查，67%的荷兰人、94%的意大利人、82%的德国人以及77%的美国人愿意在购买产品时考虑环境保护问题。目前，越来越多的消费者愿意为绿色产品埋单，全球绿色贸易、绿色消费正处于方兴未艾之期。

我国绿色消费紧跟国际绿色消费趋势。1994年，国务院通过了《中国21世纪议程》，标志着我国环保事业融入国际潮流。1999年，国家六部局启动了“三绿工程”，议定在国民经济与社会发展的“十五”计划期将开通10条绿色通道、开设百家绿色市场、万家绿色零售商店、生产千种绿色食品和有机食品，让绿色走进百姓生活。2001年，中国消费者协会将该年定为绿色消费年，消费的主题确定为“绿色消费”。此后，“绿色消费”“科学消费”等一系列主题活动在全国范围内相继开展，并颁布了《节能减排全民行动实施方案》《关于限制生产销售使用塑料购物袋的通知》等多部促进绿色消费发展的行政法规。国民经济与社会发展“十二五”计划又正式提出“绿色消费”的概念。绿色消费在我国获得了初步发展。

但对绿色消费目前没有明确的定义。国内外学者依据所研究对象的不同对绿色消费进行了不同的界定。最早对绿色消费进行界定的是英国学者John Elkington和Julia Hailes，他们在《绿色消费者指南》一书中从消费对象即产品角度将绿色消费定义为“避免使用下列产品的一种消费：危及消费者和他人健康的产品；在生产、使用或废弃中明显伤害环境和不相称地消耗大量资源的产品；带有过分包装、多余特征或由于产品寿命过短等原因引起不必要浪费的产品；从濒临灭绝的物种或环境资源中获得材料用以制成的产品；对他国特别是发展中国家造成不利影响的产品”。英国学者K. 皮蒂也从购买角度界定绿色消费为“购买时至少一部分，从环境、社

① RCRA：*Orientation Manual 2006-Resource conservation and recovery act*，http：//www.epa.gov/epaoswer/general/orientat/.

会的角度进行的购买或非购买行为”①。

而国际环保专家从环境保护、废物循环利用角度将绿色消费概括为 5R，即：节约资源、减少污染（reduce）；绿色生活、环保选购（reevaluate）；重复使用、多次利用（reuse）；分类回收、循环再生（recycle）；保护自然、万物共生（rescue）。

我国学者刘湘溶在其《生态文明论》中从消费对象与环境关系角度提出“绿色消费不仅是对绿色产品的消费，而且是指对一切无害或少害于环境的消费”，并就绿色产品的特征进行了阐述。

而学者尹世杰在其《消费文化学》中则从人类健康角度将绿色消费定义为“在一定的生态环境中，人们对物质消费品（包括吃、穿、住、用、行等）的消费，要求无污染、无公害、质量好的、有利于人健康的绿色消费品”。

学者廖晓义传承国际环保专家对绿色消费的界定并加以延伸，将绿色消费概括为 5R 现代时尚和 4S 传统价值。其中，5R 现代时尚是指：生态平衡，适度消费（reduce）；绿色认证，品质消费（reevaluate）；废物减量，复用消费（reuse）；垃圾回收，循环消费（recycle）；修复自然，人文消费（restore）。4S 传统价值是指：珍惜资源，节俭其行（simplicity）；修身养性，高尚其志（spirituality）；关爱生命，强健其体（sporting）；天人合一，和谐其境（sustainability）。

绿色工作室也从人的健康与环境保护角度对绿色消费进行界定，认为绿色消费要求人们在购买物品和消费时，一方面要注意对自身健康的生存环境是否有益；另一方面，要有利于环境保护，有利于生态平衡，在遵循生态学的规律下实现经济发展和生活消费。

中国消费者协会将绿色消费概括为：①倡导消费者在消费时选择未被污染或有助于公众健康的绿色产品；②在消费过程中注重对垃圾的处置，不造成环境污染；③引导消费者转变消费观念，崇尚自然、追求健康，在追求生活舒适的同时注重环保、节约资源和能源，实现可持续消费②。这个定义从人与自然和谐相处角度明确了绿色消费的本质内容，较全面地表征了绿色消费的内涵。

归纳国内外学者对绿色消费的界定，由于研究视角不同，对绿色消费的理解存在一定差异，但大多数学者从环境保护角度认识绿色消费，这种界定的大环境是可持续消费。联合国环境规划署 1994 年在发表的《可持续消费的政策因素》报告中

---

① [英]K.皮蒂：《绿色消费》，日本东京都：同友馆，1993 年版，第 129 页。

② 王君：《论绿色消费、环境标志与清洁生产的关系》，载《山西煤炭管理干部学院学报》2008 年第 2 期。

将可持续消费定义为："提供服务以及相关产品以满足人类的基本需求，提高生活质量，同时使自然资源和有毒材料的使用量最少，使服务或产品的生命周期中所产生的废物和污染物最少，从而不危及后代的需求。"可见，大多数学者认为绿色消费实际上是一种可持续消费。

仔细考察绿色经济，它与可持续发展经济存在一定的差异。从理论上说，可持续发展经济更加侧重经济活动的一种行为约束，难以从量上加以度量。而绿色经济是从可操作性上去分析是同等于传统经济的，是一种可践行的发展模式。绿色经济建立在传统经济之上，是对传统经济发展模式的转型，有可量化的生产、也有可量化的消费，从而有可量化的社会总供给与社会总需求，能形成可操作的国民经济核算。

据此认为，绿色消费与绿色生产形成的供给相对应，在经济学上它必须是一种有效需求，这样才能维持供给与需求的平衡，从而保证其作为一种消费模式的生命力；而从对传统消费模式的转型以及可持续消费角度考虑，它又必须以节约资源、减少废物丢弃为基本运作点，以此维护人与自然的和谐相处，于是资源环境与收入一起成为消费的制约因素。因此，从微观上分析，绿色消费是在一定收入与资源环境约束条件下，人们使用物品或服务时不断提高生活质量与环境质量的需求满足过程。而从宏观上分析，消费过程中用于绿色产品与服务的总支出及节约自然资源与减少废弃物丢弃形成的相对收入（或减少的相对支出）就是绿色消费。

5.3.3.2 绿色消费模式

如同绿色消费有不同的内涵界定，绿色消费模式在内涵上也没有统一概念。随着可持续消费模式的提出，有些学者认为绿色消费模式就是可持续消费模式，也有部分学者在可持续消费模式基础上对绿色消费模式进行重新界定。陈启杰认为，绿色消费模式是一种理性消费方式，是一种体现绿色文明、遵循可持续发展原则的消费模式[①]。柳杨青将绿色消费模式定义为：以可持续发展思想为指导，以实现人类最大利益为目标，在一定的生产力基础上最合理地配置资源，以取得包括生态产品与生态资本在内的产出与投入的最大效益，同时不断地调整生产关系，使它适应生态消费或绿色消费的要求，在此基础上通过社会舆论与政策的引导，使人们在消费活动中的一切方面，如消费行为的程式、规范和质的规定性等各方面内容都符合生

① 陈启杰：《绿色市场营销学》，北京：中国财政经济出版社，2004年版，第117页。

态消费或绿色消费的要求等①。上述两个学者将绿色消费模式定义在一定生产力与生产关系的社会形态中，突出了消费者在绿色消费模式中的主体作用。所不同的是，前者对绿色消费模式的客体作了明确的规范，而后者突出了社会制度体系在消费模式形成中的重要作用。

根据消费模式的特征，并结合学者们对绿色消费模式的界定，认为建立在传统消费模式基础上的绿色消费模式需要具备 3 个重要构件：①从微观上分析，消费者对绿色产品和服务的消费具备一定的能力，能形成一定的消费规模与水平；从宏观上考察，社会形成了一定的可供于消费的绿色产品与服务，能满足整体消费者对绿色产品和服务的需求；②在消费者所消费的产品与服务中，不仅绿色产品与服务所占比重应随着生产力的提高逐渐提升，而且在消费过程中消费者自身节约自然资源与减少废弃物抛弃在消费理念中应占有较大的比重，特别在绿色经济发展初级，更应是如此；③在绿色消费模式形成过程中，要鼓励与消费者收入相适应的正常消费，如果片面强调节俭，就会影响人们生活水平的提高，这不但会挫伤劳动积极性，阻碍生产力水平的提高，也与绿色经济提高效益的发展目的不相适应。但也应该看到，人与自然的和谐相处是绿色消费模式中最本质的内容。

因此，绿色消费模式应与绿色生产力相适应。在这种消费模式中，消费者既崇尚追求更多的闲暇、健康的身心，又追求稳定的生存状态，在追求自身生活质量与生态质量效用最大化过程中不断调整绿色产品和服务的消费比重，培养节约资源与减少废弃物排放的生活理念，并形成生活方式。

由此也可以看到，绿色消费模式与传统消费模式的最大区别在于消费者组合资源消费时，把自身效用与生态效用最大化结合在一起，是一种减量消费资源和能源，减少废物对环境污染的既经济又科学的消费模式。但绿色消费模式建立在传统消费模式基础上，不是完全的脱离。因而，绿色消费模式的建立是一个渐进的过程。在这个渐进的过程中，消费者所有支出中绿色支出所占的比重会不断变化，随着绿色支出占消费支出比重的提高，绿色消费程度也随之提高，表征绿色消费模式的基本特征也会随之建立。

5.3.3.3 绿色消费对消费负外部影响的修正

图 5-7 的现代消费理念图呈现了现代消费方式对环境外部性的影响。消费者的

---

① 柳杨青：《生态需要的经济学研究》，北京：中国财政经济出版社，2004 年版，第 199 页。

这种消费理念在“经济人”假设下，追求效用的最大化，重视生产品对自身满足的评价，却漠视自身消费行为对自然环境的影响，“用过即扔”的消费方式导致边际外部环境成本日益增大。绿色消费提倡人们在消费过程中节约资源、特别注重废弃物的排放形式，是对消费负外部性的修正。

就减少消费的废物排放而言，实际上是把治理生活废弃物的成本内部化，虽然增大了消费者消费商品的成本，致使边际私人成本增高，但同时也改善了生存环境，减少了社会治理污染的成本，促使边际社会成本降低。消费的负外部性环境影响会导致边际私人成本曲线向左上方移动，而边际社会成本曲线则向右下方移动（图 5-10）。

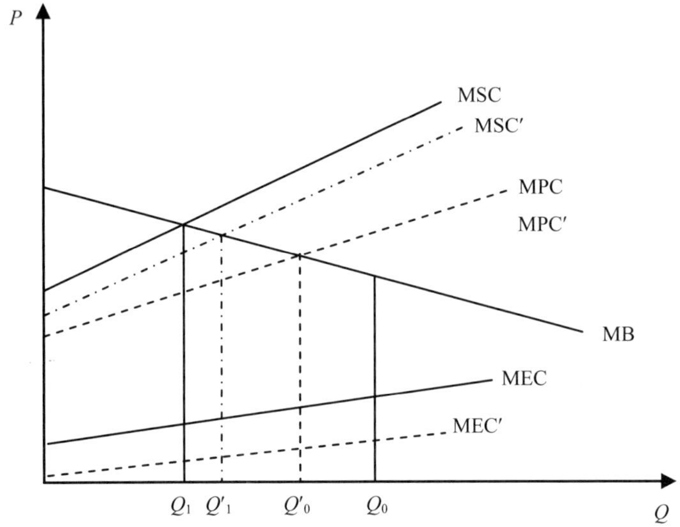

图 5-10　绿色消费对消费负外部性的修正

在图 5-10 中，消费的边际私人成本 MPC 曲线移至 MPC′曲线，消费的边际社会成本 MSC 曲线移至 MSC′曲线。这样，私人最优消费量由 Q_0 缩减至 Q'_0，社会最优量由 Q_1 增加到 Q'_1，私人消费量的降低减少了过度消费，社会最优量的提高增加了消费能力供给。因此，绿色消费减少了消费负外部性，是对传统消费模式形成的消费负外部性影响的修正。

综合上述相关理论，绿色消费作为一种新的消费模式，是对传统消费模式的转型形式，具有改进传统消费经济影响力的效应。因而，在核算上，绿色消费具有自身的规范问题。

5.3.3.4 绿色消费核算的基本问题

根据生产与消费的关系，生产决定消费，生产核算范围会决定消费核算范围。因而，从整体上看，绿色生产核算范围将决定绿色消费核算范围，本章第 2 节分析了绿色生产的产出核算范围，从使用性质分析，只有进入最终消费领域的产品与服务才是消费核算内容。目前绿色生产的产出主要是绿色产品与服务及环境产品与服务，其中绿色产品与服务全部进入经济消费领域，成为绿色消费核算的内容；环境产品中只有部分生态环境产品直接成为生态环境消费领域的最终产品，计入绿色消费核算，而另一部分生态环保产品主要进入生产消费，不是消费核算的内容，不计入绿色消费中。所以，绿色消费从产品使用性质分析主要是各种绿色产品与服务的货币性购买、实物性分配与自给性获得以及生态环境产品的形成。绿色经济最终消费支出核算项目见表 5-4。

表 5-4 中国国民经济核算中的最终消费支出与绿色消费支出

	现有核算中的最终消费支出项	最终绿色消费支出项
组成分解	货币性购买+实物性分配+自给性获得	货币性购买+实物性分配+自给性获得
居民个人消费	食品支出	绿色食品支出
	衣着支出	暂不统计
	家庭设备、用品及服务支出	节能、环保家庭设备、用品及服务支出
	医疗保健	医疗保健
	交通通讯	绿色出行支出及通信
	教育文化娱乐	教育文化娱乐
	住房服务	绿色住宅服务
	集体福利服务消费	集体福利绿色服务消费
	金融媒介服务和保险服务	绿色金融媒介和保险服务
	其他商品服务	其他绿色商品服务
政府公共消费	政府预算内中用于公共需要的经常性业务支出部分	政府预算内用于人体健康、生态健康需要的经常性业务支出部分
	政府预算外中属于经常性业务支出部分	政府预算外中属于维护人体健康、生态健康的经常性业务支出部分
	行政单位和非营利单位的固定资产虚拟折旧	行政单位和非营利单位的环保资产虚拟折旧
	城镇居民委员会和农村村民委员会的业务支出	城镇居民委员会和农村村民委员会用于生态健康的业务支出
生态环境消费		资源产品消费、环境产品消费、生态产品消费

从表 5-4 中的最终消费支出分析，目前中国国民经济核算统计的居民个人消费支出主要用于购买各种产品与服务；政府公共消费支出主要是预算内外各种经常性业务支出，政府预算内外的经常性业务支出或者提供公共服务，或者以实物货物与服务转移给个人消费，这种核算范围与国民经济核算中的生产核算范围相对应。

绿色经济核算是在现有国民经济核算体系基础上对绿色经济成果进行的核算，绿色生产核算范围对应着现有国民经济核算中的生产核算范围。因此，绿色消费也必然对应着现有国民经济核算中的消费核算范围。从核算对象上分析，绿色消费核算也是核算居民个人消费绿色产品与服务的最终支出以及政府为满足公众对绿色消费的需要而开展的各项支出活动，不同的是，由于绿色经济不仅要服务于经济社会系统的人类福祉与社会公平的提升，也要服务于生态环境系统的健康发展。这样，绿色生产的成果一部分进入经济系统，一部分进入生态环境系统。从而，绿色消费支出整体上分为两大部分：一部分是经济系统的消费，另一部分是生态环境系统的消费。经济系统的消费又进一步细分为居民个人消费与政府公共消费。

从表 5-4 中居民个人消费支出项来看，食品支出中包含了绿色食品，这部分绿色食品构成了居民个人绿色食品支出项；衣着类本身并不容易界定绿色性质，这部分支出项暂不考虑在居民个人消费支出项中；家庭设备、用品及服务支出中包含了节能、环保产品与服务，这部分产品是消费者对绿色消费理念的崇尚，也是对绿色消费的支持，属于绿色消费范围统计在节能、环保设备、用品及服务支出中；医疗保健支出项是为提高人体健康而开展的消费，从绿色经济内涵分析属于绿色消费范畴，直接统计为医疗保健支出项；交通通信支出项中交通工具的选择对维护环境有重大影响。当前，我国居民生活对环境的负外部性影响很大一部分来源于交通，因此绿色出行即采取相对环保的形式，通过碳减排和碳中和实现节约能源、提高能效、减少污染、有益健康、兼顾效率的出行方式成为绿消费的重要部分，需要统计在绿色消费中；教育文化娱乐支出是提升消费者自身素养的支出，是一种高层次需求，反映了消费者追求生活质量的欲望，直接统计在绿色消费支出中；住房服务消费是在维修住房、租赁住房（包含自有住房的虚拟租金）及相关水电、燃料方面的消费。20 世纪 60 年代，美国建筑师保罗·索勒瑞提出了生态建筑的新理念；1990 年，英国发布了世界首个绿色建筑标准，2004 年，建设部启动“全国绿色建筑创新奖”；2006 年，建设部正式颁布了《绿色建筑评价标准》。随后，绿色建筑、绿色住宅进入住房消费中，绿色住宅是基于人与自然持续共生原则和资源高效利用原则而设计建造的一种能使住宅内外物质能源系统良性循环、无废、无污、能源实现一定程度自给的新型住宅模式。消费者对这种住宅消费的支出，属于绿色消费范畴统计在绿色住宅服务中；集体福利消费所提供的居民生活服务消费中所包含的绿色服务统计为绿色消费支出；金融媒介服务和保险服务是居民消费使用的银行、保险公司等金融机构提供的服务，这部分服务中包含了绿色消费的内容，如 2015 年 7 月，江苏省城市居民使用公积金贷款购买二星级以上“绿色住房”的，贷款额度可以上浮 20%，就属于绿色金融服务支出，统计为绿色消费的内容；除了上述绿色产品与服务支出外，消费者对其他绿色消费支出如减排放方面的支出也隶属居民绿色消费，进入绿色消费支出中。

政府公共消费支出是在两种情况下发生的：①针对居民住户提供的，如教育、卫生保健等；②针对公共服务的提供而产生的，如公共基础设施、国防建设等。在这些公共消费支出中，从经济与环境角度分析，有一部分公共消费支出也是在两种情况下发生的：一是针对居民住户的人体健康提供的；二是针对生态健康而产生的。特别是生态健康部分，目前政府是其主要的承担者，这些公共支出项属于绿色消费的内容，需要归并在绿色公共消费支出中。相关统计项目见表 5-4。表 5-4 中的绿色消费支出项同样是从货币性购买、实物性分配与自给性获得三方面统计居民绿色消费支出与政府公共绿色消费支出项。

生态环境消费是将生态环境作为消费的主体，是绿色生产为生态环境系统提供的产品与服务。这部分产品与服务直接成为生态环境系统的组成部分，参与生态环境系统的物质与能量转换，其性能有益于生态环境系统的健康发展。从产品与服务性质看，生态环境消费又可以分为资源产品消费、环境产品消费与生态产品消费三部分。比如珍稀动物获得保护后进入生态环境系统中，成为生态环境系统的组成部分；洁净的空气进入大气层后成为大气环境的组成部分；湿地恢复后不再加以开发成为了湿地生态系统，均构成生态环境的消费。但由于当前不被人类开发利用的生态环境很少，因而绿色经济中生态环境消费的部分数额不大，核算时根据其实际获得数量进行测算。

上述绿色消费中，居民个人的绿色消费支出和政府公共绿色消费支出与现有国民经济核算消费支出方法一致，生态环境的消费按照实际形成的各类产品量进行统计核算。

5.3.4 绿色资本形成及其核算

5.3.4.1 绿色资本形成

经济学认为凡是用于生产、扩大再生产或能提高生产效率的物质（包括这种物质的载体）都可称为“资本”。显然，经济学所指的资本是经济资本，是投入经济活动中的物质资本、自然资源、人力资本与金融资本等，这些物质投入经济活动中的目的是增强当期经济产品的生产能力与未来经济产品的生产能力，即扩大经济再生产，但自然再生产是否能顺利运行不在其考察范围内。

而绿色资本是为保护生态与环境而投入的物质资本、自然资本、人力资本与金融资本的简称。这些投入的资本是为了恢复生态环境的自我运行功能或增强生态环境的可持续发展，即维持与保护自然再生产能力，但不否定扩大再生产。

资本形成是储蓄用于投资，投资形成一定资本，资本再转化为生产能力的过程，由此形成的资本主要是经济资本。绿色经济若扩大再生产，同样需要资本积累，进而也必须有绿色资本的形成。绿色资本形成是储蓄中用于绿色投资（即用于生态环境保护进行的投资），绿色投资形成经济资本与自然生态环境资本，进而转化为经济生产能力与自然恢复力的过程。这样，绿色资本形成除了包含经济资产中的非金融资产总投资外，还包含了生态环境资产的总投资，即绿色资本形成项目包括：固定资产的净投资（主要是各类绿色产品生产企业的固定资产）、存货的净增加（绿色产品与环保产品）、贵重物品的净购买以及生态环境资产的净增加。

5.3.4.2 绿色资本形成核算

从产品使用角度看，资本形成代表的是用于资产积累的最终产品；而从积累角度看，资本形成又对应着由于经济交易引起的生产资产当期净变化，通俗地说，就是运用于生产资产积累上的投资支出。由于资本核算时只核算生产资产的净变化（即增量），而生产资产主要是固定资产、存货和贵重物品等类别，且从与生产过程的联系及其所发挥的作用看，具体核算实际上主要只核算固定资产与存货。固定资产一般在生产过程中充当工具，存货则是作为生产过程的加工对象和辅助材料存在，对应于资本形成，这两部分生产资产主要测算当期经济产出中用于积累从而增加了生产资产的那部分货物和服务价值，也就是测算固定资本形成和存货增减变化两个部分。

固定资本形成核算的基本方法是用各部门当期获得的固定资产减去其处置的现有固定资产，即固定资本形成等于当期获得的现有资产和新资产减去当期处置的现有资产。固定资产获得包括购买的固定资产、通过易货交易获得的固定资产、作为实物资本转移获得的固定资产以及生产者自给性生产的固定资产。固定资产处置包括那些通过出售、易货交易、实物资本转移等方式放弃的现有资产。

存货变化是当期生产的（包括进口的）非耐用产品用于当期生产消耗或生活消费的余缺。如果当期生产（包括进口）大于当期使用，说明当期产品有一部分作为库存沉淀下来，存货变化为正；反之，则为负。因而，从理论上看，存货变化在核算方法上应该等于当期获得的存货价值减去处理的存货价值。但是，存货在形态上是不断流动的，如材料存货变化主要是购入与投入生产消耗相抵销的结果、成品存货变化是成品入库与产品出售相抵销的净额，这种不同存货的性质差异使得核算存货的获得与处置就与固定资产的获得与处置存在较大差异，核算难度也相对较大。相比较而言，以期末、期初持有存货的差额计算存货变化的方法更加符合存货变化核算的本意，也就是说存货变化在核算方法上可以采用期末存货价值减去期初存货价值。

固定资本形成与存货增减变化对绿色经济的资本形成同样适应，绿色经济的发展首先要仰仗绿色投资的支撑。绿色投资的显著特征是在投资行为中注重引导社会资源对生态环境的保护及对环境污染的治理，注重生态环保产业的发展。由此形成的绿色资本是绿色经济的起点，也是绿色财富的增长源。因此，如何核算绿色资本形成是支出法角度核算绿色经济成果的重要部分。

现有国民经济核算资本形成主要测算生产资产的积累，这种核算模式与经济理论将经济活动置于封闭的经济系统分析有关。但事实上，任何经济活动都必须在经济与生态环境系统内开展，而生产资产的积累核算是在土地、河流、地下矿石等自然资源资产不受限制的条件下对经济活动所需要的劳动资料与劳动对象的核算，是抛开生态环境系统单纯地对经济系统的生产条件与结果进行的核算。显然，这种核算是不全面的。

生产力是人类改造自然的能力，马克思认为生产力是物质生产过程中人与自然的关系，生产力虽然是一个由多种要素构成的复杂系统，但它的基本要素是劳动者、劳动资料与劳动对象。其中，劳动资料是劳动者用以作用于劳动对象的物或物的综合体，其中以生产工具为主（固定资产即是生产工具的一种），也包括人们在生产过程中所必要的其他物质条件，如土地、运河等；而劳动对象是生产过程中被加工的东西，包括直接从自然界中获得的资料和经过劳动加工而创造出来的原材料（存货即是劳动对象的一种），如地下矿石、钢材等。从生产力的三要素分析，劳动资料与劳动对象除了包含固定资产与存货外，还包含了自然资源中的很大一部分生产资料。可见，现有国民经济只核算建立在传统生产力理论基础上的生产资产，是一种狭隘的生产力观。绿色经济的发展是绿色生产力不断进步的结果，而绿色生产力包含了经济生产力与生态生产力两部分，且它们间相辅相成，缺一不可。其中，生态生产力是自然生态系统本身所具的的物质变换的能力，这种生产力的维系需要借助生态资本的积累。

因此，绿色资本形成核算包含了两个部分：一是生产资产的积累；二是生态环境资本的积累。生产资产的积累与现有国民经济核算中的生产资产积累存在差异，绿色经济核算中的生产资产积累主要是各种环保设备的形成与产品的净增加，如水污染治理设备、大气污染治理设备、固体废弃物处理处置设备、噪声控制设备、有毒物质防护设备、环保监测分析仪器的形成以及废渣综合利用产品、废水综合利用产品、废气综合利用产品、废旧物资回收利用产品等各种资源综合利用产品的净增加，当然也包含各种环境产品的存货。而生态环境资本的积累是一个新问题，目前还没有可借鉴的成熟经验与方法。因而，生态环境资本的积累核算是绿色资本形成的核心问题。

生态环境资本是一个较新的概念，源于国际上的自然资本。1996 年 Daly 将自然资本定义为能够在现在或未来提供有用的产品流或服务流的自然资源及环境资产的存量：一种是提供产品流的存量，另一种是提供服务流的存量。我国学者刘思华在国内最早提出生态资本的二分法，并把生态资本从复杂的生态系统中清晰地分离为生态资源和生态环境两部分。根据生态系统的组成分析，将生态资本二分为生态资源与生态环境资产是一个相对清晰的研究思路。但从生态环境系统的实际运作分析，当前生态环境系统的问题包含了资源减少、环境破坏、生态稀缺 3 个不同的方面，绿色资本形成需要有利于上述 3 个方面问题的解决，因此绿色资本作用于生态环境系统形成的积累应该包含了资源产品形成、环境净化与生态产品形成 3 个方面。绿色资本形成核算项目具体见表 5-5。

表 5-5　现有国民经济核算与绿色国民经济核算中的资本形成项目

现有国民经济核算中的资本形成项目	绿色资本形成项目
（一）资本形成总额	（一）绿色资本形成总额
1. 固定资本形成总额	1. 固定资本形成总额
固定资本消耗（−）	固定资本消耗（−）
固定资本形成净额	固定资本形成净额
2. 存货变化	2. 存货变化
3. 贵重物品净获得	3. 生态环境资本形成总额
（二）资本形成净额	（二）绿色资本形成净额

表 5-5 中，固定资本形成、存货变化是绿色资本形成中的经济资本形成（不包含贵重物品），主要是用于绿色产品生产与生态环境产品形成的各种实物投资，表现为各种用于生态环境保护、修复、监测及清洁生产的各种实物投资。这类资本形成是通过经济交易获得或处置生产资产的行为，因此在核算上与现有经济核算中的资本形成核算没有差异。

而生态环境资本形成包含了自然资源产品形成、环境净化与生态产品形成 3 个方面。在这 3 个方面资本形成中，由于没有经济交易，不能直接参照现有国民经济核算原理核算其形成总额，而且与投资生产资产性质不同，生产资产如固定资产一经投入使用，其物理量就会随之逐渐消耗，并且随着使用年限的延长，其物理量会完全报废；而投资于生态环境建设形成的自然资源与生态资源会随着生长期的延长其物理量会越来越大，经历生命周期后又将消失。因此，生态环境资源形成在其整个生命周期内分成两个阶段：在其生长阶段，如同存货的在制品、半成品；而在其生命衰退阶段，又如同固定资产。这样，大部分生态环境资源兼顾了固定资产与存货的性质，可以参照固定资产与存货形成核算。对于不具有生命特征的其他生态环境资源需结合其特征采用适合的方式进行核算。

具体来说，在整个生态环境资源中，对于具有生命特征的动植物资源，在生长阶段按照存货变化核算原理核算每一个核算期的成活资源期初期末差额，在生命衰退阶段按照固定资产核算原理核算其形成价值。对于不具有生命特征的其他资源须分别进行阐述。

在自然资源中，除了生物资源具有生命特征外，其他的资源如土地资源、水资源、气候资源、矿产资源等均不具有生命属性，它们均是人类生存所需要的生产要素，但在属性上又存在差异。土地资源在其功能属性上既可以作为人类经济活动的农业用地，又可以作为非农业用地，农业用地又可以作为耕地、林地与草地，非农业用地主要用作建设需要。由于土地资源总量有限，对于土地资源来说，只有其用途的相对改变，而没有总量的增加。因此，绿色经济投资土地资源，主要是防止其用途的丧失或者是促使其恢复可用性。这样，土地资源的形成就是其功能属性的恢复，且这里的功能属性主要是其农业用途的属性，核算其形成总额时按其恢复农业用途的面积进行测算。

水资源是人类及一切生物赖以生存的必不可少的重要物质，其补给来源主要是大气降水，对人类来说主要是开发利用各种水资源而不是创造，但正是由于人类的开发利用，对水资源造成了各种污染，绿色经济投资于水资源，是促使各种被污染的水资源恢复其功能的有效用途。水资源对人类来说，可以满足生活、农业生产与工业生产的需要，但各种用途对水的量和质有不同的要求，因此水资源形成时需要针对其用途对水的要求进行区分。另外，水资源除了满足人类各种需要以外，还有较大部分的水目前并没有被人类开发利用，而投资于水资源是针对全部水资源包括地表水与地下水而言的。水资源的形成不仅仅限于各种被人类利用的水体。核算水资源形成时，对于由污染的水转化成人类可利用的水资源，按照形成不同用途的水资源量核算其形成总额；对于暂时不被人类利用而由污染的水转化成正常水体，核算其形成总额时要考虑水的运动性，或二次被污染的可能性，结合其流经区域水质分段测算。

气候资源是气候条件中可被利用来产生经济价值的物质和能量，是有利于人类生产和生活活动的气候条件，包括太阳辐射、热量、降水和风。这种资源由于数量巨大、流动性强、无边界、无法人为控制等特点使之无法成为商品而难以核算，绿色资本形成暂不考虑这种资源形成总额。

矿产资源是由地质作用形成、具有利用价值、呈固态、液态与气态的可供人类开采利用的自然资源。它不是上帝的恩赐，而要经过几百万年，甚至上亿年的地质变化才能形成，绝大多数属于不可再生的耗竭资源，储量有限，用一点就少一点，永远无法补偿。矿产资源的这种特性说明，即使绿色经济投资于矿产资源，也不能形成同类的矿物资源，只能促使其在利用过程中提高利用效率达到节约的目的。因此，矿产资源的形成实际上是矿产资源在使用过程中由于节约相对地增加其资源存量。因此，核算矿产资源形成总额时是核算其在使用过程中期初期末的节约量，节约量越多，矿产资源形成量就越多。

对环境来说，各种环保投资均是环境资本形成的前提，环保投资中的一部分形成了生产资本，在经济资本形成中核算，如各种环保设备、材料等；另一部分促成了已被污染的环境的修复，这部分修复的环境作为生态环境资本形成进行核算，如减排放投资就是对大气环境的修复，是大气环境资本形成的部分。显然，这种投资对大气环境的修复程度很难衡量，在核算其资本形成时只能以投资额代替。

生态系统是一定空间内由生物成分和非生物成分组成的一个生态学功能单位，生物部分又包含了生产者（植物）、消费者（动物）以及分解者（细菌、真菌等微生物）3 个部分；非生物部分包括了阳光、空气、水、温度、矿物质等。生态系统最大的特征是各要素间需要通过营养来实现联系，食物链和食物网构成了物种间的营养关系，为了维持食物链的持续性，即为了维持生态系统的存在，生态系统需要不断输入能量，否则就有崩溃的危险。生态系统的营养传递关系决定了它与资源、环境存在一定差异，生态系统的破坏既可能来自单个的生产者，也可能来自单个的消费者，或者来自单个的分解者，但生态系统的恢复却是生物成分与非生物成分的结合。因此，生态资本的形成类似于存货的性质，参照存货进行核算。

但从上述分析中我们看到，资源、环境与生态不仅存在一定差异，但也有很大的相通性。比如，资源耗竭、环境污染均是生态系统能量破坏的因素，也就说明了它们也是生态系统中的组成部分，它们之间存在交集关系。为了更好地核算生态环境资本的形成，需要对它们之间的交集部分进行处理。

对交集部分的处理需要借助资源、环境与生态的分类进行。具体分类见表 5-6。

从表 5-6 看到，环境很大程度上是自然资源与生态系统存在的介质。比如，对土壤环境的保护必然促成土地资源的形成与陆地生态系统的良性循环，水环境的保护必然会促成水资源的积累与水域生态系统的良性循环。因此，绿色经济投资于生态环境系统建设，在资本形成上主要是各种自然资源资本的形成与生态系统效益的形成。这样，在核算生态环境资本形成时主要核算自然资源资本形成总额与生态资本形成总额即可。具体核算参见表 5-7。

表 5-6　资源、环境与生态的分类

自然资源	环境	生态系统
（一）陆地自然资源	（一）土壤环境	（一）陆地生态系统
1. 土地资源	（二）水环境	1. 森林生态系统
2. 水资源	（三）大气环境	2. 草原生态系统
3. 气候资源		3. 荒漠生态系统
4. 生物资源		（二）水域生态系统
5. 矿产资源		1. 海洋生态系统
（二）海洋自然资源		2. 淡水生态系统
1. 海洋生物资源		
2. 海水化学资源		
3. 海洋气候资源		
4. 海洋矿产资源		
5. 海底资源		
（三）太空资源		

表 5-7　绿色资本形成核算

核算指标	计算方法	备注
绿色资本形成总额		
（一）经济资本形成总额		
1. 固定资本形成总额	=固定资产获得−固定资产处置（有形固定资产） =购买价格（生产者价格）×购买量（无形固定资产）	主要是核算投资于绿色经济生产过程中形成的固定资本
固定资本消耗（−）	根据实际需要采用不同的折旧方法	
固定资本形成净额		
2. 存货变化	=本期库存的入库价值−本期库存的出库价值	主要是核算绿色产品与环保产品的存货
（二）生态环境资本形成总额		
1. 自然资源资本形成总额		
土地资源资本形成总额	以“本期恢复农业用途的土地面积×耕作次数×单位耕地经济作物产量×购买者价格”作为当期价值，然后根据未来收益现值法折算资本形成总额	经济作物应取该土地面积上最高产量的经济作物
水资源资本形成总额	=本期经处理获得的达标水量×不同用途水价格 =本期经处理获得的达标水量×治污的边际社会成本（注入江河湖泊或江河湖泊水的达标处理量）	不同用途主要是指用于生活、农业或工业中

核算指标	计算方法	备注
生物资源资本形成总额	以“（本期成活量−本期消失量）×同类资源市场交易价格”作当期价值，然后根据未来收益现值法折算资本形成额	此处的未来收益现值法要考虑生物资源的生态效应
矿产资源资本形成总额	=本期矿产资源节约量×同类矿产资源市场交易价格	此处的市场交易价格应以矿产资源的机会成本度量
2. 生态资本形成总额		
陆地生态资本形成总额	采用生态足迹法核算	将一个生态系统作为一个区域核算
水域生态资本形成总额	采用生态足迹法核算	将一个生态系统作为一个区域核算

值得说明的是，表 5-7 的绿色资本形成核算只是一个粗略的核算框架，每一种自然资源、生态资本还会存在进一步的细分状态，且资源、环境与生态间存在错综复杂的关系，由于缺乏市场交易，其结果只能是估算。未来随着生态环境保护制度的日趋完善，核算的条件会越来越成熟，核算方法自然会随之改变而变得更加科学。

第 6 章

生态环境产业的统计分类

第 5 章讨论了绿色经济核算的思路与生产法核算的基本构件。从图 5-1 看到，绿色经济的内容包含了提升人类福祉与恢复生态健康两大部分。提升人类福祉的内容可以转化为借助需求满足的各种物品来实现，而这些物品与传统经济的物品共生于市场经济中，它们的价值已经统计在现有国民经济核算中。比如，绿色食品与其他食品一同出现在食品市场被消费，其价值必然统计在相应门类中，对于这种类型的绿色产品，核算其价值时只需要从现有国民经济核算中分离出来而无须重新讨论研究。但恢复生态健康的绿色经济成果主要归并在生态环境产业中，生态环境产业是一个新的产业，在将其纳入绿色国民经济核算时首先需要对该产业进行统计分类。

6.1 生态环境产业的界定

环保产业是生态环境危机后产生的一个跨产业、跨领域、跨地域，与其他经济部门互相交织与渗透的综合性新兴产业。据统计，2013 年全球环保产业市场规模达 6 000 亿美元，相比 1992 年的 2 500 亿美元，年均增长率为 8%，远远超过了全球经济增长率，成为各个国家高度关注的“朝阳产业”。为此，一些专家学者提出应将其列为继“知识产业”之后的“第五产业”。事实上，随着生态环境危机的加剧，环保产业已经渗透到经济领域的各个方面，一些发达国家将环境规制加入国际贸易中。比如，2015 年达成协议的跨太平洋伙伴关系协定（TPP）就将保护环境资源置于贸易协定中重点关注的问题。通过保护环境带动新的产业发展成为当前世界推动经济增长的新引擎。而随着环保产业市场规模的不断扩大，环保产业作为一个独立产业进行核算就具有了必然性，这也是对现行 GDP 核算改进的一个方面。

6.1.1 生态环境产业的定义

关于由生态环境保护而滋生的产业，目前引用最多的是环保产业，但各国称谓不同。英文中出现过诸如“environmental industry”“environmental goods and services industry”“eco-industry”等词汇，美国称其为“环境产业”，日本称其为“生态产业”或“生态商务”，联合国的《环境经济核算体系（2012）》手册中将其定义为“环境货物和服务的产业”，我国则以“环保产业”称谓多见，如“中国环境保护产业协会”“中国环保产业网”“中国环保产业”期刊等均以“环保产业”冠名。

根据联合国《环境经济核算体系（2012）》手册中的定义，环境货物和服务产业由这样一些活动组成，即所生产的货物和服务用于水、空气和土壤环境损害以及废弃物、噪声和生态系统有关问题的测量、预防、限制，使之最小化或得到修正。它包括降低环境风险、使污染和资源使用达到最小的清洁技术、货物和服务，同时也包括那些与资源管理、资源开采和自然灾害有关的活动。这些活动整体上分为环境保护活动与资源管理活动，4.1 节综合环境经济核算体系中作了详细介绍，在此不再赘述。显然该定义将从事与环境及资源有关的保护活动视为环保产业，是目前覆盖面最为完整、产业类别列示最为详细的环保产业定义。而关于生态产业，我国学者刘思华将其定义为在保护环境、改善生态、建设自然的生产建设活动中，从事生产、创造生态环境产品或生态环境收益的产业和为生态环境保护与建设服务的产业及其符合生态环境要求的绿色技术与绿色产品生产相关的部门和产业的集合。这个定义侧重生态建设，将促成生态健康发展的产业或部门的集合称为生态产业。

绿色经济条件下“显著降低环境风险，减少生态稀缺”的活动是界定为“环境货物与服务产业”还是界定为“生态产业”，首先要区分资源、环境与生态 3 个基本概念。资源，一般是指自然资源，根据联合国环境规划署（UNEP）的定义，自然资源是指在一定时间、地点条件下能够产生经济价值的、以提高人类当前和将来福利的自然环境因素的总称。对于一个特定的国家来说，具体是指在该国主权领土和可控大陆范围内所有自然形成的、在一定的经济、技术条件下可以被开发利用以提高人们生活福利水平和生存能力，并具有某种“稀缺性”的实物资源的总称。通常包括土地资源、矿产资源、生物资源、水资源和海洋资源五大类。而环境，一般是指自然环境，特指与人类生存和发展有关的各种天然的和经过人工改造的自然因素的总体，天然的自然因素总体一般称为原生环境，而经过人工改造的自然因素总体一般被称为次生环境。所谓生态，一般是指自然生态系统，具体来说就是指一定空间范围内，生物群落与其所处的环境所形成的相互作用的统一体。任何一个自然生态系统均由生物群落和非生物环境两大部分组成，它们分布在地球表面的陆生生态系统、水生生态系统和地球表面以上的大气系统三大系统中。

从生态学的观点分析，资源、环境与生态是人类生存发展的三大自然要素，它们都统一在自然这个整体中，都是能为人类提高福利水平发挥作用的自然要素，互相间相互依存、相互渗透、相互制约，“一荣俱荣、一损俱损”。这就给人造成一种错觉，似乎资源、环境与生态间没有区别，因而不少人认为“自然生态系统”属于“环境”的范畴，是“环境”的一部分；“生态危机”归结于“环境危机”，是“环境危机”的一部分；“自然生态系统保护”属于“环境保护”的范畴，是“环境保护”的一部分。于是，在探索建立绿色 GDP 核算体系过程中，只将资源消耗和环境污染损失的因素纳入其中，而将生态因素混同于环境因素，或将生态因素归入环境因素，致使生态效益、生态价值与生态补偿在该核算体系中未能得到应有的体现。事实上，资源、环境与生态三者是存在差异的，资源主要强调实体功能，体现为自然对于人类实体的直接有用性；环境强调客体的“受纳功能”和“服务功能”，体现为接受并容纳生产和消费所排放的无用副产品和为包括人类在内的所有生物生存繁衍提供栖息地等直接与间接有用性；而生态强调主体状态以及主体（包括人在内的生物）与客体（自然环境）的相互关系和协同进化功能。正是由于资源、环境与生态间存在差异，党的十八大在严格区分“资源约束趋紧、环境污染严重、生态系统退化”的形势下，提出要把“资源消耗、环境损害、生态效益纳入经济社会发展评价体系，建立体现生态文明要求的目标体系、考核办法与奖惩机制”的建议。这是对我国经济社会发展面临的资源、环境与生态问题的深刻认识，也是对资源、环境与生态概念差异性的肯定。因此，绿色经济条件下“显著降低环境风险，减少生态稀缺”的活动应该区别于“环保产业”与“生态产业”而重新界定。

绿色经济概念中提出要“显著降低环境风险，减少生态稀缺”，虽然只包含了环境与生态两个名词，没有出现明确的“资源”字样，但实际上蕴含了资源、环境与生态 3 个不同的概念。因为自然资源是人类生产活动不可缺少的生产要素，人类与自然生态的联系最初起源于对自然资源的诉求，人类经济活动从自然环境中无节制地获取资源，又肆意地排放废弃物，打破了生态系统的物质与能量平衡，使得环境净化功能、生态自我维持功能不断丧失，从而出现了资源危机、环境危机与生态危机。因此，绿色经济条件下开展的“显著降低环境风险、减少生态稀缺”全面的理解应该是“显著节约资源、降低环境风险、减少生态稀缺”。这种将资源、环境与生态同时分开且并列表述的好处是：一方面能够更加清晰地区分资源危机、环境危机与生态危机，从而促使人们在推进生态健康的建设过程中，将资源节约、环境保护与生态维护三项任务区分开并同时推进，以便达到全面维护生态环境健康发展的目的；另一方面能够有的放矢，提高为保护生态环境开展的各项活动的效率，防止一边治理环境、另一边破坏资源或生态等行为的出现。同时，分开讨论也便于分开核算，便于突出不同自然保护行为的成果与不足。

基于这种分析，认为绿色经济条件下的“显著节约资源、降低环境风险、减少生态稀缺”的各种活动，整体上是与生态健康有关的事业，它们组成的集合体在产业性质上有别于传统产业。传统的产业活动虽然涉及经济系统与生态系统，但追求的是经济利益，受益主体是人类的繁衍。为生态环境健康发展的各种活动，主体活动虽然也在经济系统内，但追求的生态环境效益，直接受益主体是生态系统，间接受益主体才是人类。由于两类活动追求的最终目标不一样，决定了它们的生产活动无论在生产工艺还是提供的最终产品上均会存在差异，因而在产业划分上无法合理地归并至现有三次产业中。为了更好地区分不同经济活动的产业性质，我们将为生态环境健康发展的各种活动的集合体权且界定为生态环境产业。

借鉴“环境货物与服务产业”以及“生态产业”的界定，并依据产业的集合性质与同一属性标准要求，笔者认为，生态环境产业是指国民经济中有效利用自然资源、防治环境污染、改善生态环境所开展的与生态健康发展有关的各种活动的总称，其所生产的货物和服务用于水、空气和土壤环境损害以及陆地生态系统与水生生态系统有关问题的测量、预防、限制，使之最小化或得到修正或促使资源得到有效利用。整体上看，生态环境产业是与生态健康有关活动的总称，这有别于传统的三次产业，因而使其能够从传统产业中独立出来。与此同时又强调节约资源、防治环境污染、改善生态是不同性质的活动，这又有利于生态环境产业内部不同行业的进一步细分，从而在统计核算上具有原有产业相同的核算原理与性质，能够进入国民经济核算体系中。

需要说明的是，在前面的章节中提到了现有三次产业的一部分生产活动提供绿色产品或环保产品，那么这些生产活动是否归属于生态环境产业？要回答这个问题，首先需要明确绿色产品的生产工艺与产品属性。就生产工艺来说，绿色产品生产过程要求实现无废或少废、综合利用和采用清洁生产工艺，与传统生产工艺相比，绿色产品的生产工艺具有环保性质，与生态环境产业生产工艺类似。但绿色产品的这种生产工艺主要是为了提升产品品质，使其符合人体健康需要，也就是说，绿色产品生产的目的是为了改善人类的生活质量，促使人类得以健康繁衍，这与传统产品的目的一致，均是直接服务于人类。正是由于产品是直接服务人类，满足人类的各种需要，而人类的需要又具有层次性与多样性，不同层次的、多样性的需要决定了绿色产品的生产一部分具有初级性，直接取自于自然；另一部分具有加工性，是对初级品的再加工；还有一部分具有服务性质，服务于初级品与加工再生产品的生产。绿色生产提供的这些不同性质产品符合现有三次产业的划分依据，从理论上说，不同性质的绿色产品应该归入现有三次产业中而不属于生态环境产业产品。

6.1.2 生态环境产业的特征

生态环境产业是以改善与促使生态健康发展的部门，服务于生态环境系统。与三次产业划分法的第一次产业、第二次产业及第三次产业相比，生态环境产业的特征表现为：

（1）既可以是提供生产资料的产业，也可以是直接产品产业。生态环境产业中一部分部门以生产生态环境保护产品为主要经济活动，如一些部门生产污染处置设备，另一些部门生产环境监测设备，还有一些部门生产省资源设备，这些部门提供的产品均将作为生产资料中的劳动资料投入经济系统各行业的生态环境保护活动中，是一种间接提供生态环境产品的产业。另一些部门则直接提供生态环境产品，比如湿地恢复、森林更新、环境标志产品等。因此，从产品使用去向分析，生态环境产业的产品涉及经济系统与生态环境系统，进入经济系统的产品是为促使经济活动节约资源、保护环境与生态，从而使经济活动具有生态环保性质。由此看出，生态环境产业提供的产品并不限制于自身系统内消耗。而三次产业划分法中的第一次产业主要提供生产资料，第二次产业主要是加工产业，第三次产业主要是服务业。其中，第一次产业为第二、第三次产业奠定基础；第二次产业是三次产业的核心，带动第一次产业发展；第三次产业发展促进第一、第二产业的进步。三次产业相互依赖，相互制约，其产品均在经济系统内部运行，满足人类繁衍需要，并在经济社会系统内部消耗。可见，从产品使用去向看，生态环境产业更具有广泛性。

（2）产业内部既有产品生产部门，又有服务部门。三次产业划分法中，第一次产业与第二次产业主要是产品生产部门，第三次产业主要是服务部门。因此，在三次产业划分法中，产品生产业与服务业是分开的，处于不同产业中。而在生态环境产业内，一部分部门提供生态环境产品，另一部分则是为生态环境健康发展服务。这样，在生态环境产业内部就包含了产品生产部门与服务部门。将生态环境产品生产业与服务业归并在同一个产业内部，是基于生态环境产业与三次产业划分中的三次产业分别服务于不同的系统相区分的，生态环境产业服务于生态环境系统的健康发展，而三次产业中的第一、第二、第三次产业是服务于经济社会系统的健康发展，两类系统的不同是区分生态环境产业与三次产业的根本所在。而在生态环境系统内部，根据生产部门集合的特征不同，同样地区分为产品生产行业与服务行业，这种区分就与在经济系统内部根据生产活动的性质不同区分为产品生产的第一、第二产业与以服务为主的第三产业是一致的。因此，从整体上看，生态环境产业与第一产业、第二产业及第三产业既有共性，又存在差异，这是它们能够区分开并能够进行独立核算的合理内核。

（3）生产活动成果既可以是最终产品（或服务），也可以是生产过程。三次产业划分法依据产业发展的层次顺序及其与自然界的关系将全部经济活动划分为第一产业、第二产业及第三产业。第一产业直接从自然界获取产品，第二产业对初级产品进行再加工，第三产业是上述两大产业之外的其他产业。这种划分法的特点是经济活动要么提供产品，要么提供服务，以此来满足人类各种欲望的实现，而且唯有提供产品或服务，才能使其价值最终得以实现。而生态环境产业的活动是基于生态环境的破坏产生的，生态环境由失衡到平衡是一个漫长的过程。在这个漫长的过程中，许多活动只是起着一种转化的作用，并没有明显的活动成果，或者即使有活动成果也需要若干年后才能表现出来。比如，政府投入空气污染治理的活动、湿地生态系统的恢复活动等均需要一个较长的时间才能看到成效，诸如这类活动，更多地体现为生产过程。因此，生态环境产业活动成果核算不止于产出即最终产品（服务），应该将投入过程视为成果形成一并归入产业价值核算中。

6.1.3 生态环境产业统计分类的意义

随着生态环境危机的加剧以及世界市场疲软的影响，许多国家将环保产业作为带动经济增长的新兴朝阳产业，国际贸易也越来越多地将环保标准置于贸易协议中，环保产业是未来产业发展的一个方向。但如何统计生态环境产业国际上并没有一个统一标准，生态环境产业的统计核算处于分散状态。

我国在生态环境保护方面投入了大量的资金，专门的环保企业从分散到产业化发展已经逐步形成。随着我国生态环境危机的加剧，可以预见，生态环境保护活动必将成为我国产业发展的一个新兴产业。虽然环境保护部与国家统计局开展过环保产业的相关统计调查测算，但至今在环保产业上没有形成统一的分类体系，环保产业测算稳定性差，测算范围过于狭小，不能全面反映我国生态环境产业的发展状况。在这种背景下，生态环境产业的统计分类不仅具有重大的理论意义，也是现实发展使然，具有极为重要的意义。

（1）有助于于厘清生态环境产业的发展现状，促进生态环境产业的发展。我国的生态环境产业虽然起步晚，但发展迅速，目前不仅出现了专门从事生态环境保护的企业，还有大量的环境标志获证企业对生态环境产生影响。面对这些纷繁复杂的生态环境企业，使其从现有三次产业中分离出来，测算其成果，不仅能够厘清生态环境产业的发展现状，也能够测算其增加值在国民经济中所占比重、吸纳就业人员的数量和质量，从而有利于规范生态环境产业的有序发展。

（2）有利于生态环境危机问题有的放矢，提高生态环境治理效率。对生态环境活动进行统计分类，实际上就是对生态环境问题的一一甄别。原因在于，生态环境产业的各项活动起源于生态环境的受损，不同的活动，对应于不同的生态环境受损状况，这样，通过对生态环境产业的统计分类，不仅能够区分不同的生态环境问题，有的放矢，也能够通过其产业活动数据如投入产出数据获取不同生态环境活动的效率，进而促使生态环境产业在经济、生态中更好地发挥作用。

（3）是传统国民经济绿色转型的桥梁，有益于绿色经济的发展壮大。生态环境产业与国民经济活动中的第一产业、第二产业及第三产业关联性非常大，其产品与服务绝大部分进入三次产业活动中促使三次产业活动具有环保性、清洁性，这种不断进入、不断转化的过程，实质上是对三次产业的传统工艺流程的改造，促使三次产业向绿色产业转型发展，必然有益于绿色经济的发展壮大。

6.2 生态环境产业的分类

6.2.1 统计分类

分类，在统计上也称为统计分类，是指根据研究的任务和对象的特点，按照某种标志，将统计总体分为若干组成部分。在产业分类上，目前国际上对经济活动进行分类最成熟、最权威、最有影响力的分类标准是国际标准产业分类体系（international standard industrial classification of all economic activities，ISIC）。该体系对所有经济活动分类按照经济活动或产业划分，各机构完全按照经济活动类型进行分类，即使所有制形式不同，只要从事的经济活动类型相同，这些机构就被划分在同一个组中，而对于有多种业务的机构，按其主要产品的类型对该机构予以分类。国际标准产业分类体系目前采用四级形式，选用字母和 4 位十进制阿拉伯数字作为四级分类体系的分类符号，分别代表类别（部类）、类、组与小类（图 6-1）。

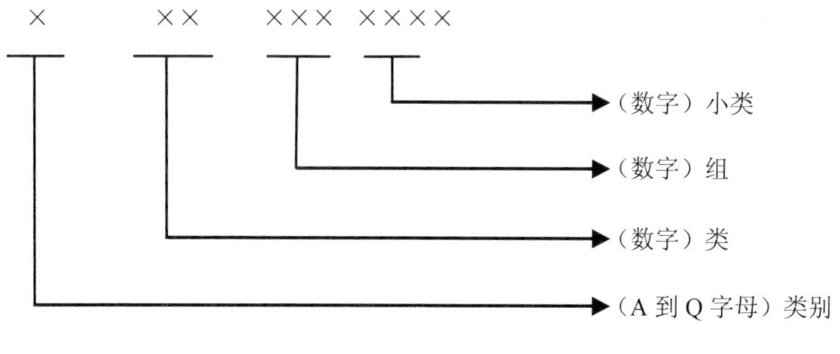

图 6-1 ISIC 代码结构

在图 6-1 中，大写英文字母表示最高级别部类，其下的类、组和小类分别用 2 位、3 位和 4 位十进制阿拉伯数字表示。比如，“农业、林业及渔业”如果为一项一级指标，设置为“类别”，其编码为字母“A”；进一步细分，如果能得到 3 个二级指标，就用“类”表示，这 3 个“类”指标的编码分别为“01”“02”和“03”；然后再针对“01”“02”及“03”3 个类指标细分，假设“01”类指标可以进一步细分为 7 个三级指标“组”，那么就分别用“011”“012”“013”“014”“015”“016”与“017”来编码；而在“011”组指标中如果还可以进一步细分，假设细分为 5 个四级指标“小类”，这 5 个“小类”指标就用“0111”“0112”“0113”“0114”与“0115”编码。这种分级结构包含了高低不同的层级，每一层级基于货物、服务的投入、产品因素、生产过程和所用技术、生产特点以及生产用途等进行定义与描述，具体分类时，在小类层级上注重产品的生产过程和所用技术，而在更高层级上，则侧重生产性质和生产用途，从而使各层级间的所有分类互斥，相似的经济活动就被列入相同的类别中。

我国国民经济行业分类国家标准参照国际标准产业分类体系于 1984 年首次发布，之后经历了 1994 年、2002 年、2011 年的 3 次修订。最新的《国民经济行业分类》（GB/T 4754—2011）除参照 2008 年联合国新修订的 ISIC4.0 外，主要依据我国近年来经济发展状况和趋势，对门类、大类、中类和小类做了调整与修改。整体上看，我国的《国民经济行业分类》采用经济活动的同质性原则划分国民经济行业，即每一个行业类别按照同一种经济活动的性质划分。而在确定单位的行业归属时，则按照单位的主要经济活动确定其行业性质，由于一个单位可能不止从事一种经济活动，这种情况下如果一个单位只从事一种经济活动，那么按照该经济活动确定单位的行业；如果一个单位从事两种以上的经济活动，则按照其主要经济活动确定单位的行业。在编码方法和代码结构上，采用线分类法和分层次编码方法，将国民经济行业划分为门类、大类、中类和小类四级。代码由一位拉丁字母和四位阿拉伯数字组成。门类代码用拉丁字母 A、B、C……中的一位依次表示；大类代码用两位阿拉伯数字表示，打破门类界限，从 01 开始按顺序编码；中类代码用三位阿拉伯数字表示，前两位为大类代码，第三位为中类顺序代码；小类代码用四位阿拉伯数字表示，前三位为中类代码，第四位为小类顺序代码。在中类和小类中，如果有“其他”字样的收容项，规定收容项的代码尾数为“9”，而在大类、中类如果不再细分时，代码补“0”直至第四位。具体代码结构图见图 6-2。

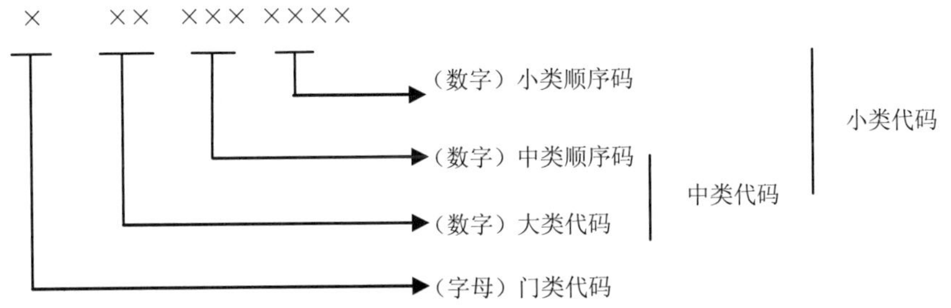

图 6-2　我国国民经济行业分类代码结构

6.2.2　现有统计分类体系中有关生态环境活动的分类

关于与生态环境有关的经济活动，在国际标准产业分类体系中，ISIC4.0 首次基于环保的概念将有关各行业污染物的处理进行分类设置在门类 E 中。在门类 E 中，将废物的收集、处理和处置按照有害废物与无害废物分类，又将材料的回收与它们分开来。具体包括了污水处理（3700）、无害废物的收集（3811）、有害废物的收集（3812）、无害废物的处理和处置（3821）、有害废物的处理和处置（3822）、材料回收（3830）、补救活动和其他废物管理服务（3900）。而关于自然生态保护活动仅在门类 R 中设置了动植物和自然保护区活动（9103）一个小类。

与国际标准产业分类体系相比，我国《国民经济行业分类》（GB/T 4754—2011）中，与生态环境有关的活动散布在多个行业的分类中。比如，门类 A 中包含了森林和更新（0220）、森林经营和管护（0230）；门类 C 中设置了环境污染处理专用药剂材料制造（2665）、环境保护专用设备制造（3591）、水资源专用机械制造（3597）、环境监测专用仪器仪表制造（4021）、金属废料和碎屑加工处理（4210）、非金属废料和碎屑加工处理（4220）；门类 D 中设置了污水处理及其再生利用（4620）、其他水的处理、利用与分配（4690）；门类 F 中设置了再生物资回收与批发；门类 M 中设置了气象服务（7410）、地震服务（7420）、海洋服务（7430）、环境保护监测（7461）、生态监测（7462）、节能技术推广服务（7514）；门类 N 中设置了防洪除涝设施管理（7610）、水资源管理（7620）、天然水收集与分配（7630）、水文服务（7640）、其他水利管理业（7690）、自然保护区管理（7711）、野生动物保护（7712）、野生植物保护（7713）、其他自然保护（7719）、水污染治理（7721）、大气污染治理（7722）、固体废物治理（7723）、危险废物治理（7724）、放射性废物治理（7725）、其他污染治理（7729）、环境卫生管理（7820）、城乡市容管理（7830）、绿色管理（7840）、公园管理（7851）、游览景区管理（7852）。

相对国际标准产业分类体系，虽然我国国民经济行业分类中与生态环境有关的活动在不同门类中有所体现，反映了我国国民经济中与资源、环境及生态有关的活动在不断扩充。但相对《国民经济行业分类》（GB/T 4754—2002），我国新的《国民经济行业分类》（GB/T 4754—2011）只在门类 M 的环境与生态监测（746）中类中增加了生态监测（7462）小类，其他基本没有变动、更新与增设置。由于统计分类是经济统计工作的基础与起点，无论是数据的采集、处理还是进一步的核算和分析都需要借助良好、完善的统计分类标准作为理论基础与支撑。我国在生态文明制度建设上，党的十八大报告明确提出“要把资源消耗、环境损害、生态效益纳入经济社会发展评价体系”中，如果国民经济行业分类中，不能够明确界定与生态环境有关的活动并进行归纳统计，与生态环境有关活动的成果就无法采集数据，生态环境保护的制度、措施等等如何设立、如何开展就始终处于未知的状态。因此，在我国经济社会发展面临“资源约束趋紧、环境污染严重、生态系统退化”的严峻形势下，《国民经济行业分类》中应该突出生态环境的有关活动并单独列示。

6.2.3 生态环境产业的统计分类

目前，有关环境活动的分类各国存在差异，没有国际的公允标准。联合国综合环境经济核算体系（SEEA—2012）针对环境活动做了相对详尽的分类，该体系认为环境活动分类是一项用于划分环境活动、环境产品和环境支出及其他交易的功能分类，整个环境活动可以划分为环境保护与资源管理两种类型。其中，环境保护活动又分为保护周围空气和气候、废水管理、废物管理、保护和补救土壤、地下水和地表水、减小噪声和震动、保护生物多样性和景观、辐射防护、环保研发及其他环保活动；资源管理活动包括矿产和能源资源管理、木材资源管理、水生资源管理、其他生物资源管理、水资源管理、资源管理研发活动及其他资源管理活动。从两大类的统计分类来看，第一大类环境保护活动的结构与现行环保活动和支出分类的结构一致，在对大类细分时，各项活动是按照环境领域如空气、水和废物划分成小类，这些小类及其相关定义，也与环保活动和支出分类一致。第二大类资源管理活动的结构基于不同的资源类型，如矿产和能源资源、木材资源和水生资源等进行进一步细分，具体各小类及其相关定义已被列入环境经济核算体系中心框架的研究议程。在两大类活动中，对于那些涉及范围很广的活动，如与管理和研究有关的那些活动，被归入最后一个小类中。

我国的环境保护活动同样地也没有统一的产业分类标准。1997 年国家环境保护局科技标准司与中国环境保护协会发布的《中国环境保护产业状况》中将中国环境保护产业分为：环保产品生产、环保技术开发与服务体系、“三废”综合利用、自然生态保护与低公害产品生产五大类，五大类又进一步细分了一些小类。其中，环保产品生产大类包含了水污染治理设备、空气污染治理设备、固体废物处理设备、噪声与震动控制设备、放射性与电磁波污染防治设备及环境监测仪器六个小类；环保技术开发与服务体系大类包含了环保技术开发、环保技术服务、环境工程设计施工、环保产品专业营销及环保设施运营五个小类；“三废”综合利用大类包含了资源综合利用（包括废弃物资源、废渣、废液、废气等的综合利用）与再生资源加工利用（包括废金属、废纸、废旧化学制品等的再生利用）两个小类；自然生态保护大类包含了农业生态、自然生态与生态恢复 3 个小类；低公害产品生产大类主要包含不属于传统用于污染防治的环保产品范畴，是与环境相容的一类新型产品。

2011 年，环境保护部、国家发展和改革委员会与国家统计局联合在全国范围内开展了一次环境保护相关产业基本情况的全面调查，在发布的《2011 年全国环境保护相关产业状况公报》中将环境保护相关产业设置为：环境保护产品生产、环境保护服务、资源循环利用产品生产及环境友好产品生产 4 个大类。其中，环境保护产品生产大类又细分为水污染治理产品生产、大气污染治理产品生产、固体废物处理处置产品生产、噪声与震动控制产品生产、环境监测仪器设备生产与资源循环利用产品生产设备 6 个小类；环境保护服务大类细分为：污染治理及环境保护设施运行服务、环境工程建设服务、环境咨询服务及生态修复与生态保护服务 4 个小类；资源循环利用产品生产大类细分为矿产资源综合利用产品生产、产业“三废”综合利用产品生产及再生资源回收利用产品生产 3 个小类；环境友好产品生产大类细分为环境标志产品生产、节能产品生产、节水产品生产与有机产品生产 4 个小类。

从 1997 年与 2011 年中国环境保护产业状况报告设置的行业分类来看，中国的环境保护活动与联合国综合环境经济核算体系设置的环保活动在环境方面的设置基本一致，大类细分时也基本根据环境领域进行小类划分，但在资源的有关活动设置上存在一定差异，联合国综合环境经济核算体系针对不同类型的资源进行了细分，而我国对资源的有关活动主要是侧重资源的循环利用，同时我国的环境保护活动也涉及了生态。因此，整体上分析，我国环境保护产业的统计分类是与我国资源环境问题相适应的。然而，从前后两个报告中的环境保护产业统计分类来看，环境保护相关产业设置不一致，说明目前我国的环境保护没有相对标准的产业分类模式，环境产业统计分类不稳定，而这种不稳定性使得有关环保活动的计量、测度处于分散状态，数据不具有动态可比性，政策可操作性不强，因此，生态环境产业目前急需一个相对稳定的统计分类与核算框架。

如何对生态环境产业进行统计分类需要厘清两个概念：①生态环境产业供给的产品与服务对象是什么；②生态环境产业供给的产品与服务的消费形式是什么。明确产业供给的产品与服务的对象，就能区分该类活动是服务于资源、环境还是生态；明确产品与服务的消费形式就能区分生态环境产业中的活动单位是专门生产为经济活动节约资源、减少环境风险与生态稀缺的产品（服务）还是直接节约资源、降低环境风险与减少生态稀缺。如果生态环境产业供给的产品（服务）是生产消费，说明其产品（服务）是为经济活动减少生态环境风险而供给的环境产品，这类产品生产出来后会被投入到经济系统的经济活动过程中促使经济活动节约资源、减少环境影响，如污水净化器被生态环境企业生产出来后被其他非生态环境企业用于污水的净化就是生态环境企业产品进入到了经济活动中；如果供给的生态环境产品（服务）直接服务于生态环境，那么这些产品（服务）就相当于被自然生态系统最终消费，如湿地恢复。生态环境产业服务对象反映了产品（服务）的去向，而消费方式说明了恢复生态环境系统平衡的产品（服务）的来源，两个方面结合在一起，明确了生态环境产业活动的来源与去向，从而相对明了地呈现了生态环境产业的逻辑框架。

关于生态环境产业供给的产品与服务的对象，从联合国、世界其他国家以及我国现有环境产业有关统计分类情况看，现有环境产业主要侧重于环境保护活动，同时兼顾了资源管理。而从我国目前经济社会发展中出现的“资源约束趋紧、环境污染严重、生态系统退化”的严峻生态环境危机问题可以预见，未来的生态环境活动在我国应该会围绕“资源、环境与生态”三方面展开并将逐渐形成产业发展。因此，生态环境产业活动应该是服务于资源、环境与生态 3 个方面。事实上，从人类经济活动与自然环境的关系分析，人类从自然环境系统获取资源并将其投入经济活动中，获得经济产品的同时将经济活动产生的废弃物投放到环境系统，影响了空气、水与土壤系统，并进一步打破了自然生态的物质与能量平衡，生态系统也因此遭受破坏。可见，人类对自然生态环境的破坏起源于对资源的需求，这种需求又直接或间接地影响或打破了环境与生态系统的平衡。换句话说，人类经济活动对资源、环境与生态均造成了不良影响。如果人类经济活动要促使遭受破坏的自然生态环境恢复物质与能量的平衡，显然需要从资源着手，同时关注环境与生态，也就是说各种生态环境活动必然会围绕资源、环境与生态展开，服务于它们的平衡发展，生态环境产业活动的服务对象是资源、环境与生态 3 个方面。这 3 个部分活动的集合设置为生态环境产业下的门类能够清晰地区分生态环境产业对资源、环境与生态的保护作用，于是生态环境产业的门类就划分为资源管理、环境保护与生态保护 3 个类别。

而门类下如何进一步进行统计分类，考虑到门类设置是根据生态环境产业供给产品的服务对象划分的，服务对象所包含的具体内容就应该是门类进一步细分的方向。但资源、环境与生态各自内容丰富，有些内容在目前并不是人类经济活动能够涵盖的，对这些内容展开保护活动从产业角度分析不具备前提条件，而那些具有脆弱性、亟须保护的资源、环境与生态需要人类加大投入与管理，它们是生态环境产业首要开展的活动，包括资源中的矿产资源、化石燃料资源、森林资源、淡水资源、土地资源、生物资源及多样景观资源；环境中的空气、水和土壤三大生命要素；生态系统中的陆地生态系统与水生生态系统两类生态系统，是目前地球上需要人类珍惜与保护的自然环境生态要素。围绕这些要素开展的活动既是资源、环境与生态能够进一步细分的最大概念，也具有产业化发展的前提条件，符合门类下的大类设置原则。

上述门类与大类设置是根据各类保护活动的对象设置的，为了节约各类资源的投入量、保护环境的三大生命要素以及水陆两类生态系统，需要投入各类环保设备、各种类型的服务到保护活动中。因此，产品与服务的差异决定了环保活动性质的差异，这成为了生态环境产业大类下的中类划分的依据。而中类下如何划分小类则需要借助中国国民经济行业分类标准，根据我国《国民经济行业分类》（GB/T 4754 — 2011）规定，行业（或产业）是从事相同性质经济活动的所有单位的集合，国民经济行业划分采用经济活动的同质性原则，即每一个行业类别按照同一种经济活动的性质划分。生态环境产业在归类各类保护活动时也按照同质性原则确定行业类别。

但与国民经济中的经济活动相比，环保活动具有复杂性，表现在一部分环境活动可能直接作用于生态环境系统，另一部分则可能是通过作用于经济活动过程间接地作用于生态环境系统，而这一部分间接环保活动还有可能不对外提供产品与服务，只在机构单位内部运转。比如，纺织企业将废水回收是一项资源节约与环保活动，但该活动在纺织企业内部只是一种类似“辅助”活动的活动，并不对外提供产品与服务。而国民经济行业分类在确定单位行业归属时，是按照单位的主要经济活动确定其行业性质，当一单位从事一种经济活动时，按照该经济活动确定单位的行业；当单位从事两种以上的经济活动时，则按照主要活动确定单位的行业。显然，如果按照“主要经济活动确定单位的行业归属”的原则划分环保活动会使得一些在机构单位内部的环保活动得不到体现。而事实上，在生态环境产业发展的初期阶段，更多的环保活动体现在经济活动的机构单位内部。基于这种事实，在分类生态环境产业时针对这种机构单位内部的资源节约与环保活动专门设立一个行业反映，其他的生态环境活动则按照同质性原则确定。

据此，就可以得到生态环境产业的分类结构，见图 6-3。

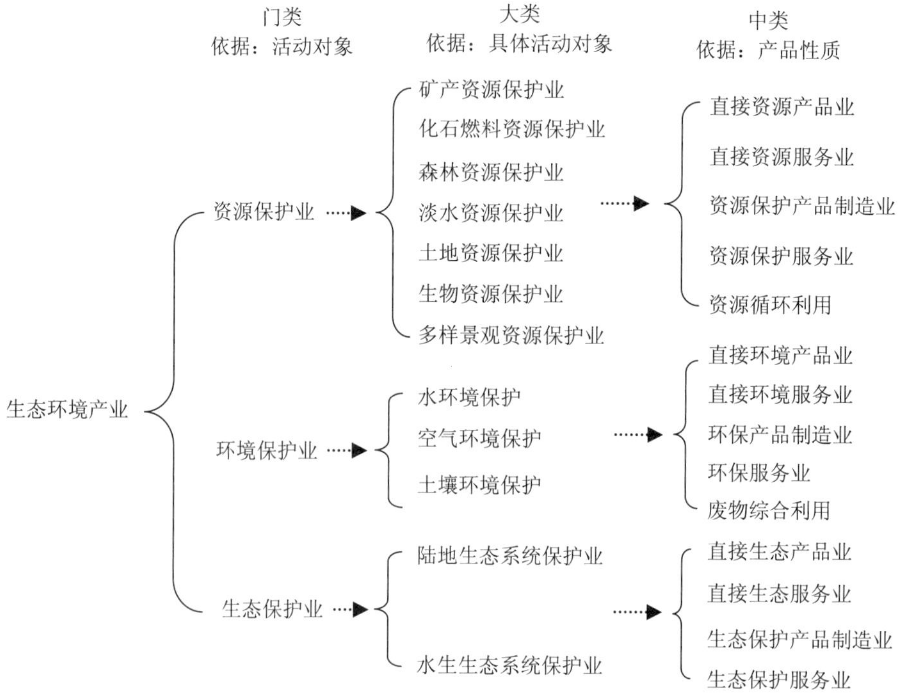

图 6-3 生态环境产业结构

根据图 6-3 的生态环境产业结构，对生态环境产业进行统计分类，具体分类时遵循国民经济行业分类的标准，将生态环境产业划分为门类、大类、中类和小类四级。代码也是由一位拉丁字母和四位阿拉伯数字组成。由于目前国民经济行业分类的门类代码设置到字母 T，生态环境产业的 3 个门类字母依次顺序为 U、V、W；大类代码用两位阿拉伯数字表示，从 01 开始按顺序编码；中类代码用三位阿拉伯数字表示，前两位为大类代码，第三位为中类顺序代码；小类代码用四位阿拉伯数字表示，前三位为中类代码，第四位为小类顺序代码。在中类和小类中，如果有“其他”字样的收容项，同样地规定收容项的代码尾数为“9”，而在大类、中类如果不再细分时，代码补“0”直至第四位。具体的行业分类见表 6-1。

表 6-1　生态环境产业的分类

代码	行业	说明	代码	行业	说明
U	**资源保护业**		V	**环境保护业**	
01	矿产资源		01	水环境	
011	矿产资源保护产品制造业		011	水环境保护产品制造业	
0111	矿产资源开采省资源型装置		0111	水环境监测设备制造	
0112	矿产资源开采公害防治装置		0112	水环境控污设备制造	
012	矿产资源保护服务业		0113	水环境治理设备制造	
0121	矿产资源绿色开采研发投入		0114	水环境污染处理专用药剂材料制造	国民经济行业分类中的 2665
0122	矿产资源绿色金融		012	水环境服务业	
0130	矿产资源综合利用产品生产	包含节约	0121	水环境监测	
02	化石燃料资源		0122	水环境保养	
021	化石燃料资源保护产品制造业		0123	水环境保护研发投入	
0211	化石燃料资源开采省资源型装置		0124	水环境绿色金融	
0212	化石燃料资源开采公害防治装置		0130	废水综合利用	包含减排
022	化石燃料资源保护服务业		02	大气环境	

代码	行业	说明	代码	行业	说明
0221	化石燃料资源绿色开采研发投入		021	大气环境保护产品制造业	
0222	化石燃料资源绿色金融		0211	大气环境监测设备制造	
0230	化石燃料资源综合利用产品生产	包含节约	0212	限制废气排放设备制造	
03	森林资源		0213	大气污染治理设备制造	
031	林木育种与育苗	将国民经济	0214	空气净化器制造	
			0215	噪声减震设备制造	
0311	林木育种	行业分类中	022	大气环境服务业	
0312	林木育苗	的 02 林业移	0221	大气环境监测	
032	森林保护设备制造	至生态环境	0222	大气治理	
0321	森林灾害防治设备	产业分类中	0223	大气保护技术研发投入	
0322	森林灾害药剂		0224	大气环境绿色金融	
033	森林资源保护服务业		0230	废气综合利用	包含减排
0331	森林资源防护研发投入		03	土壤环境	
0332	森林资源绿色金融		031	土壤环境保护产品制造业	
0340	造林和更新		0311	土壤环境监测设备制造	
0350	森林经营和管护		0312	固体废弃物处置设备制造	包含危险物
0360	林木资源综合利用	包含节约	0313	固体废弃物治理设备制造	包含危险物
04	淡水资源		032	土壤环境服务业	
041	淡水资源保护产品制造业		0321	土壤环境监测	
0411	淡水资源处理专用机械制造	将国民经济行业分类中的 3597 移至生态环境产业	0322	土壤环境改良	
0412	淡水资源保护设备制造		0323	土壤环境修复	
0413	淡水资源节水设备制造		0324	土壤环境治理技术研发投入	

代码	行业	说明	代码	行业	说明
042	淡水资源保护工程建筑		0325	土壤环境绿色金融	
0421	水源保护工程建筑	国民经济行业分类中的 4821	0330	固体废弃物的综合利用	包含减排
0422	河湖治理工程建筑	国民经济行业分类中的 4822	W	**生态保护**	
043	淡水资源保护服务业		01	陆地生态系统	
0431	淡水资源管理	国民经济行业分类中的 7620	011	陆地生态系统保护产品制造业	
0432	淡水资源保护研发投入		0111	陆地生态系统监测设备制造	
0433	天然水收集与分配	国民经济行业分类中的 7630	0112	陆地生态系统修复设备制造	
0434	淡水资源绿色金融		0113	陆地生态系统治理设备制造	
0440	淡水资源综合利用	包含节约	012	陆地生态系统服务	
05	土地资源		0121	陆地生态系统监测	
0510	水土保持		0122	陆地生态系统保养	
0520	土地沙漠化防治		0123	陆地生态系统保护研发投入	
0530	盐碱地改良		0124	陆地生态系统绿色金融	
0540	防止土地污染		013	陆地生态系统产品生产	
0550	土地资源绿色金融		0131	森林植被种植	
0560	土地资源综合利用	包含节约	0132	草原植被种植	
06	生物资源		0133	荒漠植被种植	
0610	生物多样性维护		02	水生生态系统	
0620	珍稀动物保护		021	水生生态系统保护产品制造业	
0630	珍稀植物保护		0211	水生生态系统监测设备制造	
0640	生物资源保护研发投入		0212	水生生态系统修复设备制造	
0650	生物资源绿色金融		0213	水生生态系统治理设备制造	
07	多样景观资源		022	水生生态系统服务	
0710	多样景观保护		0221	水生生态系统监测	

代码	行业	说明	代码	行业	说明
0720	多样景观绿色金融		0222	水生生态系统保养	
			0223	水生生态系统保护研发投入	
			0224	水生生态系统绿色金融	
			023	水生生态系统产品生产	
			0231	淡水水生生物恢复	
			0232	海洋水生生物恢复	

6.3 生态环境产业统计指标体系

6.3.1 统计指标与指标体系

6.3.1.1 统计指标概念

统计指标是统计学的基本范畴，反映统计总体数量特征的概念和数值。一个统计指标由两项基本要素构成，即指标的概念（名称）和指标的数值。指标的概念（名称）是对所研究现象本质的抽象概括，也是对总体数量特征的质的规定性。设置时，指标名称必须有一定的理论依据，使统计指标的概念与社会经济或科学技术的范畴相吻合。同时，统计指标又必须对理论范畴加以具体化，以便达到量化的目的。例如，生产资料、消费资料的概念在经济学中是明确的，但在实际生活中，煤炭、电究竟是生产资料还是消费资料就必须具体规定。指标的数值反映的是所研究现象在具体时间、地点、条件下的规模、水平、结构等特征，它是具体的而不是抽象的数字。因而，一个完整的统计指标除了具有指标名称和指标数值外，还应该包括时间状态、空间范围、计量单位、计量方法等限定，而不能随意变动，同时还必须注意由于上述条件的变化而引起数值的可比性问题。

统计指标按照其反映的内容或数值表现形式，可以分为总量指标、相对指标、平均指标 3 种。总量指标是表明社会经济现象在一定时间、地点条件下的规模或水平的统计指标，也称绝对数。主要用于反映被研究总体的基本状况和基本实力，同时也是制定政策、计划以及检查政策和计划执行情况的基本依据，如土地面积、能源生产总量等就是总量指标。相对指标又称相对数，它是由两个有联系的指标对比得到的一种抽象的比值。由于相对指标的计算方法、作用会存在差异，在实际工作中，相对指标通常以无名数（如倍数或系数、成数、百分数划千分数、翻番）与有名数（将相对指标中的分子和分母指标数值计量单位同时使用的一种表示方法，主要用于部分强度相对指标）出现。平均指标也即平均数，是反映现象的一般水平或集中趋势的指标。具有代表性和抽象性，如人均能源消耗量、人均耕地占有面积等。在实际运用中，根据所掌握资料、研究目的及现象性质不同，会有多种计算方法，如算术平均数、调和平均数、几何平均数等。

除了上述分类以外，统计指标还可以按其反映总体现象的数量特征不同，分为数量指标和质量指标。数量指标是反映现象总规模、总水平和工作总量的统计指标，如环保企业就业人数、环保企业增加值等，这些指标不论是总体单位总量或是总体标志总量都反映现象或过程的总规模和水平，所以数量指标也称为总量指标，用绝对数表示。而质量指标是指反映现象相对水平和工作质量的统计指标，如空气污染指数、资源节约率等，它是总量指标的派生指标，用相对数或平均数表示，以反映现象之间的内在联系和对比关系。

6.3.1.2 统计指标体系概念

指标体系用以反映研究现象各方面相互依存、相互制约的关系，它是由一系列相互联系的统计指标所组成的有机整体。例如，工业企业生产活动是在一定生产经营主体的组织下，由资本金、劳力、物资、技术、设备、生产、供应、销售等相互联系的各部分构成的整体。为了反映企业生产经营的全貌，在统计数据时，应设立产量、产值、品种、质量、职工人数、劳动生产率、工资总额、原材料、设备、财务成本等指标群，这一指标群就是反映工业企业生产活动的统计指标体系。其中，产品产量、总产值、增加值、品种、质量指标等构成企业生产统计指标体系，而固定资金、流动资金、生产费用、产品成本、销售利润则构成企业财务指标体系。

统计指标体系根据其表现形式不同可以分为：单层指标体系、树形多层指标体系及非树形多层指标体系 3 种。单层指标体系是指除总目标外的指标层只有一层，即最终指标直接隶属于总目标，直接对总目标加以说明和解释。由于该类指标体系简单，一般适用于较简单的社会经济现象问题。树形多层指标体系是指除总目标之外，指标体系至少含有两个不同的指标层。同一层次的不同指标之间是一种并列关系，而下一层次的任一指标只隶属于与之相邻的上一层指标中的一个指标，整个指标体系呈现出明显的树形结构，树形指标体系所含指标层次的多少，一般由所研究的问题的复杂性来决定。非树形多层指标体系是指指标体系中除总目标外，至少包含两个指标层，同一指标层中的不同指标之间存在并列关系，彼此之间不存在隶属关系，在相邻的两个指标层中，下一层中的某一指标可以同时隶属于上一层中的多个指标，它是指标体系中相对复杂的一处，也是最贴近实际情况的一种指标体系。

6.3.2 统计指标与指标体系设置原则

统计指标与指标体系的设置不但是客观现象的反映，而且也是人们对客观事物认识的结果。在设计统计指标与指标体系时，既要遵循科学的理论，又要从实际情况出发，能够全面描述国民经济现象和过程的各个方面的数量表现。因此，在设计统计指标与指标体系时要遵循一定原则。

（1）科学性原则。设计统计指标和统计指标体系必须深入领会所要研究的现象的本质，查找与现象有关的各门社会科学、自然科学以及数学的理论并以此为依据，确保指标的含义、计算单位、计算方法的确定符合科学的要求。

（2）目的性原则。设计统计指标和统计指标体系是为了满足统计工作和统计研究的需要。不同的统计工作要求和研究目的决定着统计对象的不同，考察不同的统计对象，必然要求设计不同的统计指标和统计指标体系，用不同的尺度来进行不同的测度。例如，为了反映环保企业利用工作劳动时间状况的生产效率时，应设计工人劳动生产率指标进行度量，但如果是为了反映环保企业经营管理水平的生产效率，就应该设计全员劳动生产率指标进行度量。同样考察生产效率，性质相同，但当研究目的不同时，尚且需要设计不同的统计指标，而为了满足不同的需要，就更需要设计各种不同的统计指标了。因此，研究的目的在很大程度上决定了指标的表示与测算范围。

（3）联系性或适应性原则。统计指标和统计指标体系的设计必须适应现象所处的时间、空间等客观条件。因为在不同的条件下，同一现象的性质往往可以由不同的测度特征来体现，可以有不同的表现形式、不同的计量标准和不同的计算方法。随着客观条件的变化，某些原有的统计指标也将因不适应变化了的情况而需要增删修订，重新设计。设计统计指标和统计指标体系在宏观上还必须考虑与党的政策、国家的体制相适应，在微观上要与当前企业管理水平相适应，与计划指标、会计指标以及各种业务指标相一致，使统计指标对现象总体数量的测度切实可行。

（4）统一性或全局性原则。统计指标和统计指标体系还必须从定量分析的全局出发，根据现象在特定活动中的作用来进行设计，使所设计的各种统计指标在定量分析时能够互相配合，互相协调，形成有机的体系。这是统计指标与指标体系设计时不易把握的方面，但又是统计指标与指标体系必须具备的性质。为此，在统计指标与指标体系设计时，首先，应考虑怎样从各个不同侧面来设计统计指标，配合统计指标体系中的核心指标来全面地测度活动的成果。例如，如果要分析环保企业的经营活动成果，仅仅依赖对利润总量的测度是不能全面地认识企业经营活动的成果的，还必须设计产量、质量、品种等各种统计指标，从不同侧面来度量企业的生产成果，才能满足对这一活动的定量分析的需要。其次，应考虑在对某一活动进行分析时，一个统计指标与其他统计指标在测定上的相互联系。比如，产量指标既是测度企业生产成果的尺度，又是测度企业生产经济效益的依据。因而，当设计产量指标时，除了应从产量本身的含义考虑外，还应考虑产量指标与劳动消耗量、生产费用、资金占用等指标在分析经济效益时的联系。最后，应从各种指标的纵向、横向、上层、下层等交织的关系中对于统计指标相互衔接的要求来进行设计。例如，产品价值量指标，就必须既要考虑基层、地区、部门、全国等各种统计指标体系测度产品总量现象的不同要求，又要考虑不同统计指标体系中的这一指标必须相互衔接这样一个原则进行设计。

（5）可比性原则。统计指标与指标体系在设计时要注意从动态角度出发，使统计指标所测度的现象的性质具有可比性。这种可比性包含两个方面：①当需要认识同一现象在不同时间、空间条件下的数量差异时，要求对比的两个统计指标所测度的现象在性质上完全一致；②当需要认识两种现象在一定时间空间条件下的数量关系时，要求对比的两个统计指标所度量的现象在性质上有着必然的联系。因而，在设计新的统计指标时，要求两个对比的统计指标范围一致，使统计指标的度量范围具有可比性。当两个指标的度量性质相同时，要使用相同的计算方法，使统计指标的计算方法具有可比性。

随着客观事物的发展变化以及实践经验和理论研究的积累，除了上述原则以外，统计指标与指标体系在设计时需要结合特定的研究分别对待，遵循不同的设计原则。

6.3.3 生态环境产业统计指标与指标体系设计

6.3.3.1 我国现有生态环境统计指标体系

1980 年 11 月，为了加强环境管理、制定环保政策，编制环保规划，国务院环境保护办公室在北京主持召开了全国第一次环境统计工作会议，针对我国县及县以上工业“三废”排放及其治理情况和环保队伍本身建设和发展情况开展环境统计，标志着我国正式建立了环境统计报表制度。此后，我国的环境统计工作体系和方法处于不断探讨和完善中，与“五年”规划相对应，环境统计指标体系及报表也以“五年”进行一次调整完善，以适应和满足我国环境管理新形势的需要。

“十二五”环境统计指标体系是按照分类分级的方式构建的，整体上包含了 3 个部分：①按照环境统计调查频次归集环境统计年报指标和环境统计季报指标。环境统计年报指标包括工业源、生活源（含机动车）、集中式污染治理设施、农业源、环境管理 5 个部分，重点是对环境保护部门管辖的污染源排放进行全年统计，同时对全年的环境管理情况进行统计，年报注重完整性和全面性；而环境统计季报指标仅包括国家重点监控企业（包括国家重点监控工业企业和污水处理厂两个部分），重点是掌握国家重点监控企业（包括工业企业和污水处理厂）每季度的污染排放情况，季报注重简洁性和时效性。②按照工业源、生活源（含机动车）、集中式污染治理设施、农业源、环境管理五大类归集环境统计年报指标。其中工业源的范围是指《国民经济行业分类》（GB/T 4754—2002）中采矿业，制造业，电力、燃气及水的生产和供应业 3 个门类 39 个行业的产业活动单位；生活源的范围是指城镇范围内的生活污染源（包括城镇范围内的住宿业和餐饮业、居民服务和其他服务业、医院、城镇居民家庭生活等）和机动车；集中式污染治理设施的范围包括污水处理厂、垃圾处理厂（场）、危险废物处置厂和医疗废物处置厂；农业源的范围包括种植业、水产养殖业和畜禽养殖业；环境管理的范围是指环保系统内相关业务部门管理工作和环保系统自身建设等方面情况。③按照指标性质将各类指标分为四类，分别是基本情况指标、台账指标、排放指标、治理指标。其中，排放指标和治理指标是核心指标，是环境保护部门参与宏观决策、反映环境规划和治理成效的指标；基本情况指标和台账指标是辅助指标，是为了核实核心指标准确性的辅助指标。具体结构见图 6-4。

- “十二五”环境统计指标体系
  - 季报指标体系
    - 国家重点监控工业企业
    - 污水处理厂
  - 年报指标体系
    - 工业源
    - 生活源
    - 集中式污染治理设施
    - 农业源
    - 环境管理

图 6-4　“十二五”环境统计指标体系模式框架结构

“十二五”环境统计指标体系共有 830 个指标，其中，环境统计年报共有 745 个指标，环境统计季报共有 85 个指标。环境统计年报中，工业源包括一般工业企业污染排放及处理利用情况、火电企业污染排放及处理利用情况、水泥企业污染排放及处理利用情况、钢铁企业污染排放及处理利用情况、造纸企业污染排放及处理利用情况 5 张基层报表，共 185 个指标。其中，企业基本情况共 12 个指标，主要统计企业类型、行业类别等；企业台账共 96 个指标，包含工业总产值、资源消耗量、污染处理能力等方面的指标；污染治理类指标共 30 个，包含污染治理设施数、污染治理设施运行费用等方面的指标；污染排放类指标共 47 个，统计污染物的排放量等。生活统计报表包括生活源和机动车污染源两个部分，其中生活源调查为两张基表，共 34 项指标，主要统计辖区内城镇常住人口的资源消费量、污染排放量及治理量；机动车污染源调查为 1 张基表，共 41 项指标，测算某地区不同机动车数及机动车污染物排放量。集中式污染治理设施报表包括污水处理厂、垃圾处理厂（场）、危险废物（包括医疗废物）处置厂 3 个部分，其中污水处理厂调查为 1 张基表，共 61 项指标，测算污水处理厂的污染处理投资、污水治理能力、实际处理量以及污水处理方法、处置量等；垃圾处理厂（场）调查为 1 张基表，共 72 项指标，统计垃圾处理厂的投资、治理设施数、垃圾实际处理量及处理能力等方面的情况；危险废物（包括医疗废物）处置厂调查为 1 张基表，共 73 项指标，测算危险废物处置厂的投资、危险废物处理设施数、设计处置能力、危险废物实际处置量等。农业源包括畜禽养殖业污染源调查表和农业污染源基本情况表两张。其中，规模化畜禽养殖场、养殖小区的指标为 39 个，测算养殖场的污染排放量及处理、利用量；农业源基本情况的指标数为 23 个，主要测算某地区与农业有关的污染物排放量。环境管理指标主要反映环保系统内相关业务部门管理工作和环保系统自身建设等方面情况，共计指标数 191 个。根据“十二五”时期环境保护部机关情况，具体的环境管理指标分布情况如下：①办公厅，信访工作情况（18 个指标），人大建议、政协提案情况（6 个指标），档案工作情况（11 个指标）；②政法司，环境法制情况（11 个指标）；③人事司，环保系统能力建设（17 个指标）；④科技司，环境科技情况（17 个指标）；⑤监测司，环境监测情况（19 个指标）；⑥污防司，环境污染控制与管理（8 个指标）；⑦生态司，自然生态保护（7 个指标）；⑧环评司，建设项目环境影响评价情况（8 个指标）；建设项目“三同时”执行情况（10 个指标）；⑨环监局，排污申报核定情况（5 个指标），排污征收情况（14 个指标），污染源自动监控情况（6 个指标）；⑩应急中心，突发环境事件情况（29 个指标）；⑪宣教司，环境宣教情况（5 个指标）。

从“十二五”环境统计指标体系设计的统计指标来看，该体系中包含了生态环境产业有关的活动，如集中式污染治理设施指标、环境管理指标等均是生态环境产业活动单位开展的环保活动。由此获得的数据可以作为生态环境产业数据采集的渠道，为生态环境产业统计核算提供了方便。

但同时我们也看到，生态环境作为一个产业核算，必然与现有国民经济核算中的第一产业、第二产业及第三产业核算具有共性，即均是针对生产活动进行的核算。这样，“十二五”环境统计指标体系中关于生活源的有关统计指标就不适宜于生态环境产业的统计核算，生态环境产业的统计指标有自身的特征与研究需要。

6.3.3.2 生态环境产业的统计指标体系

从生态环境产业的行业性质来看，生态环境产业的活动单位包含了直接生产生态环境产品的企业，也包含了专门为生态环境保护活动提供产品的企业。但从产业活动特征分析，生态环境产业既包含了直接生产生态环境产品的生产过程，也包含了为保护生态环境提供劳动资料从而间接生产生态环境产品的生产过程，同时还包含了一部分企业自身生产过程中采用了节约资源与减少排放的生产流程。这样，从生产活动分析，生态环境产业提供的产品与服务相对于生态环境系统而言，只有直接提供生态环境产品的生产活动才提供“最终产品”，为实现生态环境保护而开展的生产活动相当于提供“中间产品”，间接服务于生态环境，而各企业自身生产过程开展的节约资源与减少废弃物排放量相当于提供“自给性”产品，并服务于生态环境。基于生态环境产业提供的产品与服务的这种性质，说明构成生态环境产业的基本活动单位既包含了产业活动单位，也包含了法人单位。因此，针对这两类活动单位的生产活动，在微观上需要形成生态环境产业活动单位的统计指标体系，然后再针对整个产业系统，在宏观上设计有关生态环境产业的统计指标。

对于直接提供生态环境产品（服务）和为生态环境保护活动提供产品（服务）的产业活动单位或法人单位，其生产活动与现有工业企业生产经济产品或服务相似，均需要投入生产资料，组织生产，并最终提供市场需要的产品或服务，其最终目标都需要利益最大化。因此，在统计生态环境产品或服务的生产活动成果时，设计的指标体系原则上与现有工业企业的统计指标体系相似。区别在于生态环境产业活动单位，其生产活动以加工处置生态环境产品为目的，这样，在生产投入、生产产出等方面必然带有生态环境产业活动的特色。而对于生产企业在自身生产活动中采用的生态环境保护活动，相当于传统工业的生态环境改造，可以参照环境统计指标体系中的工业老污染源治理项目的统计指标体系设计。

由于生态环境产业的生产活动单位具有生产经营的性质，作为一个产业进行统计，在指标体系设计上需要有利于生态环境产业活动单位价值核算的目的。基于这一特点，生态环境产业活动单位的指标体系设计主体上应该参照现有工业企业统计指标体系的设计原则，但由于生态环境产品生产企业的目的是服务于生态环境，其生产活动成果均是生态环境产品或服务，因此指标体系的设计又需要体现生态环境保护的特色。结合这两点，对直接提供生态环境产品与为生态环境保护活动提供产品的生产企业指标体系的设计思路按照基本情况指标、台账指标、再生利用指标、新增生产能力指标四个方面设计；对于生产企业自身生产活动中开展的节约资源与减少废弃物排放的活动统计指标参照“十二五”环境统计指标体系设计的原则设计。具体的指标体系参见表 6-2。

在表 6-2 中，总共设置了 50 个统计指标，其中 30 个指标是统计直接生态环境产品生产企业或为实现生态环境保护而供给产品的企业生产活动情况的，20 个指标是统计现有工业企业生产过程中节约资源与减少废弃物排放量情况的。在直接生态环境产品生产企业或为实现生态环境保护而供给产品的企业生产活动情况指标中，台账指标的设置主要是为生态环境企业采用生产法计算产值服务的。该指标体系中，包含了总产出、中间投入的项目，对于总产出从实物量与价值量两个方面设计统计指标。由于直接生态环境产品生产企业与为实现生态环境保护而供给产品的企业在产品与服务供给上存在差异，在生产量、主要产品生产量、商品量、新增产品量上会有所不同。直接生态环境产品生产企业包含了资源型产品或服务供给、环境型产品或服务供给以及生态产品或服务供给，这些产品或服务直接作用于生态环境，在价值处理上需要按照生态环境价值计算，而为实现生态环境保护而供给产品的生产企业，由于其产品或服务相当于工业产品或服务，在价值处理上按照工业产品价值形成或服务形成处理。

表 6-2　生态环境产业微观统计指标体系

指标分类	报表目录	指标体系	指标数量
（一）直接生态环境产品生产企业与为生态环境保护供给产品的生产企业基表			
基本情况指标	直接生态环境产品生产企业或为生态环境保护供给产品的企业	组织机构代码、填报单位详细名称、企业地理位置（中心经度、中心纬度）、法人及联系人、详细地址及行政区划、行业类别、企业规模、所属集团公司、注册类型、产品类别	10
台账指标		生态环境产品总产值、生态环境产品生产量、主要生态环境产品生产量、生态环境产品商品量、新增生态环境产品产量、产品品种数、直接材料用量、制造费用、管理费用、销售费用、利息支出	11
再生利用指标		资源的循环利用量、废弃物的综合利用量、资源循环利用价值、废弃物的综合利用价值	4
新增生产能力		累计完成投资、新增固定资产、研发投入、技术创新投入、新增劳动力	5
（二）现有企业生产过程节约资源与减少排放项目基表			
工业企业资源节约与污染治理项目建设情况		组织机构代码、填报单位详细名称、资源节约类型、资源节约量、资源节约产值、资源循环利用量、资源循环利用产价值、污染治理项目名称、治理类型、治理设施数、减排放量、去除（处置）量、减排放量产值、去除量（处置量）产值、废弃物综合用量、废弃物综合利用价值、计划总投资、至本年底累计完成投资、本年完成投资及资金来源、竣工项目设计或新增处理能力	20

再生利用指标是基于生态环境企业在生产过程中本身应该是清洁技术或资源节约与减排放企业设置的，而新增生产能力指标是基于绿色金融、生态环境保护投资效率、吸纳就业岗位情况设置的，主要考察生态环境产业对经济增长的贡献、发展潜力与前景。

同时，在表 6-2 中提供了现有工业企业生产过程中通过自身投入节约资源与减少废弃物排放情况的统计指标，这种形式的资源节约与废弃物的减排放原则上不构成产业，但可以将其虚拟成生态环境产业活动单位，将其资源节约与废弃物减排放设置成“自产自销”的产品形式，进而可以纳入产业活动成果统计中。这种设置一方面是为了体现整体经济中节约与环保型经济活动成果总量，另一方面也是为了完整地反映绿色经济活动成果在生态健康上的贡献程度。

上述指标体系的设置只是生态环境产业微观统计上的必备指标，也是最基本的统计指标，在核算生态环境产业活动成果时，上述指标需要具有稳定性。

与现有产业活动相似，生态环境产业的宏观统计指标也包括总产出、中间投入、增加值、就业人数、最终产品、资本形成与进出口等方面的统计指标。

第 7 章

生产法绿色国民经济核算

第 5 章的绿色经济核算框架提出了绿色经济活动成果核算的两种方法，由于支出法在核算经济活动成果时可以对经济主体的不同支出项目进行统计，本身是一种价值测度，相对较为简单。本书仅对生产法绿色国民经济核算进行详细讨论。根据绿色经济包含内容及绿色经济核算思路，生产法核算绿色国民经济包含两个方面的内容：一个是反映提高人类福祉与社会公平的绿色产品核算；另一个是反映显著降低环境风险与减少生态稀缺的生态环境产业核算。由于绿色产品分布在现有 3 次产业中，因此，绿色产品核算实际上又分为第一产业绿色产品核算、第二产业绿色产品核算与第三产业绿色产品核算 3 个部分。

7.1 绿色产品与服务产值核算

绿色产品与服务是绿色经济为提高人体健康而提供的产品与服务，是现有 3 次产业中符合绿色标志的经济活动成果。与传统产品与服务相比，绿色产品与服务由于对环境影响最低、对人体健康有益，企业生产过程中必然将追求个体利益最大化转化为追求社会利益最大化。这样，生产成本将会包含私人成本与社会成本两部分，社会成本的进入，企业生产的中间投入或增加值的确认与计量会随之改变，进而绿色产品与服务的产值核算会有所不同。

7.1.1 绿色产品与服务核算的方法与基本原则

7.1.1.1 绿色产品与服务核算的方法

（1）绿色产品与服务核算记录方法。与现有国民经济核算记录方法一致，绿色产品与服务同样地采用复式记账法，也就是说，每一笔交易都要根据所引起的资源流的不同性质同时记录两次，在两个地方给予核算加总，一次作为获得，一次作为使用，二者在数额上相等。采用复式记账法使得绿色产品或服务的交易会在两个交易所属部门分别记录 4 次，如住户部门以现金从绿色产品生产企业购买绿色产品，对住户来说，是获得绿色产品而放弃现金，而对于绿色产品生产企业来说则是放弃绿色产品而得到现金，由此能够分别在核算中体现为：住户部门的消费支出、金融资产减少，绿色产品生产企业的产品销售收入、金融资产增加。这样记录，使得绿色产品的不同核算内容联系起来，形成有机整体，便于整理全社会绿色产品与服务的再生产流程的联系。

（2）绿色产品与服务的数据归集方法。现有国民经济核算的数据系统归集方法是账户与平衡表。账户在国民经济核算中是作为使整个数据体系得到系统归集表述的工具，虽然在功能上类似于企业会计的基本财务报表，但其结果却是一个账户体系。除了账户以外，国民经济核算还运用平衡表作为数据载体和系统归集工具，但平衡表与账户间本身并不存在根本差异。绿色产品与服务的核算同样地通过设置账户与平衡表来归集数据，在绿色产品与服务核算过程中这样处理既能表现单个机构部门内部来源与使用的平衡，又能够描述特定经济交易上来源与使用的平衡，相关账户与平衡表通过平衡项连接起来，从而使得整个经济产品与服务核算成为一个有机联系的整体，有利于分析绿色产品与服务的投入、产出、分配、使用情况。

但上述方法是将绿色产品与服务置于没有相关统计数据时采用的核算方法，也就是说它们是原始数据收集的方法。事实上，绿色产品及服务与传统产品及服务共存于现有国民经济中，现有国民经济核算已经包含了绿色产品与服务的核算。因此，如果只需要抽象地反映绿色产品与服务的价值，绿色产品与服务的数据收集只需要从现有国民经济核算中将绿色产品与服务的价值分离出来即可，这种方式适合于绿色产品价值的宏观分析。但为了更好地体现绿色经济运行的方式、特点与再生产环节的联系，实际操作中有必要对绿色产品与服务核算建立独立的账户与平衡表进行数据归集。为此，需要绿色产品与服务生产企业建立统计台账与统计报表制度，相关微观制度也需要同时配套落实。

7.1.1.2 绿色产品与服务的记录时间与估价方法

为了保持与国民经济核算体系的一致，绿色产品与服务核算的记录时间原则上同样地采用权责发生制。权责发生制是在交易事项发生之时记录经济活动的发生，它表现为经济价值被创造、转换、交换、转移或消失。在权责发生制下，对于绿色产品的产出、中间消耗、固定资产消耗等，根据生产过程发生的时间进行记录；对于绿色服务，则按照提供服务的时间记录。

而在估价方法的选择上，国民经济核算以现期价格为基础，也就是说，对于那些产生于当期实际交换的经济活动，其货币价值就是当期的实际交换价值，但是对于那些当期没有发生实际交换的经济活动，以及那些由以前时期延续下来的资产存量，其价值必须采取间接估算方式。这种估价方法的处置方式，同样地适应于绿色产品与服务的估价。

但是，需要特别说明的是，绿色产品与服务由于包含了社会成本，或者采用了更先进、更复杂的处理流程，在间接估价方式的选择上需要更为慎重，至少在间接估价时需要包含社会成本或社会收益。这里的社会成本或社会收益是针对绿色产品与服务对环境产生的影响而言的，由于绿色产品对环境无害，实际上是将产品生产过程产生的环境负外部性内部化了，社会不必因此承担因为产品生产而对环境产生的影响。但这种个体影响本身并不好确定，具体衡量时根据产品生产过程主要污染物的排放量，结合同类污染单位治理成本确定其社会成本或收益。

7.1.1.3 绿色产品与服务包含的外部成本处置原则

在绿色产品的生产过程中，产品从研制、开发到生产、运输、销售、使用直到回收利用的整个过程都符合环境保护标准，对生态环境与人类健康均无损害。由于整个过程均需要符合环境保护标准，因此，传统产品生产过程中产生的环境负外部性在绿色产品生产过程中必然需要内化，因此传统产品由于环境负外部性产生的社会成本在绿色产品生产过程中自然就变成了其内部成本。如果这部分社会成本作为内部成本处理，那么其价值就会作为中间消耗从增加值中扣除掉。从成本角度看，这种处理具有合理性。但是从收益角度分析，传统产品产生的环境负外部性实际上不仅转嫁到了社会，而且因为这种负外部性的影响使环境破坏，进而导致一系列环境治理成本以及生态环境不能带来生态效益而损失的收益，均成为了这种负外部性的机会成本，社会为此要付出这种机会成本的代价，而社会付出的这部分代价侵占了社会福利的提高。绿色产品将这部分损害作为内部行为处理，实际上减少了社会因环境破坏而付出的治理成本、增加了社会收益。因此，绿色产品的生产全过程均符合环境保护标准，从企业责任来说，应该作为成本处理，但绿色产品因此而减少的环境治理成本实际上增加了经济社会效益与生态环境效益，应该作为收益处理计入增加值中。也就是说，绿色产品与服务将环境影响内部化后，这种影响应该分成两部分处理：一部分因为环境保护而发生的各种费用作为内部成本处理；另一部分因环境保护而节约的资源量与减少的废弃物排放量应该作为收益处理。

7.1.2 绿色产品与服务的总产出核算

目前在市场上交易的绿色产品与服务，由于已经作为传统产品与服务计入了GDP 核算中，理论上不存在总产出核算的问题。但我国国民经济核算中，并没有将这种产品标示出来，因而，对绿色产品与服务的总产出情况并没有核算数据。

简单地看，对绿色产品与服务的总产出核算只需要将绿色产品与服务从传统产品与服务中分离出来即可，从总量指标上分析，似乎操作难度不大。但国民经济核算在核算不同产业总产出时采用了不同的核算方法。比如，工业总产出采用的是“工厂法”，而农林牧渔业采用的是“产品法”。“工厂法”是把企业作为整体，统计企业当期从事工业生产活动的最终成果，同一企业不同生产环节相互间提供的产品不允许重复计算。这种处理方法以企业作为总产出的统计单位，那么就要求该企业全部活动均应该是绿色产品生产。但实际中，只对产品进行绿色认证，并没有对企业实施绿色认证，如果一个企业只生产一种产品，而该产品又是绿色标志产品，显然，该企业可以推断为绿色产品生产企业，如果一个企业提供多种产品生产，并非所有产品都获得了绿色标志认证，显然无法判断该企业是不是一个绿色产品生产企业。这种情况下，采用“工厂法”计算绿色工业产品总产出就产生了矛盾。因此，有必要对绿色产品与服务总产出核算进行梳理。

7.1.2.1 总产出核算的一般方法

总产出是指各生产单位在一定时期内所生产的全部货物和服务的总价值。对绿色产品与服务而言，绿色产品与服务的总产出就是各生产单位在一定时期内所生产的全部绿色产品与服务的总价值。从实物构成上看，绿色产品与服务的总产出包括了中间产品和最终产品两个部分；从价值形态上看，绿色产品与服务的总产出包括了中间投入和最初投入两部分价值。核算一个生产单位的绿色产品与服务的总产出时，一般方法是计算当期各种绿色产品的产出量与其价格的乘积之和。用公式表示为：

$$\text{绿色产品总产出} = \sum \text{绿色产品产量} \times \text{价格} \tag{7.1}$$

式中，价格按照国民经济核算总产出的原则采用生产者价格计算。同时，由于产品包含了在制品、半成品，如果一个绿色产品的生产周期超过了一个核算期，那么在制品与半成品应该列入当期生产成果中进行统计。这样，式（7.1）就变为

$$\begin{aligned}\text{绿色产品总产出} &= \sum \text{当期绿色产品成品产量} \times \text{价格} \\ &\quad + \sum \text{当期完成的在制品、半成品价值}\end{aligned} \tag{7.2}$$

式（7.2）中的当期完成在制品、半成品价值核算采用期末在制品、半成品价值减去期初在制品、半成品价值的差代替。

对于绿色服务总产出核算，如果是市场性绿色服务产出，那么就是一种营利性服务，对于营利性绿色服务部门的总产出核算，采用核算期内营业收入代替。而对于非市场性的绿色服务，不以营利为目的，其产出不能体现为营业收入，在计算其产出时，假定这些单位所提供的服务价值等于其投入成本价值，然后按照提供服务所花费的总费用估计其总产出。

7.1.2.2 分产业总产出核算方法

式（7.1）与式（7.2）只是给出了绿色产品与服务核算的一般方法，由于各产业生产加工对象不同、产品性质不同，具体核算时会存在差异，需要分产业具体阐述。

（1）绿色工业总产出核算。在国民经济行业分类中，工业包括了采矿业、制造业以及电力燃气及水的生产供应业 3 个行业类别。国民经济核算对工业总产出采用"工厂法"进行核算，这样工业总产出就是工业各企业总产出之和。但"工厂法"不完全适应绿色工业总产出的核算，原因在于，当一个工业企业生产多种产品时，只要一种产品非绿色标志产品，就无法认定该企业属于绿色工业企业，这种情况下，如果按照"工厂法"统计，由于企业不属于绿色产品生产企业，就不会在绿色产品企业名录中，进而就不能统计其绿色产品产出。但事实上该企业却提供了绿色产品，基于这一事实，如果从基层单位考虑，采用投入产出法的"产品同质性"原则进行核算，也就是以基层单位为基本核算单位确定绿色产品的统计方式，那么在核算绿

色工业总产出时就不会存在遗漏绿色产品的情况。为了更好地反映绿色产品的产出，绿色工业总产出以基层单位作为“工厂法”核算的基本单位，这样绿色工业总产出就为所有绿色产品基层生产单位产出之和。用公式表示为：

$$绿色工业总产出 = \sum 绿色产品基层生产单位总产出 \tag{7.3}$$

如果基层单位有绿色产品的在制品与半成品，其价值按照期末期初存货变化价值计算。

（2）绿色农林牧渔业总产出核算。在国民经济核算中，农林牧渔业总产出采用“产品法”核算，也就是以农产品为计量单位，按照各种农产品的产量乘以相应的单价计算其价值并加总。由于“产品法”以产品为基本统计单位，符合绿色经济对产品的绿色论证，因此绿色农林牧渔业总产出就可以直接参照国民经济对农林牧渔业总产出的核算方法。具体而言，凡是被认证为绿色农业、绿色林业、绿色牧业、绿色渔业的产品，均按照其产量乘以相应单价计算其总产出。对于其相应的服务部分，如果是市场性服务，按照营业收入计算产出，如果是非市场性服务，按照其成本费用代替核算产出。

（3）绿色建筑业总产出核算。传统建筑业总产出是按照“工厂法”与“产品法”相结合进行核算的。目前，我国住房和城乡建设部正式颁布了《绿色建筑评价标准》。因此，相对其他行业而言，建筑业整体行业有绿色建筑认证标准，这就意味着在绿色建筑业的总产出核算中，可以参照国民经济核算对建筑业总产出的核算方法，采用“工厂法”与“产品法”相结合的方式进行绿色建筑业总产出的核算。

（4）绿色服务业总产出核算。在服务业中，有一部分服务业所从事的服务活动本质上就是绿色服务，如现代服务业，具有智力要素密集度高、产出附加值高、资源消耗少、环境污染少等特点，这些特点正是绿色经济所具有的本质特征。理论上分析现代服务业可以界定为绿色服务业，那么国民经济核算对现代服务业的核算实际上就是绿色服务业的核算，故而对于现代服务业总产出只需要将其从现有国民经济核算中整体分离即可。而对于传统服务业，如商贸、住宿、餐饮、仓储、交通运输等服务业，如果其服务活动中提供的是绿色服务，原则上应该核算为绿色服务业总产出。但由于区分其绿色服务性质难度较大，目前统计核算存在一定困难。

值得重点说明的是，绿色金融是近年来金融业备受关注的行业，在核算绿色服务业总产出时有必要突出绿色金融业的成果核算。绿色金融通常有两层含义：一是金融业如何促进环保和经济社会的可持续发展；另一个是指金融业自身的可持续发展。理论上分析，金融部门在实施绿色金融时，在投资决策中要考虑潜在的环境影响，把与环境条件相关的潜在回报、风险和成本都要融合进日常业务中。因此，与传统金融相比，绿色金融最突出的特点就是将对环境保护和对资源的有效利用程度作为计量其活动成效的标准之一。国民经济核算在核算金融业总产出时，是按照直接佣金、手续费以及隐含的服务收入进行测算的。隐含的服务收入对于银行与证券业来说就是其利息收入减去利息支出后的差额在扣除其自有资金获得的投资收入后的余额；对于保险业就是保险业务收入减去应付赔款、提取的保险准备金之后的差额。由于绿色金融在投资决策中要考虑潜在的环境影响，并把与环境条件相关的潜在回报、风险和成本融合进日常业务中。这样，绿色金融的利息收入相对传统利息收入会有所不同，这也是绿色金融核算总产出与传统金融核算总产出时的主要区别所在。

与环境条件相关的潜在回报与潜在风险及成本是决定绿色金融利息收入的决定性因素。由于环境保护活动的潜在回报不显性，即使有回报也可能需要若干年后才能体现，因此，潜在收益的计算事实上很难确定。而潜在收益的不确定性实际上就增加了潜在风险与投资成本，如果没有相应的补贴，绿色金融在实际操作中将会存在很大的障碍。目前，国外常见的绿色金融工具包括：绿色抵押等银行类环境金融产品、生态基金等基金类环境金融产品、巨灾债券（巨灾风险证券化）、天气衍生品和污染物排放减少信用等环境金融衍生品，在我国绿色金融发展还相当慢，创造的价值极为有限。

7.1.3 中间投入核算

中间投入是指报告期内用于生产活动而一次性消耗的外购原材料、燃料、动力及其他实物产品和对外支付的服务费用。服务费用包括支付给物质生产部门（工业、农业、批发零售贸易业、建筑业、运输邮电业）的服务费用和支付给非物质生产部门（保险、金融、文化教育、科学研究、医疗卫生、行政管理等）的服务费用。国民经济核算在确定中间投入时，需要遵循：①必须是从外部购入的，并已计入总产值的产品和服务价值，不包括生产过程中回收的废料以及自制品的价值；②必须是本期投入生产，并一次性消耗的产品和服务价值，不包括固定资产转移价值；③中间投入的计算口径必须与总产值的计算口径相一致，即计入中间投入的产品和服务的价值必须是已经计入了总产值中的价值。

中间投入有不同的表现形式，按支付的对象可分为中间物质投入和中间劳务投入两部分。中间物质投入是指在生产过程中外购的各种物质产品的价值和支付给物质生产部门的劳务费用，包括外购的并在本期消耗的原材料、燃料、动力及向外单位支付的运输费、邮电费、加工费、修理费、仓储费。中间劳务投入是指在生产经营管理中支付给非物质生产部门的各种服务费用，这些费用构成非物质生产部门收入的一部分，包括利息支出、广告费、保险费、职工教育费、差旅费等。另外，中间投入也可以按照具体内容划分，分为直接材料、制造费用中的中间投入、管理费用中的中间投入、销售费用中的中间投入和利息支出五大类。直接材料包括生产经营过程中实际消耗的原材料、辅助材料、备品配件、外购半成品、燃料、动力、包装物以及其他直接材料。制造费用中的中间投入包括修理费、物料消耗、低值易耗品、取暖费、水电费、办公费、运输费、试验检验费、劳动保护费、租赁费、差旅费、保险费等。管理费用中的中间投入包括办公费、运输费、修理费、物料消耗、递延费用摊销、低值易耗品摊销、绿化费、技术转让费、无形资产摊销、土地损失补偿费、排污费、工会经费、财产保险费、职工教育经费等。销售费用中的中间投入包括运输费、包装费、办公费、修理费、物料消耗、低值易耗品摊销、租赁费、展览费、保险费、广告费、差旅费等。利息支出是指生产经营期间发生的利息净支出（减利收入）。

实际操作中对中间投入的具体计算，通常有两种方法：①正算法，该方法将制造费用、管理费用、销售费用中属于中间消耗的部分分别相加（中间物质消耗按不含增值税的价格计算），再加上直接材料和利息得出中间投入总和；②倒算法，这种方法分别用制造费用、管理费用、销售费用合计减去该三项费用中属于增加值的项目，如工资、福利费等，倒算出三项费用中的中间消耗，再加上直接材料和利息支出，得出中间投入总和。在实际运用过程中，采用倒算法计算比较简便易行。

绿色产品从研制、开发到生产、运输、销售、使用直到回收利用的整个过程都符合环境保护标准，这意味着绿色产品的生产过程不同于传统产品生产过程，中间投入或中间消耗自然就不同于传统产品的中间消耗，最显著的不同在于其生产过程采用清洁技术，对环境不造成影响。在现有工业企业的总产出核算中，将绿化费、土地损失补偿费、排污费作为中间投入的管理费用处理，也就是说，现有工业企业对生产过程中的环保活动是作为中间投入处理的，由于作中间投入处理，意味着企业增加值的减少。企业生产活动对环境造成的污染是企业生产的负外部性，虽然以往企业生产活动不考虑这种环境的负外部性，但社会却为此付出了代价。现在将这种原本由企业承担的社会代价由企业自行负责，实际上是将社会成本还原至企业自身生产活动，自然构成企业的生产成本作为中间投入处理。

表面上看，这一处理不乏合理性。然而，企业将环境治理活动的费用作为成本处理，由于成本是生产价格的一部分，自然也是市场价格的内容，市场价格是消费者购买产品时支付的价格，这就等于企业生产活动产生的环境负外部性成本原本由社会承担、经过企业作中间投入处理后，现在完全转移至消费者承担，如果环境是一种共享资源，环境治理成本完全由消费者承担显然不具有公平性，与绿色经济发展提倡的公平性相违背。因此，为了体现绿色经济发展的公平性，对于绿色产品生产企业生产过程中的环保活动，需要将费用与环境效益结合起来，将由于开展环保活动而发生的费用作成本处理，将由于环保活动而减少的污染排放、资源节约与绿化产生的生态环境效益做收益处理，生态环境效益成为增加值的内容，进而通过收入分配与再分配构成消费者的可支配收入，使消费者在为企业生产活动产生的环境负外部性埋单的同时也能由此分享一部分利益。

基于以上考虑，对于绿色产品生产过程的中间投入核算，整体上与现有国民经济核算对中间投入的处理与要求没有本质上的差异，只是对于其中的环保活动既要核算其成本费用，也要核算其因此而产生的生态环境效益。

7.1.4 绿色产品的增加值核算

增加值核算是对生产过程及其成果的核算。从形成过程看，增加值是生产者当期生产的产品价值扣除所消耗的其他产品价值后的余额。即总产出减去中间投入之差就是增加值，这是生产法核算增加值的思路。用公式表示为：

$$增加值 = 总产出 - 中间投入 \tag{7.4}$$

对于绿色产品的增加值，就是绿色产品的生产者当期生产的绿色产品价值扣除所消耗的其他产品价值后的余额，即绿色总产出减去中间投入后的余额。由于绿色产品增加值取决于绿色总产出与中间投入，前文对一般绿色产品总产出及分产业的绿色总产出进行了详细的阐述，对其中的中间投入也进行了解说。因此，从产业角度分析，各产业的绿色产品与服务的总产出减去相应的中间投入便是各产业绿色产品的增加值，然后将各产业绿色产品增加值相加，便是三次产业全部的绿色产品增加值。用公式表示为：

$$\begin{aligned}\text{绿色产品增加值}=&\sum(\text{各产业绿色总产出}-\text{对应产业中间投入})\\&+\sum\text{各产业环保活动产生的生态环境效益}\end{aligned} \tag{7.5}$$

在式（7.5）中，各产业的中间投入包含了环保活动而发生的各项费用。各产业环保活动产生的生态环境效益的计算，如果是减排收益，其效益用减排量乘以单位污染治理投资的估计值代替。用公式表示为：

$$\text{污染减排效益}=\text{污染减排量}\times\text{单位污染投资} \tag{7.6}$$

如果是节约资源，其效益用节约资源量乘以单位资源收入的估计值代替。用公式表示为：

$$\text{资源节约效益}=\text{资源节约量}\times\text{单位资源初次分配收入} \tag{7.7}$$

如果是绿化，其效益用新增绿化面积除以碳足迹换算成二氧化碳量后再乘以单位二氧化碳排放治理投资的估计值代替。用公式表示为：

$$\text{二氧化碳量}=\frac{\text{绿色面积}}{\text{碳足迹}}\times\text{二氧化碳换算系数} \tag{7.8}$$

$$\text{绿化效益}=\text{二氧化碳量}\times\text{单位二氧化碳污染治理投资} \tag{7.9}$$

式（7.8）中的碳足迹是扣除海洋碳吸收贡献后，吸收化石燃料燃烧排放的二氧化碳所需要的森林面积。式（7.9）中的二氧化碳量是由式（7.8）计算得到的。

由于目前我国没有建立专门的绿色产品统计台账与报表制度，虽然绿色产品的产出价值已经包含在现有国民经济核算的 GDP 中，将其分离出来并非不可实现，但从生产法角度核算其产出价值所需要的条件需要相关统计核算、会计核算制度的完备。

7.2 生态环境产业核算的基本规则与核算方法

从产业角度分析，生态环境产业的产业活动性质与现有三次产业的产业活动性质没有本质性的差异，都是生产活动的集合。但由于生态环境产业的生产活动是为生态环境服务的，这样生态环境产业的一部分供给对应的是生态环境系统对各种生态环境产品的需求。这种需求不像三次产业的供给对应的需求，三次产业产品需求是社会系统中具有主观能动性的消费者，消费者对满足自身需求的产品能够进行评价，进而产生交易价格。而生态环境系统的需求不具有主观能动性，主观能动性的缺失使其需求不能充分显示，交易就不能形成，从而导致生态环境产业部分供给价值的实现很难通过合理的方式进行核算。因此，生态环境产业的核算规则与方法事实上会与三次产业的核算规则与方法存在较大的差异。

7.2.1 生态环境产业核算的基本规则

7.2.1.1 记录方法

国民经济核算采用四式记账的记录方法，该方法来源于工商企业会计的复式记账法，复式记账法针对每一笔经济交易，根据所引起的资源流的不同性质同时记录两次，在两个地方予以核算加总：一次作为获得，另一次作为使用，二者在数额上相等。这种核算方法的最大特点就是记录的对象是经济交易，有交易的双方（机构单位），从而才产生了国民经济核算的四式记账法。

回到生态环境产业，从该产业供给的产品用途分析，一部分产品用于生态环境的保护活动，如水污染监测设备、净化器等；另一部分产品是直接的生态环境产品，如湿地植被回复、污水处理厂的污水处理等；还有一部分产品属于“自产辅助式”的生态环境产品，如企业生产过程中采用了节约资源与减少废弃物排放的工艺，节约的资源与减少的废弃物排放也属于生态环境产品。在这三类生态环境产品中，有一部分生态环境产品存在货物与服务的市场交易，如水污染监测设备、污水处理厂的污水处理等，也有很大一部分生态环境产品并不存在货物与服务的市场交易，如湿地植被恢复、水域生态系统恢复等。如果没有货物与服务的经济交易，那么记录的经济主体单位就会缺失，这就使得生态环境产业核算中，一部分产品的交易会记录在不同机构单位，而另一部分产品的交易却无法准确地找到相对应地记录机构单位。在这样一种条件下，如果采用国民经济核算的记录方法规则，就无法在生态环境产业的核算中顺利实现。但为了能够促使生态环境产业融入绿色国民经济核算中，考虑到生态环境资源的所有权属于国家，而且很大一部分生态环境活动由国家承担，这样，当货物与服务交易一方主体缺失时，均以政府部门（代表国家）

作为交易的机构单位予以记录，从而促使生态环境产业同样地采用四式记账法进行记录。

7.2.1.2 记录时间

国民经济核算选择权责发生制作为记录经济活动的时间原则。权责发生制是以权利或责任的发生与否为标准来确认收入和费用，也就是在交易事项发生之时记录经济活动的发生，不论其款项是否收到，凡属本期的收入，都应作为本期的收入；凡属本期负担的费用，不管其款项是否付出，都应作为本期的费用。这种记录经济活动的时间原则与国民经济核算界定经济交易和其他流量的方式是完全一致的，有利于所有经济活动都按照统一的规则进行核算，同时也使得同一交易在不同交易处得到同样的核算处理。由于权责发生制强调产生应收应付关系的时间，能够真实地反映当期的经营收入和经营支出，从而更加准确地计算和确定企业的经营成果。

对生态环境产业来说，虽然其目的是服务于生态环境系统，但它不是一个独立的产业。原因在于，生态环境产业的活动很大部分是在经济系统内运行，是经济活动服务于生态环境系统，这样生态环境产业的活动就与国民经济其他经济活动交织在一起。而国民经济其他经济活动采用权责发生制确认记录经济活动发生的时间，为了统一核算规则，生态环境产业同样地选择权责发生制作为记录生态环境活动的时间原则。

然而，权责发生制对于那些经营产品生产周期很长的生态环境活动单位却是一个不折不扣的考验。以生态环境产业中的废气治理为例，在空气洁净以前，需要一直投入治污费用，也就是说，每一个核算期可能都有废气治理的费用发生，但空气洁净却需要很长的时间，假设空气洁净是废气治理的结果并因此获得收益，那么收入将在很长的时间如 5 年才能发生，在权责发生制下，费用每一年（国民经济核算期通常取一年）都会被记录，而收入 5 年内一直为零。如果按照权责发生制确定废气治理企业的经营成果，很难有企业愿意投资于废气治理的生态环境产业活动，更不要谈产业化经营了。因此，在这种条件下，经济核算对类似生态环境产业活动的有关概念需要有所调整。

调整的方案是这样的：当一项生态环境活动的生产费用发生时，即使这项生态环境产品生产周期很长，也会在各个核算期形成一定“在制品”，虽然这项“在制品”还达不到交易的要求而获取收益，但只要这个实体存在，那么就可以推算其价值。特别地对生态环境产品而言，只要产生了生态环境活动的治理费用，如废气物治理费用，那么在一个核算期内就必然会形成废弃物的一定去除量之类的数据，少量的去除量虽然达不到生态环境健康发展的要求，但如果将这个少量的去除量继续排放至环境中，环境污染就会进一步恶化，投入的治理费用就会更多。因此，反向推断，减少了废弃物的排放量，实际上就减少了污染治理成本，从而间接地创造了经济效益。这样，在每一个核算期内，确认废弃物的减少量，并以此计算碳足迹，然后将碳足迹折算成价值作为废气减少量的收益处理，从而就形成了核算期内权责发生制的收入确认，使得一个产品生产周期很长的生态环境活动不必要等到最终收入发生时再确认，弥补了因权责发生制不能在核算期内确认收入带来的负面影响。

7.2.1.3 估价方法的选择

国民经济核算是一个价值型核算体系，所有经济活动，无论其具体发生形式如何，都要换算为货币价值，然后才能纳入核算范围，加总为不同的总量。为了实现统一核算，国民经济核算对经济活动的估价以现期价格为基础，但对具体价格的选择，会根据不同的经济活动性质有所调整。

与现有三次产业活动不同，生态环境产业中不少活动没有市场交易，从而不具备价格条件。因此，生态环境产业的估价方法选择一直是制约其发展的重大障碍之一。

在生态环境产业中，对于那些具备交易性条件的生态环境活动产品，其估价按照国民经济核算的估价方法选择。而对于那些没有市场交易的产品，特别是对生态系统服务功能的估价没有确定的方法，通常根据一些方法直接对价值进行估算，目前最常用的价值估算方法见表 7-1。实际测算中具体选择什么样的估价方法，根据实际问题的性质以及可获得性进行选择。

表 7-1 生态系统服务功能价值评估常用方法

方法类型	具体方法	适应范围及优缺点
直接市场法	生产效应法	利用生态系统服务或环境物品变化引起的生产率的变动来评估生态系统服务功能变化的经济价值。适用于有实际市场价格的生态系统服务功能价值评估，当生态系统服务或环境物品的变化主要反映在生产率的变化上时可用该方法。缺点是只考察直接使用价值而不能考察缺乏市场价格的生态系统服务功能（即间接使用价值和非使用价值）

方法类型	具体方法	适应范围及优缺点
直接市场法	剂量—反应法	以建立环境损害与其原因的关系来评价生态系统服务功能的产出变化，进而通过市场价格（或影子价格）评估这种产出变化的价值。不适用于对非使用价值的评估
	防护支出法	从消费者的角度来评价生态系统服务功能的价值，以人们为防止环境质量下降、生态系统服务减少所准备支出的费用作为环境破坏、生态系统服务减少的最小成本来评估环境质量或该生态系统服务的经济价值。缺点是只能评估使用价值而不能评估非使用价值，评价结果只是对生态系统服务功能经济价值的最低估计
	机会成本法	以保护某种生态系统服务功能的最大机会成本来估算该生态系统服务功能的价值。该方法使用潜在的支出确定生态系统服务功能变化的价值，比较适用于对具有唯一性或不可逆性特征的生态资源开发项目的评估
	重置成本法	以恢复或保护某种生态系统服务功能不被破坏所需要的费用作为这种生态系统服务功能被破坏后的损失来估计生态系统服务功能的经济价值。这种方法的评价结果只是对生态系统服务功能经济价值的最低估计。另外，影子工程法是重置成本的一种特殊形式，以人工建造一个替代生态工程的投资成本来估算生态系统服务功能的经济价值。缺点是影子工程成本难以全面地估算生态系统服务功能多方面的功能效益
替代市场评估方法	旅行费用法	用于评价生态系统服务功能的旅游休闲价值，以人们的旅行费用作为替代物来衡量旅游景点或其他娱乐物品的价值。旅行费用法计算出的结果只是生态风景资源的游乐使用价值的一部分
	内涵价格法	利用物品的多种特征估计环境质量因素对房地产等资产的价值、工作环境舒适性价值的潜在影响。缺点是要求很高的经济统计技巧，需要大量的精确数据。不能估算非使用价值，会低估总体的环境价值
假想市场评估方法	意愿调查法	适用于那些没有实际市场和替代市场交易及市场价格的生态系统服务功能的价值评估，是公共物品价值评估的重要方法。缺点是评估的依据是人们的主观意愿而非实际市场行为，所得结果受许多因素的影响而难免偏离实际价值量；另外，需要大样本的数据调查，耗费较大
	选择实验法	主要用于确定“复合物品”的某种特征的质量变化对“复合物品”的价值影响

资料来源：引自孙发平、曾贤刚、苏海红等著：《中国三江源区生态价值及补偿机制研究》，北京：中国环境科学出版社，2008 年。

7.2.2 生态环境产业的核算方法

与国民经济其他产业核算以及绿色产品核算的数据归集核算方法一致，生态环境产业同样地引入账户和平衡表作为数据归集的工具。

在账户与平衡表设计时，设置生态环境产业生产者、生态环境产品与服务、生态环境产业3个方面的账户与核算表。生态环境产业的生产者包含直接提供生态环境产品与服务的专门生产者，也包括为生态环境保护活动提供设备的间接生产者以及不以生态环境产品与服务为主要生产活动的其他生产者（包含出于自用目的生态环境产品与服务的生产者）。对这些生产者的生产活动成果及价值形成进行核算借用生产账户，生态环境产业的生产者账户是对一国一定时期生态环境产业的生产成果与价值形成的核算，是生态环境产业生产核算结果的工具，其基本形式如表7-2所示。

表 7-2 生态环境产业生产账户　　货币单位

使用	来源
中间消耗	总产出
增加值	
固定资本消耗（-）	
净增加值	
合计	合计

为了与现有三次产业中的绿色产品生产核算一致，生态环境产业的生产账户同样地设置为使用方与来源方，使用方记录生态环境产业各机构部门在生产过程中的中间消耗，来源方记录生态环境产业各机构部门在一定时期内生产生态环境产品与服务的总产出，总产出减去中间消耗即为生态环境产业的增加值。总产出、中间消耗的具体核算在下一节阐述。

在国民经济核算中，货物和服务账户记录当期在一定经济总体中流动的货物和服务的来源与去向。一方记录货物与服务的来源，另一方记录货物与服务的使用去向。货物与服务主要来源于国内生产，同时也有部分货物与服务来源于国外的进口；而货物与服务的使用去向包含了投入生产过程作为中间投入的生产消耗、进入生活消费领域的最终产品消费、成为积累的资产以及出口到国外的产品。设置货物与服务账户的主要是为生产账户中的总产出、中间投入以及其他项提供对应方，呈现经济体当期货物与服务供应及需求的总体概况。

与生态环境产业生产账户相对应，在生态环境产业核算中也设置生态环境产品与服务的账户。账户的基本形式如表 7-3 所示。

表 7-3　生态环境产品与服务账户　　货币单位

来源	使用
总产出	中间投入
生态环境产品与服务进口	经济资本形成
	非金融生产资本形成
	固定资本形成总额
	固定资本消耗
	固定资本形成净额
	存货变化
	非金融非生产资本形成
	生态环境资本形成（除非金融非生产资本）
	生态环境产品与服务出口
	统计误差
总来源	总使用

在表 7-3 中，来源方记录生态环境产品与服务的总产出以及进口的生态环境产品与服务；使用方记录生态环境产品与服务作为中间投入的部分、经济资本形成、生态环境资本形成以及生态环境产品与服务的出口。生态环境产品与服务账户与国民经济的货物与服务账户在使用方存在较大的差异，表现在生态环境产品与服务账户中没有最终消费，但增加了生态环境资本形成。原因在于：生态环境产业的产品与服务虽然最终服务于生态环境系统，但生态环境系统不会“消费”生态环境产品，只是增加了其资源保有量，也就是说增加了生态环境系统的资产。因此，将直接生态环境产品与服务形成当做生态环境资本而不是看成被“消费”掉。

另外，由于生态环境产业除了直接提供生态环境产品与服务外，还提供为生态环境保护活动实际开展的各种设备工具，这些产业活动间接提供生态环境产品与服务，如环境监测设备的生产机构单位，在性质上与现有三次产业的机构单位没有差异，只是其产品用于其他机构单位开展生态环境保护活动。因此，在使用去向上，这些产品与服务实际上是一种生态环境保护活动的中间投入，同时又是这些单位（如环境设备制造企业）自身经济资本形成的来源。故而，在生态环境产品与服务账户的使用去向上设置了中间投入、经济资本形成项目。

上述账户较好地反映了生态环境产品与服务的总产出、中间投入与增加值状况。为了更好地体现生态环境产业各机构单位的生产状况，在生态环境产业数据归集中还设置生态环境产品与服务的核算表以及生产法生态环境产业增加值核算表两个平衡表。

生态环境产品与服务核算表见表 7-4，设置生态环境产品与服务核算表的目的是显示生态环境产品与服务的供应及生产过程。

表 7-4 生态环境产品与服务核算表

货币单位

	生态环境产业机构单位（生产者）		
	专门生产者	间接生产者	其他生产者
生态环境产品与服务产出			
直接生态环境产品与服务			
间接生态环境产品与服务			
生态环境关联产品与服务			
资源循环综合利用			
研发投入			
其他生态环境产品与服务			
总产出合计			
中间消耗			
总增加值			
雇员报酬			
就业人数			
固定资本总形成			
生态环境资本形成			
生态环境货物与服务出口			

在表 7-4 中，纵向列示生态环境产业的机构单位，即生态环境产品与服务的生产者，包含了生态环境产品与服务的专门生产者（直接生态环境产品与服务的提供者）、间接生态环境产品与服务的生产者（生态环境保护活动设备与服务的生产者）以及其他生态环境产品与服务的生产者（主要是生产过程节约资源与减少废弃物排放的生产者），它们是生态环境产业的主要活动单位。横向列示生态环境产业生产

法核算有关的统计项目，包含总产出、中间消耗、总增加值、雇员报酬、就业人数、固定资本形成、生态环境资本形成以及生态环境产品与服务的出口。其中，总产出列示了直接生态环境产品与服务的产出、间接生态环境产品与服务的总产出、生态环境关联产品（主要是资源节约量与废弃物减排放量）的产出、资源循环综合利用产出、为生态环境保护活动开展的研发投入产出以及其他生态环境产品与服务产出。雇员报酬与就业人数是统计各机构单位吸纳就业人数情况。固定资本形成统计生态环境产业对经济增长的作用，主要是各种经济资本，如环境监测设备、污染控制设备等。生态环境资本形成统计生态环境产业对生态环境系统的作用，主要是各种生态环境资产，包含自然资源资产、环境资产与生态资本。

在生态环境产业核算中，通过设置生产法生态环境产业增加值核算表核算生态环境产业增加值。生产法生态环境产业增加值核算表见表 7-5。

表 7-5　生产法生态环境产业增加值核算表　　货币单位

产　业	增加值	总产出	中间投入
生态环境产业合计			
一、资源保护业			
矿产资源保护			
化石燃料资源保护			
森林资源保护			
淡水资源保护			
土地资源保护			
生物资源保护			
多样景观资源保护			
二、环境保护业			
水环境保护			
大气环境保护			
土壤环境保护			
三、生态保护业			
陆地生态系统保护			
水生生态系统保护			

在表 7-5 中，纵向列示生产法增加值的核算项目，包括增加值、总产出与中间投入 3 项，反映了增加值的形成。横向列示生态环境产业的不同行业，包含了资源保护业、环境保护业与生态保护业，这 3 个方面合在一起，反映了生态环境产业在

资源、环境与生态保护上所创造的价值。

至此，生态环境产业的价值核算就得以完成，生态环境产业价值核算与绿色产品价值核算结合在一起，形成绿色国民经济增加值核算。

7.3 生产法生态环境产业增加值核算

根据生产法增加值核算原理，增加值是生产者当期生产的产品价值扣除所消耗的其他产品价值后的余额，即增加值等于总产出减去中间投入。因此，用生产法核算生态环境产业增加值的关键是核算生态环境产业的总产出与中间投入。本节着重解决生态环境产业总产出核算与中间投入核算的相关问题。

7.3.1 生态环境产业总产出的一般核算

7.3.1.1 生态环境产业总产出的定义

生态环境产业总产出是指生态环境各生产单位在一定时期内所生产的全部生态环境货物与服务的总价值。从实物构成上看，生态环境产业总产出包括中间产品与最终产品两部分。生态环境产业的中间产品包含了生态环境产业生产活动所需要的各种设备、工具等，这些设备、工具中既有传统产业提供的产品，也有生态环境产业其他部门提供的生态环境保护产品；而生态环境产业的最终产品通常是被最终用于经济资产的积累、生态环境资产的积累和出口的产品。用于经济资产的积累主要是生态环境产业为生态环境保护创造的经济价值积累，是生态环境产业对经济增长的影响；生态环境资产的积累实质上就是直接生态环境产品，这些产品增加了生态环境资源，构成生态环境资产的积累。从价值形成看，生态环境产业的总产出包括了中间投入和最初投入两部分价值，中间投入是指为生产生态环境产品而消耗的其他中间产品的价值，即转移价值；最初投入就是生态环境产业的增加值，是生态环境产业在生产过程中新创造的价值。

7.3.1.2 生态环境产业总产出核算的一般方法

与国民经济其他产业一样，生态环境产业也提供各种产品与服务，因此对一个生态环境的生产单位来说，计算生态环境总产出最一般的方法，就是计算当期各种生态环境产品的产量与价格之乘积的和，用公式表示为：

$$生态环境产业总产出=\sum 生态环境产品产量\times 价格 \tag{7.10}$$

在式（7.10）中，有几点需要说明：

（1）生态环境产品包含了直接生态环境产品与间接生态环境产品，直接生态环境产品又包含了资源产品、环境产品与生态产品，间接生态环境产品主要是各种生态环境保护设备、工具等。由于间接生态环境保护产品有市场交易，且实物形态与国民经济其他行业产品形态一致。因此，这部分产品的产量就是实物的产量，但由于这些产品技术含量高，且一般是机器设备、工具，故而在一个核算期内会存在在制品、半成品的情况，具体核算时需要将当期完成的在制品与半成品价值包含在产品价值内核算。而对于直接生态环境产品，由于直观的实物形态不明显，而且大部分产品生产周期长，这一部分产品在一个核算期内确定产品产量相对复杂，需要根据产品的不同性质通过相应的承载物替代核算。

（2）国民经济经济核算总产出时，其价格通常是生产者价格。在生态环境产业中，间接生态环境产品取生产者价格核算，由于直接生态环境产品是最终产品，相当于经济产品中进入消费市场的最终产品，原则上取市场价格计算，但由于直接生态环境产品情况复杂，实际操作时需要视产品性质而定。如果是资源型生态环境产品，一般是传统生产的生产要素，在要素市场上确定的价格同样地可以作为资源型产品价值核算价格。如果是环境型产品，虽然其产品应该是洁净的空气、优质的水源与肥沃的土壤，但实际生产过程中这些产品是通过处理废气、废水与固体废弃物获得的，因此环境型产品的表现形态转化成了废气、废水与固体废弃物的处理量，确定“三废”的处理量相当于确定了环境型产品的产量，处理的费用相应的就是这些“产品”的费用。在这些费用的基础上，结合因减排放带来的生态环境效益，确定一个包含单位社会效益的价格作为环境型产品的总产出核算价格。如果是生态型产品，采用生态环境服务功能评估价值方法确定核算价格。

（3）其他生态环境生产者提供的生态环境关联产品，主要是生产过程中节约的资源与减少的废弃物排放量。这些生态环境产品用节约量、减排量作为生态环境产品产量，以生产要素的同类资源价格作为节约资源量的核算价格、以减排放过程中发生的费用作为减排放量价值核算的费用。资源的循环利用采用相应资源产品的市场价格核算。

7.3.2 生态环境产业分产业总产出核算方法

生态环境产业又分为资源保护业、环境保护业与生态保护业，它们的生产特点和生产组织特点存在差异，在总产出的核算上有不同的要求与不同的处理方法，需分别对待。

7.3.2.1 资源保护业总产出核算

资源型保护业是针对自然资源约束趋紧而形成的生态环境产业。目前与人类关系密切的资源主要是矿产资源、化石燃料资源、森林资源、淡水资源、土地资源、生物资源与多样化景观资源。围绕上述资源形成的资源保护业，在生产的产品上又分为直接资源产品、为保护资源减少的间接产品以及与资源节约关联的产品。由于矿产资源与化石燃料资源属于不可更新资源，资源保护业不可能提供直接的产品，只能为保护资源减少提供保护性的间接产品，因此矿产资源与化石燃料资源的总产出主要是间接产品总产出与关联产品总产出。其中间接产品大多出自制造业，产品形态明确，总产出适合采用“工厂法”计算，价格采用生产者价格。关联产品总产出根据关联产品的类型确定计算总产出的方法，原则上可根据资源节约量计算总产出。其他的几种资源通过培育、修复、改良能够逐步恢复其自然形态，比如森林资源通过森林更新与培养、荒漠化的土地通过改良能够日趋恢复其状态。因此，这几类资源在产品供给上就包含了直接资源产品、间接资源产品与资源关联产品。直接资源产品根据培养、修复、改良数量计算相应的总产出，但值得注意的是，这些产品生产出来后，并不进入市场交易，其产出价值应该采用生产费用而不是采用在市场上交易的同类产品市场价格计算；间接资源产品与矿产资源、化石燃料资源一样采用“工厂法”计算总产出；关联产品同样地根据节约量计算总产出。

7.3.2.2 环境保护业总产出核算

环境保护业是针对环境破坏而形成的生态环境产业，包含了大气环境保护、水环境保护与土壤环境保护。这个行业是目前理论研究最多、实践操作最强的一个行业，也是生态环境产业中最重要的一个行业。目前我国国家统计局对环境产业形成了一定核算数据，环境保护部也针对环境产业开展过调查核算，因此该产业的总产出核算相对较完善，很多核算方法与数据可作为绿色经济核算的依据。

环境保护产业的直接环境产品表现为洁净的空气、水与优质的土壤，由于空气、水是流通的，如果直接针对洁净的空气、水等进行测算，几乎不可能实现。在这种条件下，只能根据反推法进行估算。反推法进行测算时，根据污染是造成环境质量下降的最终因素确定核算的对象，理论上有多少污染物排放就会对环境有多大影响；反之，有多少污染被治理就有多少空气、水、土壤被修复成为洁净的量，于是测算污染治理量就等于测算了环境产业形成的直接环境产品量。但具体测算其产出价值时还涉及价格的确认，如果采用单位治污费用作为其产出价值测算的价格，虽然反映了治污的基础成本，但不能准确地反映因为污染治理而形成的外部经济效益（污染具有流动性与扩散性，治污同样具有流动性与扩散性）。为了准确地反映污染治理的效益，计算污染治理价值时应该采用成本加成方法的价格，这里的成本主要是治污发生的各种费用，然后根据单位 GDP 的污染治理投资确定加成的比例。单位 GDP 的污染治理投资反映了整体经济为污染治理付出的代价，如单位 GDP 的废气治理投资就反映了整体经济为治理废气而需要付出的成本，一定程度上测算了社会为此付出的代价，将其加入治污费用中，相对全面地反映了污染治理的价值。

对于环境保护业的间接产品如环境监测设备的产值计算，采用“工厂法”核算。至于环境产业的关联产品，存在两种情况，一种是企业生产经济产品过程中自觉地减少废弃物的排放，相当于生产了环境产品；另一种情况是一些企业生产对环境造成负担较小的产品，如低公害车、家庭用省能源机器等。对于第一种环境产业关联产品，根据生产过程中废弃物的减排放量计算；而对于环境负担较小的产品，先根据这种产品的废气物排放量大小进行核定，然后参照有关废弃物排放标准，凡是低于标准的废弃物排放量产品均是环境保护业的关联产品，低于标准的量就是这种环境关联产品的产出量，由此确定其产出价值。

7.3.2.3 生态保护业总产出核算

生态保护业是针对生态系统退化而形成的生态环境产业，主要包含了陆地生态系统保护与水生生态系统保护两个方面。严格来说，资源的耗减、环境的恶化，最终影响的是生态系统的物质与能量循环，导致生态系统的服务功能不能正常发挥作用，反过来又进一步影响了资源的再生力、环境的净化力。在资源、环境与生态三者中，生态系统的保护是生态环境保护的根本，生态健康也因此成了绿色经济发展的目标。

但生态系统物种丰富，物质与能量循环复杂，生态系统遭受破坏是一个漫长的过程，破坏后的恢复也将是一个漫长的过程。这种特征使得生态保护并没有很好的评价标准，生态系统的服务功能长期得不到准确的测算。绿色经济是一种促使生态健康发展的经济，生态功能价值在绿色经济中具有极为重要的地位，测算生态保护业的功能价值是绿色经济测算不可回避的问题。

生态保护业总产出核算主要是测算生态环境产业对生态系统服务功能恢复力的作用程度。生态系统服务是指对人类生存和生活质量有贡献的生态系统产品和服务。产品是指在市场上用货币表现的商品，服务是不能在市场上买卖但具有重要价值的生态系统功能，如净化环境、保持水土、减轻灾害等，联合国《千年生态系统评估报告》（2005）将这些服务归结为供给功能、调节功能、文化功能与支持功能四种。生态保护业就是恢复人类破坏的上述生态系统产品和服务功能，其中的产品因为具有市场性质相对容易核算其产出价值；对于生态系统提供的服务，由于在时间上从不间断，从某种程度上看，其总价值无限大，但这个无限大的服务价值又多数没有进入市场，是一种间接价值，而且这部分价值一直以来被认为是“公共的”自然恩施，可以“免费”使用，核算其产出价值难度非常大。

目前，理论界对生态系统服务功能价值提出了多种测算方法，具体见表 7-1。表 7-1 中的各种测算方法从生态系统服务功能的不同角度对其价值进行换算，各种方法都有自身的适应范围，也有各自的优缺点。具体评估生态系统服务功能价值时一般先要了解评估生态的基本背景，确定待评估生态系统类型、特点和基本组成部分，明确价值评估的边界范围和相关的物理量与实物量数据；之后归并待评估生态系统服务功能类型，针对待评估的各种服务类型，从理论上选择可供使用的评估方法。

由于生态保护业是针对生态系统退化而形成的生态环境产业，是在人类活动对生态造成破坏的基础上形成的产业。因此，生态保护业的总产出只核算修复的生态价值，与生态系统服务功能价值测算有一定差异，某地区某一个生态系统服务功能价值是全部生态系统沉淀的生态服务功能，是一个存量概念，而生态保护业总产出是针对一个生态系统的某一组成成分开展修复活动形成的价值展开核算，是一个流量概念。故而，生态保护业总产出核算关键是要确定修复的对象，也就是生态破坏的类型。

目前，人类活动对生态形成的破坏包括：水土流失、沙漠化、荒漠化、土壤次生盐碱化、森林锐减、草场退化、土地退化、湖泊富营养化、生物多样性减少等。这些破坏现象是人类经济活动对生态系统造成的后果，同时也是生态保护活动的对象，构成生态保护业的活动内容，进而构成生态保护业总产出核算的内容。

在这些内容中，包含了生态产品与服务。对于生态产品，如草场植被的种植、森林的林木培育、水生鱼类的投放等实体虽然已经构成生态系统组成部分，但从种植、投放到成活需要一个生长过程，在这个过程中，还需要投入大量的人力、物力，它们也是生态保护活动的价值构成内容。因此，测算生态保护活动的生态产品价值时，要以生态保护产品的成活或以其服务功能的恢复为核算标准，这样生态产品的投入价值就由生态产品市场购买价格、培育活动的投入成本计算。

而上述生态产品形成以后就具有了生态系统服务功能，这些服务功能所具有的价值也是生态保护业的生态保护活动所创造的间接价值，应该成为生态保护业总产出核算的内容。具体核算时，按照以下步骤开展：

（1）确定生态保护活动的生态系统类型、范围和其他基本情况。①确定生态保护活动所属生态系统的子系统；②将其归入上一级生态系统中，直至到陆地生态系统或水生生态系统；③确定生态保护活动的生态系统组织后，明确价值评估的边界范围和相关的物理量与实物量数据。

（2）确定生态保护活动所属生态系统的服务功能类型，从理论上选择可供使用的评估方法，权衡各种相关条件，确定最终的评估方法，并进行评估，由此形成该项生态保护活动产品的生态服务功能价值。

（3）确定核算期的流量价值。由于生态保护活动是生态服务功能价值形成的过程，这个过程可能超过一个核算期，为此需要根据生物生长成活周期的期限确定每一个核算期的生态服务功能价值，进而确定生态保护活动的生态服务价值产出。

将生态保护活动产品价值与服务功能价值相加便获得生态保护活动的直接产品总产出。

7.3.2.4 资源循环利用总产出核算

资源的循环利用是指根据资源的成分、特性和赋存形式对自然资源综合开发、能源原材料充分加工利用和废弃物回收再利用，通过各环节的反复回用发挥资源的多种功能，使其转化为社会所需物品的生产经营行为。企业层面的资源循环主要是指企业内部的物质循环，中下游企业的资源循环见图 7-1。

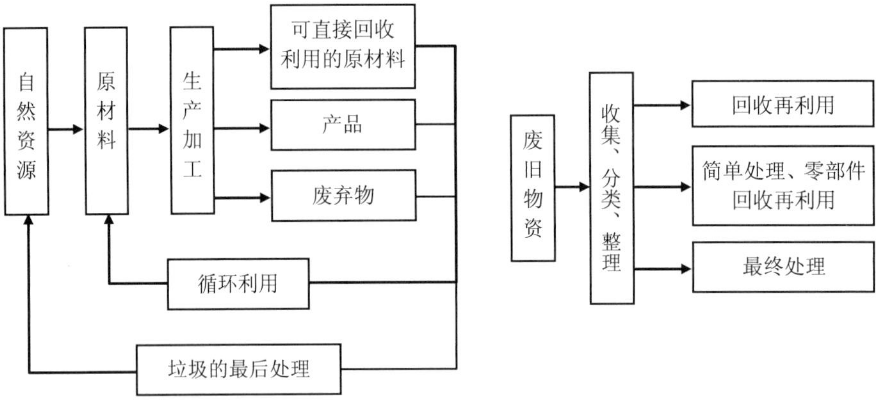

图 7-1　中下游企业的资源循环利用

图 7-1 的左图是中游企业资源循环利用，右图是下游企业资源循环利用。中游企业资源循环利用是产品生产企业开展的内部资源循环利用活动，而下游企业资源循环利用以资源循环利用产品作为最终供给产品。资源的循环利用使得废弃物被资源化，其直接经济价值增加，同时由于向自然界排放的废弃物减少，降低了生态环境恶化的可能性，间接增加了资源化的生态效益。不仅如此，由于资源循环利用，相当于减少了对自然资源的直接耗用，为人类的持续发展保有了存量资源，增加了人类可持续发展的可能性，间接增加了资源化的社会效益。因此，资源的循环利用是生态环境产业的活动内容。

从中游企业资源循环利用分析，企业生产过程中产生的可直接回收利用的原材料、产品与废弃物经过处理回收，形成了两种用途的产品：一种是原材料，另一种是自然资源。形成原材料的回收废弃物资源被再次投入生产过程，节省了企业原材料成本与环境污染治理成本；形成自然资源的产品一方面也可以再次投入生产过程中，另一方面直接增加了生态环境产品，增加了生态效益。因此，中游企业的循环利用资源产出包含了循环利用的原材料与自然资源两个方面的产出价值。对于被循环利用的原材料，节省了企业外购原材料的成本，节省的成本是循环利用产出的一部分；另外，由于生产过程的废弃物被循环利用，减少了因为这些废弃物丢弃而增加的环境损害，从而减少了社会的环境治理成本，减少的环境污染治理成本也构成回收利用的原材料产出价值。所以，被回收利用的原材料循环产出价值就由原材料成本以及因为回收利用而减少的环境损害成本两部分构成。同样地，对于被循环利用的自然资源，其循环利用产出价值也包含两部分，即自然资源的价值与自然资源的生态效益。自然资源的价值由同类资源的市场价格衡量，自然资源的生态效益由自然资源的服务功能价值测度。

从下游企业的资源循环利用分析，这种类型的企业专门从事资源回收利用，企业将废旧物资收集、分类、整理成可利用的产品，与三次产业的制造业类似，其产出价值采用“工厂法”核算。

7.3.3 生态环境产业的中间投入核算

中间投入是生产过程中所消耗的非耐用性货物和服务的价值。与总产出一致，中间投入也表现为实物形态与价值形态。实物形态的中间投入主要是生产者在生产过程中所消耗的原料、材料、燃料、动力等货物以及运输、邮电、仓储、修理、金融等服务，由于这些货物与服务在生产过程中要么改变了形式，要么被完全用掉，因而是中间投入的产品；价值形态的中间投入属于在生产过程中一次性转移到新产品价值中的部分，不是生产者自己创造的价值，因而在计算增加值时要将其从总产出中扣除，这也是核算中间投入的主要目的。

生态环境产业的生产活动同样地需要中间投入，无论是直接生态环境产品、间接生态环境产品还是生态环境关联产品，其价值的形成均需要投入货物与服务，这些货物与服务和现有三次产业中间投入的货物与服务没有本质的差异，因此核算其价值时可以直接参照现有国民经济核算对中间投入的核算原理与方法。

将上述生态环境产业内的资源保护业总产出、环境保护业总产出与生态保护业总产出相加，即可获得整个产业的总产出，然后扣除相应的中间投入，就是生态环境产业的增加值。具体计算公式为：

$$\text{生态环境产业的增加值} = \sum(\text{各产业总产出} - \text{中间投入}) \tag{7.11}$$

式（7.11）包含了生态环境产业的生态服务功能价值。

7.4 绿色国民经济的生产法核算

根据绿色经济内涵，绿色经济的活动内容包含了“提高人类福祉与社会公平”

以及“显著降低环境风险与生态稀缺”两个部分。“提高人类福祉与社会公平”是绿色经济作用于经济社会系统的成果；“显著降低环境风险与生态稀缺”是绿色经济作用于生态环境系统的成果。作用于经济社会系统的成果在内容上主要表现为绿色产品，作用于生态环境系统的成果在内容上主要为生态环境产业形成的资源产品、环境产品与生态产品以及各类生态环保产品。因此，从整体上看，绿色国民经济的生产成果主要体现为绿色产品、环保产品、资源产品、环境产品与生态产品，生产法绿色国民经济核算就是核算上述产品的新增价值。

7.4.1　生产法绿色国民经济的增加值核算

根据生产法核算原理，增加值是生产者当期生产的产品价值扣除所消耗的其他产品价值后的余值，即总产出减去中间投入的差。生产法的绿色国民经济核算即对绿色生产进行核算，是绿色经济的生产者当期生产的绿色经济产品价值扣除所消耗的其他产品价值后的余额，用公式表示为：

$$\text{绿色经济增加值} = \text{绿色总产出} - \text{中间投入} \tag{7.12}$$

式（7.12）中，绿色总产出是绿色经济作用于经济社会系统的总产出与作用于生态环境系统的总产出之和，即：

$$Y = \sum_{i=1}^{2} Q_i\text{，}\ i=1, 2 \tag{7.13}$$

式中：Y——绿色总产出；

Q_i——绿色经济在经济社会系统与生态环境系统的总产出。

绿色经济在经济社会系统的总产出是绿色生产所供给的绿色产品，其产出价值核算用公式表示为

$$Q_1 = \sum p_i q_i \tag{7.14}$$

式中：p_i——第 i 种绿色产品的现期价格；

q_i——第 i 种绿色产品的产量。

具体核算时对应于不同的产业，可以采用不同的处理方法。

绿色经济在生态环境系统的总产出是生态环境产业所供给的资源产品、环境产品与生态产品，其产出价值核算用公式表示为：

$$Q_2 = \sum Q_{2i} = \sum \sum p_{2ij} \times q_{2ij}，\ i=1, 2, 3 \tag{7.15}$$

式中：i——资源保护业、环境保护业以及生态保护业；

p_{2ij}——生态环境产业中第 i 行业第 j 种生态环境产品的价格；

q_{2ij}——第 i 行业第 j 种生态环境产品的产量。

7.4.2　生产法绿色国民经济增加值核算的账户与平衡表

绿色经济的生产法核算通过生产账户、绿色经济产品与服务账户及其核算表来归集数据。绿色经济的生产账户记录绿色经济的生产成果，如表 7-6 所示。

表 7-6　绿色经济生产账户　　单位：货币单位

使用	来源
中间消耗	绿色总产出
	绿色产品总产出
	环保产品总产出
绿色经济增加值	资源产品总产出
固定资本消耗（–）	环境产品总产出
净绿色经济增加值	生态产品总产出
合计	合计

表 7-6 中，左方是使用方，记录绿色经济总体在生产过程中的中间消耗，这里的中间消耗包括了绿色经济为经济社会系统供给产品的中间投入，也包括为生态环境系统供给产品的中间投入；绿色总产出与中间消耗的差是绿色经济为经济社会系统与生态环境系统创造的新价值，即绿色经济增加值；右方是来源方，记录绿色经济总体在一定时期内生产的绿色总产出，包括了绿色产品总产出、环保产品总产出、资源产品总产出、环境产品总产出以及生态产品总产出。

绿色生产的产品与服务账户记录当期在一定经济总体中流动的绿色产品与服务的来源与去向，如表 7-7 所示。

表 7-7 绿色生产的产品与服务账户　　单位：货币单位

来源	使用
绿色总产出	中间投入
绿色产品与服务总产出	最终消费支出
环保产品与服务总产出	经济资本形成
资源产品总产出	非金融生产资本形成
环境产品总产出	固定资本形成总额
生态产品总产出	固定资本消耗
绿色产品与服务进口	固定资本形成净额
生态环境产品与服务进口	存货变化
	非金融非生产资本形成
	生态环境资本形成（除非金融非生产资本）
	绿色产品与服务出口
	生态环境产品与服务出口
	统计误差
总来源	总使用

表 7-7 中，左方是来源方，记录绿色生产供给产品与服务的来源，包括国内生产提供与进口；右方是使用方，记录绿色生产供给产品与服务的使用去向。其中，绿色生产为经济社会系统供给的产品与服务主要作为中间投入消耗掉，或者作为最终产品消费掉，或者进入积累过程形成资产，或者出口到国外；绿色生产为生态环境系统供给的产品与服务主要作为中间投入消耗掉，或者作为经济资本积累形成经济资产，或者作为生态环境资本积累形成生态环境资产，或者出口到国外。该账户系统地描述了绿色经济体当期产品与服务供给及需求状况。

为了更好地体现绿色经济不同生产者供给的绿色产品与服务情况，借用矩阵式的核算表来测算，绿色经济供给的产品与服务核算见表 7-8。

在表 7-8 中，将绿色经济的不同机构部门为经济社会系统提供的绿色产品与服务以及为生态环境系统提供的生态环境产品与服务的总产出、中间消耗、增加值、生产吸纳就业人数、资本形成与出口的情况在一张表中得以整合与表现。表中的纵列按绿色经济的不同生产者排列，包含了绿色经济为经济社会系统提供产品与服务的生产者以及绿色经济为生态环境系统提供产品与服务的生产者。横行列示了绿色国民经济核算的生产账户及相关要素的构成情况，包括了绿色总产出合计、中间消耗、绿色总增加值、绿色经济从业人员报酬、绿色经济从业人员数、固定资本形成、生态环境资本形成、绿色产品与服务的出口以及生态环境产品与服务的出口。这里的所有总量指标包含了绿色经济在经济社会系统以及生态环境系统中的生产活动情况。

表 7-8　绿色经济供给的产品与服务核算表　　货币单位

	绿色产品三次产业机构单位			生态环境产业机构单位（生产者）		
	第一产业	第二产业	第三产业	专门生产者	间接生产者	其他生产者
绿色产品与服务产出						
生态环境产品与服务产出						
直接生态环境产品与服务						
间接生态环境产品与服务						
生态环境关联产品与服务						
资源循环综合利用						
研发投入						
其他生态环境产品与服务						
绿色总产出合计						
中间消耗						
绿色总增加值						
雇员报酬						
从业人员数						
固定资本总形成						
生态环境资本形成						
绿色产品与服务出口						
生态环境货物与服务出口						

最后，用生产法绿色经济增加值核算表归集绿色国民经济的活动成果。

表 7-9 将绿色经济在经济社会系统与生态环境系统中的生产过程及其结果在同一张表中反映出来，清晰地表征了生产法对绿色经济的核算结果。

由于绿色生产是一个内容不断丰富的经济活动，本章只是就生产法核算绿色国民经济的基本原理加以阐述，虽然只是一个核算框架，但绿色经济核算的雏形已经具备。在相关数据途径能够获取的前提下，运用生产法核算绿色国民经济也已经能够初步实现。当然，随着绿色生产的发展以及核算手段与途径的具备，绿色经济核算将会随之完备。

表 7-9　生产法绿色国民经济增加值核算表

货币单位

产业	增加值	总产出	中间投入
绿色国民经济合计			
一、经济社会系统小计			
第一产业的绿色增加值			
第二产业的绿色增加值			
第三产业的绿色增加值			
二、生态环境系统小计			
资源保护业			
环境保护业			
生态保护业			

第 8 章

绿色经济的投入产出核算

第 7 章从经济总量角度对绿色国民经济的核算进行了讨论，但对于绿色经济在一定时期内生产活动的投入来源与产出使用去向则未能得到反映。另外，绿色经济是对传统经济的转型，绿色经济是如何渗透至现有国民经济内部并促使传统经济转型也未能得到反映。为了更好地揭示绿色经济各部门间、绿色经济与传统经济各部门的相互依存、相互制约的数量关系，本章进一步运用投入产出分析原理对绿色经济的投入产出核算展开研究。

8.1 绿色经济内部的投入产出核算

8.1.1 投入产出核算原理

8.1.1.1 投入产出核算的基本方式

投入产出分析方法产生于 20 世纪 30 年代，由美国经济学家瓦西里·列昂惕夫提出。1968 年，在英国经济学家理查德·斯通等的改进之后，该方法被有机地结合到 SNA 体系中，并得到了世界各国的普遍推广与运用，成为国民经济核算的重要组成部分。

投入产出分析方法也称为投入产出核算，是从宏观经济角度出发，以适当的国民经济产品部门分类为基础，通过专门的平衡表和消耗系数，描述各部门之间错综复杂的投入产出数量关系，并利用数学方法建立经济模型进行相应的经济分析和预测的一种宏观核算方法。投入产出核算是对 GDP 核算的细化与扩展，用于描述国民经济各部门在一定时期内生产活动的投入来源和产出使用去向，揭示国民经济各部门间相互依存、相互制约的数量关系。

从上述定义看到，投入产出核算对国民经济各部门的投入产出分析是借助两种方式开展的：一种是编制投入产出表；另一种是利用数学方法建立经济模型。

投入产出表是投入产出分析数据收集的基本方式。投入产出表又称部门联系平衡表或产业关联表，是根据国民经济各部门生产中投入来源及货物与服务的产出分配使用去向排列而成的一张棋盘式平衡表，用于反映国民经济各部门的投入和产出、投入的来源和产出的去向，以及部门之间相互提供、相互消耗产品的错综复杂的技术经济关系。其中“部门”是指纯部门或产品部门，即按“同质性”标准来划分的部门，同质性要求生产的消耗结构、生产工艺、经济用途均相同；“投入”是指任何一个部门在生产过程中所消耗的各种投入要素，包括中间投入即原材料、辅助材料、燃料、动力、各种服务和最初投入即机器设备、厂房等投入提取的固定资产折旧、劳动力、利润和税金等，用于反映各部门的价值形成。而“产出”是指各个部门生产的货物或提供的服务总量的分配使用去向，分为中间使用（产品）和最终使用（产品），中间使用是指本期生产本期又用于生产消耗的货物或服务；最终使用则是本期生产用于最终消费、资本形成总额和进出口的部分。

全部投入产出核算平衡表包括了供给表、使用表与投入产出表 3 个部分。供给表又称产出表，是 n 个产品部门与 m 个产业部门表（表 8-1）。在表 8-1 中，横向反映了某一产品部门的货物与服务是由哪些产业部门生产的，合计为该产品部门的货物与服务的总产出；加上进口和进口税（不包括增值税），就可以得到按生产者价格计算的总供给；再加上各类产品中的不可抵扣增值税和商业运输费用，就是按购买者价格计算的总供给。纵向反映了某一产业部门生产的各产品部门货物与服务价值量，合计为该产业部门的总产出。全部产业部门的总产出等于全部产品部门总产出。通常产品部门个数多于产业部门个数，按生产者价格计算的总供给等于按生产者价格计算的总产出与进口之和；按购买者价格计算的总供给等于按生产者价格计算的总供给与商业和运输费用之和。

表 8-1　供给表

<table>
<tr><th rowspan="2">产品部门</th><th colspan="10">产业部门</th></tr>
<tr><th>第一产业</th><th>…</th><th>第 m 产业</th><th>产品部门总产出（生产者价格）</th><th>进口（到岸价）</th><th>进口税（不含增值税）</th><th>按生产者价格计算的总供给</th><th>不可抵扣的增值税</th><th>商业毛利和运输费</th><th>按购买者价格计算的总供给</th></tr>
<tr><td>第 1 产品</td><td></td><td></td><td></td><td></td><td></td><td></td><td></td><td></td><td></td><td></td></tr>
<tr><td>第 2 产品</td><td></td><td></td><td></td><td></td><td></td><td></td><td></td><td></td><td></td><td></td></tr>
<tr><td>⋮</td><td></td><td></td><td></td><td></td><td></td><td></td><td></td><td></td><td></td><td></td></tr>
<tr><td>第 i 产品</td><td></td><td></td><td></td><td></td><td></td><td></td><td></td><td></td><td></td><td></td></tr>
<tr><td>⋮</td><td></td><td></td><td></td><td></td><td></td><td></td><td></td><td></td><td></td><td></td></tr>
<tr><td>第 n 产品</td><td></td><td></td><td></td><td></td><td></td><td></td><td></td><td></td><td></td><td></td></tr>
<tr><td>产出合计</td><td></td><td></td><td></td><td></td><td></td><td></td><td></td><td></td><td></td><td></td></tr>
</table>

使用表又称投入表，通常由三部分组成，第一部分即第 I 象限的主栏包括 n 个产品部门，宾栏包括 m 个产业部门，见表 8-2。

表 8-2　使用表

<table>
<tr><th rowspan="3" colspan="2">产品部门</th><th colspan="11">产业部门</th></tr>
<tr><th colspan="4">中间使用</th><th colspan="6">最终使用</th><th rowspan="2">总使用（购买者价格）</th></tr>
<tr><th>第一产业</th><th>…</th><th>第 m 产业</th><th>合计</th><th>居民消费</th><th>政府消费</th><th>固定资本形成总额</th><th>存货增加</th><th>出口</th><th>合计</th></tr>
<tr><td rowspan="4">中间投入</td><td>第 1 产品</td><td rowspan="3" colspan="4">第 I 象限</td><td rowspan="3" colspan="7">第 II 象限</td></tr>
<tr><td>⋮</td></tr>
<tr><td>第 n 产品</td></tr>
<tr><td>合计</td><td colspan="4"></td><td colspan="7"></td></tr>
<tr><td rowspan="5">最初投入</td><td>固定资产折旧</td><td rowspan="5" colspan="4">第 III 象限</td><td rowspan="6" colspan="7"></td></tr>
<tr><td>劳动者报酬</td></tr>
<tr><td>生产税净额</td></tr>
<tr><td>营业盈余</td></tr>
<tr><td>合　计</td></tr>
<tr><td colspan="2">总投入（生产者价格）</td><td colspan="4"></td></tr>
</table>

在表 8-2 中，第 I 象限横向表明各产品部门生产的货物或服务提供给各产业部门使用的价值量，纵向表明各产业部门从事生产活动所消耗各产品部门生产的货物或服务的价值量；第二部分即第 II 象限是第一部分在水平方向上的延伸，其主栏与第一部分相同，也是 n 个产品部门，其宾栏由最终消费、资本形成总额、出口等最终使用项组成，其中最终消费由居民消费与政府消费构成，资本形成总额由固定资本形成总额、存货增加以及贵重物品获得减处置组成，宾栏反映了各产品部门生产的货物或服务用于最终使用的价值量及其构成；第三部分即第III象限是第一部分在垂直方向上的延伸，其主栏由劳动者报酬、生产税净额、固定资产折旧和营业盈余等增加值项组成，宾栏与第一部分的宾栏一致，也是 m 个产业部门，它反映各产业部门按生产者价格计算的增加值的构成情况。

投入产出表，即产品部门×产品部门表，形式上与使用表相似，也是由三部分组成（表 8-3）。

表 8-3 投入产出表

<table>
<tr><td colspan="2" rowspan="3">产品部门</td><td colspan="12">产业部门</td></tr>
<tr><td colspan="4">中间使用</td><td colspan="6">最终使用</td><td rowspan="2">进口</td><td rowspan="2">总产出（生产者价格）</td></tr>
<tr><td>第一产业</td><td>…</td><td>第 n 产业</td><td>合计</td><td>居民消费</td><td>政府消费</td><td>固定资本形成总额</td><td>存货增加</td><td>出口</td><td>合计</td></tr>
<tr><td rowspan="2">中间投入</td><td>第 1 产品
⋮
第 n 产品</td><td colspan="4">第 I 象限</td><td colspan="8">第 II 象限</td></tr>
<tr><td>合计</td><td colspan="4"></td><td colspan="8"></td></tr>
<tr><td rowspan="2">最初投入</td><td>固定资产折旧
劳动者报酬
生产税净额
营业盈余</td><td colspan="4" rowspan="2">第III象限</td><td colspan="8" rowspan="3"></td></tr>
<tr><td>合　计</td></tr>
<tr><td colspan="2">总投入（生产者价格）</td><td colspan="4"></td></tr>
</table>

表 8-3 中第一部分即第Ⅰ象限是由名称相同、排列次序相同、数目一致的 n 个产品部门纵横交叉而成的，其主栏为中间投入、宾栏为中间使用，它充分揭示了国民经济各产品部门之间相互依存、相互制约的技术经济联系，反映了国民经济各部门之间相互依赖、相互提供劳动对象供生产和消耗的过程。沿横向看，反映第 i 产品部门生产的货物或服务提供给第 j 产品部门使用的价值量；沿纵向看，反映第 j 产品部门在生产过程中消耗第 i 产品部门生产的货物或服务的价值量。第二部分即第Ⅱ象限是第一部分在水平方向上的延伸，其主栏与第一部分的主栏相同，也是 n 个产品部门；其宾栏由最终消费、资本形成总额、出口等最终使用项组成，主要反映各产品部门生产并用于各种最终使用的货物与服务价值量及其构成。第三部分即第Ⅲ象限是第一部分在垂直方向上的延伸，其主栏由劳动者报酬、生产税净额、固定资产折旧和营业盈余等增加值项组成；宾栏与第一部分的宾栏相同，也是 n 个产品部门，反映各产品部门增加值的构成情况。

归纳起来看，表中第Ⅰ象限与第Ⅱ象限组成的横表反映了各部门的产出及其使用去向，即“产品分配”过程；第Ⅰ象限与第Ⅲ象限组成的竖表反映了各部门的投入及其提供来源，即“价值形成”过程。整个表的结构反映了投入产出表同时也是一个多部门的国内生产总值核算表，GDP 计算的 3 种方法包括生产法、收入法与支出法都在表中得到了实现；不仅如此，投入产出表还揭示了各部门间错综复杂的关联关系，能够分析各部门间的技术经济联系。上述供给表、使用表与投入产出表之间存在着密切的联系。在一定经济假设条件下，可以通过供给表和使用表推导出投入产出表，也可以通过供给表和投入产出表推导出使用表。而且，供给表中按购买者价格计算的各产品部门总供给等于使用表中按购买者价格计算的各产品部门总使用，供给表中各产业部门总产出等于使用表中各产业部门总投入。3 张表为投入产出分析建立了数据基础，其间存在的平衡关系也为经济模型的建立提供了方法基础。

8.1.1.2 投入产出表的应用分析

利用数学方法建立经济模型是投入产出表的主要应用分析。假设存在一张如表 8-4 的价值型投入产出表，表中有 $n \times n$ 个产品部门，它们的投入产出数据用不同的字母代替并显示在表中。

表 8-4　价值型投入产出表

			投入部门（中间产品）					最终产品	总产出
			部门 1	部门 2	…	部门 *n*	小计		
产出部门	（中间投入）	部门 1	x_{11}	x_{12}	…	x_{1n}	$\sum x_{1j}$	f_1	q_1
		部门 2	x_{21}	x_{22}	…	x_{2n}	$\sum x_{2j}$	f_2	q_2
		⋮	⋮	⋮	⋱	⋮	⋮	⋮	⋮
		部门 *n*	x_{n1}	x_{n2}	…	x_{nn}	$\sum x_{nj}$	f_n	q_n
		小　计	$\sum x_{i1}$	$\sum x_{i2}$	…	$\sum x_{in}$	$\sum\sum x_{ij}$	$\sum f_i$	$\sum q_i$
最初投入		固定资产折旧	d_1	d_2	…	d_n	$\sum d_j$		
		劳动者报酬	l_1	l_2	…	l_n	$\sum l_j$		
		生产税净额	t_1	t_2	…	t_n	$\sum t_j$		
		营业盈余	m_1	m_2	…	m_n	$\sum m_j$		
		增 加 值	v_1	v_2	…	v_n	$\sum v_j$		
总　投　入			q_1	q_2	…	q_n	$\sum q_j$		

在表 8-4 中，中间产品或中间消耗由 $n\times n$ 个数据组成，这 $n\times n$ 个数据组成的矩阵为：

$$\boldsymbol{X}=(x_{ij})_{n\times n},\ x_{ij}\geqslant 0 \tag{8.1}$$

最终产品或最终用使用的数据组成“最终产品列向量”，即：

$$f=(f_1,f_2,\cdots,f_n)',\ f_i\geqslant 0 \tag{8.2}$$

最初投入或增加值的数据组成“最初投入或增加值行向量”，即：

$$v'=(v_1,v_2,\cdots,v_n),\ v_i>0 \tag{8.3}$$

根据投入产出表各部分间的经济关系，上述数据存在如下平衡关系：

（1）各行（横表）的平衡，即产品平衡方程为：

$$\boldsymbol{X}\times\boldsymbol{l}+\boldsymbol{f}=\boldsymbol{q}\ ,\ \boldsymbol{l}=(l_1,l_2,\cdots,l_n)' \tag{8.4}$$

表示中间产品＋最终产品＝总产出。

（2）各列（竖表）的平衡，即价值平衡方程为：

$$\boldsymbol{l}'\times\boldsymbol{X}+\boldsymbol{v}'=\boldsymbol{q}',\boldsymbol{X}'\times\boldsymbol{l}+\boldsymbol{v}=\boldsymbol{q} \tag{8.5}$$

表示中间投入＋最初投入＝总投入。

（3）各行列（横表和竖表）的对应平衡：

$$\sum_{j=0}^{n}x_{kj}+f_k=q_k=\sum_{i=1}^{n}x_{ik}+v_k,k=1,2,\cdots,n \tag{8.6}$$

表示 各部门总产出＝该部门总投入 。

除此之外，根据表 8-4 中的数据，还能够计算几种投入产出系数，即技术经济系数，包括直接消耗系数、完全消耗系数、完全需求系数、增加值系数等，其中最常用的是直接消耗系数与完全消耗系数。直接消耗系数表示 j 部门每生产 1 单位产出对 i 部门产品的直接消耗量，用公式可以表示为：

$$a_{ij}=\frac{x_{ij}}{q_j}\ ,\quad i,j=1,2,\cdots,n \tag{8.7}$$

所有 $n\times n$ 个直接消耗系数组成“直接消耗系数矩阵”，用 $\boldsymbol{A}$ 表示。

$$\boldsymbol{A}=(a_{ij})_{n\times n}=\boldsymbol{X}\,\hat{\boldsymbol{q}}^{-1}$$

完全消耗系数表示 j 部门每生产 1 单位最终产品对 i 部门产品的完全消耗量，包括直接消耗与各次间接消耗，即：

$$b_{ij}=\frac{\text{完全消耗量}}{\text{最终产品量}}=\text{直接消耗系数}a_{ij}+\text{间接消耗系数}$$

用矩阵表示为：

$$\boldsymbol{B}=(\boldsymbol{I}-\boldsymbol{A})^{-1}-\boldsymbol{I} \tag{8.8}$$

式中：$(\boldsymbol{I}-\boldsymbol{A})$——列昂惕夫矩阵；

$(\boldsymbol{I}-\boldsymbol{A})^{-1}$——列昂惕夫逆矩阵（完全需求系数矩阵）；

$\boldsymbol{B}$——完全消耗系数矩阵。

根据上述平衡关系和技术经济系数，就可以建立各种投入产出模型，用于宏观经济分析。其中，最基本的模型是“行模型”与“列模型”。它们分别为：

（1）投入产出行模型：

$$\begin{cases}(a_{11}q_1+a_{12}q_2+\cdots+a_{1n}q_n)+f_1=q_1\\(a_{21}q_1+a_{22}q_2+\cdots+a_{2n}q_n)+f_2=q_2\\\vdots\\(a_{n1}q_1+a_{n2}q_2+\cdots+a_{nn}q_n)+f_n=q_n\end{cases} \tag{8.9}$$

式（8.9）写成矩阵形式为：

$$\boldsymbol{Aq}+\boldsymbol{f}=\boldsymbol{q} \tag{8.10}$$

对式（8.10）进行整理得：

$$\begin{gathered} \boldsymbol{f}=(\boldsymbol{I}-\boldsymbol{A})\boldsymbol{q} \\ \boldsymbol{q}=(\boldsymbol{I}-\boldsymbol{A})^{-1}\boldsymbol{f}=(\boldsymbol{B}+\boldsymbol{I})\boldsymbol{f} \end{gathered} \tag{8.11}$$

式（8.11）即为行模型，它是产品流量模型，依据该模型可以考察总产出与最终产品、中间产品之间的数量平衡关系。而且，从模型形式看，在部分数据缺失的条件下，可以由总产出推算最终产品，或者由最终产品推算总产出，进而可以实现一些宏观数据的深入分析。

（2）投入产出列模型：

$$\begin{cases} (a_{11}+a_{21}+\cdots+a_{n1})q_1+v_1=q_1 \\ (a_{12}+a_{22}+\cdots+a_{n2})q_2+v_2=q_2 \\ \vdots \\ (a_{1n}+a_{2n}+\cdots+a_{nn})q_n+v_n=q_n \end{cases} \tag{8.12}$$

式（8.12）写成矩阵形式为：

$$\begin{pmatrix} \sum_{i=1}^{n}a_{i1} & 0 & \cdots & 0 \\ 0 & \sum_{i=1}^{n}a_{i2} & \cdots & 0 \\ \vdots & \vdots & \ddots & \vdots \\ 0 & 0 & \cdots & \sum_{i=1}^{n}a_{in} \end{pmatrix}\begin{pmatrix} q_1 \\ q_2 \\ \vdots \\ q_n \end{pmatrix}+\begin{pmatrix} v_1 \\ v_2 \\ \vdots \\ v_n \end{pmatrix}=\begin{pmatrix} q_1 \\ q_2 \\ \vdots \\ q_n \end{pmatrix} \tag{8.13}$$

如果令

$$\boldsymbol{\Lambda}=\begin{pmatrix} \sum_{i=1}^{n}a_{i1} & 0 & \cdots & 0 \\ 0 & \sum_{i=1}^{n}a_{i2} & \cdots & 0 \\ \vdots & \vdots & \ddots & \vdots \\ 0 & 0 & \cdots & \sum_{i=1}^{n}a_{in} \end{pmatrix}$$

则式（8.13）可以写成：

$$v=(I-\Lambda)q \Leftrightarrow q=(I-\Lambda)^{-1}v \tag{8.14}$$

式（8.14）即为列模型，它是价值形成模型。依据该模型可以考察总投入（产出）与中间投入、最初投入（增加值）之间的数量平衡关系。当数据缺失的条件下，可以由总投入（总产出）推算最初投入（增加值），反之亦然，这种关系极大地便利了数据分析。

投入产出表除了可以运用数学方法建立经济模型来分析宏观经济变量之间的关系外，还可以利用有关的技术经济系数，分析各部门在国民经济中的地位和作用以及产业关联程度。运用投入产出表测度产业关联程度的方法通常是计算产业的影响力系数与感应度系数，这要借助完全需求系数进行。表 8-5 是完全需求系数分析表，表列和表明某部门新增一单位最终产品引起的对各部门完全需求之和，测度了该部门影响国民经济各部门的力度；行和表明各部门新增一单位最终产品引起的对某部门完全需求之和，测度了该部门感应国民经济各部门影响的强度。

表 8-5 完全需求系数分析表

		消耗部门			行和
		1	…	n	
被消耗部门	1	$\bar{b}_{11}=1+b_{11}$	…	$\bar{b}_{1n}=b_{1n}$	$\sum_{j=1}^{n}\bar{b}_{1j}$
	⋮	⋮	⋱	⋮	⋮
	n	$\bar{b}_{n1}=b_{n1}$	…	$\bar{b}_{nn}=1+b_{nn}$	$\sum_{j=1}^{n}\bar{b}_{nj}$
列和		$\sum_{i=1}^{n}\bar{b}_{i1}$	…	$\sum_{i=1}^{n}\bar{b}_{in}$	$\frac{1}{n}\cdot\sum_{i=1}^{n}\sum_{j=1}^{n}\bar{b}_{ij}$

依据“列和”数据可以确定影响力系数，计算公式为：

$$\lambda_j=\frac{\sum_{i=1}^{n}\bar{b}_{ij}}{\frac{1}{n}\cdot\sum_{j=1}^{n}\sum_{i=1}^{n}\bar{b}_{ij}} \tag{8.15}$$

式（8.15）表示某部门对国民经济各部门的前向牵引强度。当系数大于（或小于）1 时，其影响力超过（或低于）各部门平均水平。

依据“行和”数据可以确定感应度系数，计算公式为：

$$\delta_i = \frac{\sum_{j=1}^{n} \overline{b}_{ij}}{\frac{1}{n} \cdot \sum_{i=1}^{n} \sum_{j=1}^{n} \overline{b}_{ij}} \tag{8.16}$$

式（8.16）表示某部门对国民经济各部门的后向感应强度。当系数大于（或小于）1 时，其感应度超过（或低于）各部门平均水平。

投入产出表在某种意义上就是多部门国内生产总值核算，它通过其多部门结构，简洁明了地揭示了各部门之间错综复杂的关联关系，使得一般均衡的思想有了理论和现实间的桥梁，并将经济领域任何局部的最初变动脉搏，传送到经济体系极远的角落。投入产出表的这种特色为测算绿色经济内部及绿色经济与传统经济的关系提供了核算工具。

8.1.2 绿色经济内部的投入产出核算

8.1.2.1 绿色经济内部投入产出表的编制

绿色经济具有完整国民经济的要件，在绿色经济内部，各部门间同样地存在相互依存、相互制约的关系。就其产品来说，绿色产品既可以为人类健康服务，也可以为生态健康服务；环境产品既可以为生态健康服务，也可以为传统经济绿色转型服务；生态环境产品既是生态健康发展的必需品，也为人类健康发展提供了生存环境。可见，在绿色经济内部，产品不仅在各部门间相互发展，也在经济社会系统与生态环境系统间互相促进、提升。这种相互依存、相互制约的关系又囊括了国民经济各部门间的错综复杂关系，同时又具有与传统国民经济运行不同的特征，传统国民经济只在经济社会系统内部运行，不涉及生态环境系统。因此，传统国民经济的投入产出核算只设置在经济系统内部，不包括生态环境的制约作用。而绿色经济不仅要提升人类福祉与社会公平，也要显著降低环境风险与生态稀缺，这种发展目的决定了绿色经济内部的经济运行既包含了经济社会系统，也包含了生态环境系统，它们间相互促进、相互制约，形成了各部门间、不同系统间的错综复杂关系。

为了更好地体现绿色经济内部各部门间、不同系统间的错综复杂的关系，借助投入产出核算原理设置绿色经济内部的投入产出核算表。与国民经济核算对传统产品的投入产出表的编制相比，绿色经济核算编制投入产出表在数据收集上有较大的方便性。这是因为，现有绿色经济活动较分散，规模较小，统计过程中以产品的同质性归口数据现实可操作性更强，更加适宜于投入产出表的数据归口原理。但绿色经济投入产出核算内容又比现有国民经济核算中的投入产出核算更复杂，一般均衡的思想涉及范围更广。绿色经济内部的价值型投入产出表见表 8-6。

表 8-6　绿色经济内部价值型投入产出表

			经济系统									生态环境系统			最终产品合计	总产出
			投入部门（中间产品）					最终产品				最终产品				
			部门1	部门2	…	部门n	小计	消费支出	资本形成	出口	小计	资本形成	出口	小计		
产出部门	（中间投入）	部门 1	x_{11}	x_{12}	…	x_{1n}	$\sum x_{1j}$	f_{11}	f_{12}	f_{13}	f_1	s_{11}	s_{12}	s_1	e_1	q_1
		部门 2	x_{21}	x_{22}	…	x_{2n}	$\sum x_{2j}$	f_{21}	f_{22}	f_{23}	f_2	s_{21}	s_{22}	s_2	e_2	q_2
		⋮	⋮	⋮	⋱	⋮	⋮	⋮	⋮	⋮	⋮	⋮	⋮	⋮	⋮	⋮
		部门 n	x_{n1}	x_{n2}	…	x_{nn}	$\sum x_{nj}$	f_{n1}	f_{n2}	f_{n3}	f_n	s_{n1}	s_{n2}	s_n	e_n	q_n
		小计	$\sum x_{i1}$	$\sum x_{i2}$	…	$\sum x_{in}$	$\sum\sum x_{ij}$	$\sum f_{i1}$	$\sum f_{i2}$	$\sum f_{i3}$	$\sum f_i$	$\sum s_{i1}$	$\sum s_{i2}$	$\sum s_i$	$\sum e_i$	$\sum q_i$
最初投入		固定资产折旧	d_1	d_2	…	d_n	$\sum d_j$									
		劳动者报酬	l_1	l_2	…	l_n	$\sum l_j$									
		生产税净额	t_1	t_2	…	t_n	$\sum t_j$									
		营业盈余	m_1	m_2	…	m_n	$\sum m_j$									
		增加值	v_1	v_2	…	v_n	$\sum v_j$									
总投入			q_1	q_2	…	q_n	$\sum q_j$									

在表 8-6 中，宾栏分为两个部分，第一部分是经济系统，第二部分是生态环境系统。经济系统包含了中间产品（使用）与最终产品，这里的中间产品（使用）是反映绿色经济各产品部门之间的技术经济联系，测算第 i 产品部门生产并提供给 j 产品部门使用的绿色经济货物与服务的价值量；最终产品包含了消费支出、资本形成总额与出口三部分，消费支出包含了农村居民对绿色产品与服务的消费支出、城镇居民对绿色产品与服务的消费支出以及政府部门对绿色产品与服务的消费支出；资本形成总额主要测算绿色产品生产企业的固定资本形成总额、环保企业的固定资

本形成总额以及绿色产品存货变动额、环保产品存货变动额；出口测算绿色产品与服务以及环保产品与服务的出口额。

生态环境系统只设置在宾栏的第Ⅱ象限，但绿色经济提供的生态环境产品除了形成生态环境系统内部的最终产品外，也参与了经济系统的各种绿色产品的生产活动，也就是说，生态环境系统本期生产本期消耗的产品也进入了经济系统的经济产品的形成中，在中间使用部分，产品实际上不仅包含了绿色产品生产部门、环保产品生产部门，还包含了专门的生态环境产品生产部门。将生态环境产品的一部分产品设置在中间使用中，能够测算生态环境系统的第 i 产品部门生产并提供给经济系统 j 产品部门使用的货物与服务的价值量，使得经济系统与生态环境系统的联系结合在一起。生态环境系统最终使用的产品主要是生态环境资产的形成与出口，如自然资源资产的形成与出口、陆地生态资本的形成等。

主栏与现有国民经济核算中的价值型投入产出表结构一致，也包含了中间投入与最初投入两部分。中间投入测算绿色经济内部第 j 产品部门在生产过程中消耗第 i 产品部门生产的货物与服务的价值量；最初投入同样地包含了劳动者报酬、生产税净额、固定资产折旧与营业盈余等各种绿色经济增加值项目，测算各绿色经济产品部门增加值的构成情况。

与现有国民经济核算中的价值型投入产出表相比，用于测算绿色经济内部投入产出情况的核算表具有如下特征：

（1）绿色经济内部的投入产出表不仅测算了经济系统的投入产出情况，还测算了生态环境系统的投入产出情况，丰富了投入产出表在宾栏上的核算内容，实现了经济系统与生态环境系统作为一个统一的大系统进行分析的目的。这样，投入产出表的总产出就不仅仅包含经济系统的总产出，还包含了生态环境系统的总产出。测算了生态经济的总效益而不止于经济效益，使得绿色经济追求生态经济效益的最大化目标在核算上得以实现。

（2）中间产品部分既包含了经济系统的产品部门，也包含了生态环境系统的产品部门，建立了经济系统与生态环境系统互相促进、互相制约的关系。但生态环境系统的产品作中间使用时，只限于在经济系统的中间使用如污水处理厂处理的污水作为经济系统的生产用水、自然生态系统的能源资源作为绿色产品生产企业的燃料等均是经济系统中间使用产品，如果这些资源处在生态系统内部，那就是增加了生态环境系统的容量，在性质上相当于资产而不是中间使用，可见，生态环境产品不构成本部门的中间使用。但生态环境系统产品形成时会消耗经济系统的产品，也就是说，生态环境系统的中间使用是经济系统提供的产品与服务。这样，整个中间使用设置在经济系统中而不包含生态环境系统。

（3）绿色经济形成的最终产品包含了经济系统的最终产品与生态环境系统的最终产品，它们分别测算了绿色经济提升人类福祉与降低生态环境风险和生态稀缺的能力。但两个部分的最终产品包含的内容有所差异，经济系统的最终产品包含了消费支出、资本形成总额与存货变化，突出了绿色经济服务于社会（绿色消费提升人体健康）、服务于经济增长的职能（资本形成意味着财富的增加）。生态环境系统的最终产品只包含了资本形成总额与出口，这是因为生态环境系统的消费是系统内生物间的能量传递与物质消耗，这种消费主体不是人类而是各种生物与微生物，因而不存在经济意义上的消费支出。但生态环境系统的最终产品增加了生态环境系统的资源环境存量，增强了生态环境系统抗环境风险与生态稀缺的能力，进而突出了绿色经济服务于生态健康的职能。

因此，表 8-6 在整体上呈现了绿色经济内部各部门间错综复杂的技术经济关系，同时该表又包含了绿色经济内部的价值核算方法。根据绿色产品标志、环保产品标志分类各部门产品，在数据收集上也能得以实现，进而通过该表可以实施绿色经济内部的各种平衡关系的分析及应用推广分析。

8.1.2.2 绿色经济内部投入产出表的应用分析

在表 8-6 中，中间产品或中间消耗由 $n\times n$ 个数据组成，这 $n\times n$ 个数据组成的矩阵为：

$$\boldsymbol{X}=(x_{ij})_{n\times n},\quad x_{ij}\geqslant 0 \tag{8.17}$$

最终产品或最终用使用的数据组成“最终产品列向量”，即：

$$\boldsymbol{e}=(e_1,e_2,\cdots,e_n)',\ e_i\geqslant 0 \tag{8.18}$$

式中，$\boldsymbol{e}=\boldsymbol{f}+\boldsymbol{s}$，$\boldsymbol{f}=(f_1,f_2,\cdots,f_n)'$，$\boldsymbol{s}=(s_1,s_2,\cdots,s_n)'$

最初投入或增加值的数据组成“最初投入或增加值行向量”，即：

$$\boldsymbol{v}'=(v_1,v_2,\cdots,v_n),\quad v_i>0 \tag{8.19}$$

根据上述数据，依据一般均衡原理，可以推导出绿色经济内部存在如下平衡关系：

（1）各行（横表）的平衡，即产品平衡方程为：

$$\boldsymbol{X}\times\boldsymbol{l}+\boldsymbol{e}=\boldsymbol{q},\ \boldsymbol{l}=(l_1,l_2,\cdots,l_n)' \tag{8.20}$$

$$\boldsymbol{X} \times \boldsymbol{l} + \boldsymbol{f} + \boldsymbol{s} = \boldsymbol{q}$$

式（8.20）表示：

中间产品 + 最终产品 = 总产出；

最终产品 = 经济系统的最终产品 + 生态系统的最终产品

（2）各列（竖表）的平衡，即价值平衡方程为：

$$\boldsymbol{l}' \times \boldsymbol{X} + \boldsymbol{v}' = \boldsymbol{q}', \boldsymbol{X}' \times 1 + \boldsymbol{v} = \boldsymbol{q} \tag{8.21}$$

式（8.21）表示：中间投入 + 最初投入 = 总投入 。

（3）各行列（横表和竖表）的对应平衡：

$$\sum_{j=0}^{n} x_{kj} + f_k + s_k = q_k = \sum_{i=1}^{n} x_{ik} + v_k, k = 1,2,\cdots,n \tag{8.22}$$

式（8.22）表示：绿色经济 各部门总产出 = 该部门总投入 。

同时，根据直接消耗系数与间接消耗系数的界定，绿色经济内部各部门间的直接消耗系数同样地表示 j 部门每生产 1 单位产出对 i 部门产品的直接消耗量，用公式可以表示为：

$$a_{ij} = \frac{x_{ij}}{q_j}, \quad i,j = 1,2,\cdots,n \tag{8.23}$$

所有 $n \times n$ 个直接消耗系数组成“直接消耗系数矩阵”，用 $\boldsymbol{A}$ 表示。

$$\boldsymbol{A} = (a_{ij})_{n \times n} = \boldsymbol{X}\ \hat{\boldsymbol{q}}^{-1}$$

完全消耗系数表示 j 部门每生产 1 单位最终产品对 i 部门产品的完全消耗量，包括直接消耗与各次间接消耗，即：

$$b_{ij} = \frac{\text{完全消耗量}}{\text{最终产品量}} = \text{直接消耗系数} + \text{间接消耗系数}$$

用矩阵表示为：

$$\boldsymbol{B} = (\boldsymbol{I} - \boldsymbol{A})^{-1} - \boldsymbol{I} \tag{8.24}$$

于是，运用上述平衡关系和技术经济系数，就可以建立绿色经济内部各种投入产出模型，用于绿色经济的宏观分析。其中，最基本的模型同样的是“行模型”与“列模型”。它们分别为：

（1）投入产出行模型：

$$\begin{cases}(a_{11}q_1+a_{12}q_2+\cdots+a_{1n}q_n)+f_1+s_1=q_1\\(a_{21}q_1+a_{22}q_2+\cdots+a_{2n}q_n)+f_2+s_2=q_2\\\vdots\\(a_{n1}q_1+a_{n2}q_2+\cdots+a_{nn}q_n)+f_n+s_n=q_n\end{cases} \tag{8.25}$$

式（8.25）写成矩阵形式为：

$$\boldsymbol{Aq}+\boldsymbol{f}+\boldsymbol{s}=\boldsymbol{q} \tag{8.26}$$

对式（8.26）进行整理得

$$\boldsymbol{s}=(\boldsymbol{I}-\boldsymbol{A})\boldsymbol{q}-\boldsymbol{f} \tag{8.27}$$

式（8.26）即为行模型，它是绿色经济内部的产品流量模型，依据该模型可以考察绿色经济总产出与最终产品、中间产品的数量平衡关系。进一步通过对行模型进行变形，可以得到式（8.27）的模型形式。该模型表明，生态环境系统的最终产品可以由总产出与经济系统的最终产品推出，由于各部门总产出等于该部门总投入（式 8-22），总投入发生在经济系统内易于测算，于是利用总投入推导总产出，那么在生态环境系统产品价值核算难度非常大的条件下，利用式（8.27）的模型就可以估算绿色经济对生态环境系统创造的价值，极大地方便了绿色经济的生态价值的核算。

（2）投入产出列模型：

$$\begin{cases}(a_{11}+a_{21}+\cdots+a_{n1})q_1+v_1=q_1\\(a_{12}+a_{22}+\cdots+a_{n2})q_2+v_2=q_2\\\vdots\\(a_{1n}+a_{2n}+\cdots+a_{nn})q_n+v_n=q_n\end{cases} \tag{8.28}$$

式（8.28）写成矩阵形式为：

$$\begin{pmatrix}\sum\limits_{i=1}^{n}a_{i1} & 0 & \cdots & 0\\ 0 & \sum\limits_{i=1}^{n}a_{i2} & \cdots & 0\\ \vdots & \vdots & \ddots & \vdots\\ 0 & 0 & \cdots & \sum\limits_{i=1}^{n}a_{in}\end{pmatrix}\begin{pmatrix}q_1\\q_2\\\vdots\\q_n\end{pmatrix}+\begin{pmatrix}v_1\\v_2\\\vdots\\v_n\end{pmatrix}=\begin{pmatrix}q_1\\q_2\\\vdots\\q_n\end{pmatrix} \tag{8.29}$$

如果令

$$\Lambda=\begin{pmatrix}\sum_{i=1}^{n}a_{i1} & 0 & \cdots & 0\\ 0 & \sum_{i=1}^{n}a_{i2} & \cdots & 0\\ \vdots & \vdots & \ddots & \vdots\\ 0 & 0 & \cdots & \sum_{i=1}^{n}a_{in}\end{pmatrix}$$

则式（8.29）可以写成：

$$\boldsymbol{v}=(\boldsymbol{I}-\boldsymbol{\Lambda})\boldsymbol{q}\Leftrightarrow \boldsymbol{q}=(\boldsymbol{I}-\boldsymbol{\Lambda})^{-1}\boldsymbol{v} \tag{8.30}$$

式（8.30）即为列模型，它是绿色经济内部的价值形成模型。依据该模型可以考察绿色经济的总投入（产出）与中间投入、最初投入（增加值）的数量平衡关系。当数据缺失的条件下，可以由最初投入（增加值）推算总投入（总产出），反之亦然；但在绿色经济内部，最初投入相对总投入而言更易于获取。因而，利用最初投入推导总产出是绿色经济投入产出核算的主要应用之一。

除了上述平衡模型对经济总量互相推算的应用外，根据式（8.24）还可以确定绿色经济内部各部门的影响力系数与感应度系数，计算公式分别如下：

$$\lambda_j=\frac{\sum_{i=1}^{n}\bar{b}_{ij}}{\frac{1}{n}\cdot\sum_{j=1}^{n}\sum_{i=1}^{n}\bar{b}_{ij}} \tag{8.31}$$

$$\delta_i=\frac{\sum_{j=1}^{n}\bar{b}_{ij}}{\frac{1}{n}\cdot\sum_{i=1}^{n}\sum_{j=1}^{n}\bar{b}_{ij}} \tag{8.32}$$

式（8.31）表示绿色经济某部门对绿色国民经济各部门的前向牵引强度。当系数大于（或小于）1 时，其影响力超过（或低于）各部门平均水平。式（8.32）表示绿色经济某部门对绿色国民经济各部门的后向感应强度。当系数大于（或小于）1 时，其感应度超过（或低于）各部门平均水平。因此，根据影响力系数与感应度系数能够分析绿色经济内部各部门对绿色经济发展的作用，作用程度大的产业部门应该成为绿色经济发展的主导部门，这为绿色经济发展在产业发展上提供了一定选择依据。

8.2 绿色经济在现有国民经济中的投入产出核算

绿色经济是建立在传统经济基础之上的对传统经济的转型，绿色经济不仅要投入本系统内部的资源，也要借助传统经济已经形成的生产力不断发展壮大自己的经济生产能力；而传统经济的转型升级更需要绿色经济的不断渗透。可见，绿色经济与传统经济是交织在一起的，绿色经济对传统经济的影响力也必然体现在这种交织关系中。为了进一步分析绿色经济对传统经济的影响，运用投入产出原理建立绿色经济与传统经济相结合的投入产出表进行研究。

8.2.1 绿色经济与传统经济相结合的投入产出表的编制

编制绿色经济与传统经济相结合的投入产出表，首先要厘清绿色经济与传统经济的关系。联合国环境规划署在《迈向绿色经济》报告中写道："最近对绿色经济概念的关注，很大程度上是由于人们对现行经济模式的失望，以及对新千年第一个十年中的诸多并发危机及市场失灵产生了疲惫感，尤其是 2008 年的财政和经济危机。而与此同时，另一种经济方式日益彰显，这是一种全新的经济模式"，这种经济模式就是绿色经济，它是在对现行经济模式失望的基础上产生的。以一国经济来说，如果一国国民经济是一个整体，上述对"绿色经济的产生"的表述表明，绿色经济与现行经济模式的关系在国民经济整体中应该是一种渗透与反渗透的关系，这种关系反映到产业部门中，就是绿色经济各产业部门不断更新现有经济的产业发展模式，在更新过程中，绿色经济各产业部门借助现有经济产业发展的已有资源，以自己的新技术、新产品更新换代现有产业发展的技术、设备，乃至于整个产业发展模式。可见，绿色经济发展并不脱离现有经济，是在现有经济基础上对现行经济模式的改进与提升。这样，绿色经济各产业与现有经济各产业实际上是交织在一起发展的，这种交织关系可以通过投入产出表的中间使用得到反映。另外，由于绿色经济与传统经济共存于现有国民经济运行中，作为国民经济整体来说，具备一般均衡所需的条件，如果以国民经济整体作为投入产出表编制的对象，依据产业划分的"同质性"原则，将绿色经济各产业与传统经济产业分离开来，就能建立绿色经济与传统经济相结合的投入产出表，如表 8-7 所示。

表 8-7　绿色经济与传统经济相结合的投入产出表

			经济系统										生态环境系统	合计	总产出
			投入部门（中间产品）							最终产品		小计	最终产品		
			传统经济			绿色经济			小计	传统经济	绿色经济				
			部门1	部门2	…	部门k	…	部门n							
产出部门	（中间投入）	传统经济 部门1	x_{11}	x_{12}	…	X_{1k}	…	x_{1n}	$\sum x_{1j}$	f_{11}	f_{12}	f_1	s_1	e_1	q_1
		部门2	x_{21}	x_{22}	…	x_{2k}	…	x_{2n}	$\sum x_{2j}$	f_{21}	f_{22}	f_2	s_2	e_2	q_2
		⋮	⋮	⋮	⋱	⋮	…	⋮	⋮	⋮	⋮	⋮	⋮	⋮	⋮
		绿色经济 部门 k	x_{k1}	X_{k2}		x_{kk}		X_{kn}	$\sum x_{kj}$	f_{k1}	f_{k2}	f_k	s_k		q_k
		⋮	⋮	⋮	⋱	⋮	…	⋮	⋮	⋮	⋮	⋮	⋮		⋮
		部门 n	x_{n1}	x_{n2}	…	x_{nk}	…	x_{nn}	$\sum x_{nj}$	f_{n1}	f_{n2}	f_n	s_n	e_n	q_n
		小　计	$\sum x_{i1}$	$\sum x_{i2}$	…	$\sum x_{ik}$	…	$\sum x_{in}$	$\sum\sum x_{ij}$	$\sum f_{i1}$	$\sum f_{i2}$	$\sum f_i$	$\sum s_i$	$\sum e_i$	$\sum q_i$
最初投入	固定资产折旧		d_1	d_2	…	d_k	…	d_n	$\sum d_j$						
	劳动者报酬		l_1	l_2	…	l_k	…	l_n	$\sum l_j$						
	生产税净额		t_1	t_2	…	t_k	…	t_n	$\sum t_j$						
	营业盈余		m_1	m_2	…	m_k	…	m_n	$\sum m_j$						
	增 加 值		v_1	v_2	…	v_k	…	v_n	$\sum v_j$						
总　投　入			q_1	q_2	…	q_k	…	q_n	$\sum q_j$						

表 8-7 中，宾栏首先将国民经济划分为经济系统与生态环境系统，表明再生产运动包含了经济系统的社会再生产运动与生态环境系统的自然再生产运动，且以是否包含自然再生产运动区分绿色经济模式与传统经济模式。在经济系统与生态环境系统的二级分类中，将整个社会总产出划分为中间产品与最终产品，并将最终产品又进一步划分为经济系统的最终产品与生态环境系统的最终产品。这样，整个社会的总产出就被用于经济系统的中间使用、经济系统的最终使用与生态环境系统的最终使用 3 个方面。生态环境系统的总产出只用于本系统的最终使用，也就是增加生态环境系统的资源存量，生态环境系统的中间使用来源于经济系统提供的产品，如净化的空气、水都是生态环境系统的最终使用产品，这些净化的空气、水都是由于

经济系统提供的生产活动产生的，消耗经济系统的中间使用。不过，虽然生态环境系统的产品不作为本系统的中间使用，但会进入经济系统成为经济系统生产活动的中间使用，这种互相消耗的关系就建立了经济系统与生态环境系统的联系。

在经济系统的中间产品与最终产品的三级分类中，根据产品的“同质性”原则又将产业部门区分为传统经济部门与绿色经济部门。这样，整个经济系统的产品就区分为传统经济部门的中间使用与最终使用以及绿色经济部门的中间使用与最终使用，这种区分显示了绿色经济与传统经济并存于国民经济中互相影响、互相制约的关系。

主栏由中间投入与最初投入组成。中间投入又区分为传统经济的中间投入与绿色经济的中间投入，反映了整体国民经济的价值形成。

表中横表的第Ⅰ象限是行列名称相同、次序相同的 $n \times n$ 个产品部门的方阵。主栏为中间投入，宾栏为中间使用，反映国民经济中传统经济部门与绿色经济部门间的技术经济联系。从横向上看，测度了第 i 产品部门生产并提供给第 j 产品部门使用的货物与服务价值量，包括传统经济部门提供给绿色经济部门、绿色经济部门提供给传统经济部门、传统经济内部互相提供、绿色经济内部互相提供的货物与服务价值量；从纵向上看，测度了第 j 产品部门在生产过程中消耗第 i 产品部门生产的货物与服务价值量，包括了传统经济部门消耗绿色经济部门的产品与服务、绿色经济部门消耗传统经济部门的产品与服务。第Ⅱ象限的主栏与第Ⅰ象限主栏相同，也是 n 个产品部门；宾栏主要是最终产品，包括经济系统的最终产品与生态环境系统的最终产品，经济系统的最终产品又包括传统经济的最终产品与绿色经济的最终产品。传统经济的最终产品由最终消费支出、资本形成总额与出口等最终使用项目组成，主要测算各产品部门生产并用于各种最终使用的货物与服务价值量及其构成。绿色经济的最终产品由最终绿色消费支出、绿色资本形成总额与绿色出口等最终使用项目组成。生态环境系统的最终产品主要由生态环境资本形成、出口等最终使用项目组成，生态环境系统不包含最终消费支出项目。

表中竖表的第Ⅲ象限是第Ⅰ象限在垂直方向上的延伸，其主栏由劳动者报酬、生产税净额、固定资产折旧、营业盈余等各种增加值项目组成，这些项目根据部门性质不同区分为传统经济部门的增加值与绿色经济的增加值；宾栏与Ⅰ象限的宾栏相同，也是 n 个产品部门，测算了各产品部门（包括传统经济与绿色经济）增加值的构成情况。

因此，整个表格不仅测算了绿色经济与传统经济的交织影响情况，也将绿色经济与传统经济在国民经济中的作用反映出来，符合目前绿色经济与传统经济的发展现状，较好地呈现了绿色经济与传统经济的关系。

8.2.2 绿色经济与传统经济投入产出表的应用分析

在表 8-7 中，中间产品或中间消耗由 $n\times n$ 个数据组成，这 $n\times n$ 个数据组成的矩阵为：

$$\boldsymbol{X}=(x_{ij})_{n\times n},\ x_{ij}\geqslant 0 \tag{8.33}$$

最终产品或最终用使用的数据组成“最终产品列向量”，即：

$$\boldsymbol{e}=(e_1,e_2,\cdots,e_n)',\ e_i\geqslant 0 \tag{8.34}$$

式中，

$\boldsymbol{e}=\boldsymbol{f}+\boldsymbol{s}$，表明最终产品由经济系统最终产品与生态环境系统最终产品组成；

$\boldsymbol{f}=\boldsymbol{f}_1+\boldsymbol{f}_2$，表明经济系统的最终产品由传统经济的最终产品与绿色经济最终产品组成；

$\boldsymbol{f}_1=(f_{11},f_{12},\cdots,f_{1n})'$，$\boldsymbol{f}_2=(f_{21},f_{22},\cdots,f_{2n})'$，分别表示传统经济部门与绿色经济部门的最终产品列向量；

$\boldsymbol{s}=(s_1,s_2,\cdots,s_n)'$，表示生态环境系统的最终产品列向量。

最初投入或增加值的数据组成“最初投入或增加值行向量”，即：

$$\boldsymbol{v}'=(v_1,v_2,\cdots,v_n),\quad v_i>0 \tag{8.35}$$

根据上述数据，依据一般均衡原理，可以推导出绿色经济与传统经济间存在如下平衡关系：

（1）各行（横表）的平衡，即产品平衡方程为：

$$\boldsymbol{X}\times\boldsymbol{l}+\boldsymbol{e}=\boldsymbol{q},\ \boldsymbol{l}=(l_1,l_2,\cdots,l_n)' \tag{8.36}$$

$$\boldsymbol{X}\times\boldsymbol{l}+\boldsymbol{f}+\boldsymbol{s}=\boldsymbol{q}$$

$$\boldsymbol{X}\times\boldsymbol{l}+\boldsymbol{f}_1+\boldsymbol{f}_2+\boldsymbol{s}=\boldsymbol{q}$$

式（8.36）表示：

中间产品＋最终产品＝总产出；

最终产品＝经济系统的最终产品＋生态系统的最终产品

经济系统的最终产品＝传统经济的最终产品＋绿色经济的最终产品

（2）各列（竖表）的平衡，即价值平衡方程为：

$$\boldsymbol{l}'\times\boldsymbol{X}+\boldsymbol{v}'=\boldsymbol{q}',\boldsymbol{X}'\times\boldsymbol{l}+\boldsymbol{v}=\boldsymbol{q} \tag{8.37}$$

式（8.37）表示：中间投入＋最初投入＝总投入。

（3）各行列（横表和竖表）的对应平衡：

$$\sum_{j=0}^{n}x_{kj}+f_{1k}+f_{2k}+s_k=q_k=\sum_{i=1}^{n}x_{ik}+v_k,k=1,2,\cdots,n \tag{8.38}$$

式（8.38）表示：绿色经济 各部门总产出＝该部门总投入。

然后，根据直接消耗系数与间接消耗系数的界定，绿色经济内部各部门间的直接消耗系数同样地表示 j 部门每生产 1 单位产出对 i 部门产品的直接消耗量，用公式可以表示为：

$$a_{ij}=\frac{x_{ij}}{q_j},\quad i=1,2,\cdots,n;\ j=1,2,\cdots,n \tag{8.39}$$

所有 $n\times n$ 个直接消耗系数组成“直接消耗系数矩阵”，用 $\boldsymbol{A}$ 表示。

$$\boldsymbol{A}=(a_{ij})_{n\times n}=\boldsymbol{X}\,\hat{\boldsymbol{q}}^{-1}$$

完全消耗系数表示 j 部门每生产 1 单位最终产品对 i 部门产品的完全消耗量，包括直接消耗与各次间接消耗，即：

$$b_{ij}=\frac{\text{完全消耗量}}{\text{最终产品量}}=\text{直接消耗系数}+\text{间接消耗系数}$$

用矩阵表示为：

$$\boldsymbol{B}=(\boldsymbol{I}-\boldsymbol{A})^{-1}-\boldsymbol{I} \tag{8.40}$$

于是，运用上述平衡关系和技术经济系数，就可以建立绿色经济与传统经济相结合的各种投入产出模型，用于绿色经济与传统经济关系的宏观分析。其中，最基本的模型同样的是“行模型”与“列模型”。它们分别为：

（1）投入产出行模型：

$$\begin{cases}(a_{11}q_1 + a_{12}q_2 + \cdots + a_{1n}q_n) + f_{11} + f_{21} + s_1 = q_1 \\ (a_{21}q_1 + a_{22}q_2 + \cdots + a_{2n}q_n) + f_{12} + f_{22} + s_2 = q_2 \\ \vdots \\ (a_{n1}q_1 + a_{n2}q_2 + \cdots + a_{nn}q_n) + f_{1n} + f_{2n} + s_n = q_n\end{cases} \tag{8.41}$$

式（8.41）写成矩阵形式为：

$$\boldsymbol{Aq} + \boldsymbol{f}_1 + \boldsymbol{f}_2 + \boldsymbol{s} = \boldsymbol{q} \tag{8.42}$$

对式（8.42）进行整理得：

$$\boldsymbol{s} = (I - \boldsymbol{A})\boldsymbol{q} - (\boldsymbol{f}_1 + \boldsymbol{f}_2) \tag{8.43}$$

式（8.42）即为行模型，它是绿色经与传统经济相结合的产品流量模型，依据该模型可以考察绿色经济与传统经济总产出与最终产品、中间产品的数量平衡关系。进一步通过对行模型进行变形，可以得到式（8.43）的模型形式，该模型表明，生态环境系统的最终产品由总产出与经济系统的最终产品组成，而经济系统的最终产品又由传统经济的最终产品与绿色经济的最终产品组成，如果能够将绿色经济的最终产品从现有经济核算中分离出来，再结合各部门总产出等于该部门总投入（式8-38）的关系，由总投入推导总产出，那么根据式（8.43）就可以推导现有国民经济中生态环境系统创造的价值。

（2）投入产出列模型：

$$\begin{cases}(a_{11} + a_{21} + \cdots + a_{n1})q_1 + v_1 = q_1 \\ (a_{12} + a_{22} + \cdots + a_{n2})q_2 + v_2 = q_2 \\ \vdots \\ (a_{1n} + a_{2n} + \cdots + a_{nn})q_n + v_n = q_n\end{cases} \tag{8.44}$$

式（8.44）写成矩阵形式为：

$$\begin{pmatrix}\sum_{i=1}^{n} a_{i1} & 0 & \cdots & 0 \\ 0 & \sum_{i=1}^{n} a_{i2} & \cdots & 0 \\ \vdots & \vdots & \ddots & \vdots \\ 0 & 0 & \cdots & \sum_{i=1}^{n} a_{in}\end{pmatrix}\begin{pmatrix}q_1 \\ q_2 \\ \vdots \\ q_n\end{pmatrix} + \begin{pmatrix}v_1 \\ v_2 \\ \vdots \\ v_n\end{pmatrix} = \begin{pmatrix}q_1 \\ q_2 \\ \vdots \\ q_n\end{pmatrix} \tag{8.45}$$

如果令

$$
\boldsymbol{\Lambda}=\begin{pmatrix} \sum_{i=1}^{n}a_{i1} & 0 & \cdots & 0 \\ 0 & \sum_{i=1}^{n}a_{i2} & \cdots & 0 \\ \vdots & \vdots & \ddots & \vdots \\ 0 & 0 & \cdots & \sum_{i=1}^{n}a_{in} \end{pmatrix}
$$

则式（8.45）可以写成：

$$
\boldsymbol{v}=(\boldsymbol{I}-\boldsymbol{\Lambda})\boldsymbol{q} \Leftrightarrow \boldsymbol{q}=(\boldsymbol{I}-\boldsymbol{\Lambda})^{-1}\boldsymbol{v} \tag{8.46}
$$

式（8.46）即为列模型，它是绿色经济与传统经济相结合的价值形成模型。依据该模型可以考察绿色经济与传统经济的总投入（产出）与中间投入、最初投入（增加值）的数量平衡关系。当数据缺失的条件下，可以由最初投入（增加值）推算总投入（总产出），反之亦然，但在绿色经济内部，最初投入相对总投入而言更易于获取。因而，利用最初投入推导总产出是绿色经济投入产出核算的主要应用之一。

除了运用上述平衡模型可以对经济总量进行互相推算外，根据式（8.40）还可以确定绿色经济与传统经济各部门的影响力系数与感应度系数，计算公式分别为式（8.47）和式（8.48）：

$$
\lambda_j=\frac{\sum_{i=1}^{n}\overline{b}_{ij}}{\frac{1}{n}\cdot\sum_{j=1}^{n}\sum_{i=1}^{n}\overline{b}_{ij}} \tag{8.47}
$$

$$
\delta_i=\frac{\sum_{j=1}^{n}\overline{b}_{ij}}{\frac{1}{n}\cdot\sum_{i=1}^{n}\sum_{j=1}^{n}\overline{b}_{ij}} \tag{8.48}
$$

式（8.47）表示绿色经济某部门或传统经济某部门对国民经济各部门的前向牵引强度。当系数大于（或小于）1 时，其影响力超过（或低于）各部门平均水平。式（8.48）表示绿色经济某部门或传统经济某部门对国民经济各部门的后向感应强度。当系数大于（或小于）1 时，其感应度超过（或低于）各部门平均水平。因此，根据影响力系数与感应度系数能够分析绿色经济与传统经济各部门对国民经济发展的作用，比较它们的作用程度，作用程度大的产业部门应该成为国民经济发展的主导行业，这为绿色经济发展在产业发展上提供了一定选择依据。

值得注意的是，在运用投入产出法进行绿色经济核算时，还可以将第2章介绍的瓦尔拉-卡塞尔模型结合起来进行更为详尽的绿色经济投入产出分析。

8.2.3 绿色经济核算的实现

绿色经济核算包含了绿色经济提升人类福祉与社会公平以及显著降低环境风险与生态稀缺两个方面的内容。人类福祉与社会公平虽然包含的内容非常丰富，但从人的主观感受分析，福祉与公平实际上是人类不同层次需求的满足，而不同层次需求的满足必然需要借助物质来获得体验。因此，测算绿色经济提升人类福祉与社会公平的程度最终可以通过物质这一载体得到反映。当前，最具代表性、也最能反映人害福祉与社会公平的物质首当绿色产品与服务，以绿色产品与服务的实现程度代替人类福祉的提升程度使得测算绿色经济具有了实现途径。而显著降低环境风险与生态稀缺实际上是绿色经济为促进生态健康发展所开展的经济活动，它源于传统经济对生态健康的破坏。这样，在绿色经济发展之初，显著降低环境风险与生态稀缺主要是恢复传统经济对生态环境已经形成的各种损害。促使遭受破坏的生态恢复健康需要借助各种手段，包括投入各种设备、技术、人力等等，因此当前测算绿色经济显著降低环境风险与生态稀缺主要是测算绿色经济对生态环境所开展的各种恢复活动。据此分析，虽然绿色经济涵盖了经济系统与生态环境系统，包含了社会再生产运动与自然再生产运动两种运动形式，但绿色经济的活动依然是经济活动，这就使得核算绿色经济成了可能。

绿色产品与服务目前已经包含在国民经济三次产业核算中，对这一部分内容的测算主要是将其从现有国民经济核算中分离出来。因此，这一部分数据的实现需要借助绿色产品管理部门对绿色产品标志的统计，根据绿色产品管理部门发布的具有绿色标志的产品，结合统计用《产品分类目录》以及《国民经济行业分类目录》分类、归并绿色产品与服务，进而可以实现绿色产品与服务的统计核算。

对于绿色经济为生态健康发展开展的各项恢复活动，在核算时将其归并为一个新的产业，即生态环境产业。生态环境产业包含环保业、专门生态环境产品业以及其他生态环境产品业。环保业由于主要提供生态环境保护产品与服务，生产活动的主要产品是诸如环境监测设备、仪器之类的，存在市场交易，数据实现取其市场交易价值即可；专门生态环境产品业的生产活动以直接恢复生态环境产品为主要活动，活动成果为生态环境的组成部分，价值核算除了考虑生产费用外还需要将生态价值纳入其成果范围内；其他生态环境产品业是不以生态环境健康为主要生产活动，但生产过程中节约了资源、减少了废弃物的排放，或者对废弃资源进行了循环利用的一些产品业，这种类型的产品业价值核算需要借助企业的会计核算成果。整体上看，由于生态环境产业是一个新的产业，价值核算需要将统计核算、会计核算结合起来，这就需要统计管理部门针对生态环境产业规划统计核算制度以及会计制度在生态环境企业相关制度的规范。

当然，绿色经济核算不仅仅是统计管理部门与会计核算部门的任务，需要全社会各相关部门统一起来，协调行动，将绿色经济核算作为一项制度建立起来。这样，绿色经济核算才能真正实现价值核算，发挥监测职能。特别在当前生态环境日益恶化的现实背景下，绿色经济核算更具有重大的实践意义，而绿色经济核算的实现，没有相关职能部门的配合，整个核算就将只能处在理论探讨阶段，难以发挥数据监测、预测的功能。

参考文献

[1] 阿尔. 戈尔. 濒临失衡的地球——生态与人类精神[M]. 北京：中央编译出版社，1997.

[2] 阿兰·V. 尼斯，詹姆斯·斯威尼. L. 自然资源与能源经济学手册[M]. 北京：经济科学出版社，2007、2009、2010.

[3] 阿兰·兰德尔. 资源经济学[M]. 商务出版社，1989.

[4] 艾尔斯. 转折点：增长范式的终结[M]. 戴星翼，黄文芳，译. 上海：上海译文出版社，2001.

[5] 安金朝. 企业节能减排执行能力综合评价研究[J]. 科技进步与对策，2010（15）.

[6] 保罗·霍肯. 商业生态学：可持续发展的宣言[M]. 夏善晨、余继英等，译. 上海：上海译文出版社，2007.

[7] 保罗·萨缪尔森，威廉·诺德豪斯. 经济学[M]. 北京：华夏出版社，2000.

[8] 北京师范大学等. 2010 中国绿色指数年度报告——省际比较研究[M]. 北京：北京师范大学出版社，2010.

[9] 陈健. 绿色消费理念的一个实例阐释[J]. 生态经济，2008（4）.

[10] 陈凯. 九江市绿色经济发展模式研究[D]. 西安理工大学，2002.

[11] 陈奇. 绿色经济论纲[M]. 西安：陕西人民出版社，2004.

[12] 陈琪，金康伟. 新农村建设中发展绿色经济的动力源探究[J]. 生态经济，2007（8）.

[13] 陈劭锋，刘扬，邹秀萍，等. 1949 年以来中国环境与发展关系的演变[J]. 中国人口·资源与环境，2010（20）.

[14] 陈诗一. 能源消耗、二氧化碳排放与中国工业的可持续发展[J]. 经济研究，2009（4）.

[15] 陈文科. 绿色经济战略[J]. 华中农业大学学报（社会科学版），2000（4）.

[16] 陈雪婷. 中国的绿色经济与可持续发展[J]. 湖北经济学院学报（人文社会科学版），2006（11）.

[17] 陈一萍. 基于密切值法的节能减排评价研究[J]. 生态环境学报，2010（2）.

[18] 崔如波. 绿色经济：21 世纪持续经济的主导形态[J]. 社会科学研究，2002.

[19] 崔业俊，高华成. 经济发展理论比较研究[M]. 北京：国防大学出版社，1998.

[20] 大卫·麦迪逊，等. 绿色经济的蓝图.5：公路运输的真正费用[M]. 张绪军等，译. 北京师范大学出版社，1998.

[21] 大卫·皮尔斯. 绿色经济的蓝图——衡量可持续发展[M]. 北京：北京师范大学出版社，1996.

[22] 大卫·皮尔斯，等. 绿色经济的蓝图.2：绿化世界经济[M]. 初兆丰，张绪军，译. 北京：

北京师范大学出版社，1997.

[23] 大卫 • 皮尔斯，等. 绿色经济的蓝图.1[M]. 何晓军，译. 北京：北京师范大学出版社，1996.

[24] 大卫 • 皮尔斯. 绿色经济的蓝图.3：衡量可持续发展[M]. 李巍等，译. 北京：北京师范大学出版社，1996.

[25] 大卫 • 皮尔斯. 绿色经济的蓝图.4：获得全球环境价值[M]. 徐少辉等，译. 北京：北京师范大学出版社，1997.

[26] 戴利. 超越增长：可持续发展的经济学[M]. 诸大建，译. 上海：上海译文出版社，2001.

[27] 但智钢，段宁，郭玉文. 基于分解模型的全过程节能减排定量评价方法及应用[J]. 中国环境科学，2010（6）.

[28] 方时姣. 绿色经济视野下的低碳经济发展新论[J]. 中国人口 • 资源与环境，2010（4）.

[29] 冯之浚，周荣. 低碳经济：中国实现绿色发展的根本途径[J]. 中国人口 •资源与环境，2010（20）.

[30] 付崇兰. 云南建设绿色经济强省具有良好条件//西部大开发——云南建设绿色经济强省[R]. 云南省政府经研中心编印，1999.

[31] 付敬. 回眸中国 2009，绿色经济复苏[M]. 北京：五洲传播出版社，2010.

[32] 付允，刘怡君，汪云林. 低碳城市的评价方法与支撑体系研究[J]. 中国人口 • 资源与环境，2010（8）.

[33] 高倩，王远，贺晟晨. 绿色消费研究进展及政策分析[J]. 生态经济，2008（10）.

[34] 葛永林. 绿色经济学思想及其方法论特征[J]. 华南师范大学学报（社会科学版），2008（6）.

[35] 耿建新、张宏亮. 我国绿色国民经济核算体系的框架及其评价[J]. 城市发展研究，2006（4）.

[36] 郭红卫. 基于模糊综合算法的低碳经济发展水平评价[J]. 当代经济管理，2010（5）.

[37] 国家发展改革委国民经济综合司. 中国经济发展面临的资源约束形式和风险分析[J]. 中国经贸导刊，2004（21）.

[38] 国家环境保护局自然保护司. 中国生态环境补偿费的理论与实践[M]. 北京：中国环境科学出版社，1995.

[39] 国家计委，等. 中国 21 世纪议程——中国 21 世纪人口、环境与发展白皮书[M]. 北京：中国环境科学出版社，1994.

[40] 国家统计局国家环境保护总局. 2004 中国绿色国民经济核算研究报告[J]. 环境保护，2006（18）.

[41] 国家统计局，国家发展计划委员会，国家经济贸易委员会，等. 中国国民经济核算体系（2002），2002.

[42] 高敏雪，李静平，许键. 国民经济核算原理与中国实践[M]. 北京：中国人民大学出版社，2013.

[43] 过孝民，王金南，於方. 绿色国民经济核算研究文集[M]. 北京：中国环境科学出版社，2009.

[44] 哈丁. 生活在极限之内：生态学，经济学和人口禁忌[M]. 戴星翼，张真译. 上海：上海译文出版社，2001.

[45] 何凤波. 城市居民绿色消费行为影响因素的研究[D]. 吉林大学，2010.

[46] 环保部，国家统计局. “十二五”环境统计报表制度，2012.

[47] 黄海峰，王锋，高农农. 绿色经济和“两型社会”建设路线图[J]. 环境保护，2009（14）.

[48] 揭益寿. 中国绿色经济绿色产业理论与实践[M]. 北京：中国矿业大学出版社，2002.

[49] 剧宇宏. 中国绿色经济发展的机制与制度研究[D]. 武汉理工大学（博士学位论文），2009.

[50] 亢金绒. 绿色经济与绿色经济制度[J]. 甘肃省经济管理干部学院学报，2007.

[51] 莱切尔·卡尔逊. 寂静的春天[M]. 吕瑞兰，李长生，译. 上海：上海译文出版社，2008.

[52] 雷明. 中国资源·经济·环境绿色核算（1992—2002）[M]. 北京：北京大学出版社，2010.

[53] 李慧明，杨娜. 低碳经济及碳排放评价方法探究[J]. 学术交流，2010（4）.

[54] 李克强. 推动绿色发展促进世界经济健康发展[J]. 环境保护，2010（9）.

[55] 李世祥，成金华. 中国能源效率评价及其影响因素分析[J]. 统计研究，2008（10）.

[56] 李向前，曾莺. 绿色经济[M]. 西南财经大学出版社，2001.

[57] 李晓燕. 基于模糊层次分析法的省区低碳经济评价探索[J]. 华东经济管理，2010（2）.

[58] 李振东，杨青. 积极推进绿色经济战略[J]. 生态经济，2002（5）.

[59] 厉以宁. 环境经济学[M]. 中国计划出版社，1996.

[60] 联合国. 环境与发展会议报告[R]. 联合国环境与发展大会，1992.

[61] 联合国，等. 国民账户体系——2008[M]. 北京：中国统计出版社，2012.

[62] 廖明球. 绿色GDP投入产出表的编制方法[J]. 统计与决策，2011（3）.

[63] 刘伯雅. 我国发展绿色消费存在的问题及对策分析——基于绿色消费模型视角[J]. 当代经济科学，2009（31）.

[64] 刘国光. 西部大开发——云南建设绿色经济强省[R]. 云南省政府经研中心等单位编制，1999.

[65] 刘洪波. 绿色消费的哲学思考[J]. 高等函授学报（哲学社会科学版），2009（4）.

[66] 刘妙桃. 绿色消费：符合生态伦理的现代消费方式[D]. 广西师范大学，2005.

[67] 刘琦翔. 深层生态学视野中的绿色消费[D]. 成都理工大学，2006.

[68] 刘瑞. 哲学视角下的绿色消费研究[D]. 武汉理工大学，2008.

[69] 刘思华，刘泉. 绿色经济导论[M]. 北京：同心出版社，2004.

[70] 刘思华. 绿色经济论[M]. 北京：中国财政经济出版社，2001.

[71] 刘斯杰. 黄河三角洲发展绿色经济的理论与实践[D]. 中国石油大学，2007.
[72] 刘易斯. 经济增长理论[M]. 上海：上海三联书店，1992.
[73] 刘占伟. 我国绿色消费存在的问题及营销对策[J]. 改革与战略，2009（25）.
[74] 鲁明中，张象枢. 中国绿色经济研究[M]. 郑州：河南人民出版社，2005.
[75] 逯改. 生态伦理视野中的绿色消费[D]. 上海师范大学，2004.
[76] 罗美娟，许文旭. 论云南绿色经济与产业再造[J]. 经济问题探索，2003（9）.
[77] 吕翠美，吴泽宁. 区域水资源生态经济系统可持续发展评价的能值分析方法[J]. 系统工程理论与实践，2010（7）.
[78] 马瑞婧. 绿色消费的生态伦理分析[J]. 湖北大学学报（哲学社会科学版），2007（3）.
[79] 梅多斯（Meaxows X），等. 增长的极限[M]. 李涛，王智勇，译. 北京：机械工业出版社，2006.
[80] 诺斯，托马斯. 西方世界的兴起[M]. 北京：华夏出版社，1995.
[81] 欧阳志远. 最后的消费——文明的自毁与补救[M]. 北京：人民出版社，2000.
[82] 祁红涛. 基于二维价值观分群视角的消费者绿色消费行为研究[D]. 吉林大学，2007.
[83] 邱琼. 绿色 GDP 核算研究综述[J]. 中国统计，2006（9）.
[84] 沈凤阁. 有关绿色经济的若干理论问题[J]. 宏观经济研究，2004（10）.
[85] 沈晗耀. 绿色经济：工业与环境协调发展[M]. 北京：文汇出版社，2004.
[86] 世界银行. 2009 年世界发展指标[M]. 北京：中国财政出版社，2010.
[87] 孙正甲. 发展绿色经济论析[M]. 边疆经济与文化，2004.
[88] 汤姆. 泰坦伯格. 环境与自然资源经济学 • 第 5 版[M]. 严旭阳等，译. 北京：经济科学出版社，2003.
[89] 唐敏康，赵江，丁元春. 城市生态环境影响评价与绿色经济[J]. 生态经济，2004（12）.
[90] 唐奈勒 • H. 梅多斯，丹尼斯 • L. 梅多斯，约恩 • 兰德斯. 超越极限：正视全球性崩溃，展望可持续的未来[M]. 赵旭译. 上海世纪出版集团，2001.
[91] 田江海. 绿色经济与绿色投资[M]. 北京：中国市场出版社，2010.
[92] 王德发. 绿色 GDP：环境与经济综合核算体系及其应用[M]. 上海：上海财经大学出版社，2008.
[93] 王锋，辛欣. 绿色经济对中国建设“两型社会”的影响研究[J]. 商场现代化，2009（36）.
[94] 王豪. 生态 • 环境知识读本——生态的恶化与环境治理[M]. 北京：化学工业出版社，2004.
[95] 王金南，李晓亮，葛察忠. 中国绿色经济发展现状与展望[J]. 环境保护，2009（5）.
[96] 王明霞. 宁波地区生态优势与绿色经济互促效应的研究[J]. 林业经济，2003（5）.
[97] 王松霈. 西部大开发的绿色经济道路[M]. 北京：经济管理出版社，2007.

[98] 王涛. 绿色消费的伦理学分析[D]. 江西师范大学，2009.

[99] 王毅. 实施绿色发展转变经济发展[J]. 中国科学院院刊，2010（2）.

[100] 王玉华. 绿色消费的生态伦理研究及政府行为的实践探讨[D]. 东北林业大学，2006.

[101] 王志山. 国有林区绿色经济发展研究[J]. 东北林业大学，2007.

[102] 韦前，黄振荣. 绿色：经济社会发展的原生态——建设“绿色广东”研讨会述要[J]. 学术研究，2005（10）.

[103] 沃德，杜博斯. 只有一个地球[M]. 国外公害丛书，编委会译校. 长春：吉林人民出版社，1997.

[104] 吴红岩. 我国绿色消费问题研究[D]. 沈阳：东北师范大学，2008.

[105] 吴淑岱. 联合国气候变化框架公约[M]. 北京：中国环境科学出版社，1994.

[106] 向书坚，黄志新. SEEA 和 NAMEA 的比较分析[J]. 统计研究，2005（10）.

[107] 向书坚，张俊霞. ENRAP 与 SEEA 体系中环境服务核算的比较分析[J]. 中南财经政法大学学报，2005（6）.

[108] 向书坚. 2003 年 SEEA 需要进一步研究的主要问题[J]. 统计研究，2006（6）.

[109] 熊清华，程厚思. 走向绿色的发展[M]. 昆明：云南人民出版社，2002.

[110] 许宪春. 中国经济发展与绿色国民经济核算[J]. 中国统计，2005（5）.

[111] 许宪春. 绿色经济发展与绿色经济核算[J]. 统计与信息论坛，2010（11）.

[112] 严行方. 绿色经济[M]. 北京：中华工商联合出版社，2008.

[113] 严茂超. 生态经济学新论：理论，方法与应用[M]. 北京：中国经济出版社，2001.

[114] 严濛濛. 南京市绿色经济发展研究[D]. 河海大学，2005.

[115] 杨丽萍，贺新华. 科技创新与建设云南绿色经济强省[J]. 云南民族大学学报（哲学社会科学版），2006（6）.

[116] 杨龙，胡晓珍. 基于 DEA 的中国绿色经济效率地区差异与收敛分析[J]. 经济学家，2010（2）.

[117] 杨缅昆. SEEA 框架：资源价值理论基础和核算方法探究[J]. 当代财经，2006（9）.

[118] 杨缅昆. 绿色 GDP 和环保活动核算——兼论 GDP 修正中的方法问题[J]. 统计研究，2000（9）.

[119] 杨全照. 传统 GDP 向绿色 GDP 的转换[J]. 统计研究，2000（10）.

[120] 杨志，王梦友. 绿色经济与生产方式全球性转变——刍议基于“资本・网络・绿色”框架的新经济[J]. 经济学家，2010（8）.

[121] 杨志，张洪国. 气候变化与低碳经济，绿色经济，循环经济之辨析[J]. 广东社会科学，2009（6）.

[122] 叶闯. “深绿色”思想的理论构成及其未来含义[J]. 自然研究，1995（1）.

[123] 伊・普里戈金. 从混沌到有序——人与自然的新对话[M]. 上海：上海译文出版社，1987.

[124] 余春祥. 对绿色经济发展的若干理论探讨[J]. 经济问题探索，2003（12）.

[125] 余春祥. 发展的超越——绿色经济与云南绿色产业的战略选择[M]. 昆明：云南科技出版社，2005.

[126] 余家驹. 绿色经济：实现环保与就业双赢[J]. 世界科学，2007（4）.

[127] 袁晓玲，王美霞，杨增华. 绿色经济——中国西部地区经济可持续发展的新动力[J]. 理论导刊，2007（5）.

[128] 约翰·希克斯. 经济史理论[M]. 北京：商务印书馆，1987.

[129] 约瑟夫·熊彼特. 经济发展理论[M]. 上海：上海远东出版社，2001.

[130] 张白玲. 环境核算体系研究[M]. 北京：中国财政经济出版社，2003.

[131] 张兵生. 绿色经济学探索[M]. 北京：中国环境科学出版社，2005.

[132] 张春霞. 绿色经济发展研究[M]. 北京：中国林业出版社，2002.

[133] 张帆，李东. 环境与自然资源经济学[M]. 上海：上海人民出版社，2007.

[134] 张沁. “低碳”背景下中国污染治理及绿色经济发展道路思考[J]. 价格理论与实践，2009（11）.

[135] 张书芬. 国外绿色 GDP 的理论，实践及启示[J]. 财政研究，2004（6）.

[136] 张小刚. 基于绿色经济发展的动态绿色 GDP 研究[J]. 铁道运输与经济，2010（11）.

[137] 张小刚. 对绿色经济发展模式的探讨——以长株潭为例[J]. 学术交流，2010（3）.

[138] 张晓双. 绿色消费的生态经济伦理思考[D]. 湖南师范大学，2002.

[139] 张叶. 绿色经济问题初探[J]. 生态经济，2002（3）.

[140] 张永民. 千年生态系统评估报告集（三）——生态系统与人类福祉——评估框架. 1 版[M]. 北京：中国环境科学出版社，2007.

[141] 张云钢，等. 论云南发展绿色经济的外部性[J]. 生态经济，2000.

[142] 赵斌. 关于绿色经济理论的新思维[J]. 生产力研究，2006（5）.

[143] 赵斌. 关于绿色经济理论与实践的思考[J]. 社会科学研究，2006（2）.

[144] 赵斌. 绿色经济理论与云南中华生物谷创建[D]. 四川大学，2006.

[145] 赵斌. 关于绿色经济理论与实践的思考[J]. 社会科学，2006（2）.

[146] 赵弘志. 绿色经济发展和管理[M]. 沈阳：东北大学出版社，2003.

[147] 赵同谦，等. 中国草地生态系统服务功能间接价值评价[J]. 生态学报，2004（24）.

[148] 郑丽红. 消费主义价值观批判——提倡绿色消费观[D]. 吉林大学，2009.

[149] 郑良芳. 绿色金融是绿色经济发展的推动力[J]. 上海金融学院学报. 2008.

[150] 郑伟. 低碳经济背景的排放权交易体系走向评估[J]. 改革，2010（4）.

[151] 郑小玲. 国外政府绿色采购的经验及启示[J]. 商业时代，2007（2）.

[152] 中国 21 世纪议程编制组. 中国 21 世纪议程——中国 21 世纪人口，环境与发展白皮书[M]. 北京：中国环境科学出版社，1994.

[153] 中国国家环境保护局科技标准司. 环境质量与污染排放国家标准汇编[M]. 北京：中国标准出版社，1992.

[154] 中国科学院国情分析研究小组. 生存与发展——中国长期发展问题研究[M]. 北京：科学出版社，1996.

[155] 中国科学院黄土高原综合考察队. 国土资源信息分类体系与评价体系[M]. 北京：中国科学技术出版社，1992.

[156] 中国科学院可持续发展研究组. 2000 中国可持续发展战略报告[M]. 北京：科学出版社，2000.

[157] 中华人民共和国环境保护部. 中国环境统计公报 2008[M]. 北京：中国环境科学出版社，2009.

[158] 钟定胜. 绿色国民经济核算的理论问题探讨[J]. 中国软科学，2006（2）.

[159] 周婷婷，刘子熙，沭阳. 环保催生绿色经济蓬勃发展[J]. 环境保护，2010（3）.

[160] 朱利安 • 林肯 • 西蒙. 没有极限的增长（最后的资源）[M]. 成都：四川人民出版社，1985.

[161] 朱启贵. 绿色国民经济核算的国际比较及借鉴[J]. 上海交通大学学报（哲学社会科学版），2006（5）.

[162] 朱启贵. 绿色国民经济核算的现状分析[J]. 中国软科学，2002（9）.

[163] 朱启贵. 绿色国民经济核算理论[M]. 上海：上海交通大学出版社，2005.

[164] 朱有志，周少华，袁男优. 发展低碳经济 应对气候变化——低碳经济及其评价指标[J]. 中国国情国力，2009（12）.

[165] 邹进泰，熊维明，等. 绿色经济[M]. 太原：山西经济出版社，2002.

[166] A. 迈里克 • 弗里曼. 环境与资源价值评估-理论与方法[M]. 曾贤刚译. 北京：中国人民大学出版社，2002.

[167] Anderson K.，R. Blackhurst（eds）. The Greening of World Trade Issues[M]. Harvester Wheatsheaf，1992.

[168] Anon. Income Distribution，Desired Environmental Policy，and Green Middle-Class Elitism[M]. Springer-Verlag Berlin，1999.

[169] Anon. Low-Income Housing Goes Green in New Jersey[J]. PCI Journal，2009.

[170] Arneson R J. Human Flourishing Versus Desire Satisfaction[J]. Social Philosophy and Policy，1999.

[171] Arrow，Kenneth J.，Anthony C. Fisher. Environmental Preservation，Uncertainty and Irreversibility[J]. Quarterly Journal of Economics，1974.

[172] Bartelmus. Peter. Integrated Environmental and Economic Accounting-Methods and Applications[J]. Journal of Official Statistics，1993.

[173] Beatriz E. Castaneda. An Index of Sustainable Economic Welfare（ISEW）for Chile[J]. Ecological Economics，1999.

[174] Bob Hall，Mary Lee Kerr. Green index：A State-by-State guide to the Nation's Environmental Health[M]. Island Press，1991.

[175] Boyd J，Banzhaf S. What are Ecosystem Services？ The Need for Standardized Environmental Accounting Unit[J]. Ecological Economics，2007.

[176] Brown Weiss E. The Planetary Trust：Conservation and Intergenerational Equity[J]. Ecology Law Quarterly，1984.

[177] Business Wire. IES Creates Unique Climate Energy Index System for Sustainable Design. http：//www.allbusiness.com/science-technology/earth-atmospheric-science-climatology/13382287-1.html，2009.

[178] Cobb，Halstead，Rowe. If the GDP is Up，Why is America Down？[J]. The Atlantic Monthly，1995.

[179] Crafts N F R. The Human Development Index and Changes in Standards of Living：Some Historical Comparisons[J]. European Review of Economic History，1997.

[180] David A. Wardle. Communities and Ecosystems[M]. Princeton University Press，2002.

[181] Dennis Anderson，William Cavendish. Efficiency and Substitution in Pollution Abatement：three case studies[R]. World Bank Discussion Paper，1993.

[182] Dillahunt T. Mankoff J，Paulos E.，et al. It's not all about "Green"：Energy Use in Low-Income Communities. UbiComp 2009//Ubiquitous Computing，11th International Conference，UbiComp 2009[C]. Orlando，Florida，USA，2009.

[183] Donella Meadows，Dennis Meadows，Jorgen Randers. The Limits to Growth：A Report for The Club of Rome's Project on the Predicament of Mankind[M]. Potomac Associates/Universe Books，New York，1972.

[184] Donovan N，Halpem D，Sergeant R. life Satisfaction：The State of Knowledge and Implications for Government[J]. United Kingdom Treasury Paper，2002.

[185] Edward B. Barbier. Economics，Natural-Resource Scarcity and Development：Conventional and Alternative Views[M]. Routledge，1989.

[186] Ekins P. Economic Growth and Environmental Sustainability[M]. London：Routledge，2000.

[187] Figueroa B E，Calfucura T E. Growth and Green Income：Evidence from Mining in Chile[J]. Resources Policy，2003.

[188] Gerald O. Barney. Global 2000：The Report to the President：Entering the Twenty-first Century[M]. Cabin John MD：Seven Locks Press，1991.

[189] Goldsmith E. A Blueprint for Survival[M]. Ecosystems LTD.London，1972.

[190] Harris Jonathan M，kennedy S. Carrying Capacity in Agriculture：Global and Regional Issues[J]. Ecological Economics，1999.

[191] Heerink N，Kuyvenhoven A，Qu F. Policy Issues in International Trade and the Environment With Special Reference to Agriculture[J]. Journal of International Development，1996.

[192] Herman E. Daly，John Cobb. For the Common Good：Redirecting the Economy toward Community，the Environment，and a Sustainable Future[M]. Boston：Beacon Press，1989.

[193] Herman E. Daly. Toward Some Operational Principles of Sustainable Development[J]. Ecological Economics.1990.

[194] Ian Bailey，Federico Caprotti. The Green Economy：Functional Domains and Theoretical Directions of Inquiry[J]. Environment and Planning，2014.

[195] Joel Makower. Strategies for the Green Economy[M]. McGraw-Hill，2008.

[196] Johnson D，Lowe R，Bell M. An Exploration of the Technical Feasibility of Achieving CO_2 Emission Reduction in Excess of 60% Within the UK Housing Stock by the Year 2050[J]. Energy Policy，2005.

[197] Jonna P. Estudillo，Keijiro Otsuka. Green Revolution，Human Capital，and Off-Farm Employment：Changing Sources of Income among Farm Households in Central Luzon，1966-1994[J]. Economic Development and Cultural Change，1999.

[198] Jonna P. Estudillo，Keijire Otsuka，Agned R. Quisumbing. Income Distribution in Rice-Growing Villages during the Post-Green Revolution Periods：the Philippine Case，1985 and 1998[J]. Agricultural Economics，2001.

[199] Jonna P. Estudillo，Yasuyuki Sawada，Keijiro Otsuka. The Green Revolution，Development of Labor Markets，and Poverty Reduction in the Rural Philippines，1985-2004[J]. Agricultural Economics，2006.

[200] Kleit R G. Segregation in Federally Subsidized Low Income Housing in the United States[J]. Journal of Urban Affairs，2000.

[201] Lawn. P A．A Theoretical Foundation to Support the Index of Sustainable Economic Welfare（ISEW），Genuine Progress Indicator（GPI），and other Related Indexes[J]. Ecological Economics，2003.

[202] Leipert C．A Critical Appraisal of Gross National Product：The Measurement of Net National Welfare and Environmental Accounting[J]. Journal of Economic Issues，1987.

[203] Lester R. Brown. Eco-Economy：Building an Economy for the Earth[M]. New York：W. W. Norton & Company，2001.

[204] Liang K.，Lovejoy S.，Lee J G. "Green Taxes"：Impacts on National Income，Social Welfare，and Environmental Quality[J]. American Journal of Agricultural Economics，1998.

[205] Mathis Onisto L，Linares A C，Garcia J M，et al. Ecological Footprints of Nations：How Much Nature Do They Use？ How Much Nature Do They Have？[J]. The Earth Council，1997.

[206] Mathis Wackernagel，J David Yount. The Ecological Footprint：an Indicator of Progress Toward Regional Sustainability[J]. Environmental Monitoring and Assessment.1998.

[207] Mathis Wackernagel，William E Rees. Our Ecological Footprint：Reducing Human Impact on the Earth[J]. Gabrioia Island，B.C，C，1996.

[208] Mellor J W. The New Economics of India's Green Revolution：Income and Employment Diffusion in Uttar Pradesh - Sharma，R，Poleman，TT[J]. Economic Development and Cultural Change，1996.

[209] Michiel A. Rijsberman，Frans H. M. van de Ven. Different Approaches to Assessment of Design and Management of Sustainable Urban Water System[J]. Environment Impact Assessment Review，2000.

[210] Millennium Ecosystem Assessment. Ecosystem and Human Well-being：Synthesis[M]. Washing DC：Island Press，2005.

[211] Mota R P，Domingos T，Martins V. Analysis of Genuine Saving and Potential Green Net National Income：Portugal，1990-2005[J]. Ecological Economics，2010.

[212] Neumayer E. On the Methodology of ISEW，GPI and Related Measures：Some Constructive Suggestions and Some Doubt on the 'Threshold' hypothesis[J]. Ecological Economics，2000.

[213] Pearce D W. World Without End：Economics，Environment and Sustainable Development[M]. Oxford University Press，USA，1993.

[214] Pearce X，Markandya A，Barbier E B. Blueprint for a Green Economy[M]. London：Earthscan，1989.

[215] Pushpam K. The Economics of Ecosystems and Biodiversity：Ecological and Economic Foundations[J]. Nairobi：UNEP/Earth print，2012.

[216] Raffensperger C，Tickner W. Protecting Public Health and the Environment：Implementing the Precautionary Principle[M]. Island Press，Washington DC，1999.

[217] Ree W E. Ecololgical Footprint and Appropriated Carrying Capacity：What Urban Economics Leaves Out[J]. Environment and Urbanization，1992.

[218] Robert D. Cairns. Green National Income and Expenditure[J]. Canadian Journal of Economics-Revue Canadienne D'Economique，2002.

[219] United Nations，European Commission，Food and Agriculture Organization，International Monetary Fund，et al. System of Environmental-Economic Accounting 2012：Central Framework[R/OL]. http：//unstats.un.org/.

[220] United Nations. Integrated Environmental and Economic Accounting：An Operational Manual[R]. New York，2000.

[221] Vellinga N，Withagen C. On the Concept of Green National Income[J]. Oxford Economic Papers- New Series，1996.

[222] Wackernagel M，Rees W. Our Ecological Footprint：Reducing Human Impact on the Earth[M]. Gabriola Island：New Society Publishers. 1998.

[223] World Commission on Environment and Development，Our Common Future[M]. New York：Oxford University Press，1987.

[224] Yale Center for Environmental Law and Policy，International Earth Science Information Network Columbia University. 2010 Environmental Performance Index[R/OL]. http：//epi.yale.edu.

后 记

1992 年联合国环境与发展大会针对日益恶化的资源环境问题提出了人类“可持续发展”的新战略与新观念。在国际社会各方努力下，各种形式的国际和区域环境合作深入发展，许多国际条约应运而生，国际社会在推进可持续发展进程方面取得了诸多积极进展，可持续发展理念也已经深入人心。然而，与此同时，可持续发展领域执行力不足的状况长期存在，区域经济、社会发展很不均衡，生态恶化、环境污染趋势也未能得到根本扭转，各种自然灾害频繁发生，世界可持续发展事业面临更为复杂的形势和严峻的挑战。在这种形势下，2012 年联合国可持续发展大会集中讨论了两个主题，其中一个主题就是“绿色经济在可持续发展和消除贫困方面的作用”，呼吁世界各国发展绿色经济，目前以发展“绿色经济”为主题的经济活动如火如荼地展开，世界各国都在积极探索绿色经济发展模式，中国亦不例外，在各级政府的高度关注下，绿色经济将是中国未来发展方向。

相应于绿色经济的实践运作，绿色经济的理论研究相当滞后，特别是绿色经济核算更是缺乏。由于缺乏统一的核算框架，绿色经济至今没有一个可借鉴的官方数据能够指导绿色经济的发展，这与绿色经济发展的强劲趋势相分离。基于此，我们在广泛收集相关资料的基础上，翻译、整理、并编著了《绿色经济核算》一书，本书在详细论证绿色经济理论、国民经济核算理论基础上，针对绿色经济“提升人类福祉与社会公平以及显著降低环境风险与生态稀缺”两个功能属性，从支出角度与生产角度探讨了绿色经济核算的框架、核算规则、核算方法等基本内容，形成了一套相对完整的绿色经济核算理论，在相关职能部门的统一协调下，运用该套核算方案，能够实现对绿色经济的核算。我们希望本书的出版，能够为中国未来绿色经济发展有所裨益！

在本书的编写过程中，编译、整理和引用了大量的文献资料，在此对这些优秀作品的作者表示衷心的感谢！另外，在本书的编写过程中，得到了我国著名生态经济学家刘思华老先生的精心指导，在此也表示由衷的感谢！对为本书给予帮助的所有同仁、朋友以及我们的家人表示至诚的谢意！

由于目前绿色经济核算理论研究相当缺乏，本书编写过程中，难度很大，书中的一些错误在所难免，敬请广大同仁不吝赐教，并诚邀有识之士与我们共同探讨，促进绿色经济核算理论不断完善。

向书坚　郑瑞坤

2015 年 12 月 12 日